Immer radikal, niemals konsequent

Jan-Frederik Bandel · Barbara Kalender · Jörg Schröder

Immer radikal, niemals konsequent

Der März Verlag – erweitertes Verlegertum, postmoderne Literatur und Business Art

Philo Fine Arts

Wir danken Marius Babias vom Neuen Berliner Kunstverein (n.b.k.), er hat uns den Text abverlangt.

B. K. & J. S.

Bibliografische Information der Deutschen Nationalbibliothek

Die Deutsche Nationalbibliothek verzeichnet diese Publikation in der Deutschen Nationalbibliografie; detaillierte bibliografische Daten sind im Internet über http://dnb.d-nb.de abrufbar.

Umschlagidee: Jörg Schröder nach einem Schwarz-Weiß-Foto von Isolde Ohlbaum, Realisation: Matthias Meyer (© für die Fotografie: Isolde Ohlbaum)
Gestaltung: Anna Sophie Bertermann und Matthias Meyer
Druck und Bindung: Druckhaus Köthen

Printed in Germany
ISBN 978-3-86572-665-0

Informationen zu unserem Verlagsprogramm finden Sie im Internet unter www.philo-fine-arts.de

Inhalt

Barbara Kalender und Jörg Schröder

Der März Verlag – Geschichte und Geschichten

Eine Tour d'horizon

Ich arbeitete Anfang der Sechziger bei Kiepenheuer & Witsch in Köln als Leiter der Werbe- und Presseabteilung. Dieter Wellershoff, der Initiator des ›Kölner Realismus‹, hatte die Idee zu einem Autorentreffen in der Eifel. Es fand im Frühsommer 1963 in der ehemaligen HJ-Burg in Kronenburg statt. Teilnehmer waren: Heinrich Böll, Nicolas Born, Rolf Dieter Brinkmann, Tankred Dorst, Marianne Eichholz, Uve Fischer, Astrid Gelhoff-Claes, Hans-Joachim Haecker, Werner Helmes, Günter Herburger, Hans Kasper, Franz Norbert Mennemeier, Hermann Moers, Paul Pörtner, Renate Rasp-Budzinski, Rolf Schroers und Günter Seuren. Vom Verlag nahmen teil: der Verleger Joseph Caspar Witsch, sein Schwiegersohn Reinhold Neven DuMont, die Lektoren Dieter Wellershoff, Renate Matthaei, Alexandra von Miquel, Rudolf Jürgen Bartsch, Ute Nyssen und ich als Werbeleiter. Die Lesung begann in dem auf Mittelalter getrimmten Atrium und dauerte drei Tage. Es war ein bisschen dem ›Gruppe 47‹-Prinzip angelehnt, aber gebremster, denn es schmorte ja im eigenen Saft. Bei strahlender Sonne lasen die Autoren, und die Zuhörer saßen im Halbrund unter den Arkaden im Innenhof der Burg. Es sollte diskutiert werden über die Texte, aber natürlich zurückhaltend und liebevoll.

Am zweiten Tage war Rolf Dieter Brinkmann dran, sein Auftritt ekelte mich an, nicht wegen des Textes, obwohl es darin um die Zersetzung von Organen ging. Aber das regte mich nicht auf, so etwas kannte ich, Lautréamont, Expressionismus, Benn, nichts Schockierendes für einen geübten Literaturmediziner. Ich ekelte mich nicht vor Brinkmanns Krebstext, sondern vor dem Autor, der grünlich anlief vor lauter Lampenfieber. Bevor er anfing zu lesen, beschwerte er sich in einem wüsten Ausfall darüber, dass er überhaupt lesen müsse, beschimpfte Gott und die Welt und natürlich alle Anwesenden.

Da war sie bereits, seine Attitüde, die später mit Aufwallungen und Beschimpfungen häufig wiederkehrte. Er hatte Schwierigkeiten mit sich und ging damit anderen auf den Wecker. Ich fand diesen Menschen ekelhaft, weil er wüst schimpfte, und dachte: Was bildet der Kerl sich ein? Wenn er Lampenfieber hat, soll er es eben nicht lesen, also sagte ich: »Lasst ihn doch, wenn er nicht will.« Da stand Heinrich Böll auf, der gute Mensch aus Köln, legte den Kopf schief und hob zu einem Beruhigungssermon an: Man müsse das verstehen, so ein junger Autor sei eben aufgeregt, man müsse es ihm nachsehen – alles im Ton des überirdischen Verständnisses. Das fanden alle sehr nett, ich eigentlich auch. Andererseits, wenn einer immer so nett ist, ist es nervtötend, deswegen bin ich ja ständig auf der Suche nach dem Schlechten im Guten. Aber egal, es war eben eine freundliche Geste. Dann las Brinkmann endlich, schwitzend und eruptiv.

Abends trank ich viel, Rolf Dieter Brinkmann irrte auch herum in der Jugendherberge, hatte wohl ebenfalls nicht schlafen können und setzte sich zu mir. Wir unterhielten uns über Beat und Fluxus, waren uns einig über den Schrottbetrieb der Literatur, verstanden uns gut an diesem Morgen. Der Kotzbrocken vom Vortag war jetzt zum sympathischen Autor mutiert. Ich traf Rolf Dieter noch einmal bei einem Essen in der Kölner Innenstadt, das der Verlag für seine Vertreter gab.

1964 hörte ich auf bei Kiepenheuer & Witsch und wurde Verlagsleiter bei Melzer. Als der Verlag halbwegs saniert war, begann ich mit dem sogenannten ›Neuen Programm‹ und zog mit dem Melzer Verlag von Düsseldorf nach Darmstadt um. 1967 meldete sich Rolf Dieter Brinkmann mit einem überschwenglichen Brief, diesem lag ein Exemplar seiner ›Ohne Neger‹-Gedichte bei. Auf die Vorsatzseite hatte er eine Collage geklebt, ein Wiederanbahnungsgeschenk. In diesem Brief empfahl er mir einen jungen Buchhändler, Ralf-Rainer Rygulla, der gerade bei der Oberbaumpresse in Berlin in einer Miniaturausgabe eine Anthologie amerikanischer Underground-Lyrik herausgegeben hatte. Rygulla hatte sie in London entdeckt. Damals konnte Rolf Dieter Brinkmann noch kaum Englisch, das holte er schnell nach und übersetzte wenig später bereits Brainard, Berrigan, Kupferberg, Bukowski und O'Hara.

›Fuck you (!)‹ erschien 1968 als erweiterte Ausgabe bei Melzer, darin wurden erstmalig in Deutschland Autoren wie Tuli Kupferberg, Charles Bukowski, Frank O'Hara, Ed Sanders und Lenore Kandel vorgestellt. Das Buch war erfolgreich gewesen, es erschienen drei Auflagen, also überlegten wir, dass Brinkmann und Rygulla gemeinsam eine größere Anthologie machen sollten, die nicht nur Lyrik, sondern auch Prosa enthält. Über den Titel wurde lange nachgedacht. ›Underground‹ sollte es nicht heißen, weil schon damals klar war, dass dies eine missverständliche Bezeichnung ist. Gefunden wurde der Titel ›Acid‹ während einer wenig szenemäßigen und gänzlich acidfreien Begebenheit. Im Odenwald, in der Nähe von Darmstadt, gab es eine Dorfkneipe, die bekannt war für hausgemachte Wurst. So etwas aß man damals, das war »doll«, der grausige Apfelwein und diese fette hausgemachte Wurst. Rygulla fand das »doll«, es war für ihn der Ausdruck höchster Bewunderung, während ich das Schwammwort »dumpf« inflationierte.

Rückschauend betrachtet, könnte man sagen: Ziemlich uncool diese Szene 1968. Wir zogen ein bisschen durch, aber es reichte nicht mal zum Kichern. In einer dumpfen Dorfkneipe im dumpfen Hessen saßen wir: Rygulla, Brinkmann und die Übersetzerin Katja Behrens. Plötzlich lag neben der Blutwurst das Wort ›Acid‹ auf dem Tisch. Es gefiel weder Brinkmann noch Rygulla, denn sie wollten einen deutschen Titel. Da wir uns aber auf keinen einigen konnten, schlug ich vor: »Wir nehmen ›Acid‹ mal, bis wir einen besseren finden.« Die dumpfesten Arbeitstitel werden über die häufige Benutzung manchmal doll.

Um die Rechtebeschaffung für ›Acid‹ kümmerten sich die beiden Herausgeber nicht, das tat der Verlag – eine Wahnsinnsarbeit! Brinkmann und Rygulla schickten Ausrisse aus Underground-Magazinen oder -Büchern, der Verlag korrespondierte mit den

Autoren und Agenten. Ursprünglich sollte die Ausgabe nicht großformatig und so umfangreich werden, wie das ja oft bei Büchern ist, die sich entwickeln, es kamen immer mehr Texte hinzu. Im Februar 1969 war das Manuskript der Anthologie ›Acid‹ endlich fertig. Das Bildmaterial bestand im Wesentlichen aus Zeitungsausrissen, die quollen aus einer dicken Mappe. Die Manuskripte der Texte mussten zusammen mit diesen Illustrationen typografisch eingerichtet werden. Zu diesem Zweck besuchten Brinkmann und Rygulla mich im Melzer Verlag. Ich legte das Schriftmusterbuch der Setzerei neben die Texte und fing an: »Dieser Essay 12/14 Futura halbfett, dieses Gedicht auf dieses Foto Flattersatz 9/12 Garamond.« So scribbelte ich jede Seite, damit die beiden Herausgeber sich das Satzbild vorstellen konnten. Mittags begann ich mit dem Layout und der Auszeichnung der Schriften, gegen Mitternacht war alles fertig. Brinkmann saß so still daneben, wie ich ihn vorher noch nie erlebt hatte. Die beiden Herausgeber hatten wie Zauberlehrlinge der Gestaltung des Buches beigewohnt.

Die Lithos für den schwarzen Einband mit dem Gitter waren schon lange Zeit vorher fertig geworden. Ich musste nach der Sezession der Verlage lediglich »Melzer« und »März« tauschen. Die erste Ausgabe von ›Acid‹ erschien also noch mit schwarzem Cover und erst die zweite dann in der gelben März-Anmutung. Denn ›Acid‹ und ›Subkultur Berlin‹ waren bereits fertig gesetzt und konnten nach der Gründung des März Verlags sofort dort erscheinen. Die Sezession fand Anfang März 1969 statt. Ich hatte kein Kapital, aber die geplanten Bücher, denn die meisten Melzer-Autoren wechselten zu März und die Geldquelle war unsere soeben gegründete ›Olympia Press‹.

Mit dem gelb-rot-schwarzen März-Erscheinungsbild war Rolf Dieter zunächst überhaupt nicht einverstanden. Ich hatte für den Titel ›Roter Stern über China‹ einen plakativen Umschlag entworfen: gelb, darauf ein großer roter Stern, dazu eine brutalistische Schrift. Diese Bastardschrift heißt ›Fette Block‹, eine Type, die bereits die Dada-Typografen benutzt hatten. 1969 gab es die

›Block‹ in keinem Schriftmusterbuch, heute ist sie wieder eine viel verwendete Auszeichnungsschrift. Also ließ ich die einzelnen Typen aus einem alten Schriftmusterbuch reproduzieren, vergrößerte die Buchstaben, klebte sie zusammen und setzte den charakteristischen März-Schriftzug in voller Breite rot auf das gelbe Cover. Diesen Umschlagentwurf fand ich selbst so überraschend, dass ich alle anderen geplanten März-Titel versuchsweise in dieser Manier anlegte.

Die Andrucke dieser Umschläge schickte ich Rolf Dieter Brinkmann. Er fand sie fürchterlich und kündigte in seiner erpresserischen Art sofort jede weitere Zusammenarbeit auf, beschimpfte mich am Telefon und brüllte, er sei doch nicht verrückt, seine Bücher in einem gelben Einheitsumschlag erscheinen zu lassen, und wenn ich diese Wahnsinnsidee nicht sofort aufgäbe, dann werde er alle anderen Autoren dazu bringen, nicht im März Verlag zu veröffentlichen. Ich sagte ihm: »Wenn das so anfängt mit deiner neuen Sensibilität, geh wohin du willst!« Damals ist viel diskutiert worden, doch wenn es um das Erscheinungsbild eines Verlags, die Präsentation und den Vertrieb geht, muss der Verleger das letzte Wort behalten. Das steht unter »Rechte und Pflichten« in jedem Verlagsvertrag. Mir war klar: Wenn ich mir jetzt von Brinkmann Vorschriften machen lasse, was die Linie des Verlags angeht, kann ich einpacken. Jedenfalls stellte er die Machtfrage, der Laden war noch keine Woche alt. Also sagte ich zu ihm: »Dann mache ich den März Verlag eben ohne dich.« Das saß. Wenn du ihm kräftig genug in den Arsch getreten hast, gab er klein bei. Denn ich will nicht drum herumreden, ich brauchte weder Brinkmann noch Rygulla, um den Verlag zu starten. Selbst ›Acid‹ hätte ohne die beiden erscheinen können. Die typografische Gestaltung war ja von mir, und die Rechte an den Textbeiträgen hatte ebenfalls der Verlag eingeholt. Auch andere Autorenkontakte waren in Hülle und Fülle vorhanden.

Bereits diese Diskussion über das März-Erscheinungsbild zeigt, weshalb es bald zum Zerwürfnis mit Brinkmann kommen musste.

Er versuchte, bestimmte Titel durchzusetzen, und wollte, dass andere Titel nicht erschienen. Die Mischung aus Literatur und Politik, die ich wollte und die März ausmachte, lehnte er ab. Es regte ihn auf, dass er es nicht ändern konnte, er bombardierte mich mit neuen Projekten, hatte aber gleichzeitig Schreibblockaden und realisierte selbst fast nichts mehr. Der März Verlag zahlte ihm einen festen Betrag im Monat für »Materialbeschaffung«, außerdem schrieb er einige Gutachten, dafür erhielt er dreihundert Mark monatlich. Mit den Honoraren für ›Acid‹, ›Trivialmythen‹, Berrigans ›Apollinaire‹, den ›März Texte‹-Beiträgen und ›Omnibus‹-Vorschüssen von März 1969 bis Herbst 1970 zahlten wir ihm durchschnittlich tausend Mark im Monat. Das entspricht nach heutiger Kaufkraft zweitausend Euro im Monat. Nicht die Welt, aber verglichen mit dem, was Autoren im Durchschnitt verdienen, auch nicht wenig.

Nach der März-Gründung hatte ich Ralf-Rainer Rygulla als Lektor eingestellt, er arbeitete vom Frühjahr 1969 bis Frühjahr 1971 im Verlag. Nun saß er zwischen Brinkmann und Schröder, zwischen Szylla und Charybdis, keine angenehme Position. Ich hatte Brinkmann einmal rausgeschmissen, weil er sich gemein gegen unseren hypochondrischen Buchhalter benommen hatte. Nach diesem Vorfall entschuldigte er sich bei mir, und ich warnte ihn: »Okay, aber mach so was nie wieder.« Dann setzte er noch einen drauf, wieder in Köln schrieb er mir einen Brief, in dem stand: Ich sei ein großes Arschloch, und die lockere Sprache, deren ich mich befleißige, das solle ich mal nicht verwechseln, er dürfe so reden, ich aber noch lange nicht.

Nach diesem Brief erklärte ich Rygulla: »Ab jetzt korrespondiere ich nicht mehr mit Brinkmann. Ich habe mit ihm mündlich vereinbart, dass seine Textsammlung ›Omnibus‹ bei März erscheinen soll, dafür bekommt er einen Vertrag. Schreibe ihm bitte, dass er seine zugesagten Honorare für Materialbeschaffung oder Lektorate erhält, ich möchte keinen Kontakt mehr mit ihm.« Das schrieb Rygulla ihm, und es war das Ende meiner Beziehung zu

Rolf Dieter Brinkmann. Danach ist nichts mehr von ihm bei März erschienen, lediglich Lizenzausgaben von ›Acid‹ wurden verkauft, ab 1974 bei Zweitausendeins, 1983 als Taschenbuch-Lizenzausgabe bei Rowohlt und 2004 als Nachdruck bei Area.

Wenn ich mein Verhältnis zu Rolf Dieter Brinkmann rückschauend betrachte, wird mir klar: Selbst wenn ich seine Marotten in Kauf genommen und ihn in Watte gepackt hätte, wäre das vermutlich vergeblich gewesen. Denn Rolf Dieter Brinkmann verkrachte sich ja nicht nur mit mir, sondern mit allen Verlagsleuten bei Kiepenheuer & Witsch, auch mit Reinhold Neven DuMont, er wurde genauso beschimpft wie ich. Neven DuMont erzählte mir 1982, ich sei der Mensch, unter dem er als Verleger am meisten gelitten habe, weil Brinkmann ihm ständig vorbetete: »Ja, der Schröder macht es richtig! Ist alles Scheiße, was ihr hier macht!« Brinkmann versuchte eben, Kiepenheuer & Witsch und März gegeneinander auszuspielen.

Und eine Anmerkung zum Einfluss von Rolf Dieter Brinkmann auf das Programm des März Verlags: Als Anreger war er für mich wichtig. Und ganz ohne Frage: Die anglo-amerikanische Programmlinie von März ist in den Anfängen 1969 bis 1970 von ihm und Rygulla mitgeprägt worden. Einige Autoren sind mir erst durch die beiden aufgefallen. Andere, wie zum Beispiel das Buch von Carlos Castaneda, ›Die Lehren des Don Juan‹, das 1972 bei März erschien, brachten weder Rygulla noch Brinkmann. Das war ein Tipp von Herbert Graf, einem der ›Acid‹-Übersetzer, viele andere Angebote kamen von Agenten: Ken Keseys ›Einer flog über das Kuckucksnest‹ oder die Leonard-Cohen-Titel waren Empfehlungen des bedeutenden Agenten Rainer Heumann von Mohrbooks in Zürich. Tipps gibt es nämlich viele für Verleger, es kommt darauf an, welchen man nachgeht, und das entscheidet eben der Programm-Macher, und der hieß bei März Jörg Schröder. Um den März Verlag herum wirkte aber eine Gruppe von Menschen, da kamen Tipps von Rolf Eckart John und von Leuten, von denen sonst keiner redet. So geht es oft bei Gruppen, es bleiben ein paar Figuren übrig, die angeblich alles anregten. In Wirklichkeit läuft es meistens anders. Wenn ich mal schätzen soll, dann gehörten zur Tippgebergemeinschaft für März so etwa sechzig Leute, das mal nur zum harten Kern.

In der vorliegenden Bibliografie romancée geben Barbara Kalender und ich einen Abriss der bewegten März-Geschichte, werfen Schlaglichter auf das »erweiterte Verlegertum« (Diedrich Diederichsen) und sprechen manchmal auch vom harten Kern.

J. S. im März 2011

1967 bis 1969 Vormärz: Jörg Schröder verlegt bei Melzer so unterschiedliche Autoren und Titel wie Victor Klemperer: ›LTI‹, Pauline Réage: ›Geschichte der O‹, eine Anthologie amerikanischer Underground-Gedichte ›Fuck you (!)‹, die ›Blaue Illustrierte‹ von Bazon Brock, Jack Kerouac, LeRoi Jones, Provo-Literatur, Jan Cremer und eine Reihe niederländischer Autoren, darunter Jeroen Brouwers, Esteban López, Willem Frederik Hermans, Andreas Burnier, die erste deutsche Androiden-Anthologie ›Die Anderen unter uns‹, Autoren wie Dieter Hülsmanns, Peter O. Chotjewitz, Manfred Esser, Fotos von Gunter Rambow. Es erscheinen Texte von Fidel Castro und Che Guevara sowie ein Buch über China im Zerrspiegel der öffentlichen Meinung mit dem Titel ›Listen – Lügen – Lobbies‹.

1968: Jörg Schröder lädt niederländische Autoren zur Buchmesse ein. Provo-Aktion: »Pinkelet auf Springer!« Außerdem Buchmesse-Boykott-Versuch zusammen mit Bernward Vesper und anderen »Literaturproduzenten«.

Die Lektoratsgeschichte von zwei Titeln aus dem Vormärz-Programm bei Melzer: Zunächst die ›LTI‹

Das Buch mit dem kryptischen Titel ›LTI‹ entdeckte ich in Joseph Melzers Antiquariat, es war zunächst im Aufbau Verlag und dann bei Reclam Leipzig erschienen. Sein Autor, der Romanist Victor Klemperer, überlebte als einer der wenigen Juden im ›Großdeutschen Reich‹, weil seine Frau zu den ›Arierinnen‹ gehörte, die den Mut hatten, sich nicht von ihren jüdischen Männern scheiden zu lassen. Hunderte Frauen demonstrierten vor dem Berliner

Sammellager in der Rosenstraße, damit ihre Ehemänner freigelassen würden. Eines der wenigen Beispiele, wo es der ›Zivilcourage‹ gelang, sich gegen die Gestapo zur Wehr zu setzen. Die preußischen Bürokraten wussten nicht, wie sie eine ordentlich geschlossene Ehe auflösen sollten, wenn der ›arische‹ Ehepartner nicht mitspielte. Es waren vor allem Frauen, die solchen Mut zeigten, Männer mit jüdischen Ehefrauen ließen sich in großer Zahl scheiden, ihren Karrieren zuliebe.

Eva Klemperers Heroismus hatte für beide massive Repressalien zur Folge – Zuteilung der niedrigsten Lebensmittelkarte, keine Bezugsscheine etc. –, aber ihr Mann wurde nicht ins KZ deportiert. Klemperer musste den gelben Stern tragen und wurde zwangsverpflichtet, in Fabriken zu arbeiten. In der letzten Phase des Krieges versteckte er sich dennoch, weil er zu Recht fürchtete, dass ihm jetzt auch preußische Paragrafen nicht mehr helfen würden. In einer Art philologischer Notwehr notierte er während dieser Jahre in sein geheimes Tagebuch Wörter, Ausdrücke, Wendungen der Sprache im Dritten Reich, die ›Lingua Tertii Imperii‹, sammelte Beispiele wie ›Strafexpedition‹, ›Staatsakt‹ oder auch so einen an der Oberfläche harmlos scheinenden Begriff wie ›aufziehen‹. In der Wortzusammenstellung einer ›aufgezogenen Organisation‹ wird für Klemperer die für die nationalsozialistische Doktrin typische Verbindung von naturhaft Gewachsenem und Mechanik offenbar. In den Goebbels-Berichten über die Lage an der Heimatfront nach dem Attentat vom 20. Juli 1944 findet er freundliche Übermalungen des Elends der zerbombten Städte durch volksnahe Alltagsidylle: »Aus Trümmern und Ruinen kokeln wieder die Ofenrohre, die neugierig ihre Nasen aus den Holzverschlägen herausstecken.«

Als Klemperer 1946 sein Tagebuch veröffentlichte, schrieb er im Vorwort, dass es zu wünschen wäre, wenn die Sprache des Nationalsozialismus mit dem Untergang des Dritten Reiches verschwände. Ich schrieb 1966 im Klappentext der Melzer-Ausgabe, dass sie wohl für lange Zeit in charakteristischen Ausdrücken überleben werde. Was sich bewahrheitet hat, deshalb ist jenes Tagebuch eines Philologen heute noch genauso interessant wie Mitte der Sechziger. Damals besorgte ich mir die Lizenz aus der DDR und bekam sie billig, denn Victor Klemperer war als sozialistischer Romanistikprofessor Persona non grata in der Bundesrepublik. Auch Hermann Lewy regte sich auf in der ›Allgemeinen Wochenzeitung der Juden‹: »Der Melzer Verlag bewies mit dieser Neuauflage kein Fingerspitzengefühl«, weil Klemperer es gewagt hatte, in einem Kapitel über den Zionismus zu behaupten, dass die Sprache Hitlers und die Sprache Herzls weitgehend vom gleichen Erbe zehrten: der verengten, bornierten, pervertierten Romantik. »Romantik«, schreibt Klemperer, »nicht nur verkitschte, sondern auch echte, beherrscht die Zeit, und aus ihrem Quell schöpfen beide, die Unschuldigen und die Giftmischer, die Opfer und die Henker.« Als sein Buch im Frühjahr 1966 bei Melzer erschien, gab es, mal abgesehen von Hermann Lewy, euphorische Besprechungen: die ›FAZ‹, die ›Welt der Literatur‹, die ›Zeit‹, die ›Weltwoche‹ begeisterten sich. Viertausend Exemplare wurden verkauft, ein Achtungserfolg.

Die Akquisition der ›Geschichte der O‹

Der Melzer Verlag brauchte dringend einen Bestseller. Endlich stand ein Kredit der Bank für Gemeinwirtschaft (BfG) von hundertfünfzigtausend Mark vor der Auszahlung, nach zahlreichen Besuchen vom Herbst 1965 bis Herbst 1966 bei Thomas Wegscheider, dem späteren Vorstandssprecher der BfG, und Horst van Heukelum, hatte ich die beiden Voraussetzungen erfüllt, nämlich die Zahlung von fünfzigtausend Mark Außenständen aus eigener Kraft. Und ich hatte ein Pilotprogramm vorgelegt, es gab Umsatz, gute Presse. Der Kredit war an meine Verlagsleitung gebunden, und damit ich nicht kündigte, musste Joseph Melzer von nun an seine Wutausbrüche eindämmen. Nur zur Quittierung der Kreditsumme musste er im alten BfG-Hochhaus in der Mainzer Landstraße erscheinen. Auf dem Tresen unten in der Schalterhalle, nicht oben in den heiligen Gemächern der Vorstandsetage, unterschrieb Melzer die Quittungen, wie immer bei solchen Gelegenheiten mit wutverzerrtem Gesicht, denn hunderttausend gingen sofort für die Ablösung der fälligen Rechnungen drauf, so hatte ich es mit Wegscheider vereinbart. Die restlichen fünfzigtausend Mark Verlagsschulden sollten aus den laufenden Einnahmen des neuen Programms gezahlt werden. An Liquidität blieben dem Verlag also nur noch fünfzigtausend, wovon Joseph Melzer sogleich zehntausend Mark auf das Sparbuch seiner Frau zurückzahlte, die sie dem Verlag zur Verfügung gestellt hatte. Da waren's nur noch vierzigtausend für das neue Programm.

Inzwischen hatte ich Jack Kerouacs bedeutendstes Buch seit ›On the Road‹ gekauft, das er 1950 begonnen und 1961 abgeschlossen hatte. ›Desolation Angels‹ erschien in den USA erst 1964, ein Schlüsselroman der Beat Generation, ich gab ihm den deutschen Titel: ›Engel, Kif und neue Länder‹. Weiterhin sollten erscheinen: die Erzählungen des Niederländers Esteban López: ›Wie Bruder und Schwester‹, ein zweites Buch von LeRoi Jones: ›Ausweg in den Haß‹, die Provo-Erlebnisse des Hans Tuynman, ja und eben ein Buch, ohne das es den Melzer Verlag trotz aller Achtungserfolge bald nicht mehr gegeben hätte und folglich auch nicht den März Verlag: die ›Geschichte der O‹. Im ›New York Times Book Review‹ hatte ich Susan Sontags Aufsatz gelesen, sie erzählte die Geschichte des Buches von seinem ersten Erscheinen an, 1954 in Paris bei Jean-Jacques Pauvert. In den USA war es gerade bei Grove Press herausgekommen und hatte einen Skandal ausgelöst. Jetzt drohte ihm der ›Post Office Ban‹, die amerikanische Variante der Zensur, der jahrzehntelang auch den ›Ulysses‹ und ›Lady Chatterley's Lover‹ am Erscheinen gehindert hatte. Barney Rossets Grove Press in New York war das Avantgarde-Verlagshaus par excellence, in dem auch die Erotika erschienen: Henry Miller, Vladimir Nabokovs ›Lolita‹, ›Fanny Hill‹, ›Candy‹, Donleavys ›Ginger

Man‹ und Jean Genet. Die meisten dieser Titel hatte übrigens Maurice Girodias zuerst in seinen Pariser ›Traveller's Companion Series‹ veröffentlicht. Was die Camp-Essayistin Susan Sontag über den Inhalt der ›Story of O‹ schrieb, nämlich dass darin der Beweis angetreten sei, wie Pornografie sich zu reiner Kunst sublimiere, reichte mir, mich sofort um die deutschen Rechte zu kümmern – die ›reine Kunst‹ gab dabei allerdings weniger den Ausschlag. Mit der ›LTI‹ von Victor Klemperer, ›Vakher‹ und Greenes Chinabuch, Kerouac und Provo waren nur kleines Aufsehen und wenig Geld zu machen. Und ich hatte schließlich mir selbst eine steile Karriere und der BfG hohe Umsätze versprochen.

Ich schrieb an den Verlag Jean-Jacques Pauvert, keine Reaktion, wiederholte die Anfrage. Endlich meldete sich die Agentin Helena Strassowa mit der enttäuschenden Mitteilung, dass die Rechte bereits an den Verlag Kurt Desch vergeben seien. Aus der Traum. Aber eine Chance gab es doch noch: Kurt Desch steckte in Schwierigkeiten, weil seine teure bibliophile Ausgabe von John Clelands ›Fanny Hill‹ mit Zensurprozessen überzogen worden war, die Bundesprüfstelle für jugendgefährdende Schriften und diverse Staatsanwaltschaften machten ihm das Leben schwer. Desch gehörte damals zu den erfolgreichen Publikumsverlagen, erst ein paar Jahre später fiel sein Imperium zusammen, als sich herausstellte, dass der Verleger jahrelang falsche Autorenabrechnungen vorgelegt hatte, ging er pleite. Mitte der Sechziger stand das Unternehmen noch in voller Blüte und verdiente zusätzlich nicht zu knapp an galanter Literatur. Bei Desch erschienen auch ›Die Welt des Eros‹ in zwölf Bänden von Carlo Lo Duca nach Art der alten Fuchs-›Sittengeschichte‹, die Pornografie im kulturgeschichtlichen Gewand.

Mir gebührt das Verdienst, zwei Jahre später diese Art von ›galanter Literatur‹ abgeschafft zu haben, inklusive der kulturwissenschaftlich verbrämten ›Liebhaberausgaben‹, denn ich verkaufte als erster deutscher Verleger literarische Pornografie als Pornografie, also stand mir auch der Gewinn daraus zu. Aber noch hatte ich die

›Geschichte der O‹ nicht, sondern lediglich eine vage Hoffnung, besser gesagt die Sturheit, mich weiter darum zu bemühen. Also schrieb ich Helena Strassowa, dass Desch wegen der Schwierigkeiten mit ›Fanny Hill‹ den Titel vermutlich nicht werde veröffentlich können, im Übrigen sei doch nicht einzusehen, dass ein solch wichtiges Werk auf nicht absehbare Zeit blockiert werde, und wann denn der vertraglich vereinbarte Erscheinungstermin bei Desch ablaufe. Vor allem aber offerierte ich einen Vorschuss von zehntausend Mark, damals eine horrende Summe, Desch hatte nur fünftausend bezahlt.

Tatsächlich biss die Strassowa an. Geldgierig, wie Agenten es ja sein müssen im Interesse ihrer Auftraggeber, fragte sie bei Desch nach dem Stand der Dinge. Der antwortete ihr im Vollgefühl eines bedeutenden Verlegers, der seine Rechte im Sack hat: »Gegenwärtig sowie in absehbarer Zeit besteht keine Chance, das Buch in Deutschland zu veröffentlichen …« Es sei zwar übersetzt, aber die Rechtslage lasse es nun mal nicht zu. Der vertraglich fixierte Erscheinungstermin war bereits seit einem Jahr verstrichen, und als Helena Strassowa zusammen mit Jean Castelli von der Edition Jean-Jacques Pauvert den Desch-Leuten die Pistole auf die Brust setzte, gaben sie auf: »Wir sind mit der Rückgabe der Rechte einverstanden, wenn Sie einen deutschen Verleger finden, der Vorschuss und Übersetzung zahlt.«

Ich hatte das Buch – und bekam es jetzt mit der Angst, denn bisher kannte ich davon keine Zeile. Wenige Tage später kam ein Wertpaket von Desch mit der Übersetzung von Rolf Soellner. Ich setzte mich an den Schreibtisch, las und wusste: Ich hatte die richtige Banane geschält! Anschließend las ich das Vorwort von Jean Paulhan. Maurice Girodias steckte mir später unter dem Siegel der Verschwiegenheit, dass Dominique Aury die ›Histoire d'O‹ unter dem Pseudonym Pauline Réage geschrieben habe, um ihren Geliebten, den bedeutenden Kritiker Jean Paulhan, scharf zu machen, ihn an sich zu fesseln. Das war ihr gelungen, sie wurde seine Lebensgefährtin und Mitarbeiterin.

Die Angst, dass ich eine große Summe aus dem verbliebenen BfG-Kreditbetrag für eine zahme Katze im Sack verzockt hatte, war verflogen. Jetzt wurde mir wegen des Gegenteils bange, denn die ›Geschichte der O‹ war nun mal bis dato das schärfste und intelligenteste Erotikon, dagegen war so etwas wie ›Fanny Hill‹ Klein-Erna-Pornografie. Zu spät für Zauderei, ich schrieb einen zweiseitigen Text für den Verlagsprospekt, gab das Typoskript bei der Darmstädter Peter-Presse in Satz, orderte lässig eine Auflage von zehntausend Exemplaren, dem Druckereibesitzer Christoph Kreickenbaum wurde es angesichts der Kosten ganz anders. Über den Inhalt verlor er kein Wort, nur seine Augen blitzten, als ich die Fahnenkorrektur abholte, die Botschaft der Pauline Réage war bei ihm angekommen. Die Gesamtauflage bei Melzer betrug 1969 bei meinem Ausscheiden hundertachtzigtausend Exemplare.

1969: Schröders Lektoratsprobleme im Joseph Melzer Verlag.

Kaum war mit dem Bestseller-Erfolg der ›Geschichte der O‹ Geld in der Kasse, begann Joseph Melzer, sich ums Programm zu kümmern. Er regte sich auf über Hermann Nitsch, weil ich dessen ›Orgien Mysterien Theater‹ angenommen hatte – der Titel erschien später bei März. Peter O. Chotjewitz bot mir seinen ›Roman‹ an, ein großformatiges Buch, in dem der Autor auf hundert Seiten, von Gunter Rambow fotografiert, als nackter Mann zu sehen ist. Für Melzer war das: »Dreck! Dreck! Dreck!« Peter O. Chotjewitz empfahl mir Manfred Esser, der wollte seinen Text am liebsten in trivialem Gewand sehen. Also erfand ich für ihn die Reihe ›Melzers Bibliothek der Unterhaltung und des Wissens‹, die so aussah wie die Romanhefte aus dem Bastei-Verlag – holzhaltiges Papier, zweispaltiger Satz –, auch Dreck.

›Die Revolution des Ja‹ von Bazon Brock lehnte Joseph Melzer rigoros ab, obwohl er nie eine Zeile des Manuskripts von Brock gelesen hatte. Ich nahm Jan Cremers Autobiografie an, der Verleger holte sich die Fahnen, und bald hörte ich aus dem Nebenzimmer: »Ein Dreck!« Die angetörnten ›Subkultur Berlin‹-Herausgeber Barbara, Christian und Hartmut besuchten mich mit ihren Materialien über die Berliner subversiven Gruppen – »Herr der Welt!«, stöhnte Melzer. Na ja, das war die raue Subkultur, umwölkt von Haschischschwaden, aber auch die Anthologie ›Acid‹ verursachte zu viel Kosten und würde noch viel mehr produzieren, das war abzusehen. Joseph Melzer bemerkte es, als meine Sekretärin anfing, ein Bündel von Rechten einzuholen. »Sie wollen mich ruinieren!«, schrie er und rang die Hände. Ich gab ›Acid‹ trotzdem in Satz.

Selbst den kleinen Band mit Erzählungen der Niederländerin Andreas Burnier, ›Die Schrecken des Nordens‹, worin sie in spröder Weise die Horrorsozialisation eines lesbischen Mädchens abarbeitet – das sind keine pornografischen, sondern trockene, abweisende Geschichten, bei denen sich jeder Voyeur die Nase abfriert –, legte er angewidert weg. Und erst recht das witzige Schwulenbuch von Robert Katzman. Hier wurde nicht literarisch wertvoll schwul gelitten und geseufzt wie bei Thomas Mann, denn bei dem war Melzer stehengeblieben.

Wenn er anfing zu toben, blieb ich ruhig: »Herr Melzer, wieso kümmern Sie sich jetzt plötzlich um das Programm? Ich habe den Laden saniert, weil Sie sich vier Jahre lang rausgehalten haben. Den Verlag leite ich, so ist es mit Ihnen und der BfG vereinbart, nun lassen Sie mich in Ruhe arbeiten!« Dann redete er drei Tage kein Wort mit mir. Anschließend versuchte er wieder, den Chef herauszukehren, es wurde zunehmend absurder. Ende Februar brachte der ›Spiegel‹ eine Olympia-Press-Geschichte unter dem Titel ›Sportliches Geschehen‹. Dazu war es gekommen, weil ich im ›Börsenblatt‹ das Erscheinen der Olympia-Press-Bände angekündigt hatte. Sofort mahnte mich der Nürnberger Olympia-Verlag ab, in dem das ›kicker‹-Fußballmagazin erscheint, protestierte gegen die Verwendung des Firmennamens ›Olympia Press‹, obwohl der ihn als Markennamen selbst auch nicht eingetragen hatte: »... dürfte die Kraft des olympischen Gedankens eine dermaßen sachbezogene Ausstrahlung genießen, dass eine unter dem Namen ›Olympia-Verlag‹ arbeitende Firma das sportliche Geschehen bei ihren Publikationen betont berücksichtigen muss. Ohne auf Inhalt oder Qualität der von Ihnen angekündigten Titel einzugehen, steht doch fest, dass es Ihrem Vorhaben an jeglichem Bezug zum olympischen Gedanken mangelt.«

Ein gefundenes Fressen, ich gab den Brief an den ›Spiegel‹ weiter, der das »sportliche Geschehen« genüsslich als Headline zitierte. Hauptsächlich ging es darum, dass Girodias und Schröder bald die scharfen Olympia-Press-Bücher in Deutschland herausbringen würden. Zwei Seiten Promotion, es hagelte Bestellungen! In dem Artikel stand auch, wer die drei Gesellschafter der deutschen Olympia Press sein werden, nämlich zu je einem Drittel Maurice Girodias, Joseph Melzer und Jörg Schröder. So hatte ich es dem Redakteur erzählt, so war es zwischen den Partnern besprochen. Aber bei Joseph Melzer bedeutete ›besprochen‹ nicht, dass etwas auch eingehalten wurde.

1969: Das farbige Banner der Pornografie. Die Gestaltung des Key-Visuals.

Vor der Promotion im ›Spiegel‹ hatte ich mich mit Maurice Girodias über das Projekt geeinigt. Besser gesagt: Ich hatte es mir fest vorgenommen, so etwas wie die Olympia Press in Deutschland zu lancieren. Was tut ein Verleger und Grafiker als Erstes? Er guckt sich den Auftritt des Produkts, das er kopieren will, genau an und versucht, es zu verbessern. Die berühmten Greenbacks, die Girodias Anfang der fünfziger Jahre in Paris herausgegeben hatte, waren kleinformatige Taschenbücher, gedruckt auf holzhaltigem Papier in winziger Schrift mit einem schrecklichen Satzspiegel. Sie hatten einen schlichten grünen Umschlag aus dünnem Karton, dessen einziger Schmuck ein Rautenrahmen und ein drei Punkt starker Doppelstrich waren. Autor, Titel und Verlagsangabe standen in klassischer Typografie auf der Fläche. Die Titel sagten alles und reichten völlig, solange die Greenbacks unter dem Ladentisch gehandelt wurden, um die kleinen grünen Bücher blitzschnell in den tiefen Taschen der G.I.s verschwinden zu lassen: Henry Miller, ›Plexus‹; de Sade, ›Bedroom Philosophers‹; George Bataille, ›Tale of Satisfied Desire‹; Alex Trocchi alias Frances Lengel, ›Helen and Desire‹; dazu komische Pseudonyme wie Marcus van Heller, Akbar del Piombo, Carmencita de las Lunas und dumpfe Titel wie ›Weiße Schenkel‹, ›Troika des Fleisches‹, ›Das Sexleben des Robinson Crusoe‹.

Zuerst machte ich mich an den Neuentwurf eines Umschlagkonzeptes für die Reihe und erfand das Oval, umzogen von zwei schwarzen Linien, eine Wiederholung des Rahmenschmucks, und da musste natürlich ein buntes Bild hinein. Es waren keine primären Geschlechtsmerkmale auf dem Foto für das erste Cover zu sehen, es zeigte lediglich die behaarten Unterarme eines Mannes, der einen weiblichen Torso von hinten umfängt, aber das war trotzdem scharf! Heureka! Das Oval für den Reihenmagnetismus: ein wunderbares Symbol für das Logo Olympia Press und für ein Schlüsselloch, außerdem erinnerte es an die ›Geschichte der O‹, war eine Stilisierung der Vulva und saß so perfekt in der tristen grünen Fläche der Greenbacks, als hätte es dort schon immer geprangt. Ich betrachtete diesen Entwurf, und da wurde mir schlagartig klar, dass dieses neue Erscheinungsbild ja mir gehörte, und dann fiel mir ein, dass der Name ›Olympia Press‹ in Deutschland gar nicht geschützt war.

Beglückt von der eigenen Erfindung, begann ich, Anzeigentexte zu dichten, die Headline lautete: »Das farbige Banner der Pornografie«. Darunter kamen zwei Spalten in Nonpareille, also sehr klein, dazwischen hatte ich briefmarkengroße Portraits gestreut: Fotos des Gründers Girodias und seiner großen Autoren. Der Text lief so: »Paris 1953. Die unscheinbaren grünen Taschenbücher werden zu einem Markenzeichen …, die angelsächsische Welt wurde von einer erotischen Armada attackiert, besetzt, unterwandert und schließlich erobert.« Beckett, Miller, Nabokov, Burroughs und Donleavy, die ich im Layout abgebildet hatte, konnte ich nicht verkaufen, denn die Rechte waren bei Limes, Desch, Kindler und Rowohlt, also verkündete ich: »Die Olympia Press verlegt immer noch avantgardistische, aggressive, erotische Titel.« Und schließlich ließ ich die Katze aus dem Sack: »Ab März 1969 werden jeden Monat zwei Olympia-Press-Bücher in Deutschland erscheinen. Die ersten Titel: Frank Newman, ›Barbara‹ und Tor Kung, ›Die Schüler‹.« Bestellcoupon unten rechts!

Die Verhandlung mit Maurice Girodias fand kurz vor Weihnachten 1968 statt, er kam nicht ganz freiwillig nach Frankfurt. Auf mein erstes langes Schreiben mit detaillierten Vorschlägen zur Gründung einer deutschen Filiale hatte er nicht geantwortet. Nachdem mein Konzept stand, teilte ich Girodias in dürren Worten mit: »Wenn Sie auf den deutschen Markt wollen, entscheiden Sie sich bitte sofort. Ich starte mit meinem Programm am 1. März mit Ihnen oder ohne Sie.« Diesen Brief expedierte ich Mitte Dezember nach New York. Zwei Tage später rief er mich an, und wir verabredeten uns für den 20. Dezember im ›Intercontinental‹. Ich packte meine Munition, also das Anzeigen-Layout, die Umschlagentwürfe, die Blindbände, ein und fuhr nach Frankfurt. Maurice holte mich in der Lobby ab, da stand er also neben mir zwischen den Spiegeln des Lifts, der ›Lenin der Pornografie‹, Sohn eines reichen jüdischen Erben aus Manchester und einer französischen Mutter aus Marseille. Ein Gentleman in dezentem dunklen Tuch, keinen Deut overdressed.

Als wir am Glastisch in seiner Suite saßen, öffnete ich meinen Aktenkoffer und breitete die neue Corporate Identity der Olympia Press aus. Da kippte Maurice fast aus seinen schwarzen Foster-

and-Son-Mocassins. Fassungslos starrte er auf das Anzeigen-Layout, die Umschläge mit dem Bildoval, drehte die schönen kleinen Blindbände, einer in lila Feinleinen, einer in Olivgrün, in den Händen. Gutes Papier, Bleisatz, splendider Satzspiegel. »Beeindruckend!«, sagte er, »das ist sehr schön, aber Sie können doch nicht – ohne mich zu fragen! Die Olympia Press gehört mir, und die Geschichte, die Sie in Ihrer Anzeige erzählen, ist die meines Verlags!« Mit Pokerface entgegnete ich: »Richtig, wenn wir uns nicht einigen, schreibe ich einen neuen Text und nehme andere Titel. Aber die Umschlagentwürfe sind meine Idee! Das Cover mit dem Bildoval gehört mir! Dafür haben Sie keinen Gebrauchsmusterschutz. Sogar den Namen Olympia Press könnte ich in Deutschland benutzen, ohne Sie fragen zu müssen.« Da wackelte der Al Capone der erotischen Literatur mit den Ohren und seufzte: »Das Ohrenwackeln habe ich während des Griechischunterrichts geübt. Dauerte ein Jahr, bis ich es konnte. Trotzdem hat es sich gelohnt, weil es mir im richtigen Moment viele Worte erspart.« Aber dann sprach er die zwei Worte, für die ich ihn immer lieben werde: »Go ahead!«

1969: Die Sezession. Schröder trennt sich handstreichartig vom Melzer Verlag, nimmt sämtliche Mitarbeiter und Autoren mit und gründet den März Verlag sowie die Olympia Press.

Nachdem ich Joseph Melzer einen ultimativen Brief geschrieben hatte, in dem ich ihn daran erinnerte, dass es eine Vereinbarung gibt, nach der sowohl die Mitarbeiter, als auch er und ich zu je einem Drittel an der noch zu gründenden Olympia Press beteiligt werden, kündigte Joseph Melzer mir und allen Mitarbeitern fristlos. Gleich darauf reiste er ab und überließ die Übergabe der blauen Briefe dem »Generalbevollmächtigten« Kurzhals, dem Steuerberater des Verlags.

Kaum war der Generalbevollmächtigte mal aus dem Haus, gab ich den Ukas aus: »Alles einpacken!« Ja, nicht alles, nur das, was für eine neue Produktion wichtig war, alle Herstellungsunterlagen zum Beispiel von ›Acid‹, ›Subkultur‹, die Planungsmappen mit den Agenten-, Autoren- und Übersetzerkorrespondenzen zu ›Roter Stern über China‹, Nitsch, LeRoi Jones, Jan Cremer, natürlich sämtliche Unterlagen der Olympia Press, vor allem die Bestellungen. Damit füllten wir zwanzig Rama-Kartons. Die Verlagskonterbande stellten wir im abschließbaren Kellerzimmer mit der Telefonanlage ab. Von dort aus rief ich beim ›Darmstädter Echo‹ an und erzählte dem Feuilletonchef Georg Hensel von der fristlosen Kollektivkündigung. Als er mehr wissen wollte, verwies ich ihn an den Generalbevollmächtigten Kurzhals. Die überregionale Presse und die Agenturen wollte ich erst am nächsten Tag benachrichtigen, wenn ein Verlagsname gefunden war.

Meine Mitstreiter warteten im Souterrain, als ich um fünf in den ersten Stock ging. Rudolf Kurzhals war soeben angekommen: »Ah, Herr Schrödä. Isch bin ab jetz täschlisch von acht bis neun im Välag, unn Sie sinn dann bitte aach pinktlisch da. Wo sinn dann die annän Mitabbeidä?« »Herr Kurzhals, ich bin gekommen, um Ihnen mitzuteilen: Wir alle nehmen die fristlose Kündigung an und kehren nicht mehr an die Arbeitsplätze zurück …« Ring ring, wurde ich unterbrochen. Der Mann kriegte eine rote Birne, stotterte ins Telefon: »Herr Hensel, gebbe Se mä bitte Iä Durschwahl, isch ruf Se gleisch zurick.« Danach hockte er wie ein Häuflein Elend im Verlegersessel und sagte fast tonlos: »Des ›Escho‹ will wisse, wie des beim Melzä Välag ohne Aagestellte woiddägeht. Unn was soll dann isch dene jetz sage? Ei, was mach isch bloß?«

Ich zog meine nächste Karte: »Das ist Ihre Sache. Aber noch eine Kleinigkeit: Bitte entfernen Sie sofort die vom Melzer Verlag installierte Telefonanlage aus unserem Büro im Souterrain. Wir haben dafür soeben einen Mietvertrag abgeschlossen, hier ist die Kopie. Wenn der Schrott nicht innerhalb von zwei Stunden verschwunden ist, schmeißen wir ihn auf den Hof!« »Ei, des geht doch net! Des kost ja zehntausend Makk!« »Ich bestehe darauf, raus damit!« »Naa, so ebbes! Ei, könne mä uns net vielleischt oinische? Der Melzä Välag braucht doch kaa zwaa Nummän meä, wo er jetz viel klaaner gewodde is.« »Gut, wenn Sie wollen, übernehmen wir die Anlage und lassen den Melzer Verlag einen Zähler einbauen.«

Tja, der Mann hatte sich eben nie mit Revolten beschäftigt, sonst hätte er nicht den Fehler gemacht, uns das Kommunikationszentrum zu überlassen. Wir besaßen ein Büro, wenn auch ein leeres, eine Telefonanlage, eine melkende Kuh, die Olympia Press, und wir wollten einen zweiten Verlag gründen. Am Abend trafen wir uns in meiner Wohnung in Eberstadt: Peter Beitlich, Anne Hansal, Adolf Heinzlmeier, Traudl Brand und Uve Schmidt. Die Presseerklärung war kein Problem, auf anderthalb Seiten stand bald ein Statement, in dem ich Melzers »politische, literarische und philosophische Divergenzen« zitierte, es folgten die Forderungen der Mitarbeiter, die fristlose Kündigung, die Übernahme der Olympia Press, die Gründung eines neuen Verlags aus dem Repertoire des Melzer Verlags, die Solidarisierung der vierunddreißig Autoren und Übersetzer – von denen ich bisher keinen gefragt hatte, das wollte ich am nächsten Tag nachholen. Der Text konnte aber erst herausgehen, wenn der Verlagsname feststand. Man kennt ja den Krampf, wenn man nur den Titel für ein Buch sucht, was da für Listen entstehen, welch dumpfe Assoziationsketten sich ergeben, ein galoppierender Blödsinn! Schließlich gab ich resigniert auf, war mir sicher, wir finden den Namen heute nicht mehr, müssen also die Presseerklärung verschieben. Und während wir so auf Reserve dahinfahren und nur darauf warten, bis der Tank endgültig leer ist, sagt Uve: »Wir sind ja im Monat März.« Heinzlmeier griente auf seine bayerische Art: »März Verlag, harr harr harr harr!« Da kam mir die Erleuchtung: »Was gibt's da zu lachen? Der Laden heißt März Verlag. Das isses doch!«

1969: Das März-Signet, Verlagskollektive und kein Bargeld in der Kasse.

So entstand das Logo, es war Dada und Vormärz zugleich! Beim Vormärz allerdings war mehr der Wunsch der Vater des Gedankens. Um dem auch im Signet Ausdruck zu verleihen, suchte ich in der Nacht dieses denkwürdigen 18. März 1969 in diversen Historienbänden und Kunstgeschichten herum und fand die Kirchhoff-Lithografie ›Barrikaden in der Breiten Straße in Berlin in der Nacht vom 18. zum 19. März 1848‹ – was gibt es da zu lachen? Die Datumsgleichheit stimmt! Deshalb mein guter Rat an alle Aufrührer: Aufstände immer auf den 18. März legen! Es wurde das erste Signet des Verlags, bis ich es dann später gegen den rot-gelben März-Schriftzug austauschte.

Was für ein Glück hatte ich gehabt! Ein unkluger Verleger und sein dusseliger Bevollmächtigter verhielten sich genau zum richtigen Zeitpunkt so unsauber, dass keiner den Insurgenten böse sein konnte. Außerdem passte unsere Sezession ins deutsche Rahmenprogramm der literarischen Revoltechöre der Literaturproduzenten und der Verlagskollektive. 1968, auf der Buchmesse, hatte Siegfried Unseld seinen Cheflektor Walter Boehlich gefeuert, weil der eine Mitarbeiterbeteiligung forderte. Mit Boehlich solidarisierte sich Karlheinz Braun, der eine der lukrativsten Suhrkamp-Abteilungen geleitet hatte, den Theaterverlag. Nur ein paar Tage vor unserer März-Sezession gründete er mit Wolfgang Wiens vom Frankfurter Theater am Turm und elf Theaterautoren den ›Verlag der Autoren‹.

Dieser Revolte war die Kontroverse im Heinrich Heine Verlag vorangegangen, ein kurz aufflackerndes Irrlicht in Frankfurt, eigentlich nichts weiter als das Schaum- und Blasengeblubbere eines hochstaplerischen Formulardruckers. Einen Sommer lang spielte der sich als Verlagstycoon der Linken auf und musste sich bald darauf wieder von der Edition Voltaire trennen, in der Bernward Vesper die ›Flugschriften‹-Reihe herausgab.

Schließlich gehörten zu den Revolten noch die Auseinandersetzungen im Münchner Goldmann Verlag, die kochten ausgerechnet an dem Tage hoch, an dem Joseph Melzer uns kündigte. Einige Mutige hatten bei Goldmann die Bildung eines Betriebsrates angeregt, nachdem der frühmanchesterliche Verleger Wilhelm Goldmann, Herr über den größten deutschen Taschenbuchverlag mit zweitausendfünfhundert Titeln, seine Leute jahrzehntelang auf groteske Weise gepiesackt hatte. Es herrschte Weißkittelzwang für alle Angestellten bis zum Verlagsleiter und Rauchverbot am Arbeitsplatz, was die Presse als empörende Schikane brandmarkte – so ändern sich die Zeiten! Schnarrende Werksirenen verkündeten bei Goldmann das Ende der Arbeitszeit, außerdem hatte dieser verrückte Verleger eine »Arbeits- und Betriebsordnung« mit sechzig Geboten erlassen, darunter: »Private Telefongespräche am Arbeitsplatz sind verboten und dürfen nur in wichtigen Ausnahmefällen gegen Hinterlegung von vierzig Pfennig geführt werden« oder: »Eine Befreiung vom Kantinenessen ist nur mit ärztlichem Attest möglich«.

»Die Krise der Verlage und Verleger« wie die ›Frankfurter Rundschau‹ einen ihrer Artikel überschrieb, war die Protoszene des Syndikalismus. Obwohl es sich nur um diese vier Fälle handelte – Verlag der Autoren, Voltaire, Goldmann und jetzt Melzer –, stand die Presse kopf, von der ›Frankfurter Allgemeinen‹ angefangen, über die ›Zeit‹ und den ›Spiegel‹ bis zu Springers ›Welt‹, die übrigens in einem Bericht über die März-Gründung diese Entwicklung freundlich begrüßte: »Darüber jedoch, dass im Verlagswesen ernst gemacht wird mit dem Streit um die Literatur, sollte sich niemand grämen, denn dass neue Wege und neue Verlage eine neue Literatur fördern können, ist eine ernst zu nehmende Hoffnung.« Wie kam es, dass diesem bisschen Aufruhr in Zwergunternehmen – verglichen mit Konzernen oder auch nur Betrieben mittlerer Größe, wo gar nichts passierte – eine solche Aufmerksamkeit gewidmet wurde, als stünde die Räterepublik vor der Tür? Weil eben auf der Woge der Studentenbewegung das Feuilleton in Vormärzstimmung war.

Unsere Presseerklärung ging am 19. März 1969 an die Presseagenturen. Die Zeitungen verwöhnten uns liebevoll mit ihren Nachfragen. Oben im Haus schmorte der Generalbevollmächtigte des Melzer Verlags und gab händeringend wolkige Bulletins ab, die wir am nächsten Tag im Anschluss an unseren Text überall nachlesen konnten: »Herr Melzer musste aus wirtschaftlichen Gründen plötzlich eine unaufschiebbare Reise zur Buchmesse nach Jerusalem antreten.« Das war zwar gelogen, denn Joseph Melzer hatte nie einen Stand auf dieser Messe, noch wurde dort je ein Geschäft abgewickelt. Trotzdem, die Ausrede war raffiniert. Danach aber hatte Kurzhals sein Pulver verschossen: »Ich sehe Möglichkeiten zu Maßnahmen gegen den März Verlag erst, wenn Herr Melzer zurückgekehrt ist. Zur Zeit stehen mir die notwendigen Unterlagen nicht zur Verfügung. Der Verlag wird von dem Ausscheiden der Belegschaft nicht betroffen, er läuft in seiner Arbeit weiter.« Das amüsierte uns und die Journalisten.

Der Coup war gelungen, aber leider hatte ich nur knapp zweitausend Mark auf dem Konto. Zwar gab es für eine Viertelmillion Olympia-Press-Bestellungen, trotzdem fehlten lumpige fünftausend fürs Porto der ersten Auslieferung. Die BfG wollte mir wegen der »unsicheren Rechtslage« keine Überziehung genehmigen. Da kam als Retter Gunter Rambow vorbei, er hatte etwas läuten hören, meinte: »Kein Problem, das Atelier Rambow und Lienemeyer leiht dir das Geld für einen Monat.« Diese großzügige Geste werde ich Gunter nie vergessen. Wir konnten loslegen! Aber zuvor machte Gunter Rambow noch das Gründungsfoto: Hinter uns ein leeres Regal, links der Subcomandante Schröder in Pullover und Schal mit einer Lederschiebermütze – eine Leihgabe von Uve Schmidt, das einzige revolutionäre Attribut auf dem Bild –, neben ihm Adolf Heinzlmeier, starrer Blick in die Ferne, dann Anne

Hansal, etwas verhuscht zu Beitlich plierend. Rechts außen Peter Beitlich in Suhrkamp-Buchmessestand-Pose, zwischen ihm und Anne steht Traudl Brand, das waren die fünf März-Insurgenten.

Nein, KD Wolff war nicht mit auf dem Foto, konnte er auch nicht sein, ich telefonierte erst am Abend des zweiten Tages der März-Revolte mit ihm über die glückliche Entwicklung. »Stell dir vor, Girodias hat uns grünes Licht für die Olympia Press gegeben, und wir haben den März Verlag gegründet. Du wirst es morgen in den Zeitungen lesen. Die Olympia-Press-Bücher produzieren wir mit Lieferantenkrediten, fürs Porto hat mir heute einer fünftausend Mark geliehen. Aus den Gewinnen der Olympia Press werden wir den März Verlag finanzieren. Meine Frage: Willst du mitmachen?« Und er wie aus der Pistole geschossen: »Klar! Ich komme morgen Vormittag vorbei.«

1969: Im März Verlag erscheinen u. a. ›Acid‹ herausgegeben von Rolf Dieter Brinkmann und Ralf-Rainer Rygulla (Gesamtgestaltung mit Jörg Schröder), Siegfried Bernfeld: ›Antiautoritäre Erziehung‹ in drei Bänden, Peter O. Chotjewitz: ›Vom Leben und Lernen‹, Jan Cremer: ›Made in U$A‹, John Giorno: ›Cunt‹, Edwin Hoernle: ›Grundfragen proletarischer Erziehung‹, David Horowitz: ›Strategien der Konterrevolution‹, James Simon Kunen: ›Das Erdbeermanifest‹, Svend Åge Madsen: ›Lüste und Leichen‹, Gustavus Myers: ›Die großen amerikanischen Vermögen‹ in zwei Bänden, Hermann Nitsch: ›Orgien Mysterien Theater‹, Irving Rosenthal: ›Schöps‹, ›Subkultur Berlin‹, herausgegeben von Hartmut Sander und Ulrich Christians, Edgar Snow: ›Roter Stern über China‹, Valerie Solanas: ›Manifest der Gesellschaft zur Vernichtung der Männer‹, Augustin Souchy: ›Anarcho-Syndikalisten – Über Bürgerkrieg und Revolution in Spanien‹, Pierre Vallières: ›Québec Libre!‹

Zu Gustavus Myers: ›Die großen amerikanischen Vermögen‹

Im Jahr 1907, während der großen Bankenkrise in den USA, tat sich ein Mann als »Retter der Nation« hervor. Es war John Pierpont Morgan, ein Kunst- und Literaturfreund, der diesen Bankencrash im geheimen Verbund mit John Rockefeller selbst inszeniert hatte, um anschließend zum mächtigsten Banker und Industriellen der USA aufzusteigen. Morgans Vermögen umfasste Bank-, Trust-, Versicherungs-, Industrie- und Transportgesellschaften, dazu große Strecken von Kohle- und Kupfergruben, Riesenholzungen und alle Wasserkraftgebiete in Alaska, insgesamt ein Vermögen von fünfundzwanzig Milliarden Dollar im Jahr 1912.

Die Biografie und die Wirtschaftsverbrechen dieses Magnaten hat Gustavus Myers in seinem Standardwerk ›Die großen amerikanischen Vermögen‹ ausführlich dargestellt. Aber Morgan ist nicht nur Historie, und das »reine Lachen«, welches Karl Marx uns »nach der Überwindung der überstandenen geschichtlich-gesellschaftlichen Entwicklungen« versprochen hat, bleibt im Halse stecken. Denn nach diversen Übernahmen, Fusionen und Transaktionen im Laufe der letzten hundert Jahre, bei denen die Morgan-Nachfolger federführend blieben, ist die J. P. Morgan Chase, wie sie heute heißt, die größte Privatbank der USA geblieben und wird gestützt von der Fed – der Zentralbank der Vereinigten Staaten –, welche John Pierpont Morgan im Jahr 1913 mitgründete. Die US-Notenbank ist also gleichzeitig der Finanzier der größten Privatbank. Das wäre im Prinzip nichts Ehrenrühriges im Spätkapitalismus, zumal J. P. Morgan Chase wie durch ein Wunder im Krisenjahr 2008 einen Nettogewinn von 5,6 Milliarden USD machte. J. P. Morgan stünde als die wahre Good Bank da, wenn die Derivate nicht wären.

Dieses harmlos scheinende Wort des Börsenchinesisch bezeichnet den monströsesten Schwarzmarkt aller Zeiten. Warren Buffet, selbst einer der größten Zocker, nannte die Derivate »finanzielle

Massenvernichtungswaffen«. Das ist keine Übertreibung, denn Kreditausfall-Derivate und alle anderen auch sind nichts anderes als Wetten, Lotterielose ohne reale Substanz. Diese Luftbuchungen sind weltweit gigantisch, sie betragen achthundert Billionen USD, also achthunderttausend Milliarden. Von diesen achthundert Billionen hält J. P. Morgen Chase allein ca. hundert Billionen USD, die in den Bilanzen der Bank nicht auftauchen – so etwas erlaubt das amerikanische Börsengesetz. Zum Vergleich: Das Bruttosozialprodukt der USA von vierzehn Billionen USD wird von den Derivaten der J. P. Morgen Chase um den Faktor sieben überstiegen. Natürlich kann sich kein Mensch solche Summen vorstellen, aber wir haben alle einen Begriff davon, was sich in den letzten zwei Jahren in der Wirtschaft tat und noch tun wird.

Zu einem Beitrag von ›Subkultur Berlin‹

Die ›Geschichte der O‹ ist auch Pornografie für Frauen, wahrscheinlich die erste der modernen Literatur, von der sie erotisch fasziniert waren. Woher ich das weiß? Nicht nur von Susan Sontag, sondern auch von Gudrun Ensslin. Als sie Anfang 1968 nach den Frankfurter Kaufhausbrandstiftungen in U-Haft saß, schrieb sie dem Genossen Hartmut Sander, der einen Beitrag für ›Subkultur Berlin‹ von ihr erbeten hatte: »Von der Melzer-Produktion hätte ich einiges sehr gern. Wir dürfen ja auch Bücher kriegen. Wenn du es veranlassen könntest, wäre es schön. Zum Beispiel die ›O‹ hab ich mal vor vielen Jahren versucht, auf französisch zu lesen, aber das war zu mühselig.« Nicht Che Guevara, LeRoi Jones, Felix Greenes Chinabuch, auch nicht Börne waren erwünscht, sondern die ›Geschichte der O‹. Mit dem kleinen Unehrlichkeitsschlenker, den sich selbst ehrliche Intellektuelle einfach nicht verkneifen können: »Habe das vor vielen Jahren auf französisch gelesen …« Was signalisieren sollte: Habe das Buch längst gekannt. In Wahrheit bedeutet es: Habe soeben im ›Spiegel‹ zum ersten Mal darüber gelesen. Diese kleine Wichtigtuerei soll aber nicht die größere Ehrlichkeit verdecken, denn einen Porno bestellt man sich ja nicht in den Knast, weil man darüber einen Essay schreiben will, sondern um sich damit zu verlustieren. Also eine ehrliche und auch mutige Frau, schließlich war der Roman der Pauline Réage eine inkorrekte Geschichte. Oder? Vergessen wir dabei nicht die libertäre Theorie und in Maßen auch die Praxis der Achtundsechziger, nämlich die ›Befreiung zur Lust‹.

Zur Lektoratsgeschichte von Edgar Snow: ›Roter Stern über China‹

Im Melzer Verlag hatte ich 1966 ›A Curtain of Ignorance‹ des englischen Journalisten Felix Greene gemacht, damit wurde alles über den Haufen geworfen, was ich über die Volksrepublik China und Tschiangs Nationalchina wusste. Der Westen hatte Mitte der Sechziger seinen Frieden mit der Sowjetunion, deren Verbündeten und Vasallen gemacht, Maos China hingegen war auch für die progressiven Intellektuellen 1965/66 noch ein Schreckgespenst – die ›gelbe Gefahr‹ –, die USA und die Sowjets sahen es mit Befriedigung.

Bis zu Greenes Buch war ich, wie fast alle, auf den Betrug hereingefallen, den die Tschiang-Lobby mit Millionen von Dollars im Westen lancierte, die Legende von den hungernden Chinesen, den sechshundertfünfzig Millionen Sklaven, der Zerstörung der Familien, der chinesischen Aggressionspolitik. Diese Formeln wurden jahrzehntelang nachgebetet, und ebenso lang war die Volksrepublik China vom Westen nicht anerkannt. Taiwan galt als offizielle Vertretung Chinas. Und die Kuomintang war begierig, den Kampf wiederaufzunehmen, rechnete mit amerikanischem Beistand in riesigem Maßstab. Erst später, nach der militärischen Niederlage in Vietnam, fuhr die amerikanische Pingpongmannschaft in die Volksrepublik, und in deren Kielwasser besuchte

Richard Nixon 1972 China. Zu der Zeit, von der ich hier rede, 1966, kannten wir alle nur die Greuelmärchen über China, und wenn dir plötzlich bewusst wird, dass nahezu jeder über wichtige politische Fakten falsch informiert ist, braucht man mich nach der Motivation, dieses Buch zu machen, nicht mehr zu fragen. Ich gab ihm den Titel ›Listen Lügen Lobbies – China im Zerrspiegel der öffentlichen Meinung‹.

Auch von Tibet, diesem Evergreen der Desinformation, der seit Jahrzehnten fröhliche Urständ feiert, handelt ein Kapitel in Felix Greenes Buch, was mit »Om mani padme hum« und gewaltfreiem Buddhismus wenig zu tun hat: Bis zur chinesischen ›Invasion‹ herrschte in Tibet Leibeigenschaft. Mit die ersten ›Bräuche‹ des Lamaismus, die die Chinesen abschafften, waren Strafen wie Augen ausstechen, Zunge herausreißen und andere Verstümmelungen. Die ersten Krankenhäuser wurden 1951 von der Volksrepublik gebaut, und natürlich beendeten sie das System der Leibeigenschaft. So verloren die Klöster und Großgrundbesitzer ihre unbezahlten Arbeitskräfte – für die Mönchskaste in der Tat eine Katastrophe. Ihre Entrüstungsschreie waren es, die der Westen vernahm. Sie begannen nun, das Märchen zu verbreiten, die Chinesen wollten Steuern auf Buddhastatuen erheben, um die Klöster und letztlich den Buddhismus auszurotten, und zettelten mit solcher Propaganda den Volksaufstand an, der 1959 zur Flucht des Dalai Lama und der kleinen feudalen Oberschicht nach Indien führte. Für keine der anschließend vorgebrachten Behauptungen von Sterilisationen und Deportationen gibt es irgendeinen Beweis. Zeitsprung ins Jahr 2009: Es gibt in Tibet 1643 Tempel – mehr als Dörfer und Städte –, und die Zahl der Mönche und Nonnen, die regelmäßig gegen Völkermord demonstrieren, liegt mit vierzigtausend über der Zahl der Hochschulabsolventen. Ich war nicht in Lhasa, aber ich kann lesen, und wer nicht nur dem Friedensgesäusel des Dalai Lama lauschte, musste doch sehr ins Grübeln kommen. Und zur ›Invasion‹: Solange China von Tschiangkaischek regiert wurde, bestand in den USA kein Zweifel daran, dass Tibet ein Teil Chinas ist. Erst nach dem Zusammenbruch der Nationalregierung im Jahre 1949 begannen sie, ihre Doktrin durchzusetzen, Tibet sei ein »souveräner Staat«. In einem Kapitel von Greenes Buch war auch von Edgar Snows ›The Other Side of the River‹ die Rede, darin fand ich den Hinweis auf sein ›Red Star over China‹, das bereits 1937 in England erschien und dann im Wesentlichen unverändert 1968 in den USA neu herauskam. Ich besorgte mir eine Option für die deutsche Ausgabe, ein Jahr bevor an den März Verlag überhaupt zu denken war. Dass der ›Rote Stern über China‹ bei März erscheinen konnte, war dann nur noch ein kleiner Schritt: Ich nahm bei der Melzer-März-Sezession meine Planungsmappen mit und kaufte diesen Titel, den ich für Melzer angebahnt hatte.

›Roter Stern über China‹ ist *der* Klassiker über die chinesische Revolution. Als erster westlicher Journalist sprach Snow 1936 Mao Tse-tung in Yenan, der Hauptstadt der ersten rotchinesischen Gebiete. Seine Darstellung schildert die soziale Lage in China vor der Revolution und beschreibt die Entwicklung der revolutionären Massenbewegung.

Eine Anekdote am Rande: Franz Josef Strauß überraschte 1975 die Öffentlichkeit mit seiner Reise nach China, wo er mit Mao Tse-tung und Chou En-Lai zusammentraf. Beim Einsteigen in die Maschine hatte er die März-Ausgabe von ›Roter Stern über China‹ unterm Arm.

1969: Pressekonferenz im Jagdschloss Kranichstein anlässlich des Prozesses über die Freigabe von Pornografie. Präsentation der Olympia Filme und Bürgerinitiative ›Rettet den Langen Ludwig‹.

Nachdem wir im Frühjahr 1969 die ersten freiverkäuflichen pornografischen Bücher de facto durchgesetzt hatten, wollten wir im

Herbst auch »andere, bessere Filme« produzieren – was immer das bedeuten mochte. Bernward Vesper empfahl uns die jungen Filmer Michael Geissler und Wolf Gremm aus Berlin. Wir erteilten ihnen den Auftrag, das Ergebnis war leider katastrophal.

Die Kranichsteiner Pressekonferenz im Dezember 1969 anlässlich des Prozesses über die Freigabe von Pornografie in Deutschland stand bevor und weil wir die Vorführung der Filme angekündigt hatten, schnitten wir Sequenzen der Berliner Filme zu einem Potpourri und deklarierten diese als Schnittabfälle. Etwa zweihundert Journalisten der überregionalen und regionalen Presse waren im großen Jägersaal versammelt. Zwei Fernsehteams drehten die Veranstaltung, es wurde viel geredet: Unser Anwalt Johannes Riemann, der Buchhändler Hans-Dietrich zur Megede, Peter Michel Ladiges und ich sprachen zur Situation der Pornografie am Beispiel des ›Barbara‹-Prozesses. Es gab viel zu trinken und ein Buffet.

Die dicke grüne Pressemappe enthielt auf einhundert Seiten ›Die Geschichte der deutschen Olympia Press‹, einen Bericht über die Durchsuchungsaktion ›Die Staatsanwälte kommen‹, die Beschlagnahmebeschlüsse, die Anklageschrift in Sachen ›Barbara‹, eine Dokumentation zur Indizierungspraxis der Bundesprüfstelle für jugendgefährdende Schriften, den ›Reinschmidt-Beschluss‹ zur Vorlage beim Bundesverfassungsgericht und schließlich ein Statement zu Olympia Film.

Zum Schluss der Veranstaltung liefen die als Abfall deklarierten Schnittmuster, ich erklärte, dieses Material könnten die Staatsanwälte ruhig beschlagnahmen und sich in ihrer Asservatenkammer privat angucken. Die Filmclips wurden begeistert aufgenommen und später im ›Spiegel‹ bejubelt. Trotzdem war uns klar, dass wir die Filme der Brüder und Schwestern nicht produzieren können, die Vorkosten gingen à fond perdu. Das konnte ich während der Pressekonferenz aber nicht sagen, die Berliner Filmer hätten sofort einen politischen Skandal gemacht. Man darf nicht vergessen, es handelte sich um Werke der Befreiung! Da stand der dicke Gremm in seiner schwarzen Kampfkleidung, da war Bernward

Vesper als Brothers-and-Sisters-Ideologe, als Glöckchenträger mit langem schütteren Haar und blauer Brille. Da waren die ebenfalls eingeflogenen zwei Mädchen, die, nicht durch Gremms Kamera gesehen, in der Realität ganz gut aussahen. Eins von ihnen schob auch schnell mal den Pullover hoch, um der Presse klarzumachen, dass es hier nicht um die Ausbeutung der Frau gehe, sondern um Selbstfindung. Die beiden brezelten das wortgewandt raus, wie die Berliner Linken es damals konnten. Die Filme waren Scheiße, aber die Frauen argumentierten gut, und sie fanden natürlich auch wirklich gut, was ihre Brüder Gremm und Geissler mit wackelnden Kameras und dampfenden Joints fabriziert hatten. Die Mädchen waren auch bedröhnt, hip und toll, das Reichsche Schwadronieren, das Orgon-Gebrause. Klar war, dass die Journalisten zum ersten Mal in ihrem Leben solche Sequenzen gesehen hatten, sie kümmerten sich nicht um Ideologie oder Orgon, sondern waren eben fasziniert von diesen pornografischen Clips.

Wenig Beachtung fand meine Aktion ›Rettet den Langen Ludwig‹, die erste bundesdeutsche Bürgerinitiative, darin rief ich zur Gegenwehr gegen die Absicht der Darmstädter Staatsanwaltschaft auf, das Ludwigsdenkmal auf dem Luisenplatz als »sittengefährdendes Monument« zu deklarieren, weil der Lange Ludwig unzweideutig den intakten männlichen Geschlechtsapparat symbolisiere. Diese roten Plakate klebten überall in Darmstadt, und ich wurde wegen »ungenauer Adressenangabe« nach dem hessischen Presserecht zu einer Geldstrafe von siebzig Mark verurteilt.

1970: Schröder bringt eine gefälschte Lenin-Briefmarke in Umlauf und frankiert mit ihr ein Rundschreiben an Bundestagsabgeordnete.

Bei einem seiner Besuche im Verlag meinte Otto Jägersberg, damals noch auf DKP-Linie: »Am 22. April ist Lenins hundertster

Geburtstag. Der Weltpostverein hat seinen Mitgliedern die Herausgabe einer Gedenkmarke empfohlen. Frankreich, Holland, Italien und die sozialistischen Staaten machen das. Die Bundesrepublik weigert sich natürlich. Wollen wir sie nicht drucken lassen? Wäre doch eine wunderbare politische Aktion!« Die Idee fand ich gut, also geheime Kommandosache: Uve Schmidt weihte den ehemaligen Banknotenfälscher Horst Baerenz ein, der bei ›pardon‹ arbeitete. Baerenz stellte die Reinzeichnung her: eine rote Zwanziger mit Lenin-Kopf in Kupferstichmanier, links daneben: Deutsche Bundespost. Das sah offiziell aus. Jedoch, wer sollte uns das drucken? Zunächst war keiner bereit, die paar Blatt durchzunudeln, aber schließlich ließ sich die DKP-Druckerei in Frankfurt breitschlagen. Unter verschwörerischer Vergatterung druckte und perforierte sie die Bogen. Als die Auflage fertig war, stellte sich heraus, dass der Fälscher das falsche Geburtsdatum in die Reinzeichnung gesetzt hatte, statt 22. stand da 11. April 1970. Die Marke musste noch mal durch die Presse.

Und als sie endlich fertig war, entwarfen Uve Schmidt und ich einen Brief an die Abgeordneten des Deutschen Bundestages, der mit dem Satz endete: »Kein unschuldiges Kuvert muss rot werden, wenn es die historische Wahrheit im rechten oberen Eck befördert.« Diese Briefe an die Volksvertreter frankierte ich mit einer echten Zehner- und unserer Lenin-Marke. Wir schickten natürlich auch einige Briefe an Freunde.

Ein paar Tage später lud mich die Staatsanwaltschaft wegen Wertzeichenfälschung vor, und es kam zu einem Prozess. Zwar hatte Rechtsanwalt Johannes Riemann mir vor der geplanten Aktion in einem Gutachten versichert, dass die Sache strafrechtlich unbedenklich sei, es könne höchstens eine Ordnungsstrafe dabei herausspringen. Ja, denkste, im Prozess ließ die Bundespost einen Ministerialdirigenten auftreten, der als Gutachter gegen mich herumposaunte. Der gravierende, strafbewehrte Fehler bei meiner Sendung war nämlich, dass ich nicht dreißig Pfennig in gültigen Postwertzeichen neben die Fälschung geklebt hatte. Dann hätte die Bundespost den Lenin als Verschluss- oder Schmuckmarke werten müssen, und es wäre nur eine Ordnungsstrafe für mich herausgekommen, hundertfünfzig Mark ans Rote Kreuz oder so. Statt dessen wurde ich wegen Wertzeichenfälschung und Portodefraudation verurteilt, ein Vergehen, auf das Knast steht, an dem ich gerade noch mal vorbeischrammte. Die Strafkammer nahm es mir besonders übel, dass ich mich weigerte, Drucker und andere Mittäter zu nennen.

Zwölftausend Mark brummten sie mir auf, die ich, nachdem die Berufung verworfen worden war, in Raten abstottern durfte. Denn rechtskräftig wurde das Urteil erst drei Jahre später, als ich wegen des ersten März-Konkurses mit dem Geld gerade sehr knapp war. Da meldete sich Jakob von Uexküll, der Stifter des Alternativen Nobelpreises, ein Briefmarkenexperte. Irgendwo habe ich gelesen, dass er seine Sammlung verkauft hat, um den Preis zu finanzieren. Jedenfalls, dieser Sammler aus alter baltischer Humanistenfamilie fragte mich, ob ich noch einige jener Lenin-Marken besäße. Ich hatte natürlich welche, dazu ein paar Ganzsachen, also gelaufene Briefe, welche mir die Freunde abgeliefert hatten. Uexküll zahlte sechstausend Mark für das Konvolut, sodass ich fünfzig Prozent der Strafe gutmachte. Außerdem klärte er mich darüber auf, dass er erst von der Sache erfahren habe, nachdem sie rechtskräftig geworden war, sonst hätte er als Gegengutachter bei Gericht auftreten können, und es wäre nicht zu diesem Urteil gekommen. In anderen Fällen sei die Post bei Benutzung gefälschter Wertzeichen immer hinten runtergefallen.

Also ein regelrechtes Fehlurteil, aber eben rechtskräftig. Na ja, es gehört zum Schicksal fröhlicher subversiver Aktionen, dass sie im Mief der Gerichtssäle enden. Was uns davon bleibt, ist das eine oder andere Bonmot wie das berühmte Teufelsche: »Wenn es der Wahrheitsfindung dient.« Die geflügelten Worte, die aus meiner Lenin-Aktion heraussprangen, standen eine Woche später im ›Spiegel‹: »›Entschuldigen Sie, dass ich ›wir‹ sage‹, sagte der Angeklagte, ›wenn ich ›wir‹ sage, meine ich immer ›ich‹.‹«

1970: Winfried Kumetat, mit dem Jörg Schröder seit ihrer gemeinsamen Zeit im Westdeutschen Verlag befreundet ist, tritt als Hersteller und Prokurist in den Verlag ein und bleibt bis Anfang 1973 in diesen Positionen.

1970 erscheinen bei März achtunddreißig Titel, darunter Günter Amendt: ›Sexfront‹, Thomas Bayrle: ›Feuer im Weizen‹, ›Erziehung zum Ungehorsam‹ herausgegeben von Gerhard Bott, Leonard Cohen: ›Schöne Verlierer‹, Robert Crumb: ›Head Comix‹, Leslie A. Fiedler: ›Die Rückkehr des verschwundenen Amerikaners‹, Doktor Gormander: ›Als die Kinder die Macht ergriffen‹, Ernst Herhaus: ›Notizen während der Abschaffung des Denkens‹, LeRoi Jones: ›Schwarze Musik‹, Wladimir Korolenko: ›Die Geschichte meines Zeitgenossen‹, Gunter Rambow: ›Doris‹, Michael Rumaker: ›Schwul‹, Günter Seuren: ›Der Abdecker‹, ›Tricontinentale‹, ›Trivialmythen‹ (mit Texten u. a. von Elfriede Jelinek, Rolf Dieter Brinkmann, Wolf Wondratschek, Hermann Peter Piwitt, Friederike Mayröcker), Parker Tyler: ›Underground Film‹.

Das Glück der Leser

Manche Bücher, die mich als Verleger später beglückten, bahnten sich unspektakulär an wie zum Beispiel ›Sexfront‹. Günter Amendt, einer der drei Frankfurter SDS-Zampanos, rief mich Ende Januar 1970 an. Wir waren uns noch nicht begegnet, ich hatte nur mal seinen ›Kinderkreuzzug‹ quergelesen. »Hör mal, Schröder«, sagte er, »Alfred von Meysenbug und ich haben die Idee, ein Buch für Jugendliche über Sexualität zu machen. Darüber sollten wir uns mal unterhalten.« Dass Amendt diesen Vorschlag nicht über

KD Wolff an mich herantrug, wunderte mich nicht, die beiden konnten sich nicht riechen, was weiß ich, welche SDS-internen Querelen dazu geführt hatten. »Treffen wir uns heute abend bei mir zu Hause«, schlug ich vor. Am Bibliothekstisch entwickelten Amendt und Meysenbug ihren Plan: Ein Sexualaufklärungsbuch neuer Art sollte es werden, lustfreundlich, das Gegenteil des verzopften Krams, der bisher erschienen war. Sie hatten noch keine Zeile geschrieben, keine Abbildung lag vor. Klar war nur, dass das geplante Buch durchgehend viele vierfarbige Bilder, Comics und Zeichnungen enthalten sollte, etwa hundertfünfzig Seiten stark sein müsse und nicht mehr als fünf Mark kosten dürfe. »Hundertfünfzig Seiten vierfarbig für fünf Mark, da legen wir drauf!«, sagte ich, »der Ladenpreis müsste mindestens acht Mark sein. Egal, ich mache es. Wann könnt ihr abliefern?« »Das ist noch ein Problem«, meinte Günter, »wir brauchen ein Büro, in dem wir ungestört arbeiten können.« Ich bot ihm an, einen Raum im fünften Stock zu benutzen, wo meine kryptische Agentur ›Bismarc Media‹ residierte. In zwei Zimmern saß Ernst Herhaus mit Barbara Mendzigall als Konzeptmacher, vier standen leer. Zwei davon bezogen die ›Sexfront‹-Macher Amendt, von Meysenbug und Bernhard Korell, ein junger Typ mit hohen Wangenknochen, in den Günter verliebt war.

Sie schrieben ein halbes Jahr lang, zeichneten, konzipierten, telefonierten, empfingen Mitarbeiterinnen und Mitarbeiter. Ich ließ sie in Ruhe. Mit mir besprachen sie aber ihre Titelvorschläge. Keiner gefiel mir, es waren Ungetüme wie ›Sex – von der Straße für die Straße‹, ›Das Sexbuch – für Jugendliche, die selber lesen können‹. Alles unbrauchbar, endlich kam: ›Jugendliche an die Sexfront!‹ »Das ist gut! ›Sexfront‹ ist unser Titel«, sagte ich und skribbelte den später berühmten März-Umschlag: »Sex« schwarz auf gelb in voller Breite, darunter »Front« mit einem roten T, ein typografisches Wortspiel mit Sexfron und -front.

Das Buch wurde dann der wichtigste Sachbuchtitel bei März, weil es eine ganze Generation glücklicher machte. Das ist nicht übertrieben! In der ersten Phase des Verlags bis 1973 verkauften wir hundertfünfzigtausend Exemplare, später bei Zweitausendeins noch mal so viel und danach als Rowohlt-Lizenz weitere hunderttausend. Eine Auflage von vierhunderttausend ist schon ein schönes Stück Holz! Verdient hat der erste März Verlag tatsächlich nichts an ›Sexfront‹, wir mussten ja den Verkaufspreis von fünf Mark einhalten, und wegen des Vierfarbdrucks war der Titel unterkalkuliert. Erst bei Zweitausendeins sah es anders aus, da wurde schwarz-weiß nachgedruckt, und deshalb machte auch März einen anständigen Profit.

Hier geht es aber nicht ums Geld, sondern um das Glück der Leser, denn Sexualität treibt jeden um. Neu, ja sensationell war, dass in dem Buch auf einer ganzen Seite und in Farbe ein nacktes Mädchen mit ihrer Möse locker dasaß und auf der anderen Seite ein Junge mit seinem Schwanz. So wurde das selbstverständliche Bekenntnis zur Lust vorgeführt, dem Triebdurchbruch das schlechte Gewissen genommen. Denn geil waren die Menschen ja immer, jedoch meist verbunden mit Angst, allein das Onanierverbot hat seit Jahrhunderten Hekatomben von Psychen auf dem Gewissen. ›Sexfront‹ befreite von Ängsten. Seine Thesen und Merksprüche zu Liebe, Ehe, Homosexualität, Orgasmus, Potenz und Frigidität verbreiteten sich wie ein Lauffeuer. Ich schätze, zwei Millionen Menschen – wenn ich pro Exemplar nur mal mit fünf Mitlesern rechne – wurden durch ›Sexfront‹ beeinflusst. Die mittelbaren gesellschaftlichen Veränderungen, Amendts Botschaft zu der autonomen Verantwortung im Sexuellen, der Integration von Sexualität und Zärtlichkeit, der sexuellen Gleichheit von Mann und Frau, seine Invektiven gegen Ehe- und Familienromantik, Konsumsex und Leistungszwänge wurden vielfach durch die Medien multipliziert. ›Sexfront‹ hatte den Weg für eine angstfreiere Sexualität freigeschlagen, einfacher gesagt: Die Menschen fickten fröhlicher.

Als Erste kauften linke Schülergruppen das Buch und benutzten es in ihrer ›Sexualkampagne‹. Andere, weniger Mutige, lasen es unter der Bank und lernten es auswendig. An zig Schulen wurde ›Sexfront‹ von den Lehrern zuerst beschlagnahmt, dann gelesen und schließlich sogar im Unterricht benutzt. Frag mal heute einen der Vierzig- bis Fünfzigjährigen, die 1970 Schüler, Studenten oder Lehrlinge waren, was ihnen bei ›März‹ einfällt. Die meisten werden nicht antworten: ›Roter Stern über China‹, auch nicht Bernfelds ›Antiautoritäre Erziehung‹ oder ›Einer flog über das Kuckucksnest‹. Was alle damals durch ihre Wichsgriffel zogen, war ›Sexfront‹, bis das Buch zerfleddert aus dem Leim ging oder die Seiten sich durch ständig wiederholtes Blättern aufwellten, sodass es aussah, als hätte jemand damit gebadet. Wenn mich heute einer fragt: »Schröder? Der März-Verleger?« und ich bejahe, dann huscht ein Lächeln fröhlicher Erinnerung über so manches Faltenwerk, und die Augen blitzen über den Tränensäcken.

Neulich, nach einer ›März Akte‹-Filmvorführung, kam ein Ehepaar auf mich zu, um die Fünfundsechzig, sie eine nette kompakte Frau, er hatte ein buntes Ethnokäppchen auf der Birne und stellt sich vor: »Schmitz. Wissen Sie überhaupt, dass wir Ihnen unsere Aufklärung verdanken?« »Nö, wieso?« »Na, ›Sexfront‹!« »Ach, Sie haben damals das Buch gekauft?« »Nein, nein, unser Sohn …« Der war Pennäler, hatte ›Sexfront‹ unter der Bank gelesen und wurde vom Pauker erwischt: Pornografie! Man bestellte die Eltern zum Direktor, es gab Aufregung, weil ihr Christian etwas Obszönes in der Schule verbreitet hatte. Sie bekamen das Corpus delicti ausgehändigt, um dem Filius den Marsch zu blasen. »Und«, sagte Herr Schmitz, »wir haben ›Sexfront‹ gelesen! Seitdem hat sich unser Leben, das heißt, unser Verhältnis zur Sexualität, verändert. Wir sind also tatsächlich über unseren Sohn aufgeklärt worden.« So etwas hört man als Verleger gern.

Wir waren Ende der Sechziger angetreten, die restriktive Gesellschaft zu verändern, aber schon 1970, als die ›Sexfront‹ erschien, machten sich die rechten Truppen auf den langen Marsch in Richtung Reaktion. Weil gegen die massenhaften Demonstrationen wenig auszurichten war, hatten sich die reaktionären Strategen etwas anderes ausgedacht: Die Bewegung personalisieren! Man inszenierte Rädelsführerprozesse, deshalb saßen 1969 Günter Amendt, Hans-Jürgen Krahl und KD Wolff in Frankfurt auf der Anklagebank. Es ging um die Blockade der Societätsdruckerei, hier wurde die ›Bild‹-Zeitung gedruckt, die mit ihrer Hetze für das Attentat auf Rudi Dutschke verantwortlich war. Ein Demo-Spruch lautete: »›Bild‹ drillte, Bachmann killte!« Die Frankfurter Auslieferung von ›Bild‹ konnte einen Tag lang behindert werden, obwohl die Polizei mit Wasserwerfern und Reitern gegen die randalierenden Studenten vorrückte; die wiederum kämpften mit Steinen und Baulatten, die Transparente wogten: »Zwei, drei Vietnam, fangen wir bei Springer an!«, »Haut dem Springer auf die Finger!«, »Springer-Presse, halt die Fresse!«

Die Anklage gegen die drei Rädelsführer lautete: schwerer Landfriedensbruch. Krahls Vergehen als Theoretiker und Wolffs Megaphoneinpeitscherei stufte das Gericht als minder schwer ein, aber Amendt, der Logistiker und Frankfurter Straßenschlachtengeneral, wurde als Haupttäter verurteilt. Mit Bewährung, denn einfahren musste er nicht. Dieser Schuldspruch hatte jedoch zur Folge, dass der Axel Springer Verlag im Wege der Zivilklage Schadenersatzforderungen wegen Sachbeschädigung und entgangenen Gewinns beim Verkauf von ›Bild‹ geltend machen konnte. Die Summe belief sich auf zweihunderttausend Mark, also eine gute halbe Million heutzutage. Springer wollte Amendt für ewige Zeiten kahlpfänden. Deshalb schloss ich mit Günter einen trickreich vordatierten Verlagsvertrag, in dem stand, dass er seinen Autorenanteil an Alfred von Meysenbug abgetreten habe. So zahlte ich die Tantieme für ›Sexfront‹ zwei Jahre lang an Alfred, der ihm sein Honorar unter der Hand weitergab, bis die Schadenersatzsumme zusammengekommen war. Amendt hatte bei betuchten Linken gesammelt, auch Rudolf Augstein überwies eine nicht unbeträchtliche Summe für den Rädelsführer. Es wurde damals im Zweifelsfall nicht nur links argumentiert im ›Spiegel‹, sondern im Ernstfall auch für Linke gezahlt.

1970: Business Art. Jörg Schröder gründet die ›Bismarc Media‹, eine Agentur, deren Aufgabe es ist, nicht oder noch nicht anschlussfähige Konzepte zu entwickeln.

Im Mai 1970 sagte ich zu Uve Schmidt, der im Verlag als Projektentwickler arbeitete: »Ich stelle mir eine kryptische Agentur vor, wir nennen sie Bismarc Media, und entwickeln nur Konzeptionen. Dazu schaffen wir einen exklusiven äußeren Rahmen: ein Büro mit kühlem Design und einer Atmosphäre der Stille.« Uve nickte. »Aber für die Bismarc Media brauchen wir einen Manager, der nur hin und wieder etwas Intelligentes andeutet – aber keine Statements über die Firma abgibt. Immer, wenn die Rede darauf käme, müsste er vereisen, unnahbar werden. Wer könnte so etwas machen? Ich glaube, den gibt es gar nicht!« Uve verzog das Gesicht, dann sagte er: »Vielleicht könnte Ernst Herhaus das durchziehen, der ist so verrückt.« Ich gab ihm recht.

Bevor ich Ernst anrief, überlegte ich mir: Was erzählst du ihm? Ich konnte doch nicht sagen: »Ernst, du bist verrückt, deshalb setze ich dich in die Bismarc Media und zahle dir fünftausend Mark im Monat, dafür darfst du aber nichts tun.« Hätte ich das nur gemacht! Es ist doch immer wieder der Kardinalfehler, dass man seine besten Ideen verwässert, weil man als kapitalistisch konditionierter Krüppel fünf Sekunden vor der richtigen Entscheidung zurückrudert und versucht, die Sache anschlussfähig zu machen. Denn ich wollte ja mit der Bismarc Media eine Antithese für das pure Gewinnstreben der Verlage schaffen. Diese Idee entsprach meinem unausgesprochenen Wunsch nach Einführung einer induktiven Krise. Den Bann, lediglich Profit zu machen, sollte die Bismarc Media brechen. Was ich wollte, war Business-Art avant la lettre.

Herhaus war fasziniert von der Idee und dem horrenden Gehalt, nahm den kryptischen Job sofort an und entwickelte Konzepte, aber sobald eine Sache anfing, verwertbar zu scheinen, sagte ich: »Stopp, schon faul!« So wurde Bismarc Media zur kryptischen Agentur mit einer Aura von Bedeutsamkeit. Aber selbst antikapitalistische Ideen brauchen im Kapitalismus Kapital. Es war klar, dass ich keine Bank finden würde, die mein AV-Konzept finanzieren würde. AV, so lautete 1970 die Abkürzung für audiovisuelle Medien. Deshalb gründete ich zusätzlich zur deutschen GmbH in Frankfurt noch die Bismarc Media SA in Genf und verbreitete, dass ein ungenannter Kapitalgeber hinter ihr stehe, der dem März Verlag in Frankfurt Entwicklungskosten in Millionenhöhe für das Video(!)-Programm »Kritische Organisation von Praxis« (kurz KOPRA) zur Verfügung stelle. Das stand im Branchendienst ›Kress-Report‹ und erschreckte die Bertelsmann-, Holtzbrinck- und Springer-Manager, die sich aber schnell darüber einig waren, dass die Zeit für diese neuen Medien noch nicht reif sei. Das wusste ich auch, aber ich wollte Know-how ansammeln, Programme produzieren, die, wenn die Zeit reif wäre, sofort verwertet werden konnten. Ich wollte einfach der Erste sein. Meine Idee war: Ich hänge einen Faden in die Medienursuppe, daran werden sich die Geldgeber wie Kristalle ansetzen. Wie es später in der IT-Blase ja tatsächlich funktionierte, als man für jeden Dotcom-Unsinn Geld bekam.

Wenn so was klappt, ist man ein bedeutender Entrepreneur, wenn nicht, ein Hochstapler. Nur hätte ich damals diese Masche besser nicht mit neuen Medien, sondern lunkewitzmäßig mit Immobilien häkeln sollen. Bei Medien läuft es eben anders, da klopft keiner an und sagt: »Schröder, ich gebe dir Geld, entwickle mal ...« Vielmehr fläzten sich die Manager in ihren Drehsesseln und feixten: »Sollen sie dir das doch finanzieren, deine anonymen Schweizer Partner. Wenn es gut ist, was du auf deren Kosten machst, übernehmen wir das Konzept und sparen die Entwicklungskosten.«

Heute weiß ich das, 1970 noch nicht. Die Bismarc Media bezog die fünfte Etage im Frankfurter Westend über dem März

Verlag. Ein fashionables Büro mit Warhols und Lichtensteins Silkscreens an den Wänden. Und im Chefzimmer saß der schwerintellektuelle Ernst Herhaus, er hatte vorher eine Zeitlang als Editor bei Harbridge House Inc. gearbeitet, einer Beratungsfirma, die sich mit dem »Managen des Managements« beschäftigte. Im Umfeld dieser Tätigkeit hatte Ernst Managementberater kennengelernt, pflegte Kontakte zu solchen Wirtschaftsinnovateuren und besülzte sie in der Sprache der Kritischen Theorie. Er war ja eng mit Max Horkheimer befreundet und beherrschte die Terminologie perfekt. Insofern war Ernst auch die richtige Wahl für meine Agentur, die ich ein Jahr später wieder auflöste. Was von ihr blieb, ist reine Literatur, bevor wir die Agentur schlossen, erzählte ich Ernst Herhaus ›Siegfried‹. Also hat die Bismarc Media ihre ursprüngliche Zielvorstellung doch erfüllt.

1984 schrieb Diedrich Diederichsen in einem Aufsatz für den ›Spiegel‹: »So wie Schröder in seinen Erzählungen immer wieder das Geschäftliche an der Kultur hervorkehrt, so betreibt er selber bizarre literarische Geschäfte in verschiedenen literarischen Genres. Einmal hatte er eine Agentur gegründet, die ›Bismarc Media‹, deren Aufgabe es war, nichts zu produzieren. Der Geschäftsführer sollte bloß hochtrabend daherschwafeln, aber nie konkret werden. Leider hielt keiner der angestellten Geschäftsführer dies lange durch. Früher oder später fingen sie an, sich Projekte auszudenken. Auf jeden Fall ein klarer Fall von Konzept-Kunst, von konkreter Poesie in Finanzen. Und das Jahre bevor Baudrillard überall seinen philosophischen Horror vor dem Produzieren verbreitet.«

Und nun zu einem Treppenwitz – nein, eher zu einem über Trittbrettfahrer: Sechzehn Jahre nach der Realisierung meines Konzepts gründete der Journalist und Autor Helmut Höge eine eigene ›Bismarc Media‹ – natürlich ohne mich zu fragen. Dreist, wie der Bursche ist, rückte er in sein Buch ›Babelsberg‹, das er ebenfalls unter dem Autorennamen ›Bismarc Media‹ veröffentlichte, eine editorische Notiz ein: »Bismarc Media (1988 wiedergegründet) ist eine Agentur wie so ziemlich jede andere auch; sie beschäftigt sich vorwiegend, um nicht zu sagen ausschließlich, mit dit und dat (Singularitäten), schon allein aus Neugier und Interesse, aber auch, weil sich immer wieder, quasi naturwüchsig, die Notwendigkeit zum Geldverdienen einstellt. Das Motto der hier vorliegenden Textsammlung versucht diesem Doppelmotiv Rechnung zu tragen: ›Bildet Bände!‹ Das Künstlerhaus Bethanien hat dieses Buch im Rahmen eines internationalen Atelierprogramms finanziell gefördert. Es erscheint zum Abschluß des einjährigen Arbeitsaufenthaltes der Agentur Bismarc Media im Künstlerhaus.«

Eine seiner Helfershelferinnen in der sogenannten Künstlergruppe ›Bismarc Media‹, die Journalistin Sabine Vogel schrieb dazu in der ›Berliner Zeitung‹ vom 17. Januar 2009: »Der West-Berliner Kultursenat (CDU) hatte das Projekt mit 7000 Mark gefördert. ›Besser machen‹ lautete der Obertitel. Das Motto entstammte einem Zitat von Bismarck, weshalb wir uns für die Dauer des Projekts Bismarc Media nannten.« Alles in allem ein klarer Fall von Diebstahl einer künstlerischen Trademark.

1970: Das Schloss. Jörg Schröder plant eine Factory und kauft zu diesem Zweck das Herrenhaus in Niederflorstadt (Wetterau), welches später als »Schloss im Taunus« durch die Medien geistert.

Die Bücher der Olympia Press waren ein ökonomischer Riesenerfolg, es lag also nahe, einen Zahn zuzulegen. Ich schritt von einer schrillen Aktion zur anderen, produzierte im literarischen Bereich eine Attraktion nach der anderen, setzte mit der politischen Literatur eine Provokation auf die andere, und im trivialliterarisch-pornografischen ebenfalls. Alles oszillierte, berührte und überlappte sich, die Literatur-Literatur schwappte ins Triviale, die Trivialliteratur in die Kunst-Kunst. Was in diesem Zirkus fehlte, war Musik, davon hatte ich nicht genug Ahnung, aber sie sollte später auch noch dazukommen. Denn in Niederflorstadt, zwanzig Kilometer nördlich von Frankfurt a. M., wollte ich eine Medienfabrik gründen. Das Schloss wurde nicht gekauft, damit Schröder Schlossbesitzer wird, sondern es war von Anfang an als Medienfabrik geplant.

Das Ganze war eine Adaption der Warholschen Fabrik, der Verbund unterschiedlichster ästhetischer Produktionen. Meine Überlegung war: Ich mache vor, wie man mit Literatur reüssiert, später werden andere professionelle Leute dazustoßen. Wir brauchen ein großes Gebäude für eine Verlagsauslieferung, diversifizierte Kulturproduktionen: für die Bismarc Media, Filmer, Künstler, Architekten, Modemacher, Musiker. Und die Wertsteigerung der Gebäude sollte natürlich auch die Verlagsproduktion absichern. So war die Fabrik im Schloss gedacht, aber das wollten die Medien von mir nicht hören, für den ›Stern‹ war ich der »Pornokönig mit Schloss«.

1971: Alfred von Meysenbugs ›Lucy's Lustbuch‹ wird in einer Nacht-und-Nebel-Aktion von der Generalstaatsanwaltschaft Frankfurt beschlagnahmt. Später werden zehntausend Exemplare eingestampft, weil die Comic-Figuren Politikern wie Rainer Barzel, Willy Brandt, Franz Josef Strauß sowie anderen Prominenten aus Medien- und Tagesleben zu ähnlich sind.

Bereits 1968 hatte Alfred von Meysenbug im Heinrich Heine Verlag ›Super-Mädchen. Das Ende der Verkäuferin Jolly Boom‹ veröffentlicht. Als Modell für Jolly diente ihm Carla Aulaulu, eine von Rosa von Praunheims Musen. Alfred bot mir nun einen neuen Comic an und beschrieb das Projekt so: »Das Mädchen Lucy wird zum ›Bravo‹-Girl des Jahres gewählt, das Ganze ist eine Polemik gegen die ›Bravo‹-Generation und den Konsumismus.« Fand ich gut. ›Lucy's Lustbuch‹ sollte der Titel lauten. Meysenbug hing bei seinen Figuren dem Prinzip der Wirklichkeitsdopplung an, das musste so sein, weil er nicht frei zeichnen konnte, er brauchte Vorlagen. Zunächst fertigte er ein Storyboard der Szenen an, dafür posierten seine Freunde und Freundinnen. Diese Szene wurde fotografiert, und er begann, das Foto zum Comic umzuzeichnen. Die Hauptdarstellerin des neuen Comics hieß Lucy, sie gehörte zum Kreis der Frankfurter Bohème-Mädchen, die Pornografie als Befreiung propagierten, wozu auch Fatima Igrahim zählte, die sich Diddy Wah Diddy nannte.

Ich schloss mit Alfred einen Vertrag, zehntausend Mark Vorauszahlung, davon dreitausend sofort, und er begann ganzseitige Comics zu zeichnen. Wir hatten das Buch zum Herbst 1971 angezeigt, aber es zog sich. Endlich rückte der Künstler mit den ersten Blättern seiner ›Bravo‹-Story heraus, die Geschichte ging ganzseitig los: Lucy fragte ihre Mutter: »Mutti, bin ich eigentlich hübsch?« Auf Seite drei antwortet die Mutter: »Nein, mein Kind. Du bist nicht hübsch, du bist sinnlich.« Auf den nächsten Seiten lieben sich Dora und Lucy, hinter ihnen auf dem Fernsehschirm Mick Jagger, und während Mick singt, haben die beiden Mädchen einen Orgasmus. Lucy schickt ihr Foto an die ›Bravo‹-Redaktion, und damit war erst mal Schluss der Vorstellung. Etwas dünn. Nach zwei Monaten wieder ein paar Tableaus, elf an der Zahl. Nach Mick Jagger – Meysenbug brauchte nicht nur für Lucy und Dora wirkliche Personen als Modell – kam in grünem Jackett und Pop-Krawatte unverkennbar Dieter Thomas Heck über die ganze Seite: »Und nun, meine Damen und Herren, das Girl des Jahres: ›Bravo‹-Girl '71 – Lucy!!«

Bei Seite sechsundzwanzig hatte Meysenbug sein Pulver verschossen. »Das soll alles sein«, fragte ich ihn, »diese sechsundzwanzig Seiten? Bei aller Liebe zur Kunst, da können wir kein Buch draus machen, das ist ja noch nicht mal ein Heft.« »Was soll ich jetzt noch erfinden? Das ist die Geschichte.« »Wir haben hundert Seiten vereinbart. Du musst es weiterstricken! Wir brauchen mindestens hundert Seiten! Oder meinetwegen achtzig, wenn man auf bretterdickem Papier druckt, wenn wir das Buch verkaufen wollen für dreißig Mark. So ist es ja nun nicht mehr, dass wir wegen eines Schwanzes und einer Möse dreißig Seiten für dreißig Mark verkaufen können. Das hauen mir die Kunden um die Ohren.« »Was soll ich denn noch machen? Mehr fällt mir nicht ein.« »Dann ist der Titel gestorben.«

Meysenbug wollte sich die Sache noch einmal überlegen. Das hätte er besser nicht getan, denn bald darauf überraschte er mich mit der Idee, dass Lucy und ihre Freundin Lili – ein anderes Frankfurter Blondie – als ›Bravo‹-Girls zum Bundespresseball eingeladen werden. Ich dachte mir nichts dabei: »Meinetwegen.« Es vergingen sechs Wochen, da kommt der Hersteller Winfried Kumetat zu mir ins Zimmer: »Sieh dir mal an, was Meysenbug uns eben für einen Anschluss gebracht hat. Damit kriegen wir Ärger!« Alfred hatte sich Fotos vom Presseball besorgt, dazu solche von Popstars. Sein erstes Tableau hieß dann auch: »Skandal beim Presseball«. Im Vordergrund Lucy in Strapsen, dahinter Lili nackt auf dem Sofa, neben ihr singt Roy Black, und am Buffet stehen Willy Brandt und Walter Scheel – unverkennbar. Nächstes Bild: Franz Josef Strauß mit der Sprechblase »Gibt's hier wos z'ficken?«, hinter ihm Max Greger und Marianne Koch, neben ihm Rainer Barzel. »Ouuuuh«, stöhnte Kumetat, »das können wir nicht machen.« »Aber jetzt hat er endlich mal geliefert. Wie geht es weiter?« Zwei Bilder mit Lili, Lucy und Roy Black, eine kleine Schaunummer: Lucy und Lili nackt auf dem Buffet und wieder Franz Josef Strauß lüstern hinter dem Hintern von Lucy. Das nächste: »Geile Journalisten starren auf Lucys wippenden Busen.« Der geile Journalist ist Thilo Koch. Jetzt räkelt sich Lucy zwischen den Happen, Werner Höfer und Willy Brandt sehen ihr interessiert zu. War ja ganz intuitiv, lange bevor Willy Brandts Guillaume-Weiberaffären bekannt wurden. Anschließend eine laszive Szene, in der Lucy sich auf dem Tisch räkelt und Roy

Black fragt: »Gehn wir?!!« Er begleitet sie zum Hotelzimmer: »Darf ich mit hereinkommen?« »Ja! Komm rein, komm tief rein!«

Wir kratzten uns am Kopf. »Mit Roy Black, das mag noch hingehen«, meinte ich, Meysenbug hatte eine achtseitige Kopulationsszene mit Lucy und ihm gemalt, »aber mit den Politikern kriegen wir Ärger!« Kumetat, immer praktisch und selbst ein geübter Portraitdilettant – er hatte in seiner Jugendzeit in Afrika Buschmänner für ein ethnologisches Museum gezeichnet –, sagte: »Ich fummele die so um, dass sie nicht mehr zu erkennen sind, dem Strauß und dem Barzel male ich einfach einen Schnurrbart.« Diese Bärte gelangen ihm nicht so recht. Immerhin waren wir jetzt schon bei Seite dreiundvierzig. Jetzt zog Meysenbug noch Fatima Igrahim hinzu, neue Fotos wurden angefertigt vom Trio Lucy, Lili und Diddy. Eine weitere konsumkritische Geschichte folgte: Die drei im Kaufhaus, dort stürzen sie sich auf die Verkäufer, dargestellt von Peter Alexander und Heino. Denen werden die Hosen runtergezogen, dann geht es los nach allen Regeln der Kunst. Der Künstler hatte jedes Maß verloren, denn in einer Verkäuferapotheose mussten nun auch noch Rudi Carrell, Hans-Joachim Kulenkampff, Freddy Quinn, Günter Netzer und Horst Buchholz dran glauben. Es endete auf Seite zweiundsechzig in einer Massenvögelei.

Die Produktion des Buches dauerte ein Jahr. Der Titel war vom Handel kaum vorbestellt, es gab manche Titel bei März, über die wir vor Erscheinen nur raunten. Auch die Vertreter wussten nicht mehr als: »Das wird ein dicker Hund.« Solche Bücher lieferten wir ›unverlangt‹ aus, daran waren die Buchhändler gewöhnt bei heiklen Themen. So sollte es auch mit ›Lucy's Lustbuch‹ geschehen. Der Druck war extrem teuer, achtzig Vierfarbtafeln auf Hundertsiebzig-Gramm-Karton. Gebunden wurde das Buch in starke Pappe, glanzfolienkaschiert, es wog achthundert Gramm. Natürlich erschien ›Lucy‹ nicht unter dem Autorennamen Alfred von Meysenbug, wegen des brisanten Inhalts wählte er das Pseudonym ›Alfred Demarc‹.

Wir schickten die ersten Unverlangtsendungen an die einschlägigen Buchhandlungen, also etwa dreihundert Läden. In Windeseile kamen die Exemplare wieder zurück, die Händler remittierten sie: »Nicht scharf genug, interessiert uns nicht!« Wenn man ›Lucy's Lustbuch‹ heute durchblättert, so haben die Blätter den Pop-Charme der sechziger Jahre, für Pornointeressenten war es nichts. Denn wer sich auf ›Lucy‹ einen runterholen kann, kann sich auf alles einen runterholen. Die Prominentengesichter irritieren zu sehr, der Schwanz von Elvis ist eben kein anonymer Schwanz, da lacht man sich nur kaputt, wie der dasteht mit diesem Riesenriemen.

Die Reaktion des Handels war also verständlich. Ganz anders sah es die Staatsanwaltschaft. Bei unserer Auslieferung erschien ein Polizeitrupp. Jeder Beamte war mit zwei Kartons bewaffnet, ein richtiges Rollkommando, und räumte das ›Lucy‹-Lager, zweitausend Exemplare der ersten Bindequote. Der Rest der Auflage lagerte bei der Binderei und wurde ebenfalls beschlagnahmt. So war es vorher noch nie zugegangen, trotz zwischenzeitlicher Liberalisierung war hier eine große Aktion im Gange. So tranig sich die Polizei sonst oft anstellt, wenn Druck von oben kommt, dann wird unten Druck gemacht. Was bedeutete, dass die gesamte Auflage von zehntausend Exemplaren – bis auf ein paar Handexemplare – in der Asservatenkammer der Frankfurter Staatsanwaltschaft lag.

1971: Weitere März-Bücher u. a.: ›Architektur extra‹, Rosa Camerada: ›Love Love‹, Hans Henning Claer: ›Laß jucken Kumpel‹, Leonard Cohen: ›Blumen für Hitler‹, George Dennison: ›Lernen und Freiheit‹, Jim Dine: ›Gedichte und Zeichnungen‹, Rosemarie Heinickel: ›Rosy Rosy‹, David Horowitz: ›Big Business und kalter Krieg‹, ›Mondstrip – Neue englische Prosa‹, Hermann Peter Piwitt: ›Das Bein des Bergmann Wu‹.

Leonard Cohen: ›The Old Revolution‹

I finally broke into prison
I found my place in the chain
Even damnation is poisoned with rainbows
All the brave young men they're waiting now to see a signal
Which some killer will be lighting for pay.
  Into this furnace I ask you now to venture
  You whom I cannot betray.

I fought in the old revolution
On the side of the ghost and the king
Of course I was very young and I tought that we were winning
I can't pretend I still feel very much like singing
As they carry the bodies away.
  Into this furnace I ask you now to venture
  You whom I cannot betray.

Lately you've started to stutter
As though you had nothing to say
To all of my architects let me be traitor
Now let me say I myself gave the order
To sleep and to search and to destroy.
  Into this furnace I ask you now to venture
  You whom I cannot betray.

You who are broken by power
You who are absent all day
You who are kings for the sake of your childrens' story
The hand of your beggar is burdened down with money
The hand of your lover is clay.
  Into this furnace I ask you now to venture
  You whom I cannot betray.

Ein Gedicht aus dem Jim-Dine-Band

A Window
a spoon lies on my shelf
being fucked by the knife and cuddled by your fork
all three came from Japan
they make a lot of things in stainlees steel there nowadays

Ein Fenster
ein löffel liegt auf meinem regal
er wird vom messer gevögelt und von deiner gabel umarmt
alle drei kamen aus Japan
sie machen dort viele dinge aus rostfreiem stahl heutzutage

1971: Im Magazin ›Stern‹ erscheint ein Artikel über Jörg Schröder und seine Verlage. Maurice Girodias erwirkt daraufhin einen Pfändungsbeschluss. Schröder schließt ein Moratorium mit seinen Lieferanten. Die deutsche Olympia Press geht im Vergleichswege an Maurice Girodias. Die Kommanditisten Peter Beitlich, Anne Hansal, Adolf Heinzlmeier und KD Wolff scheiden nach nur zweijähriger Beteiligung am März Verlag aus, sie erhalten eine Abfindung von je fünfundzwanzigtausend DM, Jörg Schröder bleibt alleiniger persönlich haftender Gesellschafter des März Verlags.

Absurderweise begann mein Sturzflug mit dem gloriosen Medienspektakel, nämlich einem sechsseitigen ›Stern‹-Bericht. So wie den ›Spiegel‹ als Nachrichtenmagazin las damals noch jeder den ›Stern‹ als Qualitätsillustrierte. Die Geschichte vom Aufstieg des

Buchhändlers Jörg Schröder zum Verleger mit Jaguar und Schloss schlug ein, die Geschäfte liefen blendend, als der ›Stern‹-Artikel erschien, kurz zuvor hatte ich Beate Uhse gerade eine Auflage des ›Love Love‹-Fotobandes verkauft. Sie schickte einen Verrechnungsscheck über dreihundertfünfzigtausend Mark. Die Bank für Gemeinwirtschaft hatte eine Zwischenfinanzierung für die erste Baustufe des Schlosses zugesagt, da stellte der Gerichtsvollzieher einen Arrest- und Pfändungsbeschluss gegen das Schlossgrundstück und sämtliche Konten zu, den der Anwalt Ulrich Fritze für Maurice Girodias erwirkt hatte. Höhe der Schuldsumme: fünfhundertfünfzigtausend Mark.

Falsa demonstratio

Wie der Rechtsanwalt auf diese stolze Summe kam, mit welchem juristischen Trick er die Pfändung erwirkte und wie ich trotz eines klassischen Falles von ›falsa demonstratio‹ zunächst den Kürzeren zog, will ich hier nicht aufdröseln, nur so viel: Zwar lautet der Kernsatz ›falsa demonstratio non nocet‹ ins Deutsche übersetzt ›eine falsche Bezeichnung ist nicht nachteilig‹, aber solange Konten und Grundstücke durch einen Arrestbeschluss eingefroren sind, ist das sogar sehr von Nachteil. Die Nachricht von der Pfändung verbreitete sich lauffeuerartig unter meinen Lieferanten: »Olympia Press, März, Schröder in Schwierigkeiten!« Gerade erst dieser bombastische Artikel im ›Stern‹, und jetzt: »Schröder musste die Zahlungen einstellen!« Panik bei allen Druckern! Ein solches Fiasko wünsche ich meinen ärgsten Feinden von ganzem Herzen. Gestern noch auf stolzen Rossen, nun von aufgeregten Lieferanten bestürmt.

Nein, Banken bestürmten mich nicht, ich bestürmte die Banken, aber ohne Erfolg. Du kannst denen in einer solchen Situation erzählen, was du willst, noch so viele juristische Argumente runterrasseln, für die Dauer des Arrestbeschlusses geben sie dir keine Mark. Übrigens auch dann nicht mehr, wenn er endlich aufgehoben ist. Gelingt es einem Gegner, ein Unternehmen, das auf Hochtouren läuft, auf diese Weise zu treffen – dann gute Nacht! Mir blieb nichts anderes übrig, als den Druckern am Telefon zu verkünden: »Kein Problem, die Forderung von Girodias ist nicht berechtigt! Wir brauchen höchstens einen Monat, um die Sache juristisch zu klären, dann bekommen Sie Ihr Geld.«

Aus dem tollen Verleger war innerhalb kürzester Zeit ein Krisenmanager geworden. Einen Vergleich wollte ich nicht beantragen, zwar schützt dich der vor Vollstreckungen einzelner Gläubiger, aber das Gericht setzt dir einen Rechtsanwalt vor die Nase, also kannst du selbst keine Entscheidung mehr treffen. Praktisch ist damit ein Unternehmen am Ende. Ich beschloss deshalb, ein außergerichtliches Moratorium zu vereinbaren, verfasste einen Brief, in dem ich die Lage schilderte, und lud die Lieferanten ein. Etwa fünfzig erschienen, saßen dicht gedrängt im Großraumbüro der Bismarc Media, schwenkten ihre Rechnungen und Saldenaufstellungen wie Pamphlete. Diese Versammlung an einem heißen Junitag des Jahres 1971 hatte etwas Groteskes: die Hitze, das Pornografiesujet und nun die Schulden mischten sich zu einer Demimondeatmosphäre, wie du sie aus Romanen und Stücken zum Beispiel von Alexandre Dumas fils kennst, besser noch aus den Verfilmungen dieses Genres, wo die Helden, die eben noch das große Rad drehten, nun von Schneidern, Schustern und Karossenbauern belagert werden.

Meine Gläubiger zogen vom Leder, frag nicht nach Sonnenschein! Herr Klemme von der Buchbinderei Klemme und Bleimund aus Bielefeld hielt den ›Stern‹ hoch und trompetete, er habe mich schon immer vor Größenwahn gewarnt – dabei war er selbst einer der Hauptsponsoren von Arminia Bielefeld. Jahrelang hatten sich solche Leute beflissen um Aufträge beworben, jetzt konnten sie diesem Typen, der auf ihre Kosten in Saus und Braus lebte, endlich mal die Meinung sagen. Eine tolle Mischung aus Belehrungen, aufgeregter Ängstlichkeit um das Geld und Penisneid wegen zwei nackter Mädchen an den Schlosstorpfosten im ›Stern‹. Obwohl es ja ernst war, hatte das etwas Komisches. Ich nahm dieses Tribunal nicht wie ein Luftikus auf die leichte Schulter, aber bisher hatte ich immer das Glück, gleichzeitig auch die Komik solch ernster Situationen zu erkennen. Du entweichst einfach für Momente aus deinem eigenen Gehäuse, beobachtest wie ein fremder Dritter, dass sich fünfzig Leute vor einem kleinen Schröder aufplustern. Ich ließ die Gläubiger brüllen und wüten, nach einer halben Stunde waren sie erschöpft. Dann begann ich mit meiner Ansprache: »Ich möchte Ihnen einige Vorschläge machen, wie Sie zu Ihrem Geld kommen. Sie sollten aus Ihrem Kreis einen Beirat wählen, der Ihre Interessen wahrt. Ich werde diesen Herren meine Karten aufdecken und mit ihnen gemeinsam die Auszahlungsquoten festlegen. Dazu verspreche ich, den Gläubigern des März Verlags eine Grundschuld in Höhe der Verpflichtungen auf mein Anwesen in Florstadt eintragen zu lassen, sobald es von dem unberechtigten Arrest befreit ist, den Maurice Girodias gegen mich erwirkt hat. Sollten Sie meinem Vorschlag nicht folgen wollen, so bliebe mir keine andere Wahl, als einen gerichtlichen Vergleich für die Olympia Press und den März Verlag zu beantragen. Damit wären Vertrieb und Verkauf des Lagers blockiert, und Ihre Forderungen ließen sich nur zu einem Bruchteil realisieren.«

Schon war Ruhe, Herr Klemme machte seinen Bleimund zu, und alle fanden meinen Vorschlag, das Grundstück als Sicherheit zur Verfügung zu stellen, akzeptabel. Sie wählten aus ihrer Mitte einen Beirat, der bestand aus Herrn Bosse, dem Prokuristen einer Druckerei, die ›Love Love‹ produziert hatte, ich schuldete ihr rund fünfzigtausend Mark, der Zweite hieß Hucker und arbeitete bei Mai & Co. in Darmstadt, die Druckerei ist inzwischen auch pleite. Der Dritte war ein Rechtsanwalt namens Schnabel, er vertrat mehrere Frankfurter Lieferanten. Dieses Triumvirat begleitete mich anderthalb Jahre, bis ich doch Vergleich anmeldete. Noch heute könntest du mich mit dem Ruf »Hucker, Bosse, Schnabel!« aus dem Tiefschlaf wecken.

1972: Trotz angespannter wirtschaftlicher Lage erscheinen siebzehn Titel im März Verlag, darunter: Paulus Böhmer: ›Aktionen auf der äußeren Rinde‹, Bernd Brummbär und Wolf Wondratschek: ›Die Hundente‹, Carlos Castaneda: ›Die andere Realität‹, Ulrich Dix: ›Sport und Sexualität‹, Frantz Fanon: ›Für eine afrikanische Revolution‹, Heinrich Hannover: ›Der müde Polizist‹, Ken Kesey: ›Einer flog über das Kuckucksnest‹, Esteban López: ›Liebe und Tarock‹, Willi Münzenberg: ›Propaganda als Waffe‹, ›Die Nazi-Olympiade‹, Neil Postman und Charles Weingartner: ›Fragen und Lernen‹, Jörg Schröder und Ernst Herhaus: ›Siegfried‹.

Propaganda als Waffe

Zum Thema Hitler-Propaganda schrieb Willi Münzenberg: »Eine große, vielleicht die entscheidende Rolle hat in der Hitler-Propaganda die Gewalt gespielt, die an Bedeutung immer noch gewinnt. Seit ihren Anfängen hat diese Propaganda Gewalt eingesetzt und war entschlossen, die ›Ideen‹ der Bewegung mit Gewalt dem Volk aufzuzwingen. Die Gewaltanwendung wurde mit der Hitler-Propaganda selbst geboren und war nicht nur der wichtigste, sondern vielleicht sogar der einzige Gedanke, der in der Konzeption in aller Klarheit und Schärfe vorhanden war, als man sich entschloss, die ›Bewegung‹ zu schaffen. Gewalt und Propaganda sind unzertrennlich miteinander verbunden, und ohne Gewalt ist die Hitler-Propaganda nicht vorstellbar … Es war ein Novum in der Geschichte der Parteien Deutschlands, dass in einer Versammlung kein Widerspruch, kein Zwischenrufer, keine Diskussionsgelegenheit geduldet wurde, für den Gegner überraschend, der sich wehr- und schutzlos von einer bewaffneten Horde auf ein gegebenes Zeichen plötzlich überfallen sah. Die Hitler-Propaganda machte aus jedem dieser feigen, tückischen Überfälle einen Sieg und wagte es noch, sich selbst als von ›Verbrechern‹ überfallen zu bezeichnen. Die Methode der Gewalt zur Niederknüpplung des politischen Gegners wurde entwickelt und auf die gesamte terroristische Tätigkeit der SA übertragen, bis sie in den grauenvollen Aktionen nach dem Reichstagsbrand, den unzähligen ›Nächten der langen Messer‹, ihren Höhepunkt erreichte.«

1972: Das Großzitat ›Die Nazi-Olympiade‹ erscheint als Protest gegen die Münchner Spiele 1972.

Aus Protest gegen die Münchner Spiele 1972 veröffentlichte der März Verlag als Großzitat den Nachdruck des ›Nazi-Olympiade-Albums‹ mit einem Nachwort von Gerhard Zwerenz, daraus ein Auszug: »Die Nazi-Olympiade ist als größtes Olympia-Fest in die Sport- und Weltgeschichte eingegangen. Die organisatorische Großzügigkeit und rituelle Eindringlichkeit ihrer Manifestationen machen Eindruck in aller Welt. Zwar hat das Internationale Olympia-Komitee die Repräsentations- und Redelust des A. H. gebändigt, ihm die Eröffnungsworte einzeln vorgeschrieben und gewisse Verhaltensweisen erzwungen, der Restbestand aber reicht dem Veranstalter. Er erscheint in beinahe würdevoller Zurückhaltung vor dem Publikum in aller Welt; man sieht auf Berlin und erblickt A. H. als Symbol. Kein Kino kann daran vorbei. A. H. und Berlin und Olympiade und Nazi-Deutschland verschmelzen zur Einheit. Olympia mit seinem grandiosen Ablauf, seinen Mysterien der Massenaufmärsche und Massenbegeisterung soufflieren der Welt die Größe dieses braunen Deutschland. Olympia signalisiert nationalsozialistische Kultur, die Organisatoren ernten internationale Respektabilität. Wer will da noch auf die grimmigen Warnungen aus Deutschland geflüchteter Emigranten hören? Heinrich Mann mag reden. Tausende von Sportlern und ein Vielfaches von Gästen sind in Berlin dabei, erleben Olympia und kehren trunken von Hochgefühl heim, verliebt in Deutschland, mindestens gerührt oder angerührt. Die Olympiade von 1936 ist das Exempel der Vereinbarkeit von Sport und Wahn. Die nichts als Sportler zu sein glauben, sind schon die Opfer derer, die System in den Wahnsinn bringen. Im ›Angriff‹ steht bei Eröffnung der Olympiade die Regieanweisung: ›In den nächsten Wochen müssen wir charmanter sein als die Pariser, gemütlicher als die Wiener, liebenswürdiger als die Römer, weltmännischer als die Londoner und praktischer als die New Yorker.‹«

Frühjahr 1972: Jörg Schröder erzählt Ernst Herhaus ›Siegfried‹. Im Herrenhaus von Niederflorstadt wird der Fernsehfilm ›Immobilien‹ gedreht, nach autobiografischen Motiven aus dem Leben von Jörg Schröder, während gleichzeitig Verkaufsverhandlungen über das Grundstück geführt werden.

Im Herrenhaus von Niederflorstadt wurde für das ZDF der Film ›Immobilien‹ gedreht mit Starbesetzung: Maria Schell, Karlheinz Böhm, Christine Kaufmann, Hans von Borsody, Eva Mattes, Wolfgang Kieling, Siegfried Wischnewski, Veit Relin, Alwy Becker, Dieter Borsche, Lisel Christ u. v. a. Otto Jägersberg und ich hatten das Drehbuch geschrieben, eine halbfiktive Geschichte über den Kauf eines Schlosses und seine Bewohner. Dramaturg war der junge Helmut Dietl, der spätere Regisseur von ›Kir Royal‹.

Während der Renovierung für die Dreharbeiten erzählte ich Ernst Herhaus den ›Siegfried‹. Dass es dazu kam, verdankt sich Ernsts Beharrlichkeit und einem Sportunfall. Im März Verlag ging es turbulent zu, ich wollte das Grundstück in Niederflorstadt verkaufen, um mit dem Erlös den Verlag zu sanieren. Im Herrenhaus arbeiteten zwei Anstreicher, einer hieß Fleck, ein röchelnder Nitroschnüffler. Den hatte ich unterschätzt. Als ich eines Mittags nach dem Fortschritt der Arbeit sehen wollte, kickten die beiden Maler in der Mittagspause auf der Wiese unter den Kastanien. Es gab dort einen großen Park, auf der Parkwiese bolzten sie, und ich machte mit, es wurde ›Zweie auf ein Tor‹ gespielt. Die Kondition der beiden war besser als meine, als mir die Puste ausging, hielt ich mein Bein hin und foulte. Fleck machte die Blutgrätsche und trat gegen mein ohnehin ramponiertes Bein.

Es war damals auch die Rede von einem ›Verlegerkochbuch‹, das ich erzählen wollte. Otto Jägersberg hatte es Diogenes angeboten, aber Daniel Keel meinte: »Ich möchte nicht die Katze im Sack kaufen, sondern vorher das Manuskript lesen.« Ich dachte: Na, dann mache ich es lieber selbst. Über dem Kampf um die Wechselspitzen vergaß ich es wieder. Jetzt lag mir Ernst Herhaus in den Ohren: »Du bist doch ein großer Erzähler …« Ich hörte es nicht ungern. Vermutlich, wenn Daniel Keel mir geschrieben hätte: »Ich mache das Buch und schicke Ihnen einen Vertrag«, wäre es nie zustande gekommen. Ich hätte dann wohl gesagt: »Ich habe was anderes zu tun, als ein Buch zu erzählen für fünftausend Vorschuss. Es geht jetzt um das Schicksal des März Verlags, also um fünfhunderttausend Mark!« Doch weil ich das Gefühl hatte, Daniel Keel traut mir ein Buch nicht zu, löckte es wider den Stachel.

Kairos! Wegen der Knochenhautentzündung musste ich liegen, und Ernst Herhaus setzte sich an mein Bett. Er brachte einen klapprigen Philips-Recorder mit, sagte in seiner apodiktischen Art: »Jetzt musst du mal erzählen.« Er hatte damals ein Mantra, er arbeitete an seinen ›Apathie‹-Notizen, wollte nur zuhören, Erzählungen sammeln, eine neue Form von authentischer Literatur schaffen. Ich lag da, machte mir Sorgen über meine Wechsel und Gedanken über diesen und jenen Immobilieninteressenten für Niederflorstadt. Und Ernst sagte: »Bitte erzähle.« Ich begann zu reden, Ernst hörte gespannt zu und lachte viel, das motivierte mich. Und ich sagte: »So, nun wollen wir mal richtig anfangen. Geh doch mal hinten in die Bibliothek, da stehen ein paar Aktenordner.« Meine Mutter hatte ein Fotoalbum angelegt auf Kartonblättern, wie sie ihr gerade in die Finger kamen, die ersten drei blau, dann ein gelbes, dann ein grünes, ein rotes, alle nicht auf Register gelocht, kreuz und quer die Fotos. Aber die Legenden standen säuberlich darunter: »Rewahl bei Kolberg 1940«, »Misdroy 1941«, »Garmisch 1942« ... Und ich fing an: »Mit Säbel und Uniform, das war in Garmisch ...« So beginnt ›Siegfried‹, an den Fotos entlang fing ich an, meine Geschichte zu erzählen, aber bald legte ich den Ordner weg. Die ›Siegfried‹-Erzählung entstand in zehn Tagen.

Sofort setzte sich Ernst an die Transkription der Bänder. In drei Wochen war das Manuskript fertig. Seine große Leistung war, dass er den Text – mal abgesehen von einigen Redundanzen – so aufs Papier brachte, wie er erzählt worden war. Ich kann mir keinen zweiten Autor vorstellen, der so selbstlos hinter der Erzählung eines anderen zurückgetreten wäre. Für diese Haltung habe ich Ernst Herhaus bewundert und werde ihm immer dankbar bleiben.

Herbst 1972: Jörg Schröder liegt mit einer Hepatitis im Krankenhaus. ›Siegfried‹ erscheint zur Buchmesse. Die Gläubiger des Verlags werden unruhig, sie fürchten um ihre Forderungen, weil sich der Verkauf des Grundstücks hinzieht. März meldet Vergleich zur Abwendung eines Konkurses an.

Schwach und matt lag ich im Frankfurter Krankenhaus zum Roten Kreuz und kümmerte mich um die schlechten Leberwerte. Aber dann ging ein Schwall von Elogen über mich nieder, wogegen die

Apathie keine Chance hatte. Es begann mit einer halben Seite in der ›Frankfurter Rundschau‹ von Gerhard Zwerenz mit der Überschrift »Literarisches Selbstmordkommando«: »Ein so ätzendes, schwarzes, vor Hass und Bosheit schon wieder leuchtendes Buch wurde hierzulande noch nie geschrieben.« Gleich darauf brachte ›Die Zeit‹ eine ganze Seite: »Die Bombe im gelben Umschlag«, Dieter E. Zimmer stellte fest: »Wer Schröder vorwirft, das gehöre sich aber alles ganz und gar nicht, kommt mir vor wie jemand, der einem explodierenden Dampfkessel mit dem Finger droht.« Zwei Tage später erschien die ›FAZ‹ mit der Überschrift: »Nur vier Jahre«, Karl Heinz Bohrer schrieb: »Der März Verlag ist *der* kulturrevolutionäre Verlag gewesen, weswegen ihn gewisse orthodoxe und bornierte Leute, deren Wahrnehmungsvermögen wie das von Blockwarten oder Stromablesern funktioniert, auch nie mochten.« Und das Feuilleton desselben Tages brachte eine dreiviertel Seite von Peter W. Jansen, darin stand der Satz: »Dieser Typ hätte sich alles leisten können – nur nicht dieses Buch –, wenn er nur Erfolg und Leistung hätte ernst nehmen wollen, wenn er den Kapitalismus nicht als zynisches Spiel (und nur als Spiel) betrieben hätte.« Ich belasse es bei diesen Beispielen, tatsächlich sind in nur acht Wochen fünfzig große Rezensionen über ›Siegfried‹ erschienen. Inzwischen beträgt die Gesamtauflage hundertfünftausend, und weitere fünfzig Besprechungen folgten, die im Netz nicht mitgerechnet.

1973: Im Einvernehmen mit dem März-Konkursverwalter wird ein großes Ramschpaket an den Londoner Händler für Modernes Antiquariat Henry Pordes verkauft. Die Deutsche Bank verhindert die Veröffentlichung des ›Omgus-Berichts‹ (Ermittlungen gegen die Deutsche Bank 1946/47), der erscheint 1985 in der ›Anderen Bibliothek‹, herausgegeben von Hans Magnus Enzensberger. Der Fischer Taschenbuchverlag erwirbt ein Lizenzpaket

von März, u.a. die deutschen Rechte der ersten beiden Bände von Carlos Castaneda. Im Herbst 1973 muss die März Verlag Jörg Schröder KG Anschlusskonkurs anmelden, weil die Käufer des Florstädter Grundstücks sich als Betrüger herausstellen.

Als ich für den März Verlag Vergleich angemeldet hatte, wurde mein Steuerberater Blum aktiv, als Retter in dieser Not zauberte er einen Mandanten aus dem Hut, der ausgerechnet auch Schröder hieß. Die Schröder-Familie bestand aus dem Vater und den beiden Söhnen Rolf genannt Robbi und Thomas genannt Tommi. Gemeinsam führten sie die Motoporter GmbH, die mein Grundstück kaufte. Der Kaufpreis war ordentlich, Schröders Motoporter sollte für das Grundstück eine Million zweihundertfünfzigtausend bezahlen, dazu war ein Aufpreis von zweihundertfünfzigtausend vereinbart, der fällig werden sollte, wenn die Baugenehmigung bis zu einer Höhe von vier Stockwerken vorlag.

Wäre das Geschäft ordentlich abgewickelt worden, hätte ich keine Schulden gehabt und sogar über knapp vierhunderttausend Mark freies Kapital verfügen können, nach heutigem Geldwert eine Summe von eins Komma vier Millionen. Damit hätte der März Verlag weiterarbeiten und die Früchte seiner Rechte wie Amendt, Castaneda, Cohen, Kesey und Co. ernten können. Ich wäre heute ein fetter, reicher Verleger, natürlich trotzdem mit fünf offenen und zwei verschlossenen Bypässen, aber einem Haus in der Toskana und wer weiß was sonst noch.

Tatsächlich lief es anders, Jörg Schröder wurde von den Schröders betrogen. Der von Motoporter-Schröder beauftragte Notar tat alles andere, als die vertraglich vereinbarten Grundschulden abzulösen. Entsprechend rüttelte der März-Gläubigerbeirat Hucker, Bosse, Schnabel an mir, und Bruno Frey hatte seine Valuten angemeldet. Trotz aller juristischen Versuche – im Falle des Grundstücksverkaufs an die Schröder-Sippe war das Kind bereits in den Brunnen gefallen. Das war der Trick: Die Motoporter-Schröders hatten selbst keine müde Mark! Sie ließen sich zwanzig Grundschulden in Höhe von je zweihundertfünfzigtausend Mark zugunsten der Aargauischen Hypotheken- und Handelsbank in Baden eintragen. Fünf Millionen, der fünffache Wert! Du kannst dir auf jedes Grundstück Grundschulden eintragen lassen, in welcher Höhe du willst, dem Grundbuchamt ist es egal, solange du die Gebühren zahlst. Anschließend kannst du mithilfe eines Gefälligkeitsgutachtens – das dir jeder beeidigte Sachverständige freudig erstellt, schließlich richtet sich sein Honorar nach dem geschätzten Wert – diese Grundschuldbriefe wiederum beleihen oder als Sicherheit für Beteiligungen anbieten.

Die Motoporter-Hochstapler hatten vor, den Kaufpreis für mein Grundstück über die Beleihung der Grundschuldbriefe aufzubringen und zusätzlich Beteiligungen für ihre notleidende Firma über Schwarzgeldanleger in der Schweiz zu akquirieren. In ihrer Hanauer Montagehalle lagerten dreihundert Motoren aus dem Ramsch der Glas-Automobilwerke, die sie von BMW übernommen hatten. Mit einem solchen Glas-Motor war der Prototyp ihres Motoporters bestückt, eine Art Steckmobil aus dem Stabilbaukasten, einfach und billig, sie zeigten es sogar einmal auf der Frankfurter Automobilausstellung. Blum schwärmte mir begeistert vor: »Ei, en Pritschewage, den die Neger sisch selbä zusammebaue könne. E gaaanz groß Geschäft, weil des gibt's doch überhaupt noch net! Motoportä hat mit alle Entwicklungsländer verhandelt. Die Automobilkonzerne sin doch gar net daran interessiert, dene die Autos so billisch zu liefern.« Wirklich eine tolle Idee, leuchtete sogar mir ein. Daihatsu und Toyota haben solche Bonsaiwägelchen dann ja zehn Jahre später rausgebracht. Und wer weiß – wenn meine Schlosskäufer, die Motoporter-Ganoven, ihr Risikokapital, »abgesichert mit rangbereiten Grundschulden eines erstklassigen Objektes in bevorzugter Lage im Einzugsbereich von Frankfurt am Main«, von vier Millionen aufgebracht hätten, wären sie keine Gauner geworden, sondern ehrbare Automobil-Entrepreneure.

Ja, wenn! Dazu ein kleiner Exkurs über Euphorie und Ernüchterung in den Siebzigern. Nach der 1967 überstandenen Wirtschaftskrise sicherte die »Konzertierte Aktion« des Karl Schiller die Vollbeschäftigung. Mit dem Beginn des sozialdemokratischen Jahrzehnts, Willy Brandts »Mehr Demokratie wagen« und dem »Blauen Himmel über der Ruhr« brach ein bisher unbekannter Enthusiasmus in Wirtschaft, Politik und Gesellschaft aus. Aber bereits 1973 hatten währungspolitische Turbulenzen, RAF-Anschläge und Stagflation die zarten Seelen der Deutschen so traurig gemacht, dass die Ära Brandt eigentlich schon ein Jahr vor der Guillaume-Affäre zu Ende war: 1971 hatte der Finanzminister Alex Möller seinen Hut genommen, 1972 folgte ihm der Superminister Karl Schiller aus dem Wirtschafts- und Finanzministerium. Mit der »Konzertierten Aktion« war Schluss, das Phänomen der »Sockelarbeitslosigkeit« zeigte sich erstmalig, und bereits 1973 warf die Rezession von 1974/75 ihre Schatten voraus – keine guten Zeiten für Risikokapital und Motoporter aus dem Stabilbaukasten. Deshalb konnten sich meine Schlosskäufer mit ihren fünf Millionen Grundschulden den Hintern abputzen und fanden keine Investoren.

Ein Jahr lang zog sich die Warterei auf die Zahlung des Kaufpreises von einer Million zweihundertfünfzigtausend hin, während ich den Verlagsbetrieb irgendwie aufrechterhielt, allerdings mit ständig abnehmender Hoffnung, von Motoporter einen Pfennig zu sehen. Entsprechend stieg der Beunruhigungspegel bei meinen Grundpfandgläubigern.

Um meine Gläubiger bei Laune zu halten, machten wir jeden Monat kleinere Ausschüttungen, denn der März Verlag arbeitete ja bis Mitte 1973 weiter, und es erschienen neue Bücher. Es gab Umsatz, der nach Abzug der Kosten und nach Abstimmung mit dem Vergleichsverwalter verteilt wurde. Mein Anwalt und ich blieben natürlich an der Schröder-Mischpoke dran. Ich weiß nicht, womit die drei Motoporters den seriösen Notar in der Hand hatten, der sich für sie mit anwaltlichen Versicherungen um Kopf und

Kragen brachte. Er hatte meinem Anwalt geschrieben, dass die Schweizer Bank ihm die Zahlung der Kaufsumme fest zugesagt habe, und brachte sich damit in die Bredouille, denn wir drohten ihm ein standesrechtliches Verfahren an. Bergmann war immerhin Vorsitzender der Frankfurter Notarkammer, so jemand hängt sich eigentlich nicht weit aus dem Fenster für Gauner. Zu einem Amtshaftungsverfahren kam es nicht, weil der Notar Bergmann bald darauf starb. Man munkelte von Selbstmord, auch sei der Mann im SS-Wirtschafts- und Verwaltungshauptamt tätig gewesen.

Weiß der Kuckuck, was da für Nötigungen im Spiel waren! Mir drohten meine Namensvettern nicht, vielmehr setzte ich ihnen mit Haftbefehlen nach und wurde trotzdem ihr Opfer. Ein seriöser Immobiliengangster hätte sich solche Machenschaften nicht leisten können. Andererseits: Keiner der erfolgreichen Frankfurter Immobilienhaie wollte mein Schloss für eins Komma fünf Millionen haben. Nur diese Betrüger kauften es, um selbst fünf Millionen damit zu verdienen. Gebracht hat es ihnen nichts. Und mich hat es den ersten März Verlag gekostet.

1974: Letztes Pornografie-Verfahren: Freispruch! ›Lucy's Lustbuch‹ wird makuliert.

Im Herbst zuvor ging der erste März Verlag in Konkurs, aber alle Pornografie-Verfahren aus den Jahren 1969 bis 1971 waren weiterhin in zweiter Instanz anhängig, angefangen vom ›Barbara‹-Verfahren, in dem mich das Landgericht Darmstadt unter schriller Medienbegleitung freisprach: der bekannte sensationelle Freispruch, der die Tür zur Liberalisierung der Pornografie aufstieß. Dass gegen dieses Urteil noch die Revision der Staatsanwaltschaft lief, interessierte niemanden von der Presse, dass nahezu jeder Olympia-Press-Band – etwa siebzig entstanden unter meiner

Ägide – von irgendeinem Sozialministerium, einer Jugendschutzbehörde, einem Volkwartbund oder sonstwelchen Schützern der Volksmoral angezeigt worden war, erst recht nicht. So war noch ein großer Strafprozess wegen Verbreitung unzüchtiger Schriften gegen mich anhängig, zusammengezogen aus etwa vierzig Verfahren, inklusive des ›Lucy‹-Falls. Man hatte die zentrale bundesrepublikanische Pornografie-Kammer bei der Staatsanwaltschaft in Frankfurt installiert, weil eben der Haupttäter in Frankfurt saß, nämlich ich.

Mich beunruhigte das nicht weiter, ich dachte: Die Verfahren schmoren vor sich hin, die Justiz verschleppt, bis der Paragraf 184 endlich entfällt. Und der Bundesgerichtshof traf die Entscheidung tatsächlich 1974, jedoch wurde der Paragraf nur gelockert, aber beileibe nicht so weit, dass meine Vergehen somit straffrei geworden wären. In aller Stille schnürten die Frankfurter Staatsanwälte ihr Olympia-Press-Paket und schmiedeten an einer Schandmaske für mich. Ich war angeschmiert, hatte diesen Prozess an der Backe, obwohl die Olympia Press seit 1971 Peter Beitlich gehörte.

Der erste Prozesstag. Es sah nicht gut aus, kein einziger Journalist war anwesend, noch nicht mal ein Rentner hatte sich eingefunden. Im ersten Verfahren ging es um acht Bücher, die üblichen Beschuldigungen, die üblichen Stellen wurden verlesen. Mein Anwalt sagte kaum etwas. Was heißt Gutachter? Den hätte ich ja zahlen müssen. Alles lief auf einen Schuldspruch hinaus. Aber in der Verhandlungspause eröffnete mir mein Verteidiger, der Vorsitzende habe vorgeschlagen, alle Prozesse mit diesem zu verbinden, außerdem gebe es da noch den besonderen Fall ›Lucy's Lustbuch‹. »Wenn ich den Herrn Vorsitzenden richtig verstanden habe«, meinte mein Anwalt, »so ist die Kammer daran interessiert, in der Sache ›Lucy's Lustbuch‹ nicht zu verhandeln. Sie wäre sogar eventuell bereit, dieses Verfahren niederzuschlagen, wenn Sie sich außerprozessual bereit fänden, der Makulierung der sichergestellten Exemplare zuzustimmen.« »Wie? Das ist ja nun von all den Titeln der, bei dem meine Chancen am besten stehen. Da benenne ich als Gutachter Professor Marc Adrian aus Wien. Herr Professor Adrian wird nachweisen, dass das Buch ein Kunstwerk ist. Er wird über jede Seite Decker aus Pergamentpapier legen und mit Parabeln, Kreisen und Tangenten nachweisen, dass der formale Aufbau eines jeden ›Lucy‹-Bildes, die Gliederung, Reihung, Symmetrie und Anordnung, den Tableaus von Botticelli, Carpaccio, Caravaggio, Correggio oder Tintoretto entspricht. Er wird darauf hinweisen, dass die Anordnung der Figuren in der Diagonale oder im Dreieck sowie die Verhältnisse von Vorder-, Mittel- und Hintergrund kongruent sind mit Kompositionen von Brueghel, El Greco, Altdorfer oder mit Hans Baldung Grien korrespondieren.« Womit ich nicht einmal bluffte.

Solch ein Gutachten hatte Adrian tatsächlich einmal für ›Made in Schweden‹ von Göran Göransson gemacht, das Pseudonym für Gunter Rambow und Uve Schmidt. Im März-Archiv in Marbach liegt ein aufgeschnittenes Exemplar dieses Buches, jede Seite ist mit einem Pergamentdecker versehen, darauf zeichnete Marc seine Kompositionslinien, dazu eine Zitatenflut von Adorno, Brock und Gorsen, was eben Rang und Namen hatte in der normativen und nicht-normativen Ästhetik. Optisch muss man sich das Gutachten von vierzig Seiten inklusive Pergamentdeckern vorstellen wie ein Bündel Horoskope mit Aszendenten, Tangenten, planetarischen Dreiecken oder wie ein Lehrbuch der Geometrie. Sah bedeutend aus. Bei Prozessbeginn lächelte die Kammer überheblich süffisant, doch Marc walzte die drei Richter mit seiner stringenten Wiener Expertise so platt, dass sie mich freisprachen. ›Made in Schweden‹ galt nun als Kunstwerk.

Mein Carpaccio-Vortrag beeindruckte auch den Verteidiger, er verschwand im Besprechungszimmer, kam bald zurück und verkündete freudevoll, die Kammer sei bereit, wenn ich mich damit einverstanden erklären könnte, dass ›Lucy's Lustbuch‹ ohne Verhandlung makuliert würde, mir im Strafmaß bei den anderen Verfahren entgegenzukommen. Darauf ließ ich mich nicht ein: »Offenbar besteht ein starkes Interesse daran, ›Lucy's Lustbuch‹

endlich verschwinden zu lassen, ob Willy Brandt oder Franz Josef Strauß das betreibt, ist mir egal – Roy Black wird's nicht sein oder Heino, solch einen Einfluss haben die nicht auf die Staatsanwälte von Frankfurt. Es werden Politiker sein, denen das Buch nicht gefällt. Bitte empfehlen Sie der Kammer, sich mit dem Generalstaatsanwalt zu beraten.« Solch ein Vorgehen widerspricht zwar den Grundsätzen deutscher Rechtspflege, in Amerika wird so gemauschelt, ein anderes Rechtssystem. Aber wenn es darauf ankommt, haben wir eben auch ein amerikanisches Rechtssystem.

Mein Verteidiger ging mit der Losung ins Verhandlungszimmer: »Der Angeklagte ist bereit, die ›Lucy‹-Sache fallen zu lassen und der Makulierung der Exemplare zuzustimmen, wenn alle anderen gegen ihn anhängigen Prozesse niedergeschlagen werden.« Es dauerte zwar noch eine Stunde, da glühten wohl diverse Leitungen, dann kam der Rechtsanwalt heraus: »So, die Sache ist klar.« Man rief mich in den Gerichtssaal, alle Titel und Verfahren wurden nochmals runtergeschnurrt. Ich stimmte der Makulierung von ›Lucy's Lustbuch‹ zu und hatte keinen einzigen Prozess mehr am Hals – Einstellungen auf Kosten der Staatskasse. Und weil die Auflage gänzlich vernichtet wurde, ist ›Lucy's Lustbuch‹ inzwischen ein Rarissimum. Ich schätze, davon existieren höchstens noch zwanzig Exemplare.

1974 bis 1976: Der Versanddienst Zweitausendeins verkauft in seinem Frankfurter Ladengeschäft und der ›Hauspostille‹ – Vorläuferin des ›Merkhefts‹ – ›Siegfried‹-Exemplare, die vor Erlass der Einstweiligen Verfügungen in der Schweiz ausgelagert waren. Der März Verlag wird 1974 neu als GmbH gegründet. Geschäftsführerin ist Edith Neusch van Deelen, Schröders Mutter. Der neu gegründete März Verlag zieht von Frankfurt a. M. in ein gemietetes Bauernhaus in den Vogelsberg nach Hosenfeld (Ortsteil: Jossa).

Lutz Reinecke, einer der Gründer von Zweitausendeins, später nannte er sich dann Lutz Kroth, meldete sich telefonisch: »Was hältst du davon, wenn wir uns mal darüber unterhalten, ob wir noch andere März-Titel verwerten können?« »Warum nicht?« »Gut, dann kommen Franz Greno und ich übermorgen bei dir vorbei.« Vorangegangen war diesem Vorschlag der rasante Abverkauf der mit Einstweiligen Verfügungen belegten ›Siegfried‹-Erstausgabe, vor allem aber der Bestsellererfolg der beiden Romane von Leonard Cohen ›Das Lieblingsspiel‹ und ›Schöne Verlierer‹ sowie seiner Gedichte und Lieder mit dem Titel ›Blumen für Hitler‹. Die Rechte an den Übersetzungen und die Erlaubnis zur Reproduktion des Schriftbildes hatte ich Zweitausendeins beim März-Konkursverwalter Keller besorgt, die Verlagsrechte vermittelte ich Lutz beim Agenten Rainer Heumann in Zürich.

Franz Greno, damals noch ganz Herstellungs-Brutalinski, wichste die Cohen-Nachdrucke zusammen, manchmal bestand eine Ausgabe aus drei verschiedenen Papierresten. Im ›Merkheft‹ las sich das so: »Cohen Sonderband: über achthundert Seiten, Paperback. Drei Cohen-Werke, für die Sie bisher fünfzig Mark anlegen mussten. Endlich wieder lieferbar. So schön wie seine Lieder. Jetzt komplett in einem Band für nur 9,90 DM. Exklusiv bei uns. Nummer 15184.« Dieses Meisterwerk buchkünstlerischen Grauens erreichte eine Gesamtauflage von hundertfünfzigtausend. Die Herstellung kostete pro Exemplar eine knappe Mark, dazu kamen fünfundsiebzig Pfennig für die Rechte. Zweitausendeins machte einen Reibach von acht Mark, also eins Komma zwei Millionen, wovon natürlich die Kosten abgezogen werden müssen, aber eine gute halbe Million blieb hängen. Ich hatte nichts davon außer dem Gefühl, etwas Gutes für die Konkurskasse getan zu haben.

Kein Wunder, dass bei solchen Gewinnen der Versender Reinecke und sein assoziierter Hersteller Greno, der am Umsatz prozentual beteiligt war, sich für März-Titel interessierten. Lutz stellte sich die »Verwertung« so vor: Zweitausendeins erhält das Recht, Titel nachzudrucken. Schröder gibt sein Plazet dazu, vermittelt die Autorenkontakte und guckt in den Rauch. Die beiden saßen mit Unschuldsmienen in Jossa auf meinem Sofa und dachten, sie könnten mir die März-Titel für lau abschwatzen. »Nein, so wie mit Cohen läuft das nicht, sondern nur noch gegen Lizenzgebühren«, erklärte ich den beiden, »ein Teil davon geht in die Kasse des Konkursverwalters, die alten Autorenverträge übernimmt der neue März Verlag, wenn die Autoren zustimmen. Ohne meine Zustimmung kommt ihr an kein März-Buch ran.« Das konnte ich so sicher behaupten, weil der Konkursverwalter inzwischen mein neuer Anwalt war, der sich auch bei den Geschäften für die Konkursmasse auf meinen Rat verließ. Ich entwarf ein Vertragswerk, es ist gar nicht einfach, ein Unternehmen abzuwickeln und gleichzeitig neu zu installieren. Lutz Reinecke und sein Partner Walter Treumann unterschrieben die Verträge.

Sie machten das beste Geschäft, aber auch Autoren und Agenten kassierten freudig den unverhofften Tantiemensegen aus bereits totgeglaubten Titeln. Ich konnte ebenfalls die Füße hochlegen, denn die ›März Verlag und van Deelen Film GmbH‹, so hieß die neue Firma, kassierte vom Verkaufspreis eines jeden Exemplares fünf Prozent, sogar für die Kasse des Konkursverwalters blieben zwei Komma fünf Prozent übrig. Das ›Merkheft‹ pries die ersten Nachdrucke von »März bei Zweitausendeins« an: »Der Klassiker der ›Neuen Amerikanischen Szene: ACID‹. Bloß bei uns, bloß noch 9,90 DM (früher 25,00 DM).« Gesamtauflage bei Zweitausendeins hunderttausend Exemplare. »Günter Amendts ›Sexfront‹ endlich wieder lieferbar. Ungekürzt, unzensiert! Hinlangen: nur 4,90 DM.« Davon wurden hundertfünfzigtausend verkauft. »›Einer flog über das Kuckucksnest‹: Durch unsere Regale fließt bereits die siebte Auflage.« Es flossen noch zehn weitere. »›Das Manifest der Gesellschaft zur Vernichtung der Männer‹ von Valerie Solanas, der Frau, die auf Andy Warhol schoss« war mit fünfzehntausend nicht ganz so erfolgreich. Dafür gingen aber die ›Siegfried‹-Nachauflagen mit siebzigtausend verkauften Exemplaren umso besser: »›Siegfried‹ soll verboten werden. Wir liefern, solange wir dürfen.«

1974 bis 1976 erscheinen bei Zweitausendeins folgende März-Nachdrucke: ›Acid. Neue amerikanische Szene‹, Günter Amendt: ›Sexfront‹, Thomas Bayrle: ›Feuer im Weizen‹, Hans Henning Claer: ›Laß jucken Kumpel‹, Hans Henning Claer: ›Das Bullenkloster‹, Leonard Cohen: ›Schöne Verlierer‹, Leonard Cohen: ›Blumen für Hitler‹: Leonard Cohen: ›Das Lieblingsspiel‹, Jan Cremer: ›Made in U$A‹, Robert Crumb: ›Head Comix‹, George Dennison: ›Lernen und Freiheit‹, ›DIG. Neue Bewußtseinsmodelle‹, Doktor Gormander: ›Als die Kinder die Macht ergriffen‹, Doktor Gormander: ›Als die Kinder streikten‹, Leslie Fiedler: ›Die Rückkehr des verschwundenen Amerikaners‹, Kenneth Gangemi: ›Olt‹, Rosemarie Heinikel: ›Rosy Rosy‹, LeRoi Jones: ›Schwarze Musik‹, Ken Kesey: ›Einer flog über das Kuckucksnest‹, Esteban López: ›Liebe und Tarock‹, Harry Mathews: ›Zlahn‹, Willi Münzenberg: ›Propaganda als Waffe‹, Gustavus Myers: ›Die großen amerikanischen Vermögen‹ in zwei Bänden, Neil Postman und Charles Weingartner: ›Fragen und Lernen‹, Cathérine de Prémonville: ›Schamlos‹, Irving Rosenthal: ›Schöps‹, Jörg Schröder und Ernst Herhaus: ›Siegfried‹, Edgar Snow: ›Roter Stern über China‹, Valerie Solanas: ›Manifest der Gesellschaft zur Vernichtung der Männer‹, Parker Tyler: ›Underground Film‹.

Der letzte ›Siegfried‹-Prozess fand 1974 statt. Damals war ich gerade wieder Verleger geworden, wenn auch ohne Portefeuille. Rechtsanwalt Delp klagte erneut gegen mich und Zweitausendeins wegen der Verbreitung des Buches. Der Gerichtsstand des neuen Prozesses war München. Auf der Fahrt dorthin erzählte Lutz Kroth, der damals noch Lutz Reinecke hieß, von seiner Zeit bei ›pardon‹, kam vom Hölzchen aufs Stöckchen und beichtete mir, wie er und sein Partner Treumann zu ihrer Firma kamen: Der Vorläufer hieß ›pardon‹-Shop und gehörte ursprünglich dem ›pardon‹-Verleger Hans A. Nikel. Als der Verlag Bärmeier & Nikel langsam den Bach runterging, trennte der sich von seinem Partner. Bärmeier behielt die ›DM‹, Nikel bekam ›pardon‹. Mit dem ›pardon‹-Shop wollte er sich ein zweites Standbein schaffen und machte mit seinem Geschäftsführer Walter Treumann und seinem Assistenten Lutz Reinecke einen Deal: Er setzte die beiden als Strohmänner für den ›pardon‹-Shop ein, um nach einer nahenden Pleite Geld zu haben, auf das die Gläubiger nicht zugreifen konnten. Als der Verlag dann tatsächlich in Konkurs ging, entdeckten Treumann und Kroth, dass sie dabei ihre betriebliche Altersversorgung verloren hatten. Diesen Verlust nahmen sie nun zum Vorwand, sich nicht mehr an die Strohmannvereinbarung mit Nikel halten zu müssen. Immer korrekt, die Herren Reinecke und Treumann, vom Scheitel bis zur Sohle, denn auf diese Weise war aus dem Verrat ein berechtigter Anspruch geworden. Das also ist die nicht ganz so rühmliche Urszene von Zweitausendeins und Lutz Kroth alias Reinecke.

Pünktlich um neun Uhr waren wir im Landgericht München II zur Stelle, mussten aber warten, denn aus dem Lautsprecher von Saal 221 kam der Aufruf: »Dunkel gegen Dunkel.« Und etwas später: »Die Öffentlichkeit ist wiederhergestellt.« Eine Frau, die ebenfalls auf ihre Scheidung wartete, redete auf uns ein, erzählte von ihrer Ehe, offenbar probte sie für die Verhandlung. Genervt gingen Lutz und ich ein paar Schritte weiter, hockten uns aufs Fensterbrett und guckten auf die Raiffeisenbank und eine Mietskaserne aus großer Zeit mit einem Portikus mit monströsen Karyatiden. Unten fuhr eine himmelblaue Rolls-Royce Corniche vor, und ein britzebrauner Chauffeur in ebenfalls himmelblauer Chauffeursuniform hielt den Schlag auf für einen Mann in glitzerndem grauen Seidenzweireiher. Ganz klar, ein Mietwagenservice der Luxusklasse. Kurz darauf stand der Mann im Seidenanzug vor Saal 221. Seine braune Birne mit den unverwechselbaren

Gesichtszügen kannte ich aus den bunten Magazinen, es war der »schöne Konsul«. Weltmännisch lief Weyer auf und ab, den Flur kannte er, redete gelassen mit seinem Anwalt. Um zehn Uhr tönte es aus dem Lautsprecher: »Munthe gegen Weyer.«

»Lass uns mit reingehen«, sagte ich zu Lutz, »das wird sicher lustig.« In der Verhandlung ging es um achtundvierzigtausend Mark und einen Konsultitel von Guatemala, den Herr Weyer nicht verliehen hatte. Herr Munthe hatte dem Titelhändler fünfunddreißigtausend Mark in bar gezahlt, und nichts war passiert. Als er dringlich nachfragte, erklärte ihm Weyer, der südamerikanische Geschäftsträger verlange eine zusätzliche Zahlung. Um seinen Titel zu retten, blätterte der Nürnberger Kaufmann noch mal dreizehntausend hin, wieder erfolgte keine Bestallung als Konsul. Nun wollte er sein Geld im Klageweg zurückhaben. Weyer erklärte dem Richter: »Herr Vorsitzender, das Geld ist weg. Ich musste es dem guatemaltekischen Geschäftsträger zustecken. Außerdem übernehme ich nie eine Gewähr, bin doch lediglich Vermittler.« »Herr Weyer«, entgegnete der Richter, »dies ist die zweiunddreißigste Verhandlung, in der Sie sich so einlassen.« »Das ist schon möglich, Herr Vorsitzender«, entgegnete Weyer ungerührt, »aber so sind die südamerikanischen Verhältnisse nun einmal. Diplomatische Angelegenheiten laufen stets ohne Unterschriften und Quittungen.« Der Richter lachte, auch wir waren amüsiert, Herr Munthe konnte seine achtundvierzigtausend Mark abschreiben, denn Weyer wurde nicht zur Rückzahlung verurteilt.

Dann rief der Richter auf: »Hansal gegen Zweitausendeins.« Weyer schritt grinsend nach hinten zu den Zuschauerbänken, umgeben vom ambrosischen Duft eines Rasierwassers – deodorante, fortuna assistente! Er hörte bei uns zu, weil wir bei ihm zugehört hatten. In unserer Verhandlung ging es um die komplizierten Firmenverflechtungen, diverse Geschäftsführer und welche Rolle ich bei der Rechtevergabe von ›Siegfried‹ an Zweitausendeins gespielt hatte. Der Korrespondenzanwalt Beisler aus München machte seine Sache gut, unser Anwalt war in Frankfurt geblieben. Ich erklärte detailliert, dass ich bei der Nachfolgefirma März Verlag und van Deelen Film beschäftigt sei, und Lutz Reinecke konnte nichts anderes aussagen als: »Ich schloss die Verträge mit der März Verlag GmbH und nicht mit Herrn Schröder.« So gewannen wir diesen Prozess mit Pauken und Trompeten.

Nach der Verhandlung beglückwünschte mich Weyer: »Sie wollte ich immer schon mal kennenlernen. Clever eingefädelt!« Dann streifte er Lutz Reinecke mit einem Blick und näselte: »Solch einen Strohmann könnt' ich auch gebrauchen.« Lutz lächelte süßsauer, ich griente, gerade hatte er mir doch seine Nikel-Strohmann-Geschichte erzählt. Jetzt bat Weyer mich noch um ein Exemplar des Buches, um das es gerade gegangen war: »Aber bitte mit Widmung!« »Könnten wir das nicht gegen einen guatemaltekischen Konsul tauschen?«, fragte ich ihn. »Die Zeiten sind hart«, erwiderte er ernsthaft, »ganz ohne Bares geht es nicht. Aber ich mache Ihnen einen Sonderpreis.« »Danke für das Angebot«, beschied ich den schönen Konsul, »dann schenke ich Ihnen den ›Siegfried‹ lieber.«

1977: Jörg Schröder bearbeitet ›Die Reise‹ von Bernward Vesper und gibt das Buch aus dem Nachlass heraus. ›Die Reise‹ wird im ›Deutschen Herbst‹ ein Bestseller und zum »Nachlass einer Generation« (Weltwoche, Zürich).

Die RAF als Seifenoper

Bei Suhrkamp erschien kürzlich der Briefwechsel zwischen Gudrun Ensslin und Bernward Vesper, darin geht es um das Sorgerecht für ihren gemeinsamen Sohn Felix, der im Mai 1967 geboren wurde. Ein Jahr später trennte Gudrun sich von Bernward und zog mit Andreas Baader nach Frankfurt a. M., dort brannten dann die Kaufhäuser. So weit die Fakten.

Auf dem Waschzettel wird der Briefwechsel der Eltern wegen des Sorgerechts zum »großen Liebes-Brief-Roman« aufgedonnert. Diverse Rezensenten folgten den Klängen dieser Suhrkamp-Werbelyrik und verstiegen sich bis zu delirierenden Vergleichen mit Tristan und Isolde. Dabei handelt es sich doch um das krasse Gegenteil. Gudrun Ensslin liebte Andreas Baader, und wer den Briefwechsel liest, wird darin eher ihre Verachtung für den »exemplarischen Bourgeois« Bernward finden.

Nachdem 1969 Ensslins Revisionsantrag abgelehnt worden war, tauchte sie mit Baader in den Untergrund ab. Vesper zog sich auf das elterliche Gut Triangel zurück und arbeitete an der ›Reise‹. Im Oktober schloss der März Verlag darüber einen Verlagsvertrag. Um Bernward die Arbeit zu ermöglichen, vereinbarten wir ein Honorar-gegen-Manuskript-System: Schickte er neue Manuskriptseiten, überwies ihm der Verlag einen anteiligen Vorschuss. Zwischen Bernward und mir bestand Einverständnis darüber, dass die übersandten Textteile lediglich ein Rohmanuskript darstellen. Das Manuskript blieb unvollendet, weil der Autor sich im Mai 1971 das Leben nahm.

Im Juli desselben Jahres meldete der März Verlag Vergleich an. Ich versuchte im Einvernehmen mit dem Vergleichsverwalter, verschiedene Verlage zur Veröffentlichung des hinterlassenen Manuskriptes zu bewegen. Sie alle – darunter Suhrkamp, Rowohlt und Wagenbach – lehnten die ›Reise‹ ab, weil sie »zu wirr« sei. Zwei Jahre später meldete der März Verlag Anschlusskonkurs an, nun lagerten alle Manuskripte beim Konkursverwalter, bis dieser mir mitteilte: »Wegen des Umfangs der Akten und der anderen Unterlagen kann ich diese nach dem Abschluss des Konkursverfahrens nicht länger aufbewahren und werde sie deshalb makulieren.«

So kam es, dass meine Mutter – ich war wegen der Insolvenz zeitweise nicht geschäftsfähig – dem Konkursverwalter das März-Archiv abkaufte, darunter auch das ›Reise‹-Konvolut, um alles vor der Vernichtung zu retten. Wir verpackten sämtliche März-Hinterlassenschaften und nahmen sie mit beim Umzug von Frankfurt in den Vogelsberg. Dort begann ich ein Jahr später mit dem März-Relaunch bei Zweitausendeins, die Auflagen der Nachdrucke lagen zwischen zwanzig- und achtzigtausend, die Autoren freuten sich, ich nicht minder.

Obwohl ich mir vorgenommen hatte, nie wieder neue Bücher zu machen, löckte ich doch wider den Stachel, stieg in den feuchten Vogelsberger Keller zu den Manuskripten hinunter, die auf ewig mit dem spröden bibliografischen Terminus »mehr nicht erschienen« belegt geblieben wären, wenn ich mich ihrer nicht angenommen hätte. In einigen Kartons hatten schon die Mäuse Nester gebaut. Glücklicherweise verschmähten die Nager die ›Reise‹. Andererseits: Wäre das Manuskript durch Mäusefraß verlorengegangen, wäre mir der Ärger mit dem Erben Felix Ensslin erspart geblieben.

Ein Jahr arbeitete ich am Text, nahm Streichungen, Einfügungen, stilistische Änderungen, typografische Veränderungen vor. ›Die Reise‹ erschien im Juli 1977 im März Verlag im Vertrieb von Zweitausendeins und wurde zu einem Bestseller, Peter Weiss hielt das Buch für »den intellektuellen Höhepunkt der Bewegung des Jahres '68«. Der Amtsvormund des Erben Felix Ensslin, das Jugendamt Charlottenburg, kassierte 91.466,37 DM Honorar und bestellte mich 1978 zum Herausgeber von Vespers nachgelassenen Schriften. Außerdem wurde ich legitimiert, sämtliche hinterlassenen Materialien zu sammeln, zu archivieren und gegebenenfalls herauszugeben. Das tat ich, holte seinen Nachlass aus Triangel ab und den Eppendorfer Nachlass bei Elken Lindquist in Frankfurt. Relevante Materialien wurden der ›Reise‹ in der ›Ausgabe letzter Hand‹ hinzugefügt. Zwanzig Jahre später ordneten Barbara Kalender und ich den Vesper-Nachlass im Marbacher März-Archiv. Heute könnten wir uns ohrfeigen, dass wir solchen Figuren wie Ullmaier, Kapellen und Koenen den Zugang zu unserem Vorlass gestattet haben.

Denn jetzt wird die Sache immer absurder: Andres Veiel dreht den Film ›Wer wenn nicht wir‹ über die »Liebesgeschichte von Gudrun Ensslin und Bernward Vesper«, der Ensslins Haltung und die Botschaft von Vespers ›Reise‹ ins Gegenteil verfälscht, und zwar im Sinne des Renegaten Gerd Koenen. So lautet denn auch der Pressetext von Veiels Filmproduktion schwülstig und falsch wie der von Suhrkamp: »Veiels Drehbuch erzählt eine scheinbar bekannte Geschichte neu. Gudrun und Bernward werden von den Zentrifugalkräften der Politisierung auseinander gerissen.« Solch ein Kintopp hat uns gerade noch gefehlt: die RAF als Courths-Mahler-Geschichte.

So weit unser Text, als wir das Manuskript im Januar ablieferten. Jetzt, nachdem wir den Film gesehen haben, müssen wir sagen: ›Wer wenn nicht wir‹ strotzt vor Fehlern und tendenziösen Klitterungen, also Szenen, die weder im Primärtext der ›Reise‹ vorkommen, noch durch Aussagen von Zeitzeugen belegt sind. Andres Veiel hat Dokumentarisches und Fiktives zusammengerührt, dem jede innere und äußere Wahrheit fehlt. Was will uns dieser Regisseur damit sagen? Gudrun Ensslin zerschlägt in der Berghütte ihrer Familie ein Glas und setzt sich mit dem nackten Hintern in die Scherben. Bernward Vesper rettet sie aus dem Wald, wohin sie sich geflüchtet hat. Diese von Lars von Trier schlecht geklaute Szene hat es in der Realität nie gegeben. Auch besaß die Pfarrersfamilie keine Berghütte.

Dazu schreibt Gottfried Ensslin, der Bruder von Gudrun: »Das Klischee der pietistischen Pfarrfamilie Ensslin scheint äußerst zählebig zu sein. Mein Elternhaus hatte aber keine muffige Enge mit spießigen Möbeln. Meine Mutter war keine verhärmte Frau mit strengem Knoten, mein Bruder Ulrich kein Idiot, der irgendwelche Wortspiele daherplappert, mein Vater kein Hornbrillenbeamter. Gudrun war kein mit Handtäschchen am Arm in Spießeridyllen herumtrapsender Trampel, und Bernward Vesper hat nie Anstalten gemacht, seinen Sohn aus dem Fenster zu werfen. In seiner Dorfpredigt 1937 sagte mein Vater nicht: ›Hitler ist groß. Aber Gott ist größer‹, sondern ›Christus ist größer als Hitler‹. Der erste Satz wäre ihm nie über die Lippen gekommen …

Veiels Hauptquelle ist das Buch ›Vesper, Ensslin, Baader‹ von Ex-K-Grüppler Gerd Koenen, dessen Darstellung der APO, der RAF und von '68 vor allem davon dominiert wird, dass er die Abkehr von seinen eigenen früheren Überzeugungen rechtfertigen muss. Studentenrevolte und Widerstand werden verächtlich gemacht, mit Spott und Hohn übergossen. Sein psychologisierender Stil dient dazu, die Akteure zu pathologisieren, um die politischen Zusammenhänge leugnen zu können. Letztlich geht es Veiel und Koenen um Präventionsstrategien. Angesichts gesellschaftlicher Widersprüche, die immer krasser zu Tage treten, soll kein neuer militanter Widerstand entstehen. Gudrun muss als warnendes Beispiel herhalten, das nach tragischem Muster Furcht und Mitleid erregen soll. Ich sehe meine Schwester aber als jemand, die einfach das folgenlose Reden von Gesellschaftsveränderung und Revolution nicht mehr ertrug und in einer langen Tradition von Widerstand stehend mit anderen zusammen versuchte, sie in die Wirklichkeit zu bringen.«

Die Kette der Beispiele für nicht nachvollziehbare Kopfgeburten ließe sich beliebig verlängern. Auch hat Bernward Vesper sich im Gutshaus Triangel nie das Leben nehmen wollen. Im Film versucht er das in Veielscher Symbolik: Seine Mutter zieht den erwachsenen Sohn aus der Badewanne, und der rollt sich anschließend in seinem Kinderbett zusammen. Schließlich der böse Verleger Schröder: Das Weichei Bernward Vesper bietet ihm das Manuskript der ›Reise‹ an, und der flapsige Verleger meint: »Das interessiert doch keine Sau!« In Wahrheit nahm der März-Verleger Vespers Manuskript an, arbeitete, nach Vespers Freitod, ein Jahr lang an dem Manuskript und gab ›Die Reise‹ postum heraus. Ach, wir haben der alten Hedwig Unrecht getan, wenn diese Schmonzette wenigstens spannend wäre! Es kam nur ein fürchterlich langweiliger und ängstlicher Streifen dabei heraus.

1977 bis 1981: Bei März im Vertrieb von Zweitausendeins erscheinen zahlreiche neue Titel: Hans Christoph Buch: ›Gorlebener Tagebuch‹, Hans Henning Claer: ›Bei Oma brennt noch Licht‹, Huguette Couffignal: ›Die Küche der Armen‹, Jan Cremer: ›Ich Jan Cremer I und II‹, Wolf Deinert: ›Meine Heimat‹, Isabelle Eberhardt: ›Sandmeere‹ in vier Bänden, Manfred Esser: ›Ostend-Roman‹, Wera Figner: ›Freiheit oder Tod‹, Pierre Goldman: ›Dunkle Erinnerungen eines in Frankreich geborenen polnischen Juden‹, Florian Havemann: ›Auszüge aus den Tafeln des Schicksals‹, Dieter Herms: ›Upton Sinclair. Ein amerikanischer Radikaler‹, Jürgen Hobrecht: ›Du kannst mir nicht in die Augen sehen‹, Peter Kuper: ›Hamlet‹, Claudio Lange: ›Milch, Wein & Kupfer‹, Max Leibniz: ›Das ganze Leben‹, Esteban López: ›Fleisch für Vegetarier‹, Gaston Salvatore: ›Der Mann mit der Pauke. Wolfgang Neuss‹, Rohland Opfermann: ›Teutsch oder die Häßlichkeit der Sprache‹, Kenneth Patchen: ›Erinnerungen eines schüchternen Pornographen‹, Horst Peisker: ›Maniac‹, Maurice Renard: ›Der Doktor Lerne‹, Jürgen Schimanek: ›Negerweiß‹, Uve Schmidt: ›Ende einer Ehe‹, Uve Schmidt: ›Danach – Kinder einer Ehe‹, Christian Schultz-Gerstein: ›Der Doppelkopf‹, Upton Sinclair: ›Boston‹, Upton Sinclair: ›Der Dschungel‹, Jules Vallès: ›Jacques Vingtras – Das Kind, Die Bildung, Die Revolte‹, Bernward Vesper / Jörg Schröder (Hrsg.): ›Die Reise‹, Bernward Vesper / Jörg Schröder (Hrsg.): ›Die Reise – Ausgabe letzter Hand‹, Siegfried Wollseiffen: ›Starrer Ablauf‹, Fee Zschocke: ›Er oder ich‹.

Die Nachdrucke aus den Jahren 1974 bis 1977 werden weiterhin bei Zweitausendeins angeboten und erzielen beachtliche Auflagen. Trotzdem wächst bei Zweitausendeins die Unzufriedenheit mit dem März-Programm.

Peter Kuper: Genau so ist es gewesen

1977 war ich mit Peter Kuper (genannt Hamlet) nach La Rochelle gefahren, wir wollten gemeinsam ein Buch über sein Leben machen. Nach fünf Wochen anstrengender Abenteuer und Gespräche an der Atlantikküste kehrte ich mit fünfundachtzig Stunden auf Tonbandkassetten zurück, das ergab später dreitausend Seiten Schreibmaschinentext. Die Bänder mussten abgeschrieben werden. Inge Kuper, Peters Frau, kannte eine Soziologin in Frankfurt, die gerade ihr Studium abgeschlossen hatte, die wollte den Job machen. Anderthalb Jahre nach den Bandaufnahmen lieferte sie die letzte Seite der Gesprächstranskription ab.

Mir wurde erst jetzt richtig klar: Was ich mir in den fünf Wochen mit Hamlet im Juli und August 1977 in La Rochelle zugemutet hatte, war gar nichts gegen dieses Textgebirge. Allein wegen der Menge machte ich erst einmal einen großen Bogen um die Sache. Dann stellte ich eine Lebenschronologie her, denn Peter Kuper hatte die Episoden ohne Zeitgefühl kunterbunt erzählt, auf eine Begebenheit, die zehn Jahre zurücklag, folgte eine, die vor ein paar Monaten passiert war. Das kennt ja jeder, in der Erinnerung verschieben sich Zeitebenen, nicht jeder kriegt aus dem Stand seine Lebensabschnitte präzise auf die Reihe. Aber es gibt Anhaltspunkte: politische Ereignisse, Moden, Filme, Bücher oder Musik, eben Chronikgerüste, an denen man solche Erinnerungen festbinden kann. Nicht so Peter Kuper! Bei ihm wirbelte alles durcheinander, deshalb musste ich die Passagen wie ein Puzzle zusammensetzen, das dauerte ein Jahr.

Anfang 1980 las sich das Manuskript dann so, als habe keiner jemals einen Finger an den Text gelegt, als sei das Parlando so aus Hamlet herausgesprudelt, wie es auf dem Papier stand. Ich gab die fünfhundert Seiten an Franz Greno, dem assoziierten Hersteller von Zweitausendeins. Nun war es Zeit, den Erzähler zu informieren, ich rief Hamlet an: »Du kannst am Wochenende kommen.«

Er fuhr mit der Bundesbahn nach Fulda, ich holte ihn vom Bahnhof ab und gab ihm den gesetzten Text: »Hier, aus diesen Korrekturfahnen wird später das Buch umbrochen. Lies es bitte und sag mir, was du davon hältst.« Morgens um elf fing er an mit der Lektüre. Ab und zu ging ich neugierig runter in die Küche, um ihn vom Flur aus beobachten zu können, wie er auf dem Streifensofa im Wohnzimmer saß und mit sich selbst redete: »Ja, ja, ja! Das stimmt!« Nachmittags kamen meine Töchter Katinka und Susanne, die damals so elf und zwölf Jahre alt waren, nach oben zu mir ins Büro und fragten: »Was hat denn der Hamlet? Er lacht dauernd so komisch und manchmal weint er auch.« »Der liest ein Buch über sein Leben, und das war eben komisch und traurig.« Abends, als Peter Kuper die letzte Fahne beiseite gelegt hatte, sagte er zu mir: »Ja, Jörg, genau so ist es gewesen.«

Über ›Jacques Vingtras‹ von Jules Vallès und ein Zitat von Victor Klemperer

Ende der Siebziger besuchten mich übers Wochenende Christa Hunscha und Klaus Roth im Vogelsberg. Er hatte über Barockliteratur promoviert, machte aber gerade für die Friedrich-Ebert-Stiftung Evaluationen von Entwicklungshilfeprogrammen in Afrika. Seine Lebensgefährtin Christa Hunscha war Psychologin, die für Lothar Mennes Pädagogikreihe beim Fischer Taschenbuchverlag schrieb. Bei einem ihrer Besuche in Jossa erzählten die beiden, dass ihnen in Frankreich jemand den Tipp gegeben hatte, Jules Vallès zu lesen, und berichteten mir begeistert von diesem Autor. Ihnen verdanke ich den Hinweis auf eines der wichtigsten März-Bücher.

Ich besorgte mir Vallès' Werke, die bei den Éditeurs Français Réunis und in der Pléiade erschienen waren, und stellte fest, dass es die drei Bände des ›Jacques Vingtras‹ – ›Das Kind‹, ›Die Bildung‹, ›Die Revolte‹ – in Deutschland vollständig noch nie gegeben hatte. Weil ich 1966 im Melzer Verlag Victor Klemperers

›LTI‹ verlegte, stand auch dessen ›Geschichte der französischen Literatur im 19. und 20. Jahrhundert‹, die 1956 im VEB Deutscher Verlag der Wissenschaften in Berlin veröffentlicht wurde, im Bücherschrank. Bezeichnenderweise kam dieses Buch im Elogen-Überbietungswettbewerb zu Klemperers ›Tagebüchern‹ nie vor – sei es nun wegen seiner Stalinverehrung oder aus schierer Unkenntnis. Im Schlusskapitel dieses Werkes weist Klemperer Jules Vallès einen ersten Rang zu und versucht zu erklären, warum ›Jacques Vingtras‹ in Deutschland unbekannt blieb: »Der Grund für die so lange mangelnde Anerkennung wird (sicherlich mit Recht) in Vallès' politischer Haltung gesucht: Er war vom Anfang bis zum Ende der erbittertste Feind der bürgerlichen Gesellschaft, im Zentrum seines Lebens und Schaffens stehen die zweiundsiebzig Tage der Pariser Kommune, er ist schlechthin le communard Vallès. Neben dem politischen Faktum aber wirkt sicherlich auch ein ihm engverflochtenes ästhetisches Moment an diesem Totschweigen mit. Eine Bonner Doktordissertation [Gottfried Flink] von 1931 weist darauf hin. Für den Literaturhistoriker, heißt es dort, sei es schwierig, den Mann ›in einer Rubrik unterzubringen‹, seine ›Einzigartigkeit‹ füge sich nicht ›dem starren Zwang eines literarischen Systems‹. Gerade um diese Einzigartigkeit ist es mir hier zu tun. Denn sie ist entwicklungsgeschichtlich bedeutsam geworden, indem sie für Frankreich den Ausgangspunkt oder das Vorspiel einer spezifisch sozialistischen Kunstsparte bildet, der Reportage und des operativen Genres. … Jacques Vingtras ist Jules Vallès selber, und das ganze Werk steht einer Autobiografie oder einer Memoirensammlung näher als einem Roman. … Er gehört durchaus und ebenbürtig in die Reihe, die von Flaubert über die Goncourts zu Zola läuft. … Nein, ein klarer Theoretiker ist Vallès ebensowenig wie ein ganz an sein Metier hingegebener Romanautor oder ein ruhig formender Memoirenschreiber. Aber ein Dichter ist er immer wieder und ein Maler. Man sieht die Menschen, die er schildert, vor sich mit ihren charakteristischen Gesichtszügen und Bewegungen, man hört den Ton ihrer

Stimme, und für jede Nuance ihrer Erscheinung und ihres Wesens verfügt er unbekümmert über einen sprachlichen Reichtum sondergleichen, über das klassische Pathos, über die Worte des Alltags, über die Wendungen der verschiedenen Gesellschaftsschichten. Seine Bilder sind ebenso überraschend wie treffend. Meist denkt man an den Stil der Goncourts; aber wie er Zolas Leidenschaft für die Partei der Misérables teilt, so findet er auch Zolas Kraft des Symbols.«

Die Abenteuerin Isabelle Eberhardt ist eine der großen Außenseiterinnen der Literatur

Schon als Kind weigerte sich Isabelle Eberhardt, Mädchenkleider zu tragen, lernte Arabisch und durchstreifte später in Männerkleidern den Maghreb und die Sahara. Sie trat zum Islam über, lebte promiskuitiv bei den nordafrikanischen Beduinen und heiratete einen algerischen Leutnant der französischen Kolonialtruppen. Über ihre Reisen schrieb sie Romane, Erzählungen, Reiseberichte und führte Tagebuch. Nach einem Wolkenbruch, der Isabelle Eberhardt in der Wüste überraschte, ertrank sie in den Fluten, die ihre Lehmhütte mitgerissen hatten.

H.C. Buch schreibt in seinem Vorwort über die ›Sandmeere‹: »Isabelle Eberhardt verwirklichte für sich die alte Forderung der russischen Narodniki: nicht über das Volk zu reden, sondern mit dem Volk. Dabei bleibt sie stets sich selber treu, ohne sich kompromisslerisch den herrschenden Vorurteilen anzupassen: ›das Volk‹ ist für sie nicht die dumpfe Masse der biederen Bürger, sondern die von jenen methodisch diffamierten und kriminalisierten Randgruppen der Kolonialgesellschaft, Parias wie sie selbst: Sträflinge und Prostituierte, Legionäre und Spahis, Nomaden und Negersklaven. An der Stelle der Hoffnung auf revolutionäre Veränderung aber tritt bei Isabelle die fatalistische Hinnahme des Schicksals, wie sie der Koran lehrt, ein Skeptizismus, der um die Vergeblichkeit aller menschlichen Bemühungen weiß: soziales Mitleid mit den Opfern der Gesellschaft steht so unverbunden neben stoischem Gleichmut angesichts des kolonialen Elends, der als elitär oder gar rassistisch missdeutet werden könnte; derartigen Missverständnissen hat sich Isabelle schutzlos ausgeliefert. Indem sie das unwirtlichste Terrain der Erde, die Wüste, zum Schauplatz ihrer Selbstverwirklichung macht, erreicht sie ein übersteigertes Sendungsbewusstsein, das immer dann in melancholische Depressionen umschlägt, wenn der erhoffte Erfolg ausbleibt: Triumphe, die die bürgerliche Gesellschaft, gegen die sie erkämpft wurden, nicht zur Kenntnis nimmt, sind keine.«

Von den Nöten der armen Verleger und der noch ärmeren Übersetzer

Wir hatten lange gute Erfahrungen mit Otto Wilck, der als junger Mann Mark Twain und Jonathan Swift übertragen hatte. Bei Melzer ließ ich ihn Jack Kerouac, LeRoi Jones und das Schwulenbuch von Casimir Dukatz übersetzen. Zwar lieferte er stets mit Verzögerung ab, dafür konnte man seine Typoskripte ohne Korrekturgang oder Redaktion in Satz geben. Später nahm seine Penibilität zwangsneurotische Züge an. Bevor er auch nur eine Zeile von Upton Sinclairs ›Dschungel‹ übersetzte, führte er einen wochenlangen Schriftverkehr mit litauischen Linguistikern. Der ›Dschungel‹ handelt ja von Litauern, die in den Fleischfabriken Chicagos unter sklavenartigen Arbeitsbedingungen schuften. Das Buch ist eine der ersten Sozialreportagen der Neuzeit, Bertolt Brecht schrieb danach seine ›Heilige Johanna der Schlachthöfe‹, Günter Wallraff nannte Upton Sinclair sein großes Vorbild. Vermutlich ist Sinclair der bedeutendste Trivialschriftsteller der zeitgenössischen Weltliteratur, und Trivialliteratur ist schwer zu übersetzen. Es läuft immer wieder auf das Einfache hinaus, das schwer zu machen ist.

Wilck tat sich mit solchen Schwierigkeiten noch schwerer, weil er die im ›Dschungel‹ benutzten litauischen Namen und Redewendungen nicht einfach übernahm. Zum Beispiel wählte Sinclair die Schreibweise: »Z. Graeizunas, Pasilinksminimams Darzas. Vynas & Sznapsas«, was neben dem Eigennamen »Gewerkschaftsquartier. Weine & Spirituosen« heißt. Wilck wollte die richtige Schreibweise des Namens auf dem Ladenschild, aber die litauischen Sprachwissenschaftler konnten sich lange nicht einigen, ob nun ›Graeizunas‹ oder ›Graiczunas‹ richtig ist.

Seine Genauigkeit war das eine Problem, ein anderes war seine ständige Geldnot. Um ein Loch zu stopfen, riss er zwei andere auf, schloss zu viele Übersetzungsverträge ab, kassierte von Verlagen entsprechende Vorschüsse und saß schließlich als Übersetzungsüberschuldeter da. So ein Mensch kann aber nicht zur Schuldnerberatung gehen. Ständig riefen aufgeregte Lektoren bei Wilck an und setzten ihm die Pistole auf die Brust. Er musste den Hörer abnehmen, er hätte ja einen neuen Auftrag, das heißt frisches Geld, verpassen können. Damals gab es noch kein Display für Anrufernummern, daher nahm er immer ängstlich ab und war dann einer seiner Übersetzungsgläubiger am Telefon wie zum Beispiel ich, stammelte er wirres Zeug: »Ach, Herr Schröder! Siiie sind's?! Mooooment mal! Mooooment mal! Ruuuhig! Bell jetzt nicht! Kusch! Herr Schröder, ich muss mal eben den Hund rausbringen!« Obwohl der Köter gar nicht bellte, benutzte Wilck seinen Riesenschnauzer als Vorwand, sich Vertröstungen auszudenken.

Der Ausredenkünstler griff zu den abgeschmacktesten Ausflüchten: »Ach, Herr Schröder, ich bin vöööllig fertig! Meine Mutter ist gestorben!« Als sie dann das zweite Mal verblichen war, sagte ich pietätlos: »Herr Wilck, die Mutter hatten wir schon vor einem halben Jahr!« Darauf er mit Tremolo: »Da lag sie erst im Sterben, jetzt ist sie ganz bestimmt tot!« Bald bekam dieser Kerl mit, dass ich gern Geschichten höre und milder gestimmt war, wenn er zu erzählen beginnt. So entwickelte er sich zur Übersetzer-Scheherazade. Besonders gut gefielen mir die Berichte von seinen Reisen mit

›Rotel Tours‹. Dieses Reiseunternehmen pfercht seine Kunden in einen monströsen, speziell konstruierten, roten Bus, in dem man auch schläft, jeder liegt in einer siebzig Zentimeter hohen – oder besser: flachen – Röhre wie in einem Schließfach, sardinenartig. Der Proviant besteht aus Konserven, die der Bus mit sich führt. So rollen diese Bustouristen zu Tiefstpreisen durch die afrikanische Savanne. Morgens gibt es eine Waschzeremonie, dann verteilten sich alle an irgendwelche Wasserlöcher – Toilette überall. Wilck hatte an vielen Reisen teilgenommen, war mit ›Rotel Tours‹ durch Afrika, Südamerika und Asien gefahren. Manchmal stellte ich den Telefonschalter auf Mithören, Barbara und ich hielten uns die Bäuche vor Lachen.

Auch der zweite Band der Sinclair-Werkausgabe erschien zwei Jahre später als angekündigt. Es war immer das gleiche Lied: Nach einem Telefonat schickte Wilck wieder nur fünfzehn Seiten statt der fest zugesagten fünfzig. Versteht sich von selbst, dass er sofort einen weiteren Vorschuss verlangte, obwohl er den alten noch nicht abgearbeitet hatte. In dieser Weise lieferte er das sechshundertfünfzigseitige Manuskript von ›Öl!‹ in vierzig Teilsendungen ab. Jedoch, was machen ein paar Jahre Verlegersorgen schon aus? Von der Ausgabe im Malik Verlag mit dem Titel ›Petroleum‹ wurden im Deutschland der Weimarer Republik in zwei Jahren hunderttausend Exemplare verkauft. Aber eine bessere Übersetzung des Romans als die von Otto Wilck hat es nie gegeben.

1979: Verlegung des Hauptsitzes von Hosenfeld-Jossa nach Berlin-Kreuzberg. Jossa bleibt Niederlassung.

1980: Jörg Schröder entdeckt Mininukes entlang der Zonengrenze, die in sogenannten »Wasserwerken« lagern. Er erzählt darüber in ›TransAtlantik‹ und der ›taz‹, der ›Stern‹ zieht nach mit ›Atomrampe Deutschland‹. Beginn der zweiten Friedensbewegung. März-Bücher u. a.: Peter

Kuper: ›Hamlet‹, Upton Sinclair: ›Der Dschungel‹ (die zweite Ausgabe übersetzt Otto Wilck).

1981: Barbara Kalender tritt in den März Verlag ein. Umzug des März Verlags von Hosenfeld-Jossa nach Herbstein-Schlechtenwegen. Der Hauptsitz bleibt Berlin. Der März Verlag trennt sich von Zweitausendeins wegen deren Hinwendung zur Ohne- (›Sehen ohne Brille‹, ›Backen ohne Ei‹) und Mit-Literatur (›Ufos – Wir sind nicht allein‹). Jörg Schröder erzählt Uwe Nettelbeck von den Atomwaffen an der Grenze zur DDR. Der Text erscheint zuerst 1982 unter dem Titel ›Cosmic‹ in Nettelbecks ›Republik‹ und anschließend bei März.

Wasserwerke, Mininukes und die Geheimnisse der Demokratie

Im September 1974, kurz nachdem ich in den Vogelsberg gezogen war, stand ein dunkelhaariger Quadratschädel vor der Tür, er trug einen Pepitaanzug, Krawatte mit Windsorknoten, seine Brille hatte einen breiten schwarzen Rahmen. »Guten Abend, mein Name ist Willi Rützel. Ich wohne da unten und wollte mich mal bekannt machen, weil Sie doch auch in der SPD sind.« Auf dem Land duzt man sich, aber zu einem Fremden sagt man »Sie«, auch wenn er in der SPD ist. »Komm rein, Genosse, setz dich.« Ich holte die Schnapsflasche und Gläser. Er war etwas unsicher. »Hier im Ortsteil Jossa bin ich das einzige Mitglied«, begann er. Das muss schwierig sein, als SPD-Mann allein im Ort, dachte ich, er ist wohl froh, dass endlich noch einer dazugekommen ist. »Einen kleinen nehm ich«, meinte er dann, und ich goss die Williamsbirne ein. Rützel kippte das Obstwasser, er saß immer noch auf der Kante des Sessels, guckte verlegen an den Büchern hoch. »Auf einem

Bein kann man nicht stehen«, sagte ich. Der zweite Obstler wurde getrunken, da setzte er sich schon weiter zurück. Wir redeten, ich wollte hören, welchem Parteiflügel ich ihn zuordnen konnte. Auch er versuchte herauszukriegen, ob ich ein vernünftiges SPD-Mitglied sei oder vielleicht doch eine von den linken Frankfurter Säuen, die jetzt aufs Land zogen.

Als ich ihn nach dem zweiten Birnengeist wieder mit »Genosse« ansprach, schnappte er nach Luft. »Das ist doch eine alte Tradition in der Partei«, erklärte ich ihm. Willi rutschte unruhig im Sessel hin und her. »Schon, aber so was darf man bei uns nicht sagen, du weißt ja gar nicht, wie gefährlich das ist. Wenn man hier in der SPD ist, gilt man sowieso schon als rot. Dabei bin ich überhaupt kein Roter. Was denken sich die Leute eigentlich, was hat denn die SPD mit rot zu tun?!« Wieder guckte Willi an den gelben Büchern hoch und seufzte: »Ja, die Chinesen.« Er hatte Edgar Snows ›Roter Stern über China‹ entdeckt. Ich merkte, dass er mir etwas erzählen wollte, aber nicht wusste, wie er damit beginnen sollte. Dann brach es aus ihm heraus: »Das mit den Atomen – weißt du, wir brauchen die ja wegen der Chinesen – ist aber eine gefährliche Sache. Ich bin schon seit Jahren dabei, wegen der Gefährlichkeit von den Atomen was zu unternehmen ...« »Wie meinst du das?« »Die Atome liegen doch überall bei uns, und die sind nicht sicher!« »Redest du von den Atomkraftwerken?« »Nein«, entgegnete er, »die brauchen wir ja für die Elektrizität. Ich meine die Atome, die überall bei uns an der Grenze liegen.« »Wieso liegen bei uns Atome an der Grenze?«, fragte ich. War der etwa schon besoffen? »Ich bau die doch«, insistierte er, »die sind aber nicht sicher!« »Wieso denn?« »Darüber dürfte ich an und für sich nicht sprechen, ich bin nämlich Techniker im Staatsbauamt, und wir bauen doch diese ›Wasserwerke‹. So heißen die bei uns, und offiziell sollen wir gar nicht wissen, was da reinkommt. Die DDR hat die aber auch! Ich fahre doch öfter rüber nach Thüringen zu meinen Verwandten, da habe ich ähnliche Bauten gesehen. Also ich glaube ja auch, dass wir die Atome brauchen, schon wegen der gefährlichen Chinesen. Dagegen ist nichts zu sagen. Aber die sind nicht sicher!« Jetzt dämmerte es mir: Das Staatsbauamt baute ›Wasserwerke‹, die in Wahrheit Atomminendepots waren. Und schon sprach Willi Rützel es aus: »Da kommen natürlich diese Atome rein.«

Ich erinnerte mich: Es hatte doch mal den Nato-Plan gegeben, einen Atomminengürtel anzulegen, der für den Fall einer Aggression der Ostblockstaaten einen atomar verwüsteten Todesstreifen von der Ostsee bis zu den Alpen schaffen sollte. Entlang der Grenzen sollten Sprengschächte für Atomminen gebaut werden. Die Strategie des Atomminengürtels hieß in der Nato-Sprache ›massive strike‹. Aus Protest gegen diese Politik entstand die Ostermarschbewegung, und die wiederum war ein wichtiger Impulsgeber für die Studentenbewegung. 1964 hatten Gudrun Ensslin und Bernward Vesper die Anthologie ›Gegen den Tod – Stimmen deutscher Schriftsteller gegen die Atombombe‹ herausgegeben. Als die Ostermarschbewegung auf ihrem Höhepunkt war, wurde plötzlich eine neue Strategie propagiert: ›flexible response‹. Die Marschierer machten die Straße frei, die Berichte über Proteste verschwanden aus den Medien. Aus politisch-strategischen Gründen wurde verkündet: Der kalte Krieg ist beendet, ›massive strike‹ wird nicht mehr gebraucht. Folglich konnte auch der Atomminengürtel ad acta gelegt werden, so hatten wir es in den Zeitungen gelesen.

»Da gab's doch mal diese Sache mit dem Atomminengürtel«, versuchte ich es tastend. »Ja, ja, aber das ist was anderes«, antwortete er, »die Schächte, die wir damals dafür gebaut haben, sind leer.« »Na, dann ist doch alles okay«, meinte ich, »und wir brauchen uns keine Sorgen zu machen.« Willi Rützel wiegte den Kopf: »Die Atome sind da zwar nicht drin, aber im Ernstfall kommen sie doch in die Schächte rein. Die Atome liegen nämlich in den Wasserwerken, nur ein paar Kilometer entfernt.« »Das gibt's nicht! In deinen Wasserwerken?!« »Seit sieben Jahren mache ich eine Eingabe nach der anderen, weil diese Bauten nicht sicher sind, in denen die Atome lagern.« »Was heißt denn nicht sicher?« »Mensch, die haben Entlüftungsschächte«, erklärte er, »weil in den Bunkern immer eine bestimmte Raumtemperatur sein muss.

Und durch diese Schächte kann man die ja hochjagen! Deswegen mache ich die Eingaben.« »Ach was«, sagte ich, »die Sprengköpfe können doch nur mit einem bestimmten Code gezündet werden, mit dem roten Telefon!« »Aber da liegen auch andere Sprengköpfe drin, konventionelle«, widersprach Willi, »ich bin Techniker. Wenn man von oben durch den Luftschacht eine Bombe mit einem Zeitzünder wirft – stell dir mal vor, es kommen jetzt irgendwelche Terroristen und tun das –, dann explodiert doch alles! Dann haben wir zwar keine richtige Atombombenexplosion, aber der Stahlmantel der Atomminen wird auseinandergerissen, und das ganze Gebiet ist verseucht. Am Schlüchterner Tunnel gibt es auch so ein Wasserwerk, ein Depot«, flüsterte Willi jetzt, »da war schon mal im Umkreis von zwei Kilometern das Gras verstrahlt, weil die undichten Atome abgestrahlt haben. Seit das passiert ist, kommt alle zwei Tage eine Nato-Streife vorbei, also einer von der Bundeswehr mit einem Strahlenabzeichen an der Jacke und einer von der amerikanischen Armee, weil für die Atome die Amerikaner zuständig sind. Die beiden gehen um die Wasserwerke rum und prüfen mit dem Geigerzähler, ob es wieder strahlt.« Ich lehnte mich im Sessel zurück: »Was du mir jetzt erzählst«, sagte ich, »hat doch was mit dem Obstler zu tun?!« Da trumpfte er auf: »Ich kann dir so ein Wasserwerk zeigen und auch gleich noch die Abschussrampe von den Amerikanern.«

Ich war aufs Land gezogen, um Geld zu sparen und um mich von meinem Verlagskram zu erholen, wollte ein Drehbuch über den Marranen Alvaro Mendes und den unglücklichen Dom Antonio schreiben. Kaum hatte ich mich niedergelassen, schon holte mich der ganze Dreck ein. »Na gut, Willi«, sagte ich, »fahren wir hin.« Ich nahm den Akai-Videorekorder mit, und ab ging's nach Rudlos. Dort gibt es einen Gutshof, die Ländereien nebst Waldgelände gehören dem Land Hessen. Das Gut wird als Versuchsanstalt des veterinärmedizinischen Instituts der Universität Gießen betrieben, das dort mit Schafen irgendwelche pharmazeutischen Experimente macht. An einem Abzweig stand ein Schild

»Wanderweg«. Wir kamen zu einer Anhöhe, dort gab es eine Bank unter einer mächtigen Buche. Ein paar Meter weiter verbreiterte sich der Weg und führte in einen Mischwald, da lagen auf einer Lichtung zwei Bauten, die – wenn man ein bisschen Fantasie hatte – tatsächlich so aussahen wie die Reservoirs der ländlichen Wasserversorgung. Die Einfahrt der u-förmigen Bauwerke war mit fingerdicken Stahlrohrgittern gesichert, der Eingang zum eigentlichen Bunker mit Stahltüren verschlossen. Beide Bauten waren an den Seiten angeböscht und mit Gras bewachsen, man konnte das flache Bunkerdach besteigen. Aus dem ragten die Luftschächte, also die neuralgischen Punkte, von denen Willi gesprochen hatte. Ich filmte mit der Akai-Kamera, während er mir eingehend erklärte, wie man die Schächte knacken könnte, in einer Mischung aus technischer Lust und einem Gefühl von staatsbürgerlicher Verantwortung: »Das darf so nicht bleiben!«

Wieder im Wagen, fragte ich ihn, was denn die Leute aus den Ortschaften hier in der Nähe über die Bunker so reden. Denen konnte doch nicht verborgen geblieben sein, dass solche Anlagen gebaut wurden, zumindest die Gemeinderäte mussten doch Bescheid wissen. »Klar«, sagte er, »aber sie wollen es nicht wahrhaben, keiner will darüber nachdenken, was da gelagert wird. Nur ein Bürgermeister hat sich mal beschwert, dass die Dinger grau, also in der Nato-Farbe, angestrichen sind und nicht grün wie sonst die Wasserwerke, also mussten wir die Anlagen umstreichen. Das nützt aber nichts! Trotzdem kann man sie unterscheiden, denn wirkliche Wasserwerke haben einen Zaun. Wenn du irgendwo ein Wasserwerk siehst, wo kein Zaun drum herum ist, dann ist es kein Wasserwerk.«

Von der Bundesstraße nach Fulda ging ein Waldweg ab, »Durchfahrt nur für Forstbetrieb« stand auf einem Schild, trotzdem fuhr Willi da rein. »Wo willst du denn hin?! Da steht ›Durchfahrt verboten‹!« »Ach, das macht hier jeder, weil es eine Abkürzung ist. Da hat keiner was dagegen.« Es ging ziemlich steil bergauf, einige Wege kreuzten, von da aus kommt man nach Hainzell und zu anderen Ortschaften. Endlich mündete der Schotterweg auf einer breiten Asphaltrampe, dort stand ein Schild mit kyrillischer Schrift und darunter auf deutsch und englisch: »Ende der Durchfahrt für Angehörige der russischen Botschaft«. Die Rampe führte zum Eingangstor eines Geländes, das von einem hohen Zaun umgeben war. Wir parkten den Wagen auf der Bankette neben der Einfahrt und stiegen aus. »Warst du da schon mal drin?«, fragte ich. »Na klar«, sagte er, »wir haben doch die Generatorenhäuser gebaut. Ich darf da rein.« Ein dumpfes Geräusch lag in der Luft, ein tiefes Gebrumme. Hinter dem hohen Zaun liefen Schäferhunde, die uns ankläfften. Am Tor der Anlage stand ein G. I. Wache, er kümmerte sich nicht um uns. Dann sah ich die Lafetten, auf denen Raketen schwenkten – gleichmäßig wie Radarschirme.

Ich wollte schnell weg hier, das alles lag nur acht Kilometer Luftlinie von meinem neuen Domizil entfernt! Da mietet man sich ein Häuschen mit schönem Blick, dann zeigt dir einer mitten im Wald eine Raketenabschussbasis, führt dich zu Wasserwerken, die keine sind, und erzählt dir, dass dort jede Woche eine Nato-Streife vorbeikommt und die Strahlen misst. Vor diesem Hintergrund wurde die Atomkraftwerkdiskussion idiotisch und war das reine Kasperltheater. Mein Experte setzte noch eins drauf: »Alle vierzig Kilometer entlang der Grenze zur DDR liegen solche Atomminendepots und Abschussbasen.«

Mehr noch als die Bedrohung selbst schärfte mich, dass ich jetzt diese brisante Information hatte. Gegen diesen Wahnwitz waren doch die Baader-Meinhof-Aktivitäten eine Farce. Wenn wirklich eines dieser ›Wasserwerke‹ hochginge, hätte Frankfurt kein Wasser mehr. Denn der Treppenwitz ist, dass die Nutzung des Vogelsberggebietes in der Regionalplanung folgende Prioritäten ausweist: erstens Wasserversorgung des Rhein-Main-Gebietes, zweitens Fremdenverkehr, drittens Landwirtschaft. Ich legte Alvaro Mendes und Dom Antonio beiseite und rief Willi Segler an, für dessen Reihe ›Das Fernsehspiel der Gegenwart‹ ich mit Otto Jägersberg das Drehbuch zum ›Immobilien‹-Film geschrieben hatte.

Der mutige Redakteur hörte sich erst ruhig meine Horrorgeschichte an, dann schrie er auf: »Seit du auf dem Land lebst, hast du wohl einen Jagdschein?! Sogar wenn es stimmt, was du erzählst, ich bin doch nicht verrückt, mir daran die Finger zu verbrennen! Ich sitze beim ZDF im fünften Stock; weißt du, wie viel Stockwerke unser Haus hat?! Vierzehn! Ich bin sowieso schon auf der schwarzen Liste mit meinen Fernsehspielen, also bleib mir damit vom Acker!« Anschließend telefonierte ich mit dem Wehrexperten der ›Frankfurter Rundschau‹, wollte nur von ihm wissen, was eigentlich aus dem Atomminengürtel geworden sei. »Gibt es nicht«, behauptete er, »früher gab es ›massive strike‹, jetzt ist die Losung ›flexible response‹.« »Wo sind die Mininukes denn abgeblieben?« »Die wurden gar nicht geliefert.« Mit dieser Auskunft gab ich mich nicht zufrieden, also schnüffelte ich in den Archiven und traute meinen Augen nicht: Es war alles veröffentlicht! Auf dem Territorium der Bundesrepublik lag, auf den Quadratkilometer bezogen, die größte Ansammlung von kleinen Atomwaffen weltweit. So begann diese Geschichte aus dem goldenen Zeitalter des Entsetzens.

Es gehört zu den Geheimnissen der Demokratie, dass es in ihr veröffentlichte Geheimnisse gibt. Du darfst dabei die Plauderstündchen nicht vergessen, in denen die Medienfritzen sich ihre Informationen holen, den vertraulichen Umgang mit den Politikern, bei denen sie lieb Kind bleiben wollen, den Konfidentenmuff, den sie pflegen müssen, um Insider zu bleiben. Da kann ein klares Wort so viel Porzellan zerschlagen, dass sie in den Vorzimmern der Macht verhungern müssten. Wo aber Klarheit nicht erwünscht ist, entsteht Rauschen. Du musst schon listig und schnell sein, um gegen solches Medienrauschen etwas in die Gänge zu bringen. Zuweilen nützt aber eine überstürzte Aktion gar nichts, da heißt es dann abtauchen und auf einen besseren Zeitpunkt warten. Damit ist nicht etwa der »Marsch durch die Institutionen« gemeint. Das ist reiner Euphemismus, der nichts weiter umschreibt als Bequemlichkeit und Anpassung. Weshalb dieser Slogan auch allen späteren grünen Studienräten und Bundestagsabgeordneten so gut gefiel. Als könne man ein System, das seine irresten Perversionen veröffentlicht, um sie danach ungerührt weiter zu betreiben, von innen her weichkochen. Einem anderen Konzept folgte die RAF, das war in sich schlüssig wie jedes geschlossene Wahnsystem, hatte aber keine Chance gegen das uferlos große, in dem wir leben. Daher favorisiere ich kleine offene Wahnsysteme, deren Strukturen sich ständig ändern, und zwar nach einem Irritationscode, der sub rosa bleibt.

1982: Der März Verlag vertreibt nach der Trennung von Zweitausendeins sein Programm im Buchhandel und über den Versandbuchhändler Mail Order Kaiser. Es erscheinen fünf neue Titel: Anna Leon: ›Einfacher Bericht‹, Douglas Milburn: ›Kindesmord‹, Colin Wilson: ›Das Okkulte‹, Jörg Schröder erzählt Uwe Nettelbeck: ›Cosmic‹, Gerhard Zwerenz: ›Venus auf dem Vulkan‹ sowie elf Titel aus der Backlist.

Es sah wie der perfekte Hattrick aus. Das neue März-Programm sollte im Buchhandel und von Mail Order Kaiser, dem größten Versender nach Zweitausendeins, vertrieben werden. Drittens verkauften wir dreißig März-Titel an den Rowohlt Taschenbuchverlag. Zum Deal mit Mail Order Kaiser kam hinzu: Die Druckerei Beltz in Weinheim wollte die Produktion vorfinanzieren. Hans-Jürgen Kaiser war über seine Freundin Heidi Steinhaus mit der Beltz-Gruppe verbandelt, sie hatte in den Sechzigern für deren Verlage Werbung gemacht. Inzwischen betrieb sie eine eigene Agentur und sollte die Gemeinschaftsanzeigen März und Mail Order Kaiser in ›Spiegel‹, ›Zeit-Magazin‹, ›konkret‹, ›Titanic‹, ›Titel‹ sowie in diversen anderen Magazinen und Stadtzeitungen schalten. Das war ein weiterer Pluspunkt: Heidi Steinhaus wollte ihre fünfzehnprozentige Agenturprovision nicht berechnen, bei einem Volumen von dreihundertsechzigtausend Mark brutto würde das gut fünfzigtausend Mark einsparen. Dafür sollte März aber die Herstellung der Druckvorlagen übernehmen. Wir kauften einen Zeichentisch und entwarfen die Kampagne, ich montierte großformatige vierfarbige Neben-Text-Anzeigen mit wechselnden Headlines und Titeln. Damals konnte man das noch nicht mit dem PC machen, jede Zeile musste im Layout-Satz gesetzt und mit Fixogum montiert werden, und die Farblithos wurden in der Repro-Anstalt eingebaut. Heute wird so etwas im PC bearbeitet, und fertig ist die Druckvorlage.

In nur fünf Monaten sollte das Herbstprogramm stehen, Barbara und ich stürzten uns in eine wahnsinnige Hektik. Zu den fünf Neuerscheinungen planten wir elf Reprints aus der Backlist, die natürlich erst später bei Rowohlt erscheinen sollten. Alles Titel, die bei Zweitausendeins in Auflagen zwischen zehn- und dreißigtausend verkauft worden waren: Cohen, ›Blumen für Hitler‹; Couffignal, ›Die Küche der Armen‹; Crumb, ›Head Comix‹; Eberhardt, ›Sandmeere‹; Hobrecht, ›Du kannst mir nicht in die Augen sehen‹; Kuper, ›Hamlet‹; López, ›Liebe & Tarock‹; Uve Schmidt, ›Ende einer Ehe‹; Schröder und Herhaus, ›Siegfried‹; Sinclair, ›Der Dschungel‹; Solanas, ›Manifest zur Vernichtung der Männer‹. Morgens um sieben düsten wir los zur Druckerei Beltz mit Manuskripten, Fahnen und Anzeigenvorlagen, das ging rund um die Uhr. Endlose Kilometer bretterten Barbara und ich vom Vogelsberg nach Weinheim, eine Tour von zweieinhalb Stunden. Oft machten wir auf dem Rückweg mit hängendem Magen in Frankfurt Rast, meist zu einer ungünstigen Zeit. Um siebzehn Uhr gibt es nirgendwo etwas Vernünftiges zu essen, deshalb schmiss Mario im ›Operncafé‹ seine Küche für uns an, zum Neidwesen der um uns herum sitzenden Banker. Wir waren eben bei den Besitzern des Lokals angesehene Leute. Schließlich hatte ich Hamlets Erzählung redigiert und verlegt, worin zu lesen ist, wie Gnom und Ziegler, die Betreiber des ›Operncafés‹, das wurden, was sie sind. Wir aßen und tranken, zogen danach oft noch um die Häuser und bretterten dann nach Schlechtenwegen.

Für meinen Freund Christian Schultz-Gerstein im ›Spiegel‹ waren Zweitausendeins und das Neuerblühen von März plötzlich »kein Thema« mehr. Es erschien buchstäblich nichts darüber im Blatt. Aber Hattricks sind nur dann welche, wenn sie besungen werden. Um es auf den Punkt zu bringen: Ein Scheitern war in unserem Planspiel nicht vorgesehen. Und wenn eine Sache, die nur auf Erfolg setzt, keinen hat, ist das Ergebnis ein Debakel.

Die Anzeigen-Strecken im ›Börsenblatt für den Deutschen Buchhandel‹ mit tollen Werbesprüchen begannen. Die Reaktionen waren dünn. Gut, beruhigten wir uns, es geht erst los, wenn die Welle mit den großen farbigen Publikumsanzeigen in der ›Zeit‹, in ›Spiegel‹, ›konkret‹, ›Titanic‹, ›Tip‹ und all den anderen Stadtzeitungen anläuft, dann stürmen die Kunden die Läden, dann müssen die Sortimenter einfach bestellen! Es war doch vor Kurzem noch so gewesen: Als die März-Titel nur über Zweitausendeins zu beziehen waren, kamen die Order partienweise. Im Laufe der Zeit wurden allein von Vespers ›Reise‹ aus dem Buchhandel zigtausend Exemplare bestellt. Auf meinen Formbrief: »Tut uns leid, wir können ›Die Reise‹ nicht liefern«, erhöhten die Buchhandlungen um zwei Partien oder auch drei, versuchten es mit Bestechung: »Drei Partien werdet ihr doch wohl liefern?!« So viele Bestellzettel waren gekommen, dass für mich jahrelang feststand: Wenn diese Bücher im Sortiment zu haben wären, würden wir das Dreifache von dem verkaufen, was bei Zweitausendeins weggeht.

Kurz vor der Buchmesse startete die Publikumswerbung mit vierzig großformatigen vierfarbigen Anzeigen. Jetzt fragten Kunden in Buchhandlungen nach März-Titeln. Da kannten sich nun die Sortimenter gut aus, sie hatten es ja ein Jahrzehnt trainiert: »März? Nein, gibt es nicht im Buchhandel!« Das Telefon stand bei uns nicht mehr still: »Ich war in der Buchhandlung Lincke …« oder: »Ich war bei Schrobsdorff, die haben gesagt: ›Nein, März gibt es nur bei Zweitausendeins.‹« Monatelang hatten wir im ›Börsenblatt‹ auf die Sortimenter eingetrommelt, seitenlange Interviews waren im ›BuchMarkt‹ erschienen, alle diese Informationen verkündeten: »März ist wieder im Buchhandel!« Die Buchhändler nahmen es nicht zur Kenntnis. Hinzu kam, dass die Vertreter des Rowohlt-Taschenbuchverlags herumliefen und im Sortiment verbreiteten: »Das neue März-Programm braucht ihr gar nicht erst einzukaufen, das kommt alles bald bei uns als Taschenbuch!«

Trotzdem waren wir immer noch guten Mutes, schließlich hatten die Anzeigen unten rechts den Bestellcoupon von Mail Order Kaiser. Nach unseren Zweitausendeins-Erfahrungen erwarteten wir, dass allein im Versand von ›Okkult‹ oder ›Cosmic‹ zehntausend Exemplare einsritschdrei weggehen würden. Jedoch die März-Titel waren für das Mail-Order-Kaiser- und das von ihm beworbene ›Zeit‹-Leser-Publikum ein Antiprogramm. Da nützte auch das schöne ›März-Heft‹ nichts, in dem wir Neuauflagen von Titeln vorstellten, die bei Zweitausendeins in dreißig- oder vierzigtausend Exemplaren gelaufen waren. Bei Kaiser mussten wir eben von allem immer eine Null streichen: Von ›Okkult‹ wurden viertausend, von ›Siegfried‹ zweitausend, von Hobrecht dreitausend verkauft. Bei einem Anzeigenvolumen von dreihundertsechzigtausend Mark war das die eine Null zu wenig.

Und dann drohte auch noch Umsatz, den wir partout nicht gebrauchen konnten. Zweitausendeins bestellte zweihundert Exemplare ›Cosmic‹. Es war grotesk. Die von den Buchhändlern weggeschickten und entnervten Kunden rannten Zweitausendeins die Bude ein. Um zu demonstrieren, dass es doch März-Bücher bei ihnen gibt, wollten sie jetzt in ihren Läden ›Cosmic‹ verkaufen, vielleicht auch, um Coolness zu zeigen, nach dem Motto: Wir sind gelassen, soll doch dieser Schröder uns ruhig beschimpfen, damit können wir leben! Kein schlechter Einfall – hätte von mir sein können. »Diese Bestellung keinesfalls ausführen«, wiesen wir die März-Sachbearbeiterin bei der Auslieferung in Gütersloh an. »Jaha!«, antwortete Hannelore Kleinhessling westfälisch affirmativ am Telefon. Anschließend versuchte es Zweitausendeins beim Barsortiment Lingenbrinck. Als auch dessen Geschäftsführer nach Rücksprache mit mir den Auftrag des verachteten Preisbrechers nicht ausführte, erhielten wir einen Brief des Hamburger Anwalts Joachim Kersten, in dem dieser März mitteilte, wir seien gesetzlich verpflichtet, Zweitausendeins mit März-Titeln zu beliefern so wie alle anderen Buchhändler auch. Wir taten es trotzdem nicht, damit war der unsittliche Marktstörungsversuch abgewehrt.

1982: Barbara Kalender und Jörg Schröder planen zur Buchmesse die Kofferaktion ›März läuft‹ (siehe Cover).

Es half alles nichts, die Bestellungen aus dem Buchhandel tröpfelten nur. »Verdammt!«, sagte ich zu Barbara, »wir hätten doch Vertreter engagieren müssen, die dem Sortiment unser Programm anbieten. Zumindest bräuchten wir nach diesem Flop jetzt einen Stand auf der Buchmesse, damit der Verlag wenigstens dort präsent ist.« Da war guter Rat teuer. Doch dann hatten wir eine Idee, kauften bei Koffer Witzel in Frankfurt zwei gelbe Plastikkoffer und besorgten roten und schwarzen Autolack. In Schlechtenwegen schnitt ich eine Schablone mit dem Slogan: »März läuft« und für die Rückseite des Koffers: »Hier können Sie bestellen«. Bis tief in die Nacht spritzten wir unterm Dach die schwarzen und roten Schriftzüge, wuschen ein paar Mal die misslungenen Versuche mit Nitro wieder ab, bis das Ergebnis endlich zufriedenstellend war. Eine Nitroorgie!

Mit diesen gelben »März läuft«-Koffern schlenderten Barbara und ich am nächsten Tag über die Buchmesse. Das machte Furore, die Branchenblätter und diverse Zeitungen berichteten darüber. Von den Koffern hätten wir hundertfünfzig verkaufen können, das neue März-Programm bestellten allerdings nur neunzehn Buchhändler. Immerhin erfuhren wir von denen, warum so viele ihrer Kollegen uns aus dem Weg gingen. Denn kurz vor dem Termin, an dem sich Zweitausendeins vertraglich verpflichtet hatte, den Vertrieb der März-Lizenzen zu beenden, überschwemmten sie – die vorher immer strikt auf die Einhaltung des »Nur bei uns!« geachtet hatten – den Buchhandel mit gelben März-Bänden. Es waren sechzehn Titel, also genau die Anzahl von Neuerscheinungen und Nachdrucken, die wir beworben hatten.

Entgegen ihrer sonstigen Gepflogenheit bot Zweitausendeins diese Bücher nun auch dem Sortiment zu Dumpingpreisen von fünf bis neun Mark an, während die Ladenpreise unserer Titel zwischen fünfundzwanzig und sechsundvierzig Mark lagen. Die meisten dieser Zweitausendeins-›März-Reste‹ wurden nicht ausverkauft, sondern waren extra für diese Aktion hergestellt worden. Ein Akt der Rache, die klassische ›Marktstörung‹, wie man eine solche Schweinerei euphemistisch im Juristendeutsch nennt. Und ich bin immer wieder platt, wie oberflächlich Feuilletonisten recherchieren, sonst hätte Willi Winkler von der ›Süddeutschen Zeitung‹ nicht in heiliger Einfalt behaupten können: Lutz Kroth – inzwischen hatte Lutz Reinecke ja den Namen seiner zweiten Frau angenommen – gehöre »zu den wenigen, die auf anständige Art reich geworden sind«.

Kein Wunder, dass März Schwierigkeiten hatte, im Buchhandel wieder Fuß zu fassen! Das gewisse Desinteresse der ›Zeit‹-Leser und Mail-Order-Kaiser-Kunden, das Geschwätz der Rowohlt-Vertreter, all das hätten wir noch überwinden können, doch diese Zweitausendeins-Ramscherei machte alles kaputt. Hundertfünfzigtausend Mark, das schöne Geld aus dem Verkauf der Rowohlt-Lizenzen, hatten wir für unsere Anzeigenaktion verbraten. Leider kannst du, während es so vor sich hinfloppt, nicht vom fahrenden Zug abspringen. Es hatten sich bereits zweihundertfünfzigtausend Mark Schulden bei der Druckerei Beltz aufgebaut. Es nützte nichts, wir mussten durch, die Kohle wurde weiter verballert. Auch Mail Order Kaiser hatte ja hundertfünfzigtausend Mark reingeschossen, weitere Anzeigen wurden geschaltet. Alles vergeblich!

1983: Jörg Schröder und Uwe Nettelbeck schlagen den Bertelsmann-Literaturpreis für ›Cosmic‹ aus. Der Bertelsmann Club kauft Lizenzen von März. Der Hauptsitz des März Verlags wird von Berlin nach Herbstein-Schlechtenwegen verlegt.

Aber es gab nicht nur Nackenschläge, und es flog nicht nur Geld zum Fenster hinaus, es kam auch etwas rein, sonst hätten wir ja den ganzen Wahnsinn mit den dreihunderttausend Mark, die wir für sinnlose Werbung verbraten hatten, so lange gar nicht durchstehen können. Weitere Lizenzen wurden verkauft: insgesamt fünfzig Titel an den Rowohlt Taschenbuchverlag und danach zehn an Bertelsmann; dieses Geschäft bahnte sich auf einem ulkigen Umweg an.

Hans Arnold, der Lektor des Bertelsmann-Clubs schrieb mir, dass die Jury der Reihe ›Zeitgenössische Autoren stellen sich vor‹ für das dritte Quartal ›Cosmic‹ ausgewählt habe. Die Juroren Monika Sperr, Nino Erné, Hellmuth Karasek, Walter Kempowski und Alexander U. Martens trafen ihre Entscheidung unabhängig vom Bertelsmann-Lesering. Zuletzt war der Band ›Hundert Gedichte. Eine zeitgenössische Auswahl aus der Frankfurter Anthologie‹, herausgegeben von Marcel Reich-Ranicki, prämiert worden. Davor hatte man Titel von Gert Hofmann, Peter Schneider und Hans Magnus Enzensberger ausgewählt. Das Preisgeld betrug dreißigtausend Mark. Hans Arnold bat mich um Nachricht, ob wir mit diesem Angebot einverstanden seien. Das war mehr eine rhetorische Frage, denn Bertelsmann druckte und verkaufte von den Büchern dieser Reihe nur zwischen fünf- und zehntausend Exemplare. Der Rest war Mäzenatentum, und etwas Avantgarde schmückt schließlich auch die Hauptvorschlagsangebote, die waren im besagten Quartal: Konsalik, Kishon, Márquez und James Last.

Ich rief Hans Arnold an und erklärte ihm die Lage: »Ich würde den Preis annehmen, Geld können wir immer gebrauchen. Zwar muss ich mit Uwe Nettelbeck teilen, also sind es dann nur fünfzehntausend für mich. Ich gehe davon aus, dass er ablehnen wird, aber sicherheitshalber frage ich ihn.« Ich schrieb also an Uwe, schickte ihm das Bertelsmann-Angebot, und er lehnte ab. Als Autor, der ökonomisch mit dem Rücken zur Wand steht, brauchst du schon ziemlich viel Haltung, um so ein Preisgeld auszuschlagen. Aber für Uwe Nettelbeck, den Sohn eines Matratzenfabrikanten vom Bodensee, sah das anders aus, zumal seine Frau Petra die Anteile ihres Vaters an Volkswagen de México erbte. Wieder telefonierte ich mit Hans Arnold: »Wie ich es schon vermutet hatte, Nettelbeck will ›Cosmic‹ nicht bei Bertelsmann. Egal, ich mache Ihnen einen Vorschlag: Was brauche ich einen Preis? Ich bin ja selbst Verleger, kaufen Sie mir einfach ein paar Lizenzen ab.«

So begann eine gute Zusammenarbeit mit dem Bertelsmann-Club. Es lief alles korrekt ab, nicht so link wie beim Rowohlt Taschenbuchverlag, dessen Lizenzbuchhalter uns später nach dem März-Konkurs abzockte. Deshalb wiederhole ich meine Behauptung: Der anständigere unter den unanständigen deutschen Medienkonzernen ist Bertelsmann. In Mark und Pfennig ausgedrückt, kassierten wir für Fee Zschocke, ›Er oder Ich‹; Uve Schmidt, ›Ende einer Ehe‹; die drei Bände von Upton Sinclair, ›Dschungel‹, ›Am Fließband‹ und ›Öl!‹; für Ralph Ellison, ›Unsichtbar‹; Claer, ›Laß jucken Kumpel‹; die Titel von Colin Wilson, ›Okkult‹ und ›Seelenfresser‹ sowie für Ken Kesey, ›Einer flog über das Kuckucksnest‹ an die zweihunderttausend Mark. Die Hälfte ging natürlich an die Autoren, aber hunderttausend sind doch ganz schön als Preisgeld.

1983 bis 1984: Es erscheinen vierzehn Titel: Joe Brainard: ›1984 – Comics‹, Charles Darwin: ›Die Bildung der Ackererde‹, Ralph Ellison: ›Unsichtbar‹, Rudolf Falb: ›Das Land

der Inca in seiner Bedeutung für die Urgeschichte der Sprache und Schrift‹, Anna Kavan: ›Julia und die Bazooka‹, Anna Kavan: ›Wer bist du?‹, Kenneth Patchen: ›Schläfer erwacht‹, Herbert Schmatzberger: ›Das aufsteigende Zeichen‹, Jörg Schröder (Hrsg.): ›März-Mammut‹. März Texte 1 & 2‹, Upton Sinclair: ›Am Fließband. Mr. Ford und sein Knecht Shutt‹, Upton Sinclair: ›Öl!‹, Craig Kee Strete: ›Uns verbrennt die Nacht. Roman mit Jim Morrison‹, Jane Way: ›Sieben‹, Colin Wilson: ›Die Seelenfresser‹.

1984: Barbara Kalender und Jörg Schröder als Arno-Schmidt-Touristen fotografieren Jan Philipp Reemtsma. Im März erscheint zum fünfzehnjährigen Bestehen des Verlags die Anthologie ›März-Mammut‹ mit 1274 Seiten, die von Diedrich Diederichsen und Rainald Goetz abgefeiert wird.

Kurz vor der Publikation des ›Mammut‹ wollten wir Jan Philipp Reemtsma persönlich in Augenschein nehmen. Nachdem wir ihn in der ›taz‹ durch den Kakao gezogen hatten, wollten wir nun im ›Mammut‹ die Geschichte mit Fotos von Reemtsma illustrieren. Wir sagten uns, es kann doch nicht angehen, dass der Mann es fertigbringt, sämtliche Fotos von sich aufzukaufen oder sonstwie aus dem Verkehr zu ziehen. Nun ja, Fotografen sind bescheiden, wenn man ihnen etwa anbietet: »Ich kaufe die Rechte an Ihren Fotos und zahle dafür fünfhundert Mark«, das ist dann so wie ein Honorar für zehn Veröffentlichungen, also verkaufen sie diese gern. So unglaublich es sich also anhört: Es gab in keinem Archiv der deutschen Medienszene ein Foto von Reemtsma. Nur wenige wussten daher, wie er aussieht.

Barbara und ich wollten ihn jedenfalls sehen, und wie es sich so fügte: Feier zum siebzigsten Geburtstag Arno Schmidts – er war fünf Jahre vorher gestorben – in einem der Festsäle am Steindamm in Hamburg. Ich lese in der Meldung: Frau Schuchardt begrüßt. Und wer hält den Festvortrag? Heiko Postma. »Ah«, riefen wir: »Das ist er!« Hinter Postma musste sich Jan Philipp Reemtsma verbergen. Ich telefonierte mit Christian Schultz-Gerstein vom ›Spiegel‹ und fragte: »Sag mal, wer ist Postma? Kennst du den? Das hört sich doch an wie ein Pseudonym von Reemtsma, aber vielleicht gibt es den doch?« Im ›Spiegel‹-Archiv war angeblich nichts über Heiko Postma zu finden, deshalb dachten wir uns: Dann wird es mit großer Wahrscheinlichkeit Reemtsma sein. Wir fahren hin und machen ein Foto von Reemtsma/Postma. »Aber«, sagte ich zu Barbara, »wenn wir da auftauchen, erkennt uns der eine oder andere, und schon ist es Essig, wir müssen uns verkleiden.« Es war in der Karnevalszeit, wir fuhren nach Fulda, kauften im Salon Weber zwei Damenperücken: eine mit grauen Locken für mich und die rote für Barbara. Die Friseusen kicherten und tuschelten, als wir verkündeten: »Wir wollen in Hamburg nicht erkannt werden.« Die hielten das für eine Art norddeutsche Karnevalsfeier. Sie passten uns die Perücken an, eine Friseuse tönte mir noch die Augenbrauen und den Bart mit Faschingsgrau.

So wurde ich zum Haartier und sah aus, wie solche Menschen eben gern aussehen. Barbara wirkte schrill mit der altmodischen Rothaarfrisur wie ein Vamp, sehr fremd, fand ich – die Männer im Intercity sahen das anders. Wir hatten uns in Fulda rausputzen lassen, denn, wenn man sich schon verkleidet, muss man auch etwas Übung in der neuen Rolle haben, wir konnten doch nicht plötzlich in Hamburg wie die Bankräuber eine Perücke aufsetzen und in den Seefahrtssaal reinrauschen. Wir wollten uns eben an unser neues Äußeres gewöhnen, schließlich sind wir keine Schauspieler.

Als wir im Intercity saßen, huschten die Voyeure dann so sonderbar an unserer Abteiltür vorbei, guckten unverhohlen lüstern rein, obwohl wir uns nur gegenübersaßen. Sie müssen die Fremdheit, die sonderbare Verstelltheit und die Spannung, die wir ausstrahlten, falsch verstanden haben. Vielleicht lag es an Barbaras Perücke, dass sie meinten, in diesem Coupé findet gleich irgendwas Geiles statt.

In Hamburg auf dem Bahnsteig begegnete ich mir dann selbst. Ich stieg aus dem Zug und sehe oben auf der Rolltreppe mein Ebenbild: ein kleiner Mann, auch dichtes graues Haar wie ein Mop und auch eine dumpfe Nickelbrille, die mit den runden dunklen Gläsern, wie ich sie trug. Ich denke noch, verflucht, der sieht wirklich so aus, es gibt solche Typen tatsächlich, stelle mich auf die Rolltreppe, er rollt runter, ich hoch, eine lange steile Rolltreppe, und plötzlich, von einem Meter Distanz, sieht der Typ mich an – na ja, nicht mich, sondern seinen Konkurrenzmop. Solch einen fassungslosen Mop hatte ich in meinem Leben noch nicht gesehen, denn mein Haar war, weil ja aus Kunsthaar, eben sehr viel voller.

Wir hin zur Seefahrtsgesellschaft, probierten gegenüber bei einem Chinesen das Essen mit Perücke aus. Der Chinese kümmerte sich nicht um uns komische Figuren, aber das Essen war sehr schlecht, das war die erste Strafe. Die zweite war dann der Vortrag von Heiko Postma, den wir für Reemtsma hielten, dem eine animierte Schmidt-Gemeinde lauschte. Und die dritte Strafe war, vor allem für Barbara – die Schmidtianer äugten bereits schräg zu ihr rüber, schließlich sah Barbara mit den schrillen roten Haaren und der Canon-Kamera um den Hals ziemlich sonderbar aus. Und ich forderte sie ständig auf: »Jetzt! Fotografier mich doch! Jetzt vorne ihn! Und noch mal!« Wir waren Fremdkörper in dieser Arno-Schmidt-Veranstaltung, Schmidt-Touristen mit Kamera, das fanden die Zuhörer schockierend. Zwar versuchten sie, die zwei schrillen Schmidt-Freunde, die sich gegenseitig fotografierten, nicht wahrzunehmen, aber so etwas kann man gar nicht nicht wahrnehmen. Und Barbara war es so peinlich! Ich hatte mich daran gewöhnt und dachte: Es weiß ja keiner, wer ich bin, ich habe ja eine Perücke auf.

Wir ließen den Vortrag über uns ergehen, danach machten wir wieder Fotos fürs ›Mammut‹. Und endlich, als wir bereits unten vor der schweren Eichentür standen, sagte ich zu Barbara, schon mit leicht hochgeschobener Perücke: »So, jetzt fotografier mich noch ein letztes Mal!« Sie drückte auf den Auslöser, und was soll ich sagen, drei Monate später, nachdem die Perückenserie in ›Mammut‹ erschienen war – ich mit der verrutschten Perücke und links ein Typ mit Halbglatze, der irritiert ins Blitzlicht glotzt –, sehe ich doch in ›TransAtlantik‹, dass Jan Philipp Reemtsma sich erstmalig auf einem Foto zeigt und genau die Krawatte wie in Hamburg trägt. Eigentlich erkannten wir ihn nur am Schlips wieder. Barbara hatte ihn auf dem letzten Foto vor der Tür erwischt! Reemtsma musste natürlich annehmen, dass wir wussten, wie er aussieht, und es nun tatsächlich keinen Sinn mehr hat, sein Gesicht nicht zu zeigen.

Society for Cutting Up Men. Gesellschaft zur Vernichtung der Männer

In ›Mammut‹ brachten wir auch einen bisher unveröffentlichten Brief von Valerie Solanas. Das Manuskript der ›Society for Cutting Up Men‹ schickte mir Maurice Girodias 1969 mit einigen anderen Titeln der Olympia Press New York. Eine paranoide, surrealistische Theorie, also innerhalb des Wahnsystems schlüssig. Ich antwortete ihm sofort: »Machen wir!« Maurice hatte Valeries Manifest im Jahr 1968 – gleich nach dem Warhol-Attentat – veröffentlicht. Er zahlte ihr ein Pauschalhonorar von fünfhundert Dollar, ich überwies ihm für die deutschen Rechte ein flat fee von tausend Dollar.

Die deutsche Übersetzung erschien 1969 bei März mit einem Nachwort des ›Arbeitskreises Frauenemanzipation‹, dem auch einige Frauen des ›Weiberrats der Gruppe Frankfurt‹ angehörten. Von dieser Gruppe stammt der ›Rechenschaftsbericht‹ mit den komischen abgehackten Pimmeln der Genossen Schauer, Gäng, Kunzelmann, Krahl und Rabehl, wie Jagdtrophäen an der Wand aufgereiht. Auf der Rückseite des Flugblatts outeten die Frauen fünfzig weitere SDS-Schwanzträger mit einem solanasnahen Text, dessen Schlusszeile lautete: »Befreit die sozialistischen Eminenzen von ihren bürgerlichen Schwänzen!« Mir konnte ja in dieser Richtung nichts passieren, weil Valerie mich zum »contact man of the mob« ernannt hatte. Damit gehörte ich zu den wenigen Männern, die der Vernichtung durch die Frauen entgehen sollen, per Gnadenerlass der Anführerin der Society for Cutting Up Men. Als Valerie Solanas gefragt wurde, warum sie auf Andy Warhol geschossen habe, antwortete sie: »Ich habe eine Menge schwerwiegender Gründe, lesen Sie mein Manifest und Sie wissen, wer ich bin.«

Valerie Solana – das S am Ende ihres Namens fügte sie später hinzu – wurde 1936 in Atlantic City, New Jersey, geboren. Sie wuchs in desolaten Familienverhältnissen auf, die Mutter war Trinkerin und gewalttätig, der Vater quälte sie mit sexuellen Übergriffen. Mit dreizehn kam sie in ein Mädcheninternat für straffällige Jugendliche und legte später im Fach Psychologie ein Examen an der University of Maryland ab. In New York begann Valerie Solanas zu schreiben, darunter ein Theaterstück ›Up Your Ass‹, das sie Andy Warhol gab, und ihr ›S.C.U.M. Manifesto‹. Ihr Manifest verkaufte sie hektografiert in den Cafés von Greenwich Village. Zuweilen schlug sie sich auch mit Prostitution durch.

1968 hatte Valerie Solanas eine kleine Nebenrolle in dem Andy-Warhol-Film ›I A Man‹ für ein Honorar von fünfundzwanzig Dollar. Vorher hatte Andy Warhol ihr gestanden, dass irgendjemand in der Factory das einzige Manuskript ihres Theaterstücks ›Up Your Ass‹ weggeworfen habe. Ein Jahr später zog Valerie Solanas eine 32er Beretta Automatik und schoss auf Andy Warhol. Dem Polizisten, der sie festnahm, sagte sie: »Er hatte zu viel Kontrolle über mein Leben.« Im ›Mammut. März Texte 1 & 2‹ haben wir Andy Warhols Bericht ›Nachdem sie mich niedergeschossen hatte, drehte sich Valerie um und schoss auf Mario Amaya‹ veröffentlicht.

Mitte der Siebziger erschien eine Neuauflage des ›S.C.U.M.-Manifests‹ bei März. Obwohl März die deutschen Rechte von Maurice Girodias für ein Pauschalhonorar gekauft hatte, der Verlag also nicht verpflichtet war, Tantiemen an die Autorin zu zahlen, schickte ich ihr einen Scheck über die branchenübliche Summe. Dies honorierte Valerie Solanas in einem langen Brief, den wir später ebenfalls im ›März-Mammut‹ abdruckten. Nach der Bestallung zum »contact man of the mob« kam mein Brief an Valerie Solanas mit den erbetenen Antworten und einem weiteren Scheck, nach einer langen Irrfahrt durch die USA zurück. Das dicke Kuvert liegt ungeöffnet im Deutschen Literaturarchiv Marbach.

Wenig später, weil sie meine Antwort ja nicht erhalten hatte, enthob Valerie mich des Amtes. Ich schickte Kopien an Mark Zussman, ihren neuen »contact man of the mob«, dessen Adresse Valerie uns genannt hatte – no reply, no return. Die traurige Wahrheit: Radikale Feministinnen in Deutschland, Italien, Frankreich, den USA, Japan und wer weiß wo noch druckten das ›S.C.U.M.-Manifest‹ nach, Valeries Lebensgeschichte wurde verfilmt und in Schweden verdient gerade eine Autorin Hunderttausende Kronen damit. Aber außer von Maurice Girodias und vom März Verlag hat Valerie Solanas für ihr Manifest nie einen Cent Honorar gesehen. Sie starb 1989 in einem Obdachlosenasyl in San Francisco an Lungenentzündung.

Diebstahl postmodern

Autoren klauen im Großen und Kleinen, sie handeln eben wie der Besenbinder aus den ›zwei honetten Kaufleuten‹ des Johann Peter Hebel. Um Menschen, die Neues machen, ist ein ständiges kapillares Saugen, da wird Mikrowatt um Mikrowatt abgezapft, so was summiert sich. Wenn du nicht aufpasst, lutschen sie dir nicht nur die Wörter aus dem Kopf, wie Leslie Fiedler es in seinem Aufsatz ›Überquert die Grenze, schließt den Graben!‹ schreibt: »Es geht nicht um die Wörter auf dem Papier, sondern die im Leben, oder besser, im Kopf, in der intimen Verknüpfung von tausend Zusammenhängen – sozialen, psychologischen, historischen, biografischen, geografischen. Diese Wörter im Bewusstsein des Lesers werden der Gegenstand zukünftiger Kritiker sein.«

Das Zitat stammt aus einem Vortrag, den Leslie Fiedler 1968, während eines Symposiums in Freiburg hielt. In der Wochenzeitung ›Christ und Welt‹ entspann sich eine Debatte darüber, an der Rolf Dieter Brinkmann, Martin Walser, Reinhard Baumgart, Jürgen Becker, Helmut Heißenbüttel und Hans Egon Holthusen teilnahmen. Brinkmann war natürlich pro Fiedler, Walser widersprach den Thesen sozusagen im Namen des Kommunismus, Baumgart saß wie immer auf dem hohen Ross, vermisste in dem Text die Autoren Céline, Henry Miller, Döblin, Brecht und Grass und zeigte damit, dass er nicht verstanden hatte, was Fiedler meinte, nämlich eine subversive, vulgäre, antiautoritäre Pop- und Beatliteratur, vor der sich Baumgart prophylaktisch ekelte.

Vom ›Playboy‹ kaufte ich Anfang der Siebziger die Rechte an ›Überquert die Grenze, schließt den Graben!‹, aber erst zehn Jahre später wurde der Begriff »literarische Postmoderne« in Deutschland virulent, daraufhin veröffentlichten wir den Text 1984 in ›Mammut‹. Es dauerte noch bis 1988, da rief Wolfgang Welsch an und wollte Fiedlers Aufsatz in seiner Anthologie ›Wege aus der Moderne. Schlüsseltexte der Postmoderne-Diskussion‹ nachdrucken. Wir gaben ihm die Genehmigung für seinen Reader, und der Text erschien, wie es üblich ist, mit Quellenangabe.

Sieben Jahre später brachte die ›Süddeutsche Zeitung‹ in der Weihnachtsliteraturbeilage als Aufmacher: »Der Autor als Hund an der langen Leine. Über neue und wiederholte Beiträge zur gegenwärtigen Literaturdebatte.« Besprochen wurde eine Anthologie, herausgegeben von Uwe Wittstock, ›Roman oder Leben. Postmoderne in der deutschen Literatur‹. Darin stand ein Zitat von Fiedler aus »dem bekannten Vortrag«, wir kauften das Buch, da war tatsächlich der Fiedler-Aufsatz aus dem ›Mammut‹ abgedruckt mit dem bibliografischen Hinweis: »entnommen aus: Wolfgang Welsch, ›Wege aus der Moderne‹, Weinheim (VCH) 1988, Seite 57 bis 74«. Nein, hier ist nicht dem Reclam Verlag Leipzig ein Irrtum passiert, sondern der Herausgeber hat bewusst nicht bei März die Abdruckrechte nachgefragt. Schließlich kennt sich Uwe Wittstock im literarischen Geschäft aus, denn er arbeitete jahrelang als Lektor im S. Fischer Verlag, einem Unternehmen des Holtzbrinck-Konzerns.

Ich schrieb die übliche Abmahnung. Am nächsten Tag erfolgte der Anruf einer resoluten Elke Kotthoff, bei Reclam zuständig für Rechte und Lizenzen: »Ich verstehe Ihr Schreiben nicht. Herr Doktor Wittstock gab uns die Adresse von Professor Fiedler, der hat den Abdruck genehmigt ...« Ich erklärte ihr: Fiedler erinnere sich vermutlich nicht mehr daran, dass März von ›Playboy‹ alle deutschen Rechte für ein Pauschalhonorar gekauft hatte. Außerdem gehören März auch die Rechte an der Übersetzung. Ich erzählte ihr etwas von den gelben März-Büchern und der Literatur um 1968, über die stillen Verbraucher in den Konzernverlagen und Feuilletons in Gestalt solcher Wittstocks. Bei ›Konzern‹ verstand Elke Kotthoff sofort, was ich meinte. Wir einigten uns auf das übliche Seitenhonorar.

Wenn Wittstock bei mir angeklopft hätte, so wie Welsch es tat, hätte ich ihm die Abdruckgenehmigung bestimmt erteilt. Aber ihm passierte ja kein Malheur, sondern gerade weil März der Pilotverlag der Achtundsechziger war und zahlreiche Themen besetzt hat, reißen bei gewissen Leuten im Literaturbetrieb alle Bande frommer Scheu. Um sich im Nachhinein als Entdecker aufspielen zu können, braucht man einfach die Quelle nicht zu nennen. Auf solchen Tickets der Unwissenheit reisen solche Autoren mitsamt ihren gestohlenen Koffern und regen sich künstlich auf, weil wir solche Praktiken nicht leise weinend schlucken. Denn die meisten Betroffenen schlucken solche Kröten lieber! Und es ist kein Wunder, dass sich das auf die Verdauung ungünstig auswirkt – aus einem traurigen Arsch fährt nun mal kein fröhlicher Furz.

1984: Barbara Kalender und Jörg Schröder spielen sich selbst in der Spieldokumentation ›Die März Akte. Prüfungen der deutschen Literaturszene‹ von Peter Gehrig (Bayerischer Rundfunk, Adolf-Grimme-Preis 1986).

Der Regisseur Peter Gehrig besuchte uns und wollte einen Film über den März Verlag drehen. Von nun an saßen Barbara und ich abends beim Cognac und praktizierten erweitertes Verlegertum: »Wie könnte so eine Dokumentation aussehen?« Wir wollten natürlich einen Werbefilm machen, und der beste Werbefilm ist immer einer, der nicht danach aussieht. Wir brauchten etwas Raffiniertes, also etwas Einfaches. Ab und zu kam Peter Gehrig vorbei, er wohnte in München und düste ständig in seinem VW Golf auf der Autobahn zwischen München und Essen hin und her, um seine Mutter zu besuchen, die dort in einem feudalen Seniorenheim wohnte.

Wenn Peter bei uns halt machte, hörte er sich bei einer Tasse Kaffee an, was wir uns in der Zwischenzeit überlegt hatten. Unnötig, die zahlreichen Ideen aufzuzählen, wie wir es auch drehten und wendeten, das Problem blieb: Es gibt nichts Langweiligeres, als zu zeigen, wie ein Verlag funktioniert. Von außen stellt man sich das vielleicht spannend vor, tatsächlich sitzen da aber nur Menschen an Schreibtischen, die telefonieren oder in Manuskripten blättern. Das sind keine interessanten Bilder! Die Schwierigkeit war also, eine Rahmenhandlung zu finden, die solch optisch tristes Verlagsgeschäft dramaturgisch attraktiv serviert. Dazu brauchten wir eine Figur, der man den ganzen Laden erklären muss wie damals dem Konkursverwalter Doktor Keller. Und deswegen fiel uns ein: Wir könnten einen Film über das Ende eines Verlages machen mit einem Konkursverwalter als Antagonisten. Auf diesen Plot flog Peter Gehrig wie die Wespe aufs Weißbier, es passte zu seinem Lieblingsthema ›Scheitern‹. Seine Begeisterung fanden wir zunächst mal toll, aber kaum war er weg, dämmerte uns: »Verdammt! Da glaubt jeder, das ist die Realität. Sind wir denn bescheuert, über solch eine Idee überhaupt nachzudenken?! Das wäre unser Untergang! Wir melden dann ja im Fernsehen Konkurs an!« Ich rief Peter Gehrig an: »Wir werden uns etwas anderes überlegen, ein gespielter Konkurs kommt nicht in Frage.« Da war er enttäuscht.

Nicht immer kommt mit Zeit auch Rat, aber aufs Finanzamt ist in jedem Fall Verlass. Das schickte uns eine Betriebsprüfungsverfügung und kündigte einen Termin für die Vorbesprechung an. Dabei geht es noch nicht um Details; der Betriebsprüfer legt mit dem Unternehmer und dessen Steuerberater lediglich den Zeitrahmen fest, damit die Prüfung den Betriebsablauf nicht mehr als nötig stört.

Nun ist eine Betriebsprüfung ja alles andere als erfreulich, aber es wurde uns offenbar in die Wiege gelegt, aus Scheiße Zwerge zu machen, zack, hatten wir die Idee: »Wir spielen eine Betriebsprüfung!« Da kannte ich mich aus, denn vor Jahren in Frankfurt waren monatelang Prüfer im Verlag gewesen, die hatten mich mit ihren Fragen gelöchert. Also dem Finanzamt Fulda sei Dank, das war die ideale Möglichkeit, Verlagsabläufe zu erklären und darin Interviews einzuklinken.

Diese Variante gefiel Peter Gehrig, und er rief als Mitarbeiter des Bayerischen Rundfunks den Leiter des Finanzamts Fulda an, ob es wohl möglich sei, den März-Betriebsprüfer in einem Dokumentarfilm mitwirken zu lassen. »Nein, keinesfalls!«, antwortete der Beamte, »Amtsgeheimnis, Paragraf pipapo, nie und nimmer darf ein Steuerbeamter in einem Prüfungsfall! Und erst recht nicht in einem Film!« Na ja, eigentlich selbstverständlich. Deshalb wollte Gehrig einen Schauspieler suchen. »Besser nicht«, sagte ich zu ihm, »dem muss man jedes Wort vorkauen. Wir brauchen einen Typen, der improvisieren kann. Und da habe ich eine Idee, ich rufe mal Horst Tomayer an, der arbeitet bei ›konkret‹ und …«

Gehrig kannte ihn nicht, gehörte eben nicht zu den Kreisen, die ›konkret‹ lasen. Ich rief Horst an, fragte ihn: »Hast du Lust, in einem März-Film den Betriebsprüfer zu spielen?« Und er: »Na klar, mache ich!« Damit war dieses Problem gelöst, und eigentlich konnte nichts mehr schiefgehen.

Der ›März Akte‹-Film von neunzig Minuten Länge war nach einer Woche abgedreht, die Spielhandlung im Verlagshaus auf dem Land dauerte nur vier Tage. Hauptsächlich auf der Buchmesse hatte Peter Gehrig Freunde und Feinde interviewt: Mathias Bröckers, Henryk M. Broder, Daniel Cohn-Bendit, Gerd Haffmans, Kristian Klippel, Winfried Kumetat, Abraham Melzer, Reinhold Neven DuMont, Klaus G. Saur, Uve Schmidt, Christian Schultz-Gerstein, Matthias Wegner, Karl Dietrich Wolff. Für solche Dokumentation braucht man sonst mindestens drei Wochen. Es ging so schnell, weil keine Szene wiederholt werden musste, das Team gut arbeitete und die Cutterin Gabi Grausam Spaß an der Sache hatte.

Große Skepsis ist berechtigt, wenn nach der Fertigstellung eines Werkes »der großartige Teamgeist« in den siebten Himmel gehoben wird. Ein Stoßseufzer wäre nach den überstandenen Querelen, Vorwürfen und Hysterien in der Regel ehrlicher. Aber manchmal klappt es wirklich. Und nach so einer gelungenen Zusammenarbeit steigt dir wieder die schöne Fantasie zu Kopfe: Es ist vielleicht doch was dran am kollektiven Produzieren! Jedenfalls liefen bei uns die Dreharbeiten ab wie nach dem Keuschheitsgelübde der dänischen Regisseure Thomas Vinterberg, Lars von Trier, Søren Kragh-Jacobsen und Kristian Levring von ›Dogma 95‹, das da lautet: Drehen ausschließlich an Originalschauplätzen, Ton zeitgleich mit dem Bild, Handkamera, keine optischen Tricks oder Filter, keine Morde und Waffen, der Film spielt hier und heute. Cum grano salis: Bei uns war das Filmformat nicht fünfunddreißig Millimeter Academy, sondern sechzehn Millimeter, und der Regisseur wurde genannt – sonst hätte er sich ja später keinen Adolf-Grimme-Preis abholen können.

1984: Der März-Bücherberg wird erstmalig zur Buchmesse aufgebaut.

1984 waren wir auf die Idee verfallen, unseren Messestand mit Spiegeln auszukleiden, das kommt immer gut, denn sie vergrößern und verdoppeln. Also eine große verspiegelte Rückwand, dazu Spiegel auf den flachgewinkelten Seitenwänden, damit sich das Leben auf dem Stand und in den Gängen darin unendlich vervielfältigen kann. Der Schreiner schnitt die Wände zu, billige Spiegel wurden besorgt, auf jeden klebte ich ein Vierteljahr lang jeden Abend mit Helvetica-Buchstaben Sentenzen aus dem Buch ›Schläfer erwacht‹ von Kenneth Patchen: »Ein Löwe in einem Eisblock«, »Natürlich besteht die Versuchung zu erfinden, was man am meisten braucht«, »Alle habt ihr es gewollt. Und jetzt bekommt ihr es. Wir gehen unter«, »Geh um Gottes willen in die Finsternis, so sauber du kannst« oder »Die Augen der Tierausstopfer ruhen auf dir«. Diese kachelartigen Spiegel mit ihren farbigen Dreiecken, Sternen oder Punkten wirkten wie eine flackernde Lichtmaschine, ein ins Unendliche führender Rundhorizont, vor den wir in die linke Ecke einen riesigen Bücherberg klatschen wollten, um so drastisch auf das übervolle März-Lager und die der anderen unabhängigen Verlage hinzuweisen. Ursprünglich sollten fünftausend ›Mammuts‹ in der Ecke liegen, um die Botschaft zu verbreiten. Aber dann kam uns die Vorstellung, das gesamte ›Mammut‹-Lager auf die Messe zu karren, die zig Paletten aufzulösen, doch zu verstiegen vor, und wir entwarfen einen treppenförmigen Unterbau aus Latten und leichter Spanpappe. Das sonderbare zweiteilige Gebilde strichen wir auf der Tenne der Schlechtenwegener Scheune vor, weil diese Dummies während des Transports auf dem offenen Pritschenwagen des Schreiners ohnehin verkratzt wurden.

Drei Tage lang bauten Barbara und ich den Stand auf. So machten wir es von 1984 bis 1986, und hätten es immer weiter getan, wenn nicht der Verlag liquidiert worden wäre. Denn er war ein großer Erfolg, die dpa brachte regelmäßig ein Foto von unserem Bücherberg zur Buchmesse-Eröffnung, und die ARD-›Tagesthemen‹ zeigte ihn als Eröffnungsbild, die Deutsche Presseagentur benutzt das Foto heute noch manchmal, wenn es um die Überproduktion von Verlagen geht.

Uns gegenüber war der Repräsentationsstand der ›Süddeutschen Zeitung‹ mit einem Bierfass als Epizentrum sowie dezenten Sitzecken an der Peripherie. Später saßen hier die wichtigen Feuilletonisten aufgereiht und verfolgt verblüfft das muntere Treiben um den Bücherberg herum. Aber zunächst werkelten bei der ›Süddeutschen‹ nur die Handwerker eines Frankfurter Messebauers, während Barbara und ich die gelben und schwarzen Lackroller schwangen. Unsere drei Kollegen von gegenüber arbeiteten im professionellen Zeitlupentempo. Sie klebten in Seelenruhe den Stand mit Raufaser aus und malten den Sockel an in der grünen Hausfarbe der ›SZ‹. Ständig fehlte ihnen irgend etwas, das sie sich von uns liehen: Hammer, Besen und Zange. Wir lackierten schwarze Balken auf unsere Rückwände, wir wollten daran ja Spiegel anbringen, und die schwarze Farbe sollte das Blitzen dazwischen verhindern. Ebenso flüchtig strichen wir unsere Bücherbergtreppe gelb, damit beim Verrücken oder Wegnehmen der fünfhundert ›Mammut‹-Exemplare, die so aussehen sollten wie fünftausend, die Attrappe nicht durchschien. Unnötig zu erwähnen, dass unser fertig installierter Stand perfekt aussah, denn jede Lacknase war ja später durch Bücher verdeckt.

Unsere nachlässige Pinselei gefiel dem Malermeister von drüben nicht, dieses weißhaarige Frankfurter Schlippsche beschwerte sich sogar: »Ei, wollt iä des net e bissi oddentlischä mache? Des nimmt eusch doch euän Chef net ab! Des gibt Äschä!« »Der soll ruhig kommen«, sagte ich. »Eijeijei, des gibt Äschä! Isch saach's dir, Bub, mach des oddentlisch!« Er fand auch, dass wir viel zu hektisch arbeiteten: »Ei, hetzt eusch doch net so! Kann isch ema ebbe de Hammä?« Zum Dank brachte er uns zwei gefüllte Bierkrüge rüber.

Morgens werkelten wir wieder am Stand, stapelten die ›Mammuts‹ in kunstvoller Unordnung auf die Attrappe und waren schließlich selbst überwältigt von diesem Bücherberg. Da kam der Malermeister vom Süddeutschen Verlag rüber, nahm Barbara zur Seite und tuschelte: »Ei, Iän Kollesch hat ja en berihmde Zwillingsbrudä, der sieht dem ja so ähnlisch, der war gestän aamd im Fänsehn.« »Wieso Bruder?«, und dann klärte sie ihn auf. Am Abend vor der Buchmesseeröffnung 1985 lief zum ersten Mal die ›März Akte‹, das hatte der Bayerische Rundfunk auf die Buchmesseeröffnung gelegt. Wir hatten ihn uns auch im Fernsehen angesehen, obwohl wir ihn ja kannten. Aber das Bewusstsein, sich so etwas gemeinsam mit den Zuschauermassen reinzuziehen, lässt sich keiner entgehen.

Schließlich kam er zu mir: »Ei, sinn Se des werklisch selbä gewese?« »Ja, sicher.« »Un warum schaffe Se do selbä?« »Es gibt eben große Verlage mit Geld, für die Sie arbeiten, und kleine Verlage mit wenig Geld, die machen alles selbst.« Daraufhin brachte er nochmals zwei Krüge und meinte, die dürften wir jetzt behalten, sowie zwei Scheiben Leberkäs, der wurde für die Vorhutmannschaft unseres Gegenübers warmgemacht. Meine Botschaft vom notleidenden Verleger war angekommen. Und seitdem sind wir Besitzer von zwei grauen Maßkrügen der ›Süddeutschen Zeitung‹, geziert mit der Sprechblase eines dumpfen Biergartenkarikaturisten, die da lautet: »Ozapft is!«

1985: Es erschienen sieben Titel: Andreas Biss: ›Wir hielten die Vernichtung an‹, Leonard Cohen: ›Wem sonst als Dir. Book of Mercy‹, Gunnar Heinsohn und Otto Steiger: ›Die Vernichtung der weisen Frauen‹, Ken Kesey: ›Manchmal ein großes Verlangen‹, Esteban López: ›Rota und Liebe‹, Linda Pfeiffer: ›Ich weine – Ich lache‹, Fee Zschocke: ›Sieben Leben hat die Katze‹, illustriert von Sabine Wilharm.

›Die Vernichtung der weisen Frauen‹ wird ein Bestseller

Manchmal hat es doch Sinn, während einer Talkshow ein Buch in die Kamera zu halten. Bei meinem Auftritt in der ARD-Talkshow ›Moment mal‹ im Jahr 1984 schimpfte ich nicht nur über den Papst, sondern redete in diesem Zusammenhang auch über die bevölkerungspolitischen Hexenthesen von Gunnar Heinsohn und Otto Steiger. Die Kurzfassung ihrer Theorien hatten wir im ›Mammut‹ veröffentlicht, um damit auf das Buch aufmerksam zu machen, das im Herbst desselben Jahres erscheinen sollte. Bald nach der Talkshow besprach der ›Spiegel‹ den ›Mammut‹-Aufsatz in einer großen Geschichte mit dem Titel »Warum wurden Hexen verbrannt?«. Jetzt hätten wir das fertige Manuskript von zweihundert Seiten gern als Schnellschuss herausgebracht, aber die beiden Bremer Professoren hatten nach der ›Spiegel‹-Veröffentlichung Blut geleckt, nun sollte aus dem Essay ein Standardwerk werden, und sie begannen, den Text zu überarbeiten. Aus zweihundert Seiten wurden dreihundertsechzig, allein der Apparat und die zusätzlichen Illustrationen machten siebzig Seiten aus, damit verschob sich der Erscheinungstermin von Herbst 1984 auf Mai 1985. »Verflucht«, sagte ich zu Barbara, »das ist sieben Monate zu spät, um von der ›Spiegel‹-Promotion noch zehren zu können.« Falsch! Sogar nach diesem Zeitverlauf wirkte der Artikel weiter. Niemals vorher hielt sich das Interesse an einem Thema so zäh. Es war mehr als schlichtes Interesse, vielmehr eine Melange aus Aufklärung und lila Fanatismus. Die Hexen der Neuzeit waren hinter dem Buch her wie der Teufel hinter der armen Seele.

Die skurrilste Nachfrage ereignete sich eines Morgens, als wir noch im Bett lagen. Ab und zu nahm ich vor dem Aufstehen den Hörer ab, führte meist kurze Telefonate mit der Druckerei, anschließend wurde weitergeratzt. Schließlich arbeiteten Barbara und ich oft die Nacht durch, machten zum Beispiel einen Umbruch bis um fünf in der Frühe und schliefen dann natürlich bis elf. Wieder mal klingelte also das Telefon, ich schreckte aus dem Schlaf, zählte bis fünf, nahm ab und sprach mit aufgeräumter Wachstimme: »März Verlag, Schröder.« Eine breite Frauenstimme meldete sich: »Bra bra bra, ich rufe aus Würzburg an, möchte ein Buch bei Ihnen bestellen: Gunnar Heinsohn und Otto Steiger, ›Die Vernichtung der weisen Frauen‹, in ›Mammut, März Texte 1 und 2‹, herausgegeben von Jörg Schröder, März Verlag, Herbstein, 1984, tausendzweihundertsechsundsiebzig Seiten, Leinen, fünfunddreißig Mark.« Genau so, wie der ›Spiegel‹ die bibliografischen Daten gedruckt hatte. Freundlich erwiderte ich der Fränkin: »Was Sie von den tausendzweihundertsechsundsiebzig Seiten vermutlich interessiert, sind nur zwanzig Seiten. Denn das ›Mammut‹ ist eine Anthologie, behandelt also verschiedene Themen. Aber Sie haben Glück, das Buch, das Sie bestellen möchten, heißt ›Die Vernichtung der weisen Frauen‹, erscheint in drei Tagen, hat dreihundertsechzig Seiten, kostet neunundzwanzig Mark achtzig, ist aber nicht in Leinen gebunden, sondern broschiert.« »Nein! Ich möchte das Buch in Leinen für fünfunddreißig Mark kaufen, und zwar tausendzweihundertsechsundsiebzig Seiten über die weisen Frauen!« »Es gibt keine tausendzweihundert Seiten über weise Frauen! Tut mir leid, in ›Mammut‹ geht es um alles mögliche, nur zwanzig Seiten handeln vom Hexenthema. Das vollständige Buch erscheint in drei Tagen ...« »Nein, nein! Ich möchte das, so wie es im ›Spiegel‹ drinsteht, das dicke Hexenbuch für fünfunddreißig Mark in Leinen!« Da riss mir der Geduldsfaden: »Sie wollen ein Hexenbuch und nicht das ›Mammut‹! Jetzt reicht es mir, ich habe es Ihnen schon zweimal erklärt, noch mal mach ich das nicht!« Klack, ich legte auf, drehte mich auf die Seite, um weiterzuschlafen.

Nach einer Weile klingelte wieder das Telefon, ich nahm ab und hörte zunächst nur ein tiefes saugendes Luftholen – »huuuuuuuupuuuuch, huuuuupuuuuch, huuuuupuuuuch« –, ein langes Hyperventilieren, und während ich mich in meinem Halbschlaf noch wunderte – was ist das für ein Gestöhne? –, ließ dieser Blasebalg von Frau einen Schrei ab, um den Oskar Matzerath sie beneidet hätte. Es war nur ein Wort, welches sie mir ins Ohr kreischte, aber das mindestens fünf Sekunden lang: »Schweeeiiiiiiiiiiiiiiiiiiiiiiiiiiiiiin!« Ein Schrei so lang, laut und durchdringend, dass Barbara neben mir aus dem Schlaf hochschreckte. Denn natürlich hielt ich den Hörer vom Ohr weg, sonst hätte die Anruferin mir ja das Trommelfell zersungen. Wir saßen beide aufrecht im Bett, dann mussten wir lachen, ans Schlafen war nicht mehr zu denken. Den restlichen Vormittag über erfreuten wir uns gegenseitig immer wieder mit dem Kampfruf: »Schweeeiiiiiiiiiiiiiiiiiiiiiiiiiiiiiin!«

Mit dem schrillen Schrei einer Würzburger Hexe begann die Auslieferung der ›Weisen Frauen‹. Und augenblicklich stiegen die Stadtzeitungen ein, ›zitty‹ in Berlin, ›Guckloch‹ aus dem Ruhrgebiet, ›Überblick‹ aus Düsseldorf, die ›Stadtrevue‹ aus Köln, die ›Andere Zeitung‹ aus Frankfurt, das ›Bremer Blatt‹, ›Tango‹ aus Hamburg, ›Stuttgart live‹, der ›Plärrer‹ aus Nürnberg, die ›Münchner Stadtzeitung‹ und die ›Pupille‹ aus Würzburg, um nur die zu nennen, auf deren gemeinsamer Bestsellerliste das Buch auf Anhieb Platz eins belegte. Es war die große Zeit dieses neuen Magazintyps, der sich seit Ende der Siebziger in den ›Provinzmetropolen‹ entwickelte. Sie wurden meist von abgebrochenen Studenten gemacht, die beschlossen hatten, Journalisten oder Verleger zu werden, und die Sache selbst in die Hand nahmen: learning by doing. Entsprechend unbeholfen kamen anfangs die Texte daher, aber die Themen waren brisant; miese oder korrupte Politiker der Region wurden an den Pranger gestellt, da war die Schönheit der Sätze nicht so wichtig.

Es stimmt eben nicht, dass die Achtziger durchgehend langweilig waren, bis zur Mitte des Jahrzehnts wirbelten die ›Scenes‹ ganz schön munter, und die Stadtzeitungen drehten das Rad. Später wurden dann Texte und Papier glatter, vor allem aber war es farbig bedruckt. Und die jungen ›Bolero‹-Verleger, eben noch WG-Bewohner, machten Kasse, kauften sich Fincas auf Mallorca vom Geld, das ihnen Gruner & Jahr oder der Jahreszeitenverlag für ihre

Blätter zahlte. Aus dem Ruhrpott-›Guckloch‹ wurde ›Prinz‹, ein Promotion- und Anzeigenblatt.

Ja, wie war es doch vordem mit der ›Stadtrevue‹ in Köln so bequem! Dort wirkte Wolfgang Hippe, der umtriebige Jo Wüllner wirbelte in Bochum, Regina Kammerer in München, Hubert Winkels in Düsseldorf, sie alle propagierten die ›Weisen Frauen‹. Das Buch stand auf Platz eins der Bestenliste der Scene Programm Press. Parallel schaltete März kleine Anzeigen in zwanzig Stadtzeitungen, und es klappte. Unser Hexenbuch, eigentlich ein Traktat über Bevölkerungspolitik und Geburtenkontrolle, war in aller Munde. Der ›Stern‹ brachte es auf den Punkt, sprach vom »heimlichen Renner der Saison – ein Thema, das offenbar den Nerv der Zeit trifft«. Ganze Riemen in der überregionalen Presse folgten. Die Autoren waren ständig unterwegs und diskutierten in vollen Sälen. Schnurstracks bot die katholische Kirche ihre Abwehrstrategen auf. Es reicht diesen Theologen ja nie, das Verabscheuungswürdige nicht zu tun, also die Zeugung zu verweigern, nein, sie müssen sich zusätzlich den Kopf der Frauen zerbrechen, und finden keine Ruhe, bis sie auch denen ihre Moralvorstellungen aufgezwungen haben. Von den päderastischen Übergriffen gar nicht zu reden.

Also Tusch und schriller Schrei – nach langer Durststrecke hatten wir endlich wieder einen Bestseller! Von Ende Mai bis Anfang Oktober wurden vier Auflagen verkauft, zwanzigtausend Exemplare. Dann kam die Buchmesse. Es gibt für einen Verleger nichts Schöneres, als nach Frankfurt zu fahren mit einem aktuellen Bestseller im Gepäck. Um das Maß des Glückes voll zu machen, lief am Vortag der Messeeröffnung im Fernsehen die Erstsendung unserer ›März Akte‹, die ein Jahr vorher gedreht worden war. Die Branche stand Kopf, wir wurden mit Komplimenten überschüttet. Anschließend wurde der Film noch in weiteren dritten Programmen gesendet: Hessen, Südwestfunk, Norddeutscher Rundfunk und schließlich, nachdem er den Grimme-Preis bekommen hatte, auch im Ersten. Man muss sich nach einer solchen Stafette dann klarmachen, was bei Licht besehen das ganze Erwähnungsgeschäft bringt: keinen Pfennig, nur ein bisschen mehr Ruhm. Andererseits ist nicht nur das Schreiben ohne Ruhm schwer, sondern auch das Büchermachen.

1986: Gerhard Amendt: ›Der neue Klapperstorch‹, Emil Ludwig und Peter O. Chotjewitz: ›Der Mord in Davos‹, Gunter Schmidt: ›Das große DER DIE DAS. Über das Sexuelle‹, »Notausgabe« im April, April! Verlag: Gerhard Zwerenz (Roman) und Rainer Werner Fassbinder (Drehbuch): ›Die Erde ist unbewohnbar wie der Mond‹.

›Die Erde ist unbewohnbar wie der Mond‹ und das ›Müll-Stück‹

Zur Erinnerung: Mitglieder der jüdischen Gemeinde hatten vor einer Probeaufführung des ›Müll-Stücks‹ die Bühne besetzt. Auch Gerhard Zwerenz war gegen die Aufführung des ›Müll-Stücks‹. Er konnte sich dabei auf seinen toten Freund Rainer Werner Fassbinder berufen, der sein missverständliches Stück selbst zurückgezogen hatte. Allenthalben war zu lesen gewesen, dass Zwerenz' Roman ›Die Erde ist unbewohnbar wie der Mond‹ als Vorlage für das ›Müll-Stück‹ gedient habe. Gerhard Zwerenz hielt dagegen, dass dieses Stück missverständlich sei und Fassbinder eine andere, adäquate Bearbeitung abgeliefert habe, nämlich das Drehbuch nach seinem ›Erde‹-Roman.

Unser Plan war daher, den ›Erde‹-Roman neu zu veröffentlichen und in einem Anhang Fassbinders Drehbuchadaption zu dokumentieren, damit ein Vergleich möglich wäre. Da nun dieses Drehbuch wortwörtlich der Romanvorlage folgte, dachte ich, der

Verlag der Autoren kann einem honorierten Abdruck schlechterdings nicht widersprechen, zumal er der Begriffsentwirrung dienen sollte. So schlug ich es Zwerenz vor, er akzeptierte, und die Sache nahm ihren Lauf: Der März Verlag kündigte für den Februar 1986 den Roman ›Die Erde ist unbewohnbar wie der Mond‹ an, zusammen mit Fassbinders Drehbuch. Gleichzeitig untersagte aber Zwerenz' Anwalt dem Verlag der Autoren die bühnenmäßige Auswertung des ›Müll-Stücks‹ bis zur Klärung der Urheberrechtsfrage. Darauf konterte dieser: »Wir haben ebenfalls Rechte an dem Drehbuch, deshalb verbieten wir nun unsrerseits den Abdruck im März Verlag.«

Wenn du in einen inszenierten Skandal über einen Stoff, bei dem die Argumente hochkochen, plötzlich ein formaljuristisches Argument einführst und feststellst, dies sei lediglich ein Versuch zur Klärung eines Sachverhalts, funktioniert das wie ein Kurzschluss. Die Skandalmaschinerie kommt zum Stillstand. Anders gesagt, die Bühnen im In- und Ausland, die sich schon darauf gespitzt hatten, das skandalumwehte ›Müll-Stück‹ in ihrer Stadt aufzuführen, waren verunsichert. Denn es ist eine Sache, sich über Entrüstungsreflexe der Juden hinwegzusetzen, und eine andere, sich um die Pfändung der Theaterkasse sorgen zu müssen. Ob New York, Mailand oder Ulm, alle Bühnen bekamen mit, dass es bei dem Frankfurter Streit nicht nur um Moral ging, sondern auch um eine urheberrechtlich ungeklärte Situation. Deshalb waren sie nun nicht mehr interessiert. Und unsere Strategie erwies sich als erfolgreich: Wir hatten dem Verlag der Autoren das Geschäft und die Aufführung in Frankfurt vermasselt. Entsprechend wütend reagierte dieser auf den Verlust seiner melkenden Kuh und begann, Truppen gegen uns zu sammeln. Als erstes erwirkte er eine Einstweilige Verfügung. Hier musste der März Verlag unterliegen, weil ja Fassbinder ebenso wie Zwerenz einen urheberrechtlichen Anteil an dem Drehbuch zum ›Erde‹-Roman hatte.

Jetzt machten wir einen Fehler. Wir hätten die Druckerei anweisen müssen: »Makuliert das Drehbuch, wir veröffentlichen nur den Roman von Zwerenz.« Dann hätte der Verlag der Autoren sich seine Einstweilige Verfügung an den Hut stecken können. Aber als manchmal zu cleverer Drehkopf dachte ich mir: Eine Einstweilige Verfügung gegen März? Na, dann gründe ich schnell einen neuen Verlag und nenne ihn ›April, April! Verlag‹. Das Buch erscheint dann in einem Verlag, gegen den es noch keine Einstweilige Verfügung gibt – als kalkulierter Raubdruck. Ich schloss neue Verträge mit Zwerenz, änderte den Umschlag und die Titelei, alles geheime Kommandosache, meldete den ›April, April! Verlag von Jörg Schröder‹ zum Gewerberegister an. Außerdem lud ich zur Pressekonferenz ein.

Der Verlag der Autoren bekam Wind von der Sache und beantragte beim Schnellrichter eine Beschlagnahmung der ›April, April!‹-Ausgabe. Einen Tag vor der Pressekonferenz erschienen zwei hessische Polizisten mit dem Gerichtsvollzieher Hohler – der Mann hieß tatsächlich so – und präsentierten einen Durchsuchungsbefehl, der sie ermächtigte, alle auffindbaren Exemplare der ›April, April!‹-Ausgabe sicherzustellen. Vorsichtig, wie wir gewesen waren, befanden sich die für die Pressekonferenz vorgesehenen zweihundert Bücher nicht im Haus, sondern lagen im Volvo-Kofferraum. Die Polizisten und der Gerichtsvollzieher machten die Bude links, ans Auto, das vor der Haustür stand, dachten sie nicht. So fanden sie nur zwei Belegexemplare, die sie beschlagnahmen konnten. Trotzdem hatten die Beamten Spaß an der Aktion, sie wühlten ausgiebig in Barbaras Unterwäsche. Obwohl Barbara sie darauf hinwies, dass dies ihr Privatzimmer sei, durchstöberten sie jede Schublade der Kommode. Wie japanische Wäscheschnüffler begrapschten sie jeden Slip. Nein, dieser Vergleich ist falsch! Barbara legt Wert auf die Feststellung, dass in ihren Schränken keine benutzte Wäsche aufbewahrt wird.

Warum wir für die Pressekonferenz ausgerechnet den ›Frankfurter Hof‹ wählten? Na, ganz einfach: Weil erfahrungsgemäß im ersten Haus am Platze mehr Journalisten erscheinen, als wenn du ins Gewerkschaftshaus einlädst. Der Konferenzraum war rappelvoll mit sechzig Journalisten. Es gab auch eine Fernsehkamera, alle wichtigen Zeitungen und Magazine hatten Korrespondenten und Reporter geschickt: ›Baseler Nachrichten‹, ›Frankfurter Allgemeine‹, ›Frankfurter Rundschau‹, ›Süddeutsche‹ und wie sie alle hießen. Zwerenz sprach über die Genesis von Drehbuch und ›Müll-Stück‹, unser Anwalt Manfred Oehme legte die Urheberrechtsposition dar, ich polemisierte gegen den Verlag der Autoren, der als einer der Kollektivverlage 1969 aus der Literaturproduzentenbewegung hervorgegangen sei und jetzt einem anderen linken Verlag die Polizei ins Haus schicke. Und nicht nur uns, auch Helmut Richter von der Sozialistischen Verlagsauslieferung hatte es empört, dass der Genosse Karlheinz Braun das Sova-Lager von Polizeikräften durchsuchen ließ, übrigens auch hier ohne Erfolg. Doch als Barbara den Presseleuten berichtete, wie die Polizisten in ihrer Unterwäsche gewühlt hatten, wirkte diese empörende Geschichte überzeugender als unser ganzer elaborierter Urheberrechtsklimbim.

1986: »Die beste Rettungsanzeige seit der Bergpredigt« (›Spex‹). März-Rettungsdienst-Anzeigen und Schuhputz-Aktion während der Buchmesse.

Wer 'ne Bude auf'm Markt hat, muss eben schreien

Auch ein Bestseller wie ›Die Vernichtung der weisen Frauen‹ mit inzwischen fünfundzwanzigtausend verkauften Exemplaren reichte nicht aus, um die aufgelaufenen Verlagsschulden glatt zu stellen. Dazu hätte es zehn solcher Bestseller bedurft. Da besannen wir uns auf den einfachen Gedanken: Wir müssen uns an die Leute wenden, die sich wirklich für das März-Programm interessieren.

Die sollen mehr März-Bücher kaufen! Wie aber kommt man an ihn ran, an den Kleinmäzen, den Leser, den Sammler? Über eine Kampagne, in der wir erklären, welche bedeutenden Bücher März gemacht hat. Aber reißt das irgendjemanden aus dem Sessel? Kauft einer deshalb mehr März-Bücher? Das würde doch wie jedes dumpfe Feuilletongewäsch untergehen. Es müsste also eine Kampagne her, die den wahren Leser erreicht.

In solch misslicher Lage, wenn dir immer wieder nur einfällt, was anderen auch schon eingefallen ist, sollte man sich zurücklehnen und – nein, nicht meditieren, da kriegst du Gehirnmauke. Erinnere dich besser an deine frühen Jahre: Was hat dich bewegt oder aufgeregt? Mir kam das Sammeln von Zigarettenschachteln in den Sinn. Nicht weit von unserer Wohnung im Dorf Todemann bei Rinteln gab es ein Ausflugslokal, dort hatte Franz von Dingelstedt, der Dichter des Weserliedes, so manches liebe Mal mit seiner Laute gesessen. Rund um sein Denkmal war die beste Fundstelle für weggeworfene Zigarettenschachteln. Die sammelte jeder Junge fanatisch wie Briefmarken oder die Margarinebilder aus der Serie ›Deutsches Denken und Schaffen‹.

Collie hießen die Zigaretten oder Salem: »immer bekömmlich, wie einst in guten Zeiten«, dann Texas: »die akklimatisierte Cigarette« und Tom: »465 Millionen monatlich, ein im freien Wettbewerb unübertroffener Erfolg«. Weniger beliebt waren die karottenrote Overstolz, die grüne Eckstein oder die gelbe Reval, denn: »Wer Eckstein raucht, frisst auch kleine Kinder« beziehungsweise: »Siehst du die Gräber dort im Tal, das sind die Raucher von Reval«. Überaus begehrt aber waren die Packungen der Gold Dollar, löste man nämlich vorsichtig die Klebefalze der Schachtel ab, kam eine Zahlen- und Buchstabenkolonne zum Vorschein – wahrscheinlich die Produktionsnummer der Charge. Für uns waren diese Codes magische Zeichen, jeder teilte mit jedem das Geheimnis: »Falls du einmal eine bestimmte, in Gold gedruckte Zahlenkombination entdeckst, ist das der Hauptgewinn. Dann schüttet dich die Zigarettenfabrik mit Gold-Dollars zu.« Wohlgemerkt, es gab keine gedruckten Spielregeln, ich vermute, die Tabakkonzerne wussten nicht einmal etwas von diesem Lotteriezauber, der Trivialmythos wurde nur mündlich überliefert. Kurz, wir spielten in einer imaginären Lotterie.

Ein Glücksspiel, genau! Doch es musste etwas Großes, Bedeutendes verlost werden. Was aber hatten wir schon anzubieten? Wir konnten ja nicht wie das ›Time‹-Magazin eine Million Dollar aussetzen. Also fragten wir uns »Was besitzen wir?« Ja, wir haben ein Haus, das könnten wir verlosen! Und wenn die Aktion erfolgreich ist, zahlen wir die dreihundertfünfzigtausend Mark Grundschulden ab. Ein schöner Preis! Es hat ja etwas Atavistisches, wenn man Haus und Hof weggibt, um einen Verlag zu retten. Da aber nur einer den ersten Preis gewinnen kann, muss für die anderen, die sich an der Aktion beteiligen, auch ein Anreiz drin sein. Also suchten wir nach einer weiteren spektakulären Geste, um das Fundraising zu illustrieren. Da fiel mir ein, dass ich nach dem letzten Gespräch mit Konzernmanagern wegen eines März-Imprints zu Barbara gesagt hatte: »Lieber putze ich zehntausend Lesern die Schuhe, als noch mal mit solchen Idioten zu verhandeln.« Das war es doch! Das hatte ich nämlich immer gern gemacht und mit Vergnügen den Schuhputzern in Ländern wie Spanien und Marokko zugesehen, wie sie mit artistischer Handfertigkeit ihre Bürsten hin- und herflitzen ließen.

Das war die gesuchte Geste! Sofort begann ich, eine Anzeige zu texten. Nebenbei sammelten wir alles übers Schuheputzen, was uns in die Hände fiel. Bald hatten wir für die geplante Anthologie ein Bündel Texte, das ging vom Dandy bis zum Pop-Song, reichte also von Beau Brummell, der die Sohlen seiner Reitstiefel auch putzen ließ, aber darauf achtete, dass fürs Oberleder kein Jahrgangschampagner genommen wurde, sondern ein einfaches Stöffchen der Witwe Klicko – Millésimé wäre neureich, also vulgär gewesen –, bis zu solchen Liedern von Simon und Garfunkel: »And I'm one step ahead of the shoe shine, / Two steps away from the county line, / Just trying to keep my customers satisfied / satisfied.«

Als Headline wählten wir ein Zitat aus einem Aufsatz von Arno Schmidt über Karl Philipp Moritz: »Wer 'ne Bude auf'm Markt hat, muss eben schreien!« Dann erzählten wir holzschnittartig von der März-Malaise sowie vom Ruhm des Verlages und begründeten die Schuhputzaktion so: »Waren es nicht ehedem Heinrich Maria Ledig-Rowohlts schönste Übungen, vor Buchhändlerinnen niederzuknien oder den Purzelbaum zu schlagen? Warum soll ich dann nicht einmal vor den März-Lesern hocken? Auf der Buchmesse im Oktober geht's los! Und in den folgenden drei Jahren werden wir Schuhputz- und März-Promotion-Reisen organisieren. ... Ich wette, dass unter den Millionen Lesern von März-Büchern zehntausend Leute sind, die wollen, dass der Verlag weiter existiert.« Alles war kleingedruckt als Wimmelanzeige gestaltet, wie ich es beim alten Rieck in Aulendorf gelernt hatte: »Lääset Se dr Hopkins!« Dazwischen briefmarkengroß Buchcover, dazu unser Haus, das verlost werden sollte, unten rechts, was nie fehlen darf, der Bestellcoupon. Für oben rechts brauchten wir ein Bild, auf dem der Verleger dem ersten Teilnehmer des ›März-Preisausschreibens‹ die Schuhe putzt. Ich rief unseren Korrektor Manfred Vogel in Fulda an: »Du bist unser Fotomodell, wir haben dich zum März-Retter Nummer eins erwählt. Komm raus, wir fotografieren dich für unsere Anzeige.« Er kam, die Hasselblad wurde im Hof aufs Stativ gesetzt, Vogel nahm vor einer weißen Wand im Sessel Platz, ich putzte ihm die Schuhe, und Barbara fotografierte.

Kurz vor der Buchmesse wurde diese Anzeige in der ›taz‹ geschaltet, danach in diversen Stadtzeitungen, im ›Zeit-Magazin‹ und in ›konkret‹. Jeder Teilnehmer bekam eine Losnummer, unser Ziel war, den Verlag auf diese Weise langfristig zu sanieren. Danach wollten wir das Haus verlosen und in Frankfurt ein Büro mieten. Die erste Reaktion auf die Anzeige war auch gleich die seltsamste: Am Telefon meldete sich die Mitgliederzeitschrift der DLRG – das ist die Deutsche Lebensrettungsgesellschaft, also die Wasserwacht, deren Helfer Schwimmer in Flüssen, Seen und Meeren im Auge behalten. Eine junge Dame von der Anzeigenabteilung fragte: »Wollen Sie nicht auch bei uns inserieren? Wir Rettungsdienste müssen doch zusammenhalten …« Denn, das darf nicht unterschlagen werden, wir hatten unserer Aktion den wundersamen Firmennamen »März-Rettungsdienst von Barbara Kalender« gegeben.

Diedrich Diederichsen feierte in ›Spex‹ die Kampagne als »beste Rettungsanzeige seit der Bergpredigt«. Vom Sponti bis zum Highbrow waren alle begeistert, noch viele andere Gazetten stiegen ein, und die Branchenzeitschrift ›BuchMarkt‹ berichtete über die ›Idee des Jahres‹. Erst ziemlich spät dämmerte uns, dass man das Schuhputzen auch als masochistische Unterwerfungsgeste missdeuten konnte. März-Retter aus Stuttgart schickten uns nämlich ihr Magazin ›Bizarr Plus‹, das Lobbyorgan einer sadomasochistischen Interessengemeinschaft, die sich um das Wohl und Wehe dieser Minderheit kümmerte. Daraus erfuhren wir einiges über die gesellschaftlichen und technischen Nöte von Fetischisten, Fesslern, Peitschern und Peinigern, zum Beispiel in einem Artikel mit dem gänzlich unironischen Titel »Immer Ärger mit den Sklaven«.

Als Nächstes brauchten wir einen perfekten kubanischen Shoeshine-Stuhl, deshalb ließen wir uns vom Schreiner ein Treppenpodest bauen, darauf montierten wir einen alten Kinositz als Schuhputzthron, der mit den Dingern im präsozialistischen Havanna durchaus konkurrieren konnte. Auf den gelb gestrichenen Kino-Klappstuhl malte ich in Schreibschrift in Schwarz »Schröders Schuhputz«, das Polster war rot und die Armlehnen schwarz – eben die März-Farben. Ich wollte unten auf einem kleinen gelben Stühlchen sitzen. Selbstverständlich hatten wir auch Bürsten und Schuhcremes gekauft. Dazu bastelte ich Sockenschützer, wie sie die Schuhputzer benutzten, natürlich mit gut lesbarem März-Logo. Und das alles neben dem Bücherberg.

Auch Christian Schultz-Gerstein besuchte uns, zur Messe war er gerade in einem Hoch, hatte in Bad Kissingen beim Roulette gewonnen. Und zur Erinnerung an eine gemeinsame frühere Zockerei brachte er mir von dort einen Chip mit. Es war ein grüner Fünfziger-Chip, den Rest des Schuhputzlohns, hundertfünfzig Mark, gab er mir in bar. Ich machte mich an die Arbeit, zufällig war gerade ein Fotograf von der ›Bild-Zeitung‹ in der Nähe, und klack – am nächsten Tag prangte in ›Bild‹ auf einer Viertelseite das Foto, auf dem ich ihm die Schuhe putze, fünfzehn mal fünfzehn Zentimeter dick und fett mit einem winzigen eingeklinkten Text: »Wer den Umsatz in die Höhe treiben will, muss eben zu Boden gehen: Bei Käufen für zweihundert Mark putzt Verleger Jörg Schröder vom März Verlag dem Kunden die Schuhe.« Direkt daneben stand ebenso winzig: »S. Fischer Verlag feierte sein hundertjähriges Bestehen.«

»En Francfort todo gira en torno a los libros, haste limpiarse los zapatos«, lautete eine Bildunterschrift in ›El País‹, die Spanier als Schuhputznation fanden eben die Aktion besonders toll. Auf ihrem Foto beuge ich mich über die Schuhe des ›taz‹-Redakteurs Mathias Bröckers, und Christian Schultz-Gerstein steht neben dem Bücherberg. Doch das meiste Aufsehen auf dem Schuhputzthron erregte der CID-Agent Ed Reavis, der ehemalige Black Panther und Herausgeber der Anthologie ›Burn Baby Burn‹. Später arbeitete er offiziell bei ›Stars and Stripes‹ und inoffiziell für den militärischen Geheimdienst. Er kraxelte auf das Podest: »Schuhe putzen, alright …« Sein Haar war grau geworden wie das von Harry Belafonte, zwischen seinen Zähnen steckte eine Partagás-Churchills. Er rauchte den Havanna-Pimmel mit Genuß, während ich seine Schuhe polierte. Diese Umkehrung der Onkel-Tom-Erzählung verstand man ohne Worte. Plötzlich drängten sich hundert Menschen auf dem Gang, um zu beobachten, wie da ein Schwarzer einen Weißen auf Trab hält. Barbara konnte nur mit Mühe fotografieren und hörte es neben sich wispern: »Kennst du den?« »Wer ist das denn?« »Wie heißt der Autor gleich?« »Nein, das ist doch der berühmte Schauspieler!«

Fazit des Schuhputzrummels und der Hausverlosung: Leider kauften nicht zehntausend März-Mäzene für zweihundert Mark

Bücher, sondern lediglich vierhundertzwanzig. Damit war zwar die Rettungsaktion ins Wasser gefallen, aber unsere ›März-Retter‹ bildeten vier Jahre später den harten Kern der ›Schröder erzählt‹-Subskribenten. Aktuell jedoch stand der März Verlag finanziell nicht besser da als vor der Aktion.

1987: Jörg Schröder übernimmt Lehraufträge an den Universitäten Siegen (FB Germanistik) und Kassel (FB Visuelle Kommunikation). Nach zwei Herzinfarkten in Folge gibt Schröder auf, der März Verlag meldet Konkurs an. Das Deutsche Literaturarchiv Marbach kauft das März-Verlagsarchiv. Umzug aus dem hessischen Vogelsberg nach Fuchstal-Leeder in Bayern.

Der Konkurs war angemeldet, und es kam zu einem Treffen mit dem Hauptgläubiger, der Kreissparkasse Fulda. Ich lag nach dem Infarkt im ersten Stock im Bett, zu schwach, um länger als fünf Minuten reden zu können. Die Kreditsachbearbeiter hockten unten im Zimmer am ovalen Tisch und besprachen die Lage mit Barbara Kalender. Sie überreichten ihr die Kündigung des Kreditengagements und meinten, man müsse nun im Interesse aller Parteien daran gehen, Haus und Hof zu verkaufen, schließlich saß die Bank mit dreihundertfünfzigtausend Mark Grundschulden auf dem Grundstück.

Nach dem Doppelinfarkt von Verleger und Verlag brach eine Zeit der Notverkäufe an. Kranken, aber leichten Herzens verkauften wir Erstausgaben und Widmungsexemplare, viele Möbelstücke, darunter ein Darmstädter Jugendstilregal mit grünen Kacheln. Klaus Pairan, der vor Jahren als mein Majordomus die Renovierungsarbeiten des Florstädter Herrenhauses geleitet hatte und inzwischen als Antiquitätenhändler im Rhein-Main-Gebiet gut verdiente, kaufte einen Eichenschrank und andere Stücke. Kurt Weidemann nahm uns zwölf große gerahmte Grafiken ab, darunter Blätter von Matta, Dine, Kemeny, d'Arcangelo und Ramos, sowie zwei Objekte von Fontana und Dahmen, die zusammen etwa dreißigtausend wert waren, und blätterte dafür zehn Braune hin. Der Wert der beweglichen Güter, die wir versilberten, betrug so zweihundertfünfzigtausend Mark. Tatsächlich erlösten wir im Laufe der Zeit vierzigtausend; ein Fünftel ist das höchste der Gefühle, wenn man etwas schnell verticken muss. Ich sage das nicht, um mich zu beklagen, sondern um den Neunmalklugen, die immer genau wissen, was man mit einem Konkurs für einen Reibach macht, ein Licht aufzustecken.

Mit den ersten Erlösen zog ich nach Bad Orb – verrückt! Ich dachte, ich bräuchte nur ein bisschen Ruhe, hatte mich mit allem und jedem beschäftigt, aber wie es mit mir selbst steht, dämmerte mir erst, als der alte Badearzt aus Siebenbürgen sagte: »Nu, Sie haben eben eine Koronarsklerose.« »Und was kann ich tun, um die auszukurieren?« »Das lässt sich nicht beheben. Sie können den Schaden nur begrenzen.« Das wollen wir erst mal sehen, dachte ich mir, denn so richtig glaubte ich es immer noch nicht, hatte den festen Willen, kerngesund aus diesem hessischen Spa zurückzukehren.

Neben den Verkäufen von Bildern, Büchern, Möbeln, Geschirr, Gläsern, der Hasselblad-Ausrüstung, ein paar gefälschten Lenin-Briefmarken standen auf unseren Verkaufslisten die Zimelien aus dem März Verlag: Schriftwechsel, also Autografen. Ich stellte Konvolute zusammen, einen Brinkmann-Ordner, deutsche Autoren, amerikanische Autoren und bot diese auch dem Antiquar Frank Albrecht an, der sagte: »Jammerschade, das Archiv auseinanderzureißen und es in alle Winde zu zerstreuen.« »Gut, dann biete es doch insgesamt an.«

Das tat er, und während ich kurte, meldete sich die Marbacher Handschriftenabteilung in Gestalt von Jochen Meyer und Peter-Paul Schneider. Barbara holte mich mit dem silbernem Volvo, den sie für sechstausend auf Raten der Kreissparkasse aus der Masse entrissen hatte, in Bad Orb ab, damit ich den beiden das März-Archiv vorführe. Schon nach wenigen Tagen kam die Antwort: positiv. Die nächsten zwei Jahre waren gesichert.

Im Bauernhaus in Schlechtenwegen fühlten wir uns nun nicht mehr wohl. Barbara kümmerte sich im Auftrag der Bank um den Verkauf der Immobilie, führte Interessenten durchs Haus und hielt das Anwesen in Schuss. Fest stand, wir wollten nicht im Vogelsberg bleiben, sondern woanders neu anfangen. Man braucht nicht viel Fantasie, um sich vorzustellen, dass wir da, wo man uns Haus und Hof wegnahm, nicht länger als arme Heinriche sitzen wollten. Dann lud uns Linda Reisch vom Kulturforum der Sozialdemokratie zum Kongress ›Mythos und Aufklärung‹ ein, der von der Schweisfurth-Stiftung – des früheren »Herta, wenn's um die Wurst geht«-Besitzers – gesponsert wurde. Diese Veranstaltung fand im ehemaligen Benediktinerstift Irsee statt, das heute die Schwabenakademie, ein Kongresszentrum mit Hotel und eine Klosterbrauerei beherbergt. Man hatte Aborigines sowie Schamaninnen und Schamanen aus den USA, Afrika und Lappland eingeflogen. Während des Kongresses gab es für die hundertsiebzig Teilnehmer dreisprachige Simultanübersetzungen, Konferenzsprachen waren Englisch, Französisch und Deutsch. Ständig wechselte sich die Crew der zwanzig Dolmetscher ab, so was gibt es sonst nur bei der UNO.

»Am Freitag, dem ersten Tag«, stand im Programm, »tönt der Weiße Mann unwidersprochen mit dem Megaphon seiner Modernität vom hohen Ross herab.« Und genau so machten es die anwesenden Kuratoren, Künstler, Geisteswissenschaftler und Ethnologen tatsächlich. »Am zweiten Tag ergreifen Menschen, welche nichteuropäische Kulturen vertreten, das Wort zur Widerrede.« Hier sprach zum Beispiel Edouard Glissant von den Antillen über die »Archipelisierung und Kreolisierung der gesamten Welt«, es war der interessanteste Beitrag der Veranstaltung. Dieser Tag gehörte aber auch den Schamanen: Chris Spotted Eagle, ein Indianer aus Minneapolis, bespritzte die Versammlung mit indianischem Weihwasser und informierte uns über das »Weinen der Geister«. Der Aborigine Ernie Dingo referierte über die unüberwindliche Kluft zwischen Neolithikum und Captain Cook, gleich darauf intonierte er steinzeitliche Urlaute. Eine strohblonde Samin joikte – so nennen die Samen ihre Gesänge – vom starken Wolf und dem Rentierjungen und hüpfte medizinfraumäßig.

Auf der Rückfahrt blieb der Volvo ständig stehen, vielleicht hatte der Marder über Nacht am Kabel geknabbert, jedenfalls war plötzlich die Lichtmaschine defekt. In Allgäudörfern schleppten uns Bauern mit Traktoren bis zur nächsten Werkstatt, die Batterie wurde mehrfach schnellgeladen. Weiter ging's an die ›Romantische Straße‹, in Landsberg am Lech übernachteten wir, und am nächsten Morgen geschah etwas, womit wir nicht gerechnet hatten. Nur um die Sache abzuhaken, also ohne Hoffnung auf Erfolg, rief ich bei der Immobilienabteilung der Kreissparkasse an: »Haben Sie vielleicht ein Haus zu vermieten?« Der Makler blätterte seine Kartei durch: »Nein, leider im Augenblick gar nichts. Es sieht momentan sehr schlecht aus … Außer dieser alten Villa in Leeder, doch das ist nichts für Sie.« »Wieso?«, fragte ich, »was für eine alte Villa denn?« »Ach, die wäre zu groß für Sie und muss auch noch renoviert werden.« »Und was kostet die Miete?« »Tausend Mark«, sagte er. »Tausend Mark? Dann kommt das wirklich nicht in Frage, die muss ja völlig verfallen sein.« »Na, das nicht gerade«, meinte der Makler, »sie ist außen bereits komplett renoviert und soll innen gemacht werden, wenn sie vermietet ist. Ich habe die Pläne hier.« Ich runter ins Maklerbüro im Salzstadl, der Mann schob mir die alten Bauzeichnungen rüber, da fiel ich fast hintenüber: Das war ja ein Traumhaus! Ich nahm stumm die Pläne entgegen, eilte zurück ins Hotel ›Goggl‹ und zeigte sie Barbara: »Sieh dir das an!« Wir studierten die in der Manier der Jahrhundertwende gezeichneten Pläne – Ansicht von Süden, Ansicht von Norden – eine Mischung aus Historismus und Jugendstil, ein Spitzturm, zwei Erker, eine Loggia … Neuschwanstein ließ grüßen! »Mensch«, sagte Barbara, »das ist toll!« »Aber wie wird es in der Realität aussehen?«, fragte ich skeptisch.

Wir düsten die B 17 nach Fuchstal, fuhren zum Ortsteil Leeder zur Sparkassenfiliale, da hatte ein Herr Wünsch den Schlüssel. Und dann sahen wir schon diese Villa mitten im Dorf, noch imposanter als auf den Zeichnungen, frisch renoviert, gelblicher Ton, grüne Fensterläden, Biberschwanzdach. »Ein Juwel!« »Ja, außen!«, sagte Herr Wünsch, »innen sieht es schlimm aus.« In der Tat, die Räume waren in desolatem Zustand, heruntergerissene Tapeten, abgeblätterte Türen und Fenster, angeschlagener Stuck, vollgestellt mit Krempel. Doch der Schnitt der Zimmer war perfekt für unsere Zwecke, es gab sogar zwei kleinere abgeteilte Räume für meine Mutter. Das Gebäude wirkte allerdings wegen der beiden Erker, des Turms und der Loggia größer, als es wirklich war, es hatte zweihundertsechzig Quadratmeter Wohnfläche ohne ausgebautes Dachgeschoss. Der Architekt hatte es als Blender geplant, die drei von den Straßen einzusehenden Seiten waren extrem prächtig, die Gartenseite dagegen unauffällig. Dem Erbauer war es darauf angekommen, dass seine Prunkvilla bedeutender und schöner wirkte als das 1899, also kurz zuvor, erbaute neobarocke Rathaus auf der anderen Straßenseite. Wie wir später erfuhren, war Herr Luitpold zwar der reichste Mann des Dorfes gewesen, Besitzer von Brauerei, Gasthof, vielen Äckern und Wald, aber zum Bürgermeister hatte man ihn trotz allem nicht gewählt.

»Alles soll picobello renoviert werden«, versicherte Herr Wünsch, »die Besitzer sind ehrenwerte, wohlhabende Leute und wohnen im Nachbarort. Das Anwesen gehört zu ihrem Familienerbe.« Was soll ich noch sagen? Wir waren beglückt! Da verlierst du über Krankheit und Konkurs Haus und Hof und findest wie im Märchen eine prächtige Villa. So etwas hat sich doch jeder im Stillen schon gewünscht. Noch heute verdrehen Freunde, die uns dort besuchten, die Augen und seufzen: »Dass ihr da weggehen konntet?!« Halt, so weit sind wir noch nicht, zunächst ziehen wir ein, und das mit Begeisterung.

1988 bis 1990: Barbara Kalender und Jörg Schröder entwickeln und realisieren das Konzept von ›Schröder erzählt‹.

Während wir uns in dieser fremden Region und im neuen Domizil einlebten – wir wohnten noch keinen Monat am Lech –, erlaubte Ungarn den DDR-Bürgern die Weiterreise in den Westen. Es folgte die Genscher-Episode mit der deutschen Botschaft in Prag. Die bekannte Entwicklung: »Wir sind das Volk!«, die Märsche durch Leipzig, die galoppierende Aufweichung der DDR, Erich Honeckers Rücktritt. Und am 9. November 1989 sitzen wir vor dem Fernseher in der sogenannten ›Wahnsinnsnacht‹, Walter Momper verkündete: »Die Deutschen sind jetzt das glücklichste Volk!« Die Leute tanzten auf der Mauer vor dem Brandenburger Tor, schwangen Schampusflaschen, und grölten »So ein Tag, so wunderschön wie heute ...« und das Nena-Lied von den Wundern – das passende triviale Finale.
»Jetzt fangen wir an«, sagte Barbara, »wir legen alle anderen Projekte zur Seite, und du erzählst mir zehn Jahre lang vom Leben in der zweiten Republik.« »Zehn Jahre?! Glaubst du wirklich, die Leser und wir halten das durch?« »Na klar, wir müssen ›den Leser so elastisch stimmen, dass er sich auf die Fußspitzen stellt‹, so lautet Nietzsches Ratschlag für Autoren.« »Meinetwegen Nietzsche«, sagte ich, »aber vor allem müssen wir dafür sorgen, dass die Leser hüpfen, und zwar vor Vergnügen!«

Wir machten uns an die Konkretisierung des jahrelang entwickelten Konzeptes. Und erst, wenn der Zeiger von Theorie auf Praxis rückt, schlägt die Stunde der Wahrheit. Diesmal wollten wir alles anders machen. Dazu gehörte auch der Entschluss, uns in Zukunft nicht auf Prozesse einzulassen. Die ständige Bedrohung durch Rechtshändel war ja einer der Hauptgründe, weshalb wir so lange zögerten, mit dem ›Schröder erzählt‹-Projekt zu beginnen. Um unser Prozessrisiko auf Null zu reduzieren, bauten wir drei

Tricks ein. Nummer eins: die prophylaktische Unterwerfung. Wir kündigten an, uns in Zukunft jedem gerichtlich vorgetragenen Unterlassungsbegehren gegen unsere Texte zu beugen. Das heißt, die inkriminierte Passage wird danach nicht mehr erscheinen. Das bedeutet aber auch, ein Erniedrigter oder Beleidigter hat dann keine Handhabe mehr, gegen uns zu klagen.

Natürlich konnte das nur funktionieren, wenn wir uns der neuartigen Vertriebsform des Publishing on Demand bedienten. Statt der üblichen, festgelegten Druckauflage brauchten wir nicht mehr Exemplare herzustellen, als bestellt und bezahlt waren. Warum das so wichtig ist? Na, weil wir deshalb auf ein Buchlager verzichten konnten! Daraus folgt Punkt zwei: In ein nicht vorhandenes Lager kann niemand vollstrecken. Und drittens sollte man wissen, dass in Deutschland der Schadenersatzanspruch des Beleidigten von den Gerichten gemeinhin nach dem Verletzergewinn berechnet wird. Das wäre in unserem Falle der Nettoerlös, den wir als Autoren erzielt haben. Wenn nun der Text keinen großen Profit abwirft, dann ist der Verletzergewinn, mithin der Schadenersatz, ebenfalls niedrig. Wir müssen also immer darauf achten, dass unser Gewinn nicht zu groß ist, damit wir besser verletzen können. Aber das bereitet uns überhaupt keine Probleme.

Nachdem nun zwanzig Jahre vergangen sind, kann man sagen, dass unser Konzept funktioniert. Wir haben mit unseren drei Schwerpunkten – prophylaktische Unterwerfung, kein Lager, ein kleiner Subskribentenkreis und somit kein hoher Gewinn – unser wichtigstes Ziel erreicht: ›Schröder erzählt‹ kann erscheinen, ohne ständig durch Prozesse blockiert zu werden. Denn Gerichtsverfahren sind nicht nur teuer, sondern kosten Zeit, bereiten Frustration und saugen die Kraft weg, die man zur Produktion von Literatur braucht.

Zu unserem Konzept gehört auch eine andere Kalkulation. Denn meistens wird zu viel Hoffnung mit reingerechnet: »Achthundert verkaufen wir davon in jedem Fall!« Wer garantiert dir das? Vielleicht werden es nur vierhundert Exemplare? Und wenn du Pech hast, sind es bloß zweihundertfünfzig. Wir reden von nicht-marktkonformer Literatur kleiner Verlage. Eine andere Dimension sind die Vertriebskampagnen von Konzernverlagen im Verdrängungswettbewerb oder Verteilungskampf, doch deren Probleme sind in diesem Zusammenhang uninteressant. Wir wussten genau, was wir produzieren wollten: Underground-Literatur, um den schönen alten Begriff aus den Sechzigern mal wieder zu aktivieren, also nicht-normative operative Literatur, die vom Markt und einem Großteil der Großkritiker abgelehnt wird – so wie wir unsererseits diese Kritiker ablehnen. Wer Namen nennt, Institutionen provoziert, heilige Kühe schlachtet, eben nicht nur scheinbar gegen den Strom schwimmt, sondern dies aus Prinzip und Gewohnheit tut, kann keine sensationellen Umsätze erwarten.

Nach den vielen unliebsamen Erfahrungen in der Vergangenheit wollten wir auch keine Kredite aufnehmen, sondern jeden Posten pingelig durchrechnen und nur das unbedingt Notwendige anschaffen. Natürlich war uns klar, dass wir einen Rechner, Drucker und Software brauchten. Doch wir hatten den festen Vorsatz: Erst wenn hundertfünfzig Exemplare von ›Schröder erzählt‹ vorbestellt sind, wird etwas angeschafft. Die kleinste sofortige Investition war der Druck einer Subskriptionseinladung. Zwar waren im Laufe der Jahre etwa zwanzigtausend März-Interessenten zusammengekommen, aber eine Aussendung an alle Adressen hätte zehntausend Mark Porto gekostet. Viel zu viel! Jetzt erwies sich im Nachhinein, welch sinnvolle und lohnende Aktion der ›März-Rettungsdienst‹ gewesen war. Aus diesem Pool kristallisierten sich sage und schreibe vierhundertzwanzig Besteller heraus, die für zweihundert Mark Bücher bezogen hatten, um im Rahmen der Schuhputzaktion den Verlag zu unterstützen. Diese ›März-Retter‹ waren jetzt unsere Zielgruppe, eben der harte Kern der Interessenten. Hinzu kamen Autoren und Journalisten.

Wir verfassten einen vierseitigen Text, den Barbara noch auf der Schreibmaschine tippte. Die Vorlage mit Foto auf Seite eins und rot unterstrichenen Passagen gaben wir einer Schnelldruckklitsche in Landsberg. Unser Brief sah aus, wie ich es als Mailing-Spezialist in Aulendorf gelernt hatte, der alte Rieck kicherte zufrieden in seinem Grab. Die fünfhundert Einladungen zeigten die gewünschte Wirkung: Die März-Retter subskribierten, sogar schneller als erhofft. Bereits nach drei Tagen lagen über hundert Bestellungen vor.

1990: Die erste Folge von ›Schröder erzählt: Glückspilze‹ erscheint im Mai. In den folgenden Jahren konzentrieren sich Kalender und Schröder auf dieses Erzählprojekt. Motto: Vom Mythos leben und nicht von der Stückzahl.

1991: Jörg Schröder wird notfallmäßig am Herzen operiert.

Erst als wir hundertfünfzig Bestellungen im Sack hatten, setzten wir uns aufs Sofa, machten den Sony an und legten die Beine hoch. Ich bin kein Peripatetiker wie Heiner Müller. Der fragte mich mal während einer Diskussion: »Wenn ich Dialoge schreibe, kann ich nicht sitzen. Gehen Sie auch auf und ab, während Sie arbeiten?« Nein, aber wer eine lange und verschlungene Geschichte erzählen möchte, die sich aus dem Lebensrohstoff entwickelt, sollte darauf achten, was er währenddessen trinkt. »Die Figuren bauen sich auf, das Papier füllt sich mit Tinte«, schreibt Balzac und vergleicht sein Kaffee und Alkohol konsumierendes Alter Ego Louis Lambert mit einem afrikanischen Medizinmann. Tatsächlich hat jedes Erzählen etwas von der Trance der Schamanen, und deshalb braucht der Erzähler ein wenig Traumstoff – roten oder weißen. Also sorgen wir immer dafür, dass gute Weine vorhanden sind.

Ursprünglich hatten wir geplant, alle Folgen selbst auszudrucken. Wir kauften einen Macintosh SE, Kostenpunkt damals fünftausendachthundert, aber dann empfahl uns Benno Käsmayr, der

Mac-Wizard, die Seiten selbst zu setzen, die Hauptauflage aber bei ihm zu drucken, und nur die Nachbestellungen mit dem Laser auszugeben. Wir fragten ihn nach Papiersorten, denn wir hätten gern ein gelbliches holzfreies Werkdruckpapier gehabt. Benno führte das schöne säurefreie ›Poet‹-Papier von Schleipen als Haussorte.

Nachdem die Apple-Kisten mit der styroporummantelten Hardware ausgepackt waren, erfasste Barbara mit dem neuen Mac die redigierten ›Glückspilze‹, während ich nach alter Typographensitte mit den dicken ›Berthold Body Types and Headlines‹-Folianten am Schreibtisch saß und Musterseiten entwarf. Eine Strafarbeit! Da wir die Folgen in handelsübliche Chromoluxdecken mit Fensterstanze binden wollten, mussten wir auf DIN-A4-Seiten drucken, und für gute Typografie ist dieses Format ungeeignet. Ein kleiner Versuch: Schneidet mal bei einem DIN-A4-Blatt siebzehn Millimeter in der Höhe ab und legt es neben ein unbeschnittenes. Jeder, der keine Musaugen hat, wird feststellen, dass die beschnittene Version angenehmer aussieht. Deswegen kommen uns auch Briefbögen aus den USA oder solche des Hotels ›Villa Medici‹ in Florenz eleganter vor – nicht nur wegen ihres Stahlstichs, des Wasserzeichens oder der luxuriösen Hämmerung.

Ich versuchte es mit diversen Satzspiegeln, alles sah aus wie in den Schnee gepinkelt, weil wir das Papierformat nicht ändern konnten. Vierzehn Tage lang friemelte ich an der Musterseite herum, dann fand ich das Ei des Kolumbus: Ich verkürzte das Blatt optisch mithilfe der Kolumnenlinie, rückte den Textblock näher zum Bund und stellte die Pagina rechts neben den Text. So ergaben sich die gewünschten Proportionen, ohne das Papier zu beschneiden. Rechts oben platzierten wir Pilze auf die Linie, die Vignette sollte von Folge zu Folge wechseln, Barbaras Spezialvergnügen. Auf diese Weise wurde das unangenehme Format per Gestaltungstrick zur schönen Buchseite. Weniger Mühe machte die Titelgestaltung mit dem gestanzten Einbandfenster und der Pop-Illustration von Roy Lichtenstein, die wir mit der alten März-

Hausschrift ›Block‹ kombinierten – wenn man davon absieht, dass hier dem leichthändigen Entwurf eine jahrelange Fron folgte. Barbara und ich klebten bisher dreiundzwanzigtausend Farbbilder eigenhändig auf die Titelseiten. Also neun Kilometer mit dem Kleberoller, gleich vierhundert Stunden Handkrampf.

Das Layout war fertig, der Text auch, aber mal abgesehen von unserem komplizierten Satzbild hatte die frühe PageMaker-Version viele Macken. Die Software war für die englische Sprache geschrieben worden, die kein ›ck‹ kennt und daher bei einer Trennung ›ck‹ nicht wie damals noch üblich in ›k-k‹ umwandeln konnte. Nun gab es in der ersten und zweiten Folge besonders viele Wörter mit dieser Buchstabenkombination wie ›drucken‹, ›Stuckdecken‹ und ›ficken‹, bei jeder dieser Trennungen stürzte PageMaker ab. Doch die Mac-Programmierer waren ja Freaks und hatten für Notfälle ein kleines Programm geschrieben. So sah man, bevor die Datei abstürzte, eine schwarze Bombe mit brutzelnder Zündschnur und Funken wie bei einer Wunderkerze. Erfolgten solche Abstürze zu oft hintereinander, erschien auf dem Bildschirm wieder das Mac-Gesicht, diesmal aber nicht lachend, sondern mit traurigem Mund und Kreuzen als Augen. Das bedrohlichste Piktogramm, sozusagen die letzte Warnung, sahen wir zuweilen auch, der ›Sad Mac‹ zerlief dann amorph. Das bedeutete: Gleich gibt die Festplatte ihren Geist auf. Nach einigen Abstürzen war die erste Folge ›Glückspilze‹ fertig. In der Villa am Lech entstanden sechsundzwanzig Folgen und zwei Treuegaben.

1996: Umzug nach Augsburg in eine Bauhaus-Anlage. Eine weitere Herzoperation findet in München statt.

Den Umzug nach Augsburg hatten wir ursprünglich nur als Zwischenlösung geplant, wegen der Übergriffe von jungen Nazis in

Leeder mussten wir von dort schnell umziehen. Leichter gesagt als getan, aber wir hatten wieder mal Glück. Am 3. August 1996 hatten sie uns die Schlafzimmerscheibe eingeschmissen, und schon vierzehn Tage später rief der Buchhändler Kurt Idrizovic an: »Edgar von der WGB hat mir gerade einen Zettel hingelegt, eine Sechs-Zimmer-Wohnung wird renoviert, wollt ihr euch die mal anschauen?« »Na klar!«

Ein Termin wurde vereinbart, die Rosenaustraße auf dem Stadtplan gesucht, und nachmittags um vier parkten wir den Wagen unter den Kastanien. Wir gingen ein paar Schritte die Allee hinunter, die Blätter der Kastanien färbten sich schon bunt, da lag plötzlich an der Straßenkreuzung ein imposanter L-förmiger Flachdachblock vor uns. Auffälligstes Merkmal war der mittlere zurückspringende Baukörper, der in elegantem Schwung von hundertzehn Grad dem Verlauf der Schlettererstraße folgt. »Mensch, das ist ja schönstes Bauhaus«, sagte ich zu Barbara, »eine Wohnung in dieser Kurve, das wär's doch!«

Als wir das Treppenhaus betraten, wurde unsere Begeisterung gedämpft. So stilgerecht das Gebäude außen renoviert war – weiße Fassaden, graublau gefasste Fensterbänder –, so trist sah dieser Aufgang aus. Hier hatte sich dumpfer Renovierungsgeschmack aus den fünfziger Jahren grausam ausgetobt: dunkelbrauner Handlauf, kinderkackegelbe Wände, dazu braun-beige gesprenkeltes Linoleum. In den Zeiten des Architekten Thomas Wechs leuchtete das Treppenhaus vermutlich in roten, gelben oder blauen Tönen, wie er es von den Bauhauslehrern Walter Gropius, Bruno Taut und Ernst May gelernt hatte.

Na ja, man kann nicht alles haben. Als wir die Wohnung im ersten Stock betraten, stellte sich unser anfängliches Entzücken wieder ein. Die dominierenden zwei Räume der geschwungenen Frontpassage mit ihrem Band von sechs hohen Fenstern waren lichtdurchflutet wie ein Loft. Die Zimmer ließen sich vereinen durch das Schieben der verglasten Falttüren in die Wand, und den Abschluss zum Flur bildete eine ebenfalls geschwungene Glasfalttür, die der Form der Fassade folgte. Vermutlich hatte sich der Architekt von Schillers Erkenntnis leiten lassen, der in den Kalliasbriefen die rhetorische Frage stellt: »Warum wird die Schlangenlinie für die schönste gehalten?«, und sie sich selbst so beantwortet: »Die Natur liebt keinen Sprung.«

Für uns gab es keine Frage, diese Wohnung mussten wir mieten. Die als Ess- und Wohnzimmer geplanten Räume waren ganz klar unsere Büros. Schon als wir noch in der Jugendstilvilla in Leeder saßen, hatte Barbara gemäkelt: »Ich will endlich mal ein Haus mit klaren Linien und nicht immer diese zugigen Sprossenfenster und den ganzen Klimbim!«

Es war wie beim ›Fischer un syner Fru‹, erst hatten wir einen Fachwerk-Bauernhof im Vogelsberg, dann eine Villa in Leeder, und jetzt bekam sie nicht irgendeine moderne Bude, vielmehr hatte ein Bauhausschüler das Ensemble entworfen, und bis zu den Beschlägen der Türen war alles im Original erhalten. Außerdem war die Wohnung für unsere Bedürfnisse perfekt geschnitten und wurde von der städtischen Baugesellschaft komplett modernisiert, so hatten wir nicht noch eine weitere Renovierung am Hals. Auch die Miete war akzeptabel, dreizehn Mark warm pro Quadratmeter. Dass wir in der bayerischen Provinz bleiben mussten, war nicht zu ändern, denn die Villenrenovierung hing wie ein Damoklesschwert über uns. Da hieß es vernünftig sein, in der Nähe bleiben und nicht die letzte Mark verpulvern.

Nach den Maximen des Bauhauses sollte unser Wohnblock nicht nur Bewegung und Dynamik ausdrücken, sondern auch ein sozialreformerisches Konzept verwirklichen. Es stellte den Versuch dar, mittels nachbarschaftlichen Wohnens unterschiedliche Schichten einander nahezubringen. Der östliche Block mit Zweieinhalb-Zimmer-Wohnungen war für »solvente Arbeiterfamilien« vorgesehen, die Vier-Zimmer-Wohnungen im westlichen Flügel für Mieter mit »exklusiven Ansprüchen«. Und dann gibt es noch die vier Wohnungen in der Kurve mit fünf Zimmern, einer Dienstbotenkammer, einer Diele mit separater Garderobe, einer Küche mit Speisekammer, einem Bad und einer Gästetoilette. Dieser Luxus war für »Amtsleiter der Stadt Augsburg« reserviert gewesen und nun für uns.

Der letzte Amtsleiter wohnte bis zu seinem Tode im zweiten Stock. Es war der pensionierte Direktor des Römischen Museums, ein netter schwerhöriger Ostpreuße, der nach Art des Johannes Bobrowski täglich einen Liter Wacholder verkasematuckelte und deshalb seinen Krückstock heftig aufsetzte, worunter wir bei der Redaktion von ›Schröder erzählt‹ manchmal schwer zu leiden hatten. Seine Frau war eine rheinische Betschwester, die ihren drei Enkeln alle Trampelspiele durchgehen ließ. Das Gebäude war nämlich hellhörig, man wusste immer, was die Leute gerade machen – auch eine Methode, sich nachbarschaftlich näherzukommen. Aber sonst alles nobel! Im gegenüberliegenden Wohnblock, der zum Ensemble gehört, lebte seit Jahrzehnten der ehemalige Regierungspräsident von Schwaben – ein kultivierter schwuler Jurist aus Oberbayern, mit dem wir uns gern über die bayerische Verwaltungsreform unterhielten.

Der Trakt für »solvente Arbeiter« hatte sich erheblich gewandelt. Jetzt wohnten dort – bis auf zwei feine alte Damen mit Dackeln, ein paar Studenten und seriöse Ausländerfamilien – viele Sozialhilfeempfänger. Es gab auch zwei Härtefälle, da wurde schon mal aus dem Parterrefenster gekotzt. Die nachbarschaftlichen Berührungen mit diesen Leuten hielten sich daher in Grenzen. Dennoch ging es auf den Wiesen und dem Kinderspielplatz im Innenhof multikulturell zu. Hier wuselten Kinder aus aller Herren Länder zusammen mit deutschen herum – und zwar friedlich. Das erfreute unsere Herzen, wenn wir beim Zwiebelhacken aus dem Küchenfenster sahen.

1998: Jahresausstellung des Deutschen Literaturarchivs Marbach: ›Protest! Literatur um 1968‹. Die März-Autoren, das Verlagskonzept, Schröders Herausgaben und literarische Arbeiten nehmen in der Ausstellung und

dem sie begleitenden Katalog einen bedeutenden Platz ein. Kalender und Schröder beginnen mit den Ordnungsarbeiten im Marbacher März-Archiv und dem angefügten Bernward-Vesper-Archiv.

1999: Die Verwertungsgesellschaft Wort (VG Wort) verlangt von Schröder die Rückzahlung von Pauschalen, die sie für die Folgen von ›Schröder erzählt‹ bezahlt hatte, weil es sich dabei angeblich nicht um Sachbuchtitel handle.

Eine Lex Schröder

Aus dem ›Börsenblatt für den Deutschen Buchhandel‹ vom 25. August 2004: »VG Wort verliert vor Gericht. ›Schröder erzählt‹ muss als Sachbuch vergütet werden. Im Rechtsstreit zwischen dem Autor Jörg Schröder und der VG Wort hat das Oberlandesgericht München in der Berufungsverhandlung die Auffassung des Landgerichts München bestätigt. Dieses hatte festgestellt, dass die Folgen von ›Schröder erzählt‹ in angemessenem Umfang in Bibliotheken eingestellt sind und als Quellenmaterial für Sachbücher und wissenschaftliche Werke dienten. Die Klägerin VG Wort nahm ihre Berufung zurück: Das Urteil hat somit Rechtskraft, eine Revision beim Bundesgerichtshof ist nicht möglich. Die VG Wort hatte ›Schröder erzählt‹ bisher nicht als Sachbuch berücksichtigt; die einzelnen Folgen der Publikation wurden deshalb nur im Bereich Bibliothekstantieme vergütet.«

Prompt reagierte die Verwertungsgesellschaft Wort, sie passte ihre Satzung an. Der Verein wartete nicht einmal ab, wie das Oberlandesgericht München entscheiden würde, sondern änderte bereits zwei Monate vor dem Spruch des Obergerichts ihren Verteilungsplan mit einer Lex Schröder. Sie fügten bei dem Passus »Buchausschüttung an Urheber« den Zusatz ein: »Autobiografien werden nicht berücksichtigt.« Das bedeutet im Umkehrschluss: Vorher hätten sie berücksichtigt werden müssen. Aber wer kümmert sich schon um solche Spitzfindigkeiten? Statt dessen kritisierte der Abteilungsleiter Frank Thoms das Obergericht und erklärte der ›Süddeutschen Zeitung‹: »Sollen wir Werke von Dieter Bohlen oder Stefan Effenberg künftig als Sachbücher bei uns aufnehmen?« Na klar, sagen wir, wenn sie in mindestens drei wissenschaftlichen Bibliotheken stehen, und erst recht, so lange solche Werke wie ›Enkel, Enkel – Das Handbuch für Großeltern‹ und ›Fit und gesund mit Sauerkraut‹ der VG-Wort-Funktionäre Hans Peter Bleuel und Lore Schulz-Wild als wissenschaftliche Sachbücher gewertet werden. Die Folgen von ›Schröder erzählt‹ hingegen stehen in dreißig Universitäts- und Spezialbibliotheken.

Fazit: Aus Prinzip und Gewohnheit interpretiert die Verwertungsgesellschaft Wort ihre Richtlinien so, wie es ihr in den Kram passt. Solche Zustände sind möglich, weil die Aufsichtsbehörden schlafen. Zwar ist das Deutsche Patentamt vom Gesetzgeber verpflichtet, die Verwertungsgesellschaften zu kontrollieren. Statt dessen nickt sie alle Aktionen dieser Treuhänder ab. Das Justizministerium wiederum ist die Aufsichtsbehörde des Patentamtes, da wird erst recht niemand tätig. So feiert die Willkür fröhliche Urständ.

2000: Die vierzigste Folge von ›Schröder erzählt: Languages spoken‹ erscheint. Die ›Weiße Serie‹ wird wie geplant abgeschlossen. Ankündigung der ›Schwarzen Serie‹.

2001: Das Deutsche Literaturarchiv Marbach übernimmt das ›Schröder erzählt‹-Archiv aus den Jahren 1990 bis 2000. ›Willkommen!‹, die erste Folge der ›Schwarzen Serie‹ erscheint.

Die erste Folge ›Glückspilze‹ hatte die im Titel mitschwingenden Hoffnungen eingelöst, Ende August 2000 erschien die vierzigste Folge ›Languages spoken‹. Damit waren die autobiografischen Stränge bis zum Jahr 1989 – verknüpft mit zentralen und peripheren Ereignissen der alten Bundesrepublik – erzählt, so wie wir es uns bei der Planung des Projekts vorgenommen hatten. Um den Lesern das Auffinden von Passagen zu erleichtern, legten wir in der Treuegabe zur vierzigsten Folge eine Synopsis des Werks vor; nach diesem Plan hatten wir von 1990 bis 2000 gearbeitet. Außerdem erstellten wir ein Personenregister. Leider ließ es sich nicht vermeiden, dass mithilfe dieses Apparats gewisse Leser – die wir nicht so schätzen – nun ›Stellen‹ heraussuchten.

In unserem Brief, den wir als Subskriptionseinladung für die ›Schwarze Serie‹ verschickten, erklärten wir: »Es wird neben den Folgen keine Gesamtausgabe geben, solange die Figuren von ›Schröder erzählt‹ ihr Wesen treiben. Denn einzig die Mischung aus relativ geringer Durchschnittsauflage (350 Exemplare), Desktop-Produktion ohne Lagerhaltung und vorbeugender Unterwerfung gegen gerichtlich vorgetragene Unterlassungsbegehren hat bisher verhindert, dass die Leidens- und Zornesbekundungen der in ›Schröder erzählt‹ Erniedrigten und Beleidigten zu juristischen Abreaktionsspielen führten.

Ursprünglich hatten wir uns vorgenommen, nur die Vierzig vollzumachen, aber dann sagten wir uns: Eine neue Republik braucht neue Folgen. Wir schlossen die März-Schublade, die ja mit einer Art Bibliografie romancée ständig gefüllt worden war, und werden sie nur von Zeit zu Zeit wieder öffnen. Es wird bei uns also nicht heißen: Mehr ›Echtzeit‹! Wir stellen die alten Fragen und antworten auf die neuen – die Zettelkästen sind gefüllt!«

Ansonsten verfuhren wir nach der Devise: Misstraue allen Unternehmungen, die neue Kleider erfordern. Deshalb blieb die Ausstattung von ›Schröder erzählt‹ wie gewohnt, lediglich die Farbe des Chromoluxkartons wurde geändert, demgemäß lautete der Reihenuntertitel nun ›Schwarze Serie‹. Die Nummer eins trug den Titel ›Willkommen!‹ und erschien im November 2000, im Mai 2011 wurde die sechzehnte Folge ›Funkloch‹ ausgeliefert.

Zur Aura des Mysteriösen, die den Folgen anhaftet, hatte sicherlich auch beigetragen, dass wir in den zwanzig Jahren des Erscheinens von ›Schröder erzählt‹ nie Presseexemplare verschickten, und so halten wir es immer noch. Umso erfreulicher war es, dass von 1990 bis 2010 über dreihundert zum Teil umfangreiche Erwähnungen und Besprechungen in der Presse erschienen.

Gefreut hat uns, dass ein Verlag trotz oder wegen aller Widerstände entschlossen war, das Risiko einer Gesamtausgabe einzugehen. Was wir natürlich ablehnen mussten – mit einer Träne im Knopfloch. Zwar ist es schön, vom Mythos zu leben und nicht von der Stückzahl, andererseits: Welche Autoren hätten nicht gern sechs gelbe Feinleinenbände mit Fadenheftung und rotem Lesebändchen, gedruckt auf Scheufelen-Papier, im Regal stehen? Man kann nicht alles haben! Die Sammler dürfen sich jedenfalls beruhigt zurücklehnen und weiterhin an der potenziellen Wertsteigerung unserer Tresorpublikation erfreuen.

2004: Im Area Verlag kommt eine gelb-rot-schwarze März-Kassette heraus. Sie enthält zweiundzwanzig Nachdrucke aus der Verlagsproduktion. Weitere Neuauflagen bei Area: ›Acid‹ im schwarzen Einband mit Fensterstanzen wie die Erstausgabe, das unvermeidliche ›Laß jucken Kumpel‹ von Hans Henning Claer, eine erweiterte Neuausgabe von ›Die Vernichtung der weisen Frauen‹, eine Neuausgabe von Bernward Vespers ›Die Reise‹, die beiden Romane von Gerhard Zwerenz, ›Casanova‹ und ›Kopf und Bauch‹.

Bruno Hof hatte einen Verlag für ›Modernes Antiquariat‹ gegründet. Er wollte eine Reihe von gelben März-Büchern herausbringen, als qualitative Ergänzung in seinem bunten Ramschladen, und träumte von Riesenauflagen der Nachdrucke. Der junge Verleger hatte also die Absicht, den seriösen Sortimentsbuchhandel mit den gelben Bänden zu unterwandern. Eine interessante Marketingstrategie, fanden wir, denn Area bot die März-Kassette mit sechstausend Seiten für 49,95 Euro an. Über die Budgetierung machten wir uns keine Sorgen, schließlich war Johannes Heyne, der nach dem Tode von Rolf Heyne dreißig Millionen geerbt hatte, sein Partner.

Das Moderne Antiquariat braucht keine Pressearbeit, die Stapelware auf den Tischen der Buchhandelsketten von Weltbild, Hugendubel oder Thalia verkauft sich entweder von selbst oder gar nicht. Doch die März-Bücher bei Area sollten auch das normale Sortiment erreichen, und da gelten andere Regeln. Da das Area-Team keinen Schimmer von Pressearbeit hatte, drehten Barbara und ich voll auf, seitenweise erschienen Rezensionen zum Beispiel in der ›Frankfurter Allgemeinen Sonntagszeitung‹ über ›Siegfried‹, über Bernward Vespers ›Reise‹ in der ›Süddeutschen‹, in der ›Frankfurter Rundschau‹ und in zig großen Regionalblättern. Dazu kamen Interviews in der ›jungen Welt‹, in ›konkret‹ und ›Spex‹ sowie Artikel in Magazinen von ›Rolling Stone‹ bis ›Gentlemen's Quarterly‹.

Zunächst sah es so aus, als würden wir noch einmal richtig abräumen, leider konnte der Area Verlag das enorme Presseecho nicht in Verkäufe umsetzen. Seine Mitarbeiter hatten keine Vertriebserfahrung, und der Vertrieb ist nun mal im Verlagswesen das A und O. Bei Area fehlte alles: Es gab keine Vertreter und keine Kontakte zum Sortimentsbuchhandel. Dazu kam: Einerseits wollten die schöngeistigen Buchhändler keine Titel eines Ramschverlags für ihr feines Sortiment einkaufen. Andererseits duldeten die Einkäufer im MA-Buchhandel – so lautet die Abkürzung für Modernes Antiquariat – die gelben März-Bücher nicht neben ihren Kraut-und-Rüben-Stapeln auf den Ramschtischen. So versandete der März-Relaunch im Niemandsland des Sortimentsbuchhandels.

Gut – nein, schlecht natürlich! Aber wie stand es mit den Kettenläden und den großen Versendern? Der Branchenführer Weltbild gehört bekanntlich vierzehn katholischen Diözesen. Da der Hauptsitz des Unternehmens Augsburg ist, hatte der Augsburger Bischof Walter Mixa inzwischen den Vorsitz im Aufsichtsrat übernommen. Und man braucht nicht viel Fantasie, um sich vorzustellen, wie dieser Mann aufgeschrien hätte, wenn die März-Kassette mit Amendts kirchenfeindlichem Aufklärungsbuch ›Sexfront‹ und dem Schwulen-Reader im Weltbild-Programm angeboten worden wäre. Deshalb lehnte die Einkaufsabteilung von Weltbild die März-Bücher panisch ab. Denn Walter Mixa war ja nicht nur wegen der dünner werdenden Gewinnmargen des Kirchenkonzerns besorgt, sondern paradoxerweise »ein ganz entschiedener Gegner der Medienhölle«, zu der Mixa auch das eigene Unternehmen zählt. Er schreibt: »Die Christen, welche ihrem Glauben und ihrem Menschenbild treu geblieben sind, werden irgendwann die Zeitgenossen der Spaßgesellschaft trösten müssen, denen mit dem Verlust der Humanität auch der Spaß gründlich vergangen ist.« Was von der Humanität dieses Bischofs zu halten ist, wissen wir ja inzwischen.

Und wie reagierten die Versender auf das Area-Angebot? Die Spaßvögel von Zweitausendeins wollten natürlich von März-Büchern nichts wissen, weil wir 1981 ihren Laden im Streit verlassen hatten. Fazit: Der Relaunch blieb ein grandioses Erwähnungsgeschäft, mehr nicht. Barbaras und meine monatelange Arbeit war für die Katz gewesen, all die vielen schönen Rezensionen in den unterschiedlichen Medien verpufften wirkungslos, weil die Area-Leute eben die falschen Verleger für März waren. Selbst ihr MA-Geschäft setzten sie in den Sand, Area meldete Konkurs an, und Bruno Hofs Partner, Johannes Heyne, war um ein paar Millionen ärmer. Aber es traf ja keinen Armen! Leute wie er arbeiten eben nach dem Erfolgsmodell: Wie macht man im Verlagsgeschäft ein kleines Vermögen? Ganz einfach, indem man ein großes investiert.

2005: Der März Verlag zieht wieder nach Berlin. Das Deutsche Literaturarchiv in Marbach übernimmt das ›Schröder erzählt‹-Archiv aus den Jahren 2000 bis 2005.

Jetzt wohnten und arbeiteten wir in der Wexstraße, die am Bundesplatz endet, hier grenzen die Berliner Bezirke Wilmersdorf, Friedenau und Schöneberg aneinander, es gibt eine Ringbahn- und eine U-Bahn-Station. In unserer Straße stehen auf der einen Seite alte Bürgerhäuser, gegenüber gibt es Neubauten aus den sechziger Jahren, dahinter rauscht der Verkehr auf der Stadtautobahn und daneben fährt die S-Bahn. Um zur S-Bahn-Station zu gelangen, musst du allerdings durch die Vorhölle: Hier steht auf Betonstelzen die Trasse der Stadtautobahn, darunter parken Autos in langen düsteren Reihen, daneben liegt der Ringbahndamm. Wer diesen hässlichen Viadukt passiert, auf dem der Autoverkehr dröhnt, fühlt sich wie in einem Brooklyn-Film aus der Schwarzen Serie. So ist es oft in Berlin, die sogenannten sozialen Brennpunkte liegen nur wenige Schritte von den bürgerlichen Wohnvierteln entfernt.

Wenn du aber den Viadukt hinter dir hast, empfängt dich im S-Bahn-Durchgang eine lange Reihe von Ständen mit Obst, Gemüse, Getränken und Wurstwaren. Hier hat ein russischer ›Europa-Markt‹ sieben Tage die Woche rund um die Uhr geöffnet. Es gibt lebenden und tiefgefrorenen Fisch, Kaviar, Krabben, Wurst, Pelmeni, Vareniki, Blini, Wein, Bier und Spirituosen aus Russland, Polen, Griechenland und Italien. Ein paar Schritte weiter, auf der anderen Seite der S-Bahn-Station, tut sich beim Friedenauer Ausgang eine andere Welt auf. Du stehst auf einem kleinen Platz mit Bäumen wie in einer Pariser Filmkulisse: ein altes Kino und drei kleine Cafés, darunter ein Laden, in dem es Veilchenschokolade und anderen lässlichen Luxus gibt. Wenn du weitergehst, siehst du Stolpersteine aus Messing zum Gedenken an ermordete Juden, die früher hier wohnten, dann kommst du zum Cosimaplatz.

Das ist Friedenau, wo einst Karl Schmidt-Rottluff und Erich Kästner lebten, später dann Günter Grass und Uwe Johnson. In dessen Wohnung in der Niedstraße wurde 1967 die Kommune I gegründet. Es gab den Buchhändlerkeller, wo Nicolas Born, Günter Herburger, Jürgen Theobaldy und der damals noch revolutionär gesinnte Hans Christoph Buch den ›ARSCH‹ – Arbeitskreis Revolutionärer Schriftsteller – gründeten. »Im Buchhändlerkeller, diesem ärmlichen Kellerraum in der Görresstraße 9«, schrieb der 2006 verstorbene Galerist Jes Petersen, »lesen jeden Mittwoch so gegen neun Uhr bekannte und unbekannte Autoren … Für viele wurde es zu einer Schlachtbank, denn in den Diskussionen nach den Lesungen wird keinem Zucker in den Arsch geblasen. Der größte Teil der Zuhörer schreibt selbst, und der Rest hat es sich seit vielen Jahren fest vorgenommen …« Alles, was damals links war, verkehrte dort, Bernward Vesper, Gudrun Ensslin, Andreas Baader, Karin Röhrbein, ich war auch ein paar Mal dort, wenn ich von Frankfurt nach Berlin kam.

Den ›Buchhändlerkeller‹ gibt es nicht mehr, auch nicht die gegenüber liegende, legendäre Kneipe ›Bundeseck‹. Heute ist Friedenau eine Gegend, in der saturierte Spießer ihrer wilden Jugend hinterher träumen und tibetanische Gebetsfähnchen auf den Balkons flattern lassen, während wir in unserem ›tazblog‹ lieber den Bären flattern lassen. Denn seit wir wieder in Berlin leben, sehen wir von unserer Ostterrasse aus die Fahne auf dem Schöneberger Rathaus flattern, Willy Brandts alter Residenz. Von dessen Balkon rief einst John F. Kennedy: »Ich bin ein Berliner!« Schräg gegenüber, in der Badenschen Straße 3, wohnte eine Zeitlang Andreas Baader bei seiner Freundin, der Malerin Ellinor Michel. In ihrer Wohnung verhandelte ich mit Regina Zieglers ›Brothers and Sisters Company‹, Wolf Gremm und Michael Geissler, welche die ersten politisch und feministisch korrekten Olympia-Filme drehen sollten. Bernward Vesper war bei diesen bekifften Filmverhandlungen dabei, er hatte mich mit den Filmern zusammengebracht. Sie drehten die ›Schüler‹, das Material war technisch so dürftig, dass wir nichts damit anfangen konnten. Deshalb machte Bazon Brock mit seinen Studentinnen und Studenten von der Hamburger Hochschule für bildende Künste den zweiten, weniger korrekten, aber marktkonformeren ›Schüler‹-Film.

Gleich hinter unserem Haus liegt der Schöneberger Volkspark, dort drehen wir täglich eine Runde auf unserem Philosophenpfad, vorbei am Deutschlandradio, im ehemaligen Rias-Gebäude, bis zum Springbrunnen mit dem goldenen Hirsch. Von der Zuckmayer-Brücke führt eine Treppe hinunter zur schönsten U-Bahn-Station der Stadt, die im Stil einer Orangerie gebaut ist. Dahinter liegt das Rathaus, das Zentrum des alten Westberlin. Hier, im Bayerischen Viertel, wohnten der Autor des ›Hauptmanns von Köpenick‹, Gottfried Benn, Billy Wilder, Helmut Newton und viele andere Autoren und Künstler. Und gleich am Park in der Prinzregentenstraße, neben der Wilmersdorfer Synagoge, schrieb von 1930 bis zu seiner Emigration 1933 Walter Benjamin an seiner ›Berliner Kindheit um 1900‹. Eine gute Gegend also, um den Genius Loci auf sich wirken zu lassen.

2006: Die ›tageszeitung‹ richtet Autorenblogs ein, zu den ersten gehört ›Schröder & Kalender‹.

2007: März-Raum in der Kölner Ausstellung ›Außerordentlich und obszön‹ nebst Blog-Exhibition.
Die Musikerin, Künstlerin und Schriftstellerin Françoise Cactus (Stereo Total), der Künstler, Performer und Schriftsteller Wolfgang Müller (Die tötliche Doris) und der Verleger Martin Schmitz verleihen Barbara Kalender und Jörg Schröder den Wollita-Preis für ein gut gestricktes Verlagsprogramm.

2008: Im Feuilleton der Tageszeitung ›junge Welt‹ schreiben ›Schröder & Kalender‹ freitags eine Kolumne.

Ausstellungsbeteiligung bei ›Pop am Rhein‹ und Blog-Exhibition.
Zum siebzigsten Geburtstag von Jörg Schröder erscheinen die Jubiläumskassetten von ›Schröder erzählt‹ beim Kommissionsverleger Martin Schmitz.

Als im Web 2.0 die interaktiven Tagebücher, kurz Blogs genannt, ins Kraut schossen, sprach uns Mathias Bröckers an, der den Internetauftritt der ›tageszeitung‹ relaunchen sollte: »Ihr wart Ende der Achtziger mit DTP ganz vorn, schreibt doch jetzt ein Autorenblog für die taz.« Das ließen wir uns nicht zweimal sagen und begannen mit ›Schröder & Kalender‹, der Erfolg ist erfreulich. Seit 2006 belegen wir regelmäßig mit unseren tazblogs einen der ersten Plätze in der Serverstatistik. Die Mischung aus Glossen, Alltagsminiaturen, Fotos, Schmonzetten und Beschwerden, die Serie ›Making of Pornography‹ und die Texte aus ›Schröder erzählt‹ gefallen Lesern und Bloggern.

Auch unsere Kolumnen in der ›junge Welt‹ erfreuten sich einiger Beliebtheit. Der Musiker und Schriftsteller Kristof Schreuf schrieb dazu: »Heute läßt sich mit Freude feststellen, daß Schröder und Kalender weiterhin nicht nachlassen. Regelmäßig erzählen sie von dem, was bei ihnen los war. Es ist übrigens nach wie vor mehr als viel. Sie leben, könnte man sagen, von der Substanz. Bloß ist bei Schröder und Kalender so unfaßbar viel mehr Substanz als bei den meisten anderen. Wenn sie reden und schreiben, dann schöpfen sie daher immer aus dem Vollen.« Im August 2010 machten wir mit der hundertsten Kolumne in der ›jungen Welt‹ zunächst einmal Schluss, weil wir in Ruhe an diesem Manuskript arbeiten wollten und keine Zeit mehr fanden, sie zu schreiben.

Auf der Buchmesse 2008 präsentierten wir die Jubiläumskassetten der Folgen eins bis fünfzig von ›Schröder erzählt‹. Diese Sonderausgabe zum siebzigsten Geburtstag von Jörg Schröder wurde von Martin Schmitz vertrieben. Der Kommissionsverleger, vergleichbar mit der Arbeit eines Galeristen, kümmerte sich um den Vertrieb, während wir die Kosten der Herstellung trugen.

Besteller der Jubiläumskassetten waren Sammler, sowie deutsche und ausländische Universitätsbibliotheken. Wir sind froh darüber. Zwar hat sich eine Welt verändert, weil das Wort seine Erscheinungsform veränderte, sich mit rasender Geschwindigkeit in Gestalt von Pixeln und Bits statt von Papier und Druckerschwärze zeigt. Aber es waren ähnliche Kulturschocks, als Schreiben das lebendige Sprechen der Peripatetiker verdrängte, als mit dem Ende des Mittelalters die Macht des Buchdrucks die Handschriftenarchive der fürstlichen Sammler obsolet machte und schließlich beginnend mit dem neunzehnten Jahrhundert sich die Bibliophilen angeekelt vom Ausstoß der Schnellpressen abwandten. Nur eine Institution hat alle diese Zyklen überdauert: die Bibliothek.

Sie ist eben nicht, wie manche meinen, das Büchergrab, sondern ein Speicher, der sich ständig verändernden literarischen Reproduktionsformen. Weil das so ist, freut es uns, dass nun auch, nach vielen anderen Bibliotheken, die größte der Welt, nämlich die Library of Congress in Washington, das Werk ›Schröder erzählt‹ erworben hat, genauso wie die Universitätsbibliotheken von Harvard und Iowa. Empfohlen hatte die Sammlung Knut Dorn von der Exportbuchhandlung Otto Harrassowitz in Wiesbaden, der Kontakt mit Iowa kam zustande, weil die Historikerin Elizabeth Heineman im Deutschen Literaturarchiv Marbach ›Schröder erzählt‹ entdeckt hatte und als Quelle für ihre Arbeit benutzte.

2009: März-Showroom im Neuen Berliner Kunstverein (n.b.k.) mit einer Veranstaltung zum vierzigsten Jubiläum des Verlags.

Vom November 2009 bis Januar 2010 präsentierte der Neue Berliner Kunstverein (n.b.k.) kuratiert von seinem Direktor Marius

Babias den März Verlag. Im Showroom wurden die Cover als Panorama gezeigt, eine ›März-Tapete‹ als Reise mit der gelben Untergrundbahn durch die Kultur- und Sozialgeschichte der Bundesrepublik. Wir haben ja mit den Titeln und Materialien des Verlags schon die eine oder andere Vitrine gefüllt, im Deutschen Literaturarchiv Marbach und anderswo. Aber dieser Raum in der n.b.k. gefiel uns besonders, weil er das Konzept der literarischen Postmoderne, mit dem wir 1969 antraten, visuell und konzeptionell auf den Punkt bringt. Hans Peter Willberg von der Stiftung Buchkunst schrieb in seinem Essay ›Das Äußere des Äußeren‹ über die Umschlaggestalter Christian Chruxin, Heinz Edelmann, Willy Fleckhaus, Hannes Jähn, Celestino Piatti, Jörg Schröder und Juergen Seuss: »Ein Zeichen von großer Sicherheit ist es, wenn Verleger alles auf eine Karte setzen, wie es Jörg Schröder mit der Ausstattung seines März Verlages tat … Der Verleger ist gleichzeitig Grafiker – ein untypischer Sonderfall.«

Ursprünglich war der vorliegende Text als Begleitband zur Ausstellung im Neuen Berliner Kunstverein geplant. Das Manuskript gefiel Marius Babias zunächst gut, doch dann kamen ihm Bedenken, dass sich einige der behandelten Verlage, Institutionen oder Zeitgenossen durch seinen Inhalt beschwert fühlen könnten. Zwar haben wir darauf geachtet, judikable Persönlichkeitsherabsetzungen im Text zu vermeiden. Aber natürlich gilt auch: Die Wahrheit ist für manchen unbequem. Andererseits wollten wir keine expurgierte Verlagsgeschichte abliefern, das sind wir unserem Ruf schuldig. In dieser Lage traf es sich gut, dass Jan-Frederik Bandel das Manuskript für Philo Fine Arts annahm. Und sehr erfreut waren wir, als er uns vorschlug, seinen schon längere Zeit geplanten ›NachMärz‹-Essay unserem Text anzufügen.

Während wir diese März-Geschichte schrieben und an der Bibliografie arbeiteten, wurde uns wieder einmal bewusst, welches ›Potenzial‹, wie es im Branchenjargon heißt, hier brachliegt. Dabei handelt es sich weniger um ökonomische, als um literarische und zeitgeschichtliche Substanz, wir sind ja keine Traumtänzer und kennen die Gesetze des Buchmarktes aus leidvollen Erfahrungen. Deshalb haben wir in den letzten Jahren auf die häufig gestellte Frage: »Was wird aus dem März-Programm?« immer geantwortet: »Schick uns einen Mäzen vorbei, dann machen wir die Titel neu.« Bis vor Kurzem hatte sich keiner gemeldet, und wir wollten nicht antichambrieren oder auf öffentliche Transferleistungen hoffen. Erst recht mochten wir keine Kredite aufnehmen oder windige Beteiligungsangebote offerieren, bei denen abzusehen ist, dass die Gelder der Kommanditisten ohnehin futsch sind.

2011: Was wird? März reloaded.

Im November 2010 kündigten wir daher unseren Subskribenten das Konzept einer Neuen März Bibliothek an, die Buch für Buch von den Lesern finanziert werden sollte. Als erste Titel waren im Frühjahr 2011 Jörg Schröder erzählt Ernst Herhaus: ›Siegfried‹ und im Herbst 2011 ›Die Reise‹ von Bernward Vesper geplant. Von diesen Ausgaben sollten hundert als Mäzenatenexemplare in Leder gebunden werden, ein Pränumerantenverzeichnis enthalten und dem jeweiligen Mäzen handschriftlich von den Verlegern gewidmet werden.

Mit bibliophilen Ausgaben haben wir gute Erfahrung gemacht, so gründeten wir 1984 eigens die Ravenna Presse im März Verlag, um Rudolf Falbs ›Das Land der Inca‹ neu herauszubringen, hundertsiebenundachtzig Pränumeranten bestellten diese limitierte Ausgabe, sie kostete zweihundertzwanzig Mark und ist seit 1985 vergriffen. Ein anderes Beispiel aus der Tradition der Pränumeration: Als 1801 die ›Götterlehre oder mythologische Dichtung der Alten‹ von Karl Philipp Moritz angekündigt wurde, konnte der Prager Buchhändler und Verleger Franz Haas sage und schreibe dreihundertzweiundfünfzig Namen in seiner Pränumerationsliste eintragen. Glückliche Zeiten für Bücher!

Unsere Subskriptionseinladung schickten wir mit guten Wünschen zum neuen Jahr 2011 den Lesern von ›Schröder erzählt‹, da rief Peter Grosshaus an, der Drucker und Verleger der Büchse der Pandora und jetzt des Anabas Verlags sowie der Zeitschrift ›Tumult‹. »Ihr habt das fantastische März-Programm«, meinte Peter, »aber so schön eure Idee mit den bibliophilen Ausgaben und der Pränumeration ist, ich möchte nicht bis zum Sankt-Nimmerleins-Tag auf die März-Bücher warten! Lasst uns zusammen ein Projekt angehen, wir reloaden in den nächsten zwei Jahren sechzig März-Titel, die bibliophilen Ausgaben könnt ihr ja parallel dazu machen.«

Was tun? Zwar sind die Zeiten schlecht wie immer und die Stimmung auf dem Buchmarkt trist wie selten, einzig die Dummheit schreitet stetig voran. Aber trotz all dieser Widrigkeiten vertrauten wir auf die Göttin Occasione und ergriffen die Gelegenheit beim Schopfe. Die Zukunft wird zeigen, wie dieses neue Abenteuer ausgeht. Schließlich sind es nicht die schlechtesten Geschichten, deren letzte beide Worte lauten: Open End.

Jan-Frederik Bandel

NachMärz
oder
Eine kleine März-Geschichte der Bundesrepublik

Herr Bundesrepublik (1): Prolog

»Jörg Schröder ist *die* exemplarische bundesrepublikanische Figur. Jörg Schröders Vita ist bundesrepublikanische Geschichte zur Ultraprägnanz einer grellen, exzentrischen, im Schock erkennbaren *Gestalt* gebracht: Herr Bundesrepublik«, schrieb im Frühjahr 1984 der Schriftsteller Rainald Goetz, kurz zuvor wegen seines Klagenfurter Auftritts, vor allem aber mit seinem Debütroman *Irre* (1983) in allen Feuilletons präsent. Auch im *Spiegel* hatte er, ausgewiesen als »Arzt und promovierter Historiker«, eine ganze Reihe großer Besprechungen veröffentlicht.[1] Sein kunstvoll überbordender Panegyrikus auf Jörg Schröder, den »wichtigsten bundesrepublikanischen Erzähler«, stieß dort allerdings auf Ablehnung. Auch der ersatzhalber georderte Text des damaligen *Spex*-Herausgebers Diedrich Diederichsen blieb monatelang bei den Redakteuren liegen, sollte schließlich zur Frankfurter Buchmesse erscheinen, wurde aber offenbar in letzter Minute aus dem Heft genommen.[2] Man hatte, wie Schröder selbst das Debakel kommentierte, für die gewünschte Polemik schlicht auf die falschen Kräfte gesetzt.[3]

Dabei hätte das *März Mammut*, eine zum 15-jährigen Jubiläum des Verlags zusammengestellte Anthologie, solch medial wirksame

1 Eine Wundertüte Liebesanalyse. Rainald Maria Goetz über Pascal Bruckner und Alain Finkielkraut: »Die neue Liebesunordnung«, in: Der Spiegel 14/1980, S. 214–217; »Wahr ist nur, was nicht paßt«. Rainald Goetz über Thomas Bernhard: »Die Kälte«, in: Der Spiegel 18/1981, S. 229–232; Im Dickicht des Lebendigen. Rainald Goetz über Botho Strauß: »Paare, Passanten«, in: Der Spiegel 43/1981, S. 232–239; Zerrissen zwischen Wahnsinn und Vernunft. Rainald Goetz über Dieter Spazier: »Der Tod des Psychiaters«, in: Der Spiegel 13/1983, S. 208–211.

2 Vgl. Rainald Goetz, Das große Universum. Herr Bundesrepublik erzählt. Rainald Goetz über Jörg Schröder, in: März Vorinformationen für Buchhandel und Presse Juli – November 1985, n.p.; Diedrich Diederichsens Beitrag ebd. (ohne Titel). Zum Hintergrund Schröder erzählt, Folge 9: Drei Eier, Fuchstal-Leeder 1992.

3 Vgl. den Vorspann in den März Vorinformationen.

Fürsprache dringend benötigt. Es bot ja auch mehr als reichen Stoff dafür: Auf über 1200 Seiten setzt Schröder nicht nur ein Mosaik der Verlagsgeschichte von 1969 bis 1984 zusammen, mit Ausblicken auf künftige Programme, der Verlag erweist sich in diesem beeindruckenden Panorama eben tatsächlich auch, wie Goetz schreibt, als »Schein-Firma, deren eigentlicher Geschäftszweck das Sammeln, Speichern, Sortieren und Verwerten von Geschichten ist«. Der *Mammut*-Band ist ein gigantischer Geschichtsspeicher, eine kombinatorische Zeit- und Fantasiemaschine. Damit spielend, entfaltet sich meine kleine März-Geschichte der Bundesrepublik in fünf Kapiteln. Sie setzt ein mit dem imaginären Amerika Leslie Fiedlers (1), blättert sich durch die Möglichkeitskataloge einer gänzlich unmaoistischen »Kulturrevolution« (2), um dann – nach einem Exkurs zur Pornografie (3) – mit dem Neoschamanen Carlos Castaneda in den irrational-romantischen Weiten alternativer Milieus (4), schließlich doch wieder in einem friedensbewegtnationalen Deutschland zu landen (5). Die Geschichte ließe sich problemlos ergänzen, sie wäre aber auch von Anfang bis Ende komplett anders zu erzählen. Das spricht, so hoffe ich, nicht gegen meine Erzählung, auf jeden Fall aber für den März Verlag, dieses gigantische Archiv einer bundesrepublikanischen Geschichte, deren Zukunft allemal aufregender schien als die Berliner Republik, in der wir heute leben.

Hard Disk BRD (1): Das imaginäre Amerika

Die ersten 300 Seiten des *Mammut* füllen die bereits 1969 erschienenen *März Texte 1*, ein programmatischer Reader, mit dem sich der eben gegründete Verlag präsentierte – als Propaganda- und Distributionszentrum einer »erweiterten Subjektivität und Spontaneität«.[4] Beispiele solch »neuer Sensibilität« fanden Schröder und seine Mitstreiter vor allem in der amerikanischen Undergroundliteratur, bei Mary Beach, Joe Brainard, William S. Burroughs, Lenore Kandel, Ron Padgett und Irving Rosenthal. Und der deutlich umfangreichere zweite Teil der *Mammut*-Anthologie, *März Texte 2*, erweitert das Spektrum um Autoren wie Kenneth Koch, Frank O'Hara, Kenneth Patchen, Parker Tyler, zumal aber um das wohl eindringlichste Manifest der literarischen »Postmoderne«, Leslie Fiedlers *Cross the Border – Close the Gap*.[5] Fiedlers Essay, eine erweiterte Fassung seines 1968 in Freiburg gehaltenen Vortrags über »den Todeskampf der literarischen Moderne und die Geburtswehen der Post-Moderne«,[6] verabschiedet sich vom Kanon der klassischen, akademisch gesicherten Moderne, von Eliot, Joyce, Mann, Proust und Valéry, aber auch vom Hochmodernismus der Avantgarden, um einer Literatur des »apokalyptischen, antirationalen, offen romantischen und sentimentalen« Zeitalters das Wort zu reden, »mißtrauisch gegen Ironie als Selbstschutz und allzu große Bewußtheit von sich selbst«.[7] Auch wenn Fiedler, Literaturwissenschaftler, Kritiker und Romancier, eine ganze Reihe – durchweg erfolgreicher, inzwischen ohnehin fest kanonisierter – Autoren anführt, um seine Thesen zu stützen, etwa John Barth, William S. Burroughs, Leonard Cohen, William Golding, Ken Kesey, Norman Mailer, Philip Roth und Kurt Vonnegut, formuliert er doch im Wesentlichen prospektiv, und das mit unverhohlen schwärmerischem Überschwang: Eine künftige Literatur, die sich dem Pop, dem Mythos, der Sentimentalität und der Romantik verschreiben

---

4 Statement (April 1969), in: Jörg Schröder (Hrsg.), Mammut. März Texte 1&2, Herbstein 1984, S. 5f.

5 Leslie A. Fiedler, Überquert die Grenze, schließt den Graben, in: Schröder (Hrsg.), Mammut, S. 673–697.

6 Ebd., S. 673.

7 Ebd., S. 674.

werde, dem Traum, der Ekstase und der Prophetie, könne sich aus den großen, akademisch noch unerschlossenen Unterhaltungsgenres der US-Massenkultur speisen, Western, Science-Fiction und Pornografie, um die »Kluft zwischen Elite- und Massenkultur« zu überbrücken.[8] Es ist offenkundig, dass sich ein solches Programm, ganz gegenläufig zu gutlinken Agitprop-Strategien der Zeit,[9] jeder politischen, letztlich aber auch jeder ästhetischen Vereindeutigung entzieht. Scharf gegen den Neomarxismus, zumal gegen seine akademischen Ausläufer gerichtet, verspricht es doch, die reaktionäre Nostalgie des Western zur Feier antizivilisatorischer »Guerilla-Gewalt« zu wenden, den Apachen Geronimo also zur Präfiguration Che Guevaras in einer Eschatologie des bewaffneten Kampfes wider die rationalistische Moderne.[10] Andererseits erscheinen das »Vordringen in die Indianerterritorien des Westens, der Raumflug, die ekstatische Befreiung in der Phantasiewelt der Orgie«, ungehemmt phallozentrische Motive des westlichen Expansions- und Eroberungsphantasmas, als »Analogien zu dem, was man traditionell als Reise oder Pilgerfahrt zu transzendentalen Zielen bezeichnet, visionäre Momente«,[11] Analogien schließlich auch zur Drogenerfahrung, deren Ekstasen sich, wie Fiedler hinzusetzt, den Labors der chemischen Industrie verdanken: »Heute stellt Dow Chemical nicht nur Napalm, sondern auch die … psychedelische Droge STP her.«[12]

Genau in dieser schillernden Vieldeutigkeit lag das Versprechen der neuen amerikanischen Literatur, auch für den Verleger Jörg

---

8 Ebd., S. 680.

9 Vgl. grundlegend Peter Schütt, Asphalt-Literatur. Zum Verständnis einer SDS-Ästhetik, Mainz o.J. (»Der Schritt zur Veränderung, das Wagnis eines Gegenentwurfs unterscheidet die Agitationslyrik wesentlich von der vorherrschenden Protestmode amerikanischer Herkunft, mag sie nun Beat, Pop, Folklore, Hippy oder Happening heißen.«, ebd., S. 11.)

10 Fiedler, Überquert die Grenze, schließt den Graben, S. 682.

11 Ebd., S. 691.

12 Ebd., S. 695.

Schröder. »Herr Bundesrepublik« hatte bereits Mitte der Sechziger klar erkannt, in welch provinzieller Enge und selbstbezüglicher Verkrampfung die deutsche Literatur steckenblieb: 1966 attackierte der österreichische Nachwuchsschriftsteller Peter Handke die Gruppe 47 bei deren Treffen in Princeton, aber alles, was er damit auslöste, war eine müde Debatte, gespickt mit Kommentaren über die »Beatle-Mähne« des »Mädchenjungen Peter« – »tant de bruit pour une omelette«, viel Lärm um einen Eierkuchen, resümierte Fritz J. Raddatz später in seiner *Bilanz von Princeton.*[13] Nur der jüdische Schriftsteller Robert Neumann bemühte sich, mit einer Polemik wider den »enthusiastischen Konformismus« der bundesrepublikanischen Staatsliteratur die Stimmung anzuheizen.[14] Im selben Jahr gelang es dem Schweizer Literaturwissenschaftler Emil Staiger mit der Klage, den Gegenwartsautoren sei es ein »Lebensberuf ..., im Scheußlichen und Gemeinen zu wühlen«, sie feierten »die Kloake«, schilderten nur noch »Zuhälter, Dirnen und Säufer«, tatsächlich, eine ernsthafte Diskussion auszulösen, die als »Zürcher Literaturstreit« auch die deutschen Feuilletons wochenlang beschäftigte.[15] 1968 endlich erklärte Hans Magnus Enzensberger das literarisch-politische »Engagement« der Gruppe 47 für hinfällig, war von den aufzutreibenden Gegenentwürfen aber selbst nicht recht überzeugt: »beispielsweise Günter Wallraffs

13 Vgl. Horst Ziermann (Hrsg.), Gruppe 47. Die Polemik um die deutsche Gegenwartsliteratur. Eine Dokumentation, Frankfurt am Main 1966; Kunst und Elend der Schmährede. Zum Streit um die Gruppe 47. Sprache im technischen Zeitalter 20 (1966). Zu den Feuilleton-Debatten um 1968 vgl. auch Klaus Briegleb, 1968 – Literatur in der antiautoritären Bewegung, Frankfurt am Main 1992; Susanne Komfort-Hein, »Flaschenposten und kein Ende des Endes«. 1968: Kritische Korrespondenzen um den Nullpunkt von Geschichte und Literatur, Freiburg 2001 (= Rombach Wissenschaften, Reihe Litterae, Bd. 86).

14 Robert Neumann, Spezis in Berlin, in: Ziermann (Hrsg.), Gruppe 47, S. 77–91.

15 Vgl. Der Zürcher Literaturstreit. Eine Dokumentation. Sprache im technischen Zeitalter 22 (1967); Beginn einer Krise. Zum Zürcher Literaturstreit. Sprache im technischen Zeitalter 26 (1968); außerdem: Erwin Jaeckle, Der Zürcher Literaturschock. Bericht, München 1968.

Reportagen aus deutschen Fabriken, Bahman Nirumands Persien-Buch, Ulrike Meinhofs Kolumnen, Georg Alsheimers Bericht aus Vietnam«, vielleicht noch, wie er ein wenig unvermittelt hinzusetzt, die Aktionen der Kommune I.[16]

Auch die im selben Jahr im Feuilleton des konservativen Blattes *Christ und Welt* geführte Diskussion, heute als »Fiedler-Debatte« zum popkulturellen Wendepunkt der deutschen Literatur erklärt, zeugt vor allem von durchaus ressentimenthaft antiamerikanischen Konkurrenzängsten und der Weigerung der bundesrepublikanischen Literatur und Kritik, in Fiedlers Thesen mehr als eine »amerikanische Angelegenheit« zu erkennen, wie es der Schriftsteller Jürgen Becker nannte und damit bereits Duktus und Stoßrichtung fast sämtlicher Antworten vorgab – bis hin zur westwärts gerichteten Warnung, »daß mit der Anbetung solcher Irrationalismen die Literatur nur dem Faschismus vorarbeitet, was in den Vereinigten Staaten am Ende sogar der Fall ist«.[17] Zwar räumten sämtliche Beiträger ein, dass die klassische, europäische Moderne historisch geworden sei, von einer »Nach-Moderne« könne deshalb jedoch noch lang nicht die Rede sein, schon gar nicht in Fiedlers Sinne, dessen Vorstoß doch sehr spezifisch amerikanisch, ja: allenfalls ein interessanter, wenn auch marginaler Anreiz sein könne. Helmut Heißenbüttel fand Fiedlers Visionen »realitätsabgewandt«.[18] Reinhard Baumgart war sich sicher, alles vom US-Kritiker Eingeforderte ohnehin längst zu kennen, aus der älteren amerikanischen, vor allem aber aus der europäischen Literatur, vom Franzosen Louis-Ferdinand Céline, vom Schweizer Blaise Cendrars und natürlich von den Deutschen Alfred Döblin und Günter Grass, dessen *Blechtrommel* doch »so antiseriös, respektlos,

16 Hans Magnus Enzensberger, Gemeinplätze, die Neueste Literatur betreffend, in: Kursbuch 15 (1968), S. 187–197, hier S. 196.

17 Jürgen Becker, Der Schrei, in: Christ und Welt, 4. Oktober 1968.

18 Helmut Heißenbüttel, Tote Aura, in: Christ und Welt, 4. Oktober 1968.

vulgär, ja sogar magisch« sei, »wie jetzt gewünscht«.[19] Martin Walser brüstete sich, bereits während der Freiburger Tagung dem »Schamanen-Gesang aus Neu Wild-West« Paroli geboten zu haben, da »Amerika seit Jahren dabei ist, die westliche Lebensart und -chance zu verderben«, und erhob die Gegenforderung nach einer »demokratischen, mythenzerstörenden, mutmachenden Schreibe, in der sich der demokratische Befreiungsprozeß manifestiert«, also – Enzensbergers *Kursbuch*-Formulierungen nicht unähnlich – nach einem links-aufklärerischen, jeder Amerikanisierung tapfer widerstehenden Literaturprogramm.[20] Usw.[21] Auch Robert Neumann lieferte Fiedlers Text nur eine weitere Gelegenheit, die – inzwischen faktisch aufgelöste – Gruppe 47 ob ihrer »Reduktion Pseudo-Engagierter zu einer Blasmusikkapelle für die Selbstkastration der SPD« zu verspotten.[22] Dass die deutschen Schriftsteller dem jüdisch-amerikanischen, undogmatisch-liberalen Kollegen allerdings – in ihrem stolz »europäischen«, »deutschen Mißtrauen«[23] – einen gefährlichen, weil unverstandenen Hang zum Faschismus diagnostizierten, schien auch ihn nicht weiter zu befremden, nicht einmal, als der einstige SS-Mann Hans Egon Holthusen sich einschaltete und Fiedlers Ignoranz gegenüber der »europäischen Geistesgeschichte« beklagte.[24] Charakteristisch für

19 Reinhard Baumgart, Die Fünfte Kolonne der Literatur. Der Prediger Leslie A. Fiedler streichelt die Furien der Nach-Moderne, in: Christ und Welt, 11. Oktober 1968.

20 Martin Walser, Mythen, Milch und Mut, in: Christ und Welt, 18. Oktober 1968.

21 Wie Becker, Baumgart und Walser erklärte auch Wolfgang Hädecke (Fossil mit Vernunft, in: Christ und Welt, 18. Oktober 1968) Fiedlers »postmoderne Literatur« tendenziell zur »präfaschistischen«, Peter O. Chotjewitz nannte sie »so affirmativ, konterrevolutionär und im Hinblick auf die Herrschaftsverhältnisse liebedienerisch, wie die Einlassungen eines Sergeanten der Green Berets zum Vietnam-Krieg« (Feuerlöscher für Aufgebratenes, in: Christ und Welt, 8. November 1968). Vgl. auch Heinrich Vormweg, Comics für Saubermanns, in: Christ und Welt, 1. November 1968.

22 Robert Neumann, Fiedler braucht kein Alibi, in: Christ und Welt, 1. November 1968.

23 Baumgart, Die Fünfte Kolonne der Literatur.

24 Hans Egon Holthusen, Anti-Helden gegen Troja. Leslie A. Fiedlers seltsame Katzensprünge, in: Christ und Welt, 25. Oktober 1968.

den Reflexionsstand des bundesdeutschen Literaturbetriebs Ende der Sechziger sind die Beiträge allemal, gewiss auch eine Erklärung für das Befremden, mit dem sich 1966 in Princeton die Literaturtouristen der Gruppe 47 und ihre Gastgeber, die amerikanischen Schriftsteller und Kritiker, gegenübersaßen.[25]

Allerdings ging die »Fiedler-Diskussion« in *Christ und Welt* nicht zu Ende, ohne dass ein einzelner, aber vehementer Verteidiger die Bühne betrat: Unter dem Titel *Angriff aufs Monopol. Ich hasse alte Dichter* verwarf Rolf Dieter Brinkmann die bis dahin gedruckten Antworten als leidlich hilflose Abwehrversuche. Die Erkenntnis, »daß das europäisch-abendländische Kulturmonopol gebrochen ist«, die entschiedene Ignoranz gegenüber allem »art-fremden« Denken, zumal wenn es aus den USA komme, so Brinkmann, artikuliere sich in letztlich homogenen Beschwichtigungen, Differenzierungen, Relativierungen: »Da sind sie wieder angetreten und verteidigen ... ja, was denn eigentlich? Wohl nur sich selbst! Und das ist aber auch verständlich, denn wem schwimmen schon gern die Felle weg?«[26] Brinkmann führt nicht nur eine Reihe vom deutschen Kulturbetrieb weitgehend ignorierter US-Autoren an – Donald Barthelme, Paul Blackburn, John Giorno, Frank O'Hara usw. –, sondern er wischt vor allem die wieder- und wiederholte Versicherung weg, mit all diesen amerikanischen Realitäten habe man ja nichts zu schaffen. Schon unmittelbar nach Kriegsende lag in der Konsum- und Popkultur der USA ein großes Versprechen, zumal für Jugendliche, und diese Amerikanisierung schritt in den fünfziger, sechziger Jahren voran,[27] erweiterte und verdrängte vor allem französische Einflüsse – auch wenn sich die deutsche

---

25 Dieter E. Zimmer, Gruppe 47 in Princeton, in: Ziermann (Hrsg.), Gruppe 47, S. 29–36, v.a. S. 35.

26 Rolf Dieter Brinkmann, Angriff aufs Monopol. Ich hasse alte Dichter, in: Christ und Welt, 15. November 1968.

27 Vgl. z.B. Kaspar Maase, BRAVO Amerika. Erkundungen zur Jugendkultur der Bundesrepublik in den fünfziger Jahren, Hamburg 1992.

Nachkriegsliteratur als Teil eines »jungen Europa« gegen die Zumutungen amerikanischer »Umerziehung« verwahrte[28] und Kulturreaktionäre wie Hans Jürgen Syberberg noch Anfang der Neunziger klagten, die USA hätten Deutschland nach 1945 eine »jüdisch linke Ästhetik« gebracht, eine »unheilige Allianz für eine Kunst ohne Volk oder billiger, bequemer, schneller Wegwerfwaren wie Punk, Pop oder Junk«.[29] Nicht zuletzt wegen derart hartnäckiger deutscher Kulturideologie setzte Brinkmann ja auf eine zweite Amerikanisierung.

Verbündete in seinem Einsatz für die »spezifisch zeitgenössische Sensibilität«[30] der US-Literatur fand Brinkmann in Ralf-Rainer Rygulla und Jörg Schröder. Beim bis dahin ganz auf Judaica spezialisierten Verlag Joseph Melzer, über dessen Programm Schröder ab 1965 entschied, erschien etwa 1968 eine *Fuck you (!)* betitelte Sammlung amerikanischer »Untergrund Gedichte«, unter anderem von Charles Bukowski, Tuli Kupferberg und Ed Sanders, dessen »Fuck You«-Magazin und -Verlag als Titelgeber hergehalten hatten. Kupferberg und Sanders bildeten auch den Kern der Band The Fugs, die 1967 vor dem Pentagon aufgetreten war, um unter Anrufung sämtlicher verfügbaren Gottheiten die dort vermuteten bösen Geister auszutreiben. »Das totale Negieren aller Werte der Gesellschaft ergibt einen Lebenswandel, für den Begriffe wie: Ordnung, sozialer Aufstieg, Sauberkeit, Bildung überhaupt nicht existieren«, deklarierte Herausgeber Rygulla im Nachwort zu seiner Auswahl und hob damit – ganz im Sinne Brinkmanns – gerade auf die politische Stoßkraft ab, auf den Entwurf einer subkulturell-hedonistischen *counter culture*: »Die Leute vom Underground

---

28 So Alfred Andersch, vgl. Jan-Frederik Bandel, Der Gestus der Desertion. Alfred Andersch, Arno Schmidt und die Mühen der »Gewissensforschung«, in: ders: Fantasie und Aufklärung. Historische Miniaturen, Hamburg 2011, S. 77–106.

29 Hans Jürgen Syberberg, Vom Unglück und Glück der Kunst in Deutschland nach dem letzten Kriege, München 1990, S. 14.

30 Brinkmann, Angriff aufs Monopol.

haben erkannt, daß innerhalb der Legalität nichts mehr verändert werden kann. Die massive Vergesellschaftung und das daraus resultierende Konformitätsverhalten wird mit einer extrem individualistischen Haltung beantwortet, die anti-Konsum und antizivilisatorisch ist.«[31] Hatten die Autoren der Beat Generation in Deutschland bisher nur punktuelle, eher akademische Rezeption gefunden[32] – etwa durch die Vermittlung des Literaturwissenschaftlers Walter Höllerer[33] –, während jüngere US-Autoren noch völlig unbekannt waren, betrieben Brinkmann, Rygulla, vor allem aber auch Schröder massiv Grundlagenarbeit für eine Gegenkultur der »Amerikaner im Geiste«, wie Fiedler sie nannte.

Bei Melzer erschienen unter Schröders Ägide unter anderem Jack Kerouacs *Engel, Kif und neue Länder* (1967) und *Satori in Paris* (1968), John Rechys Stricherroman *Nummern* (1968), Michael Rumakers Storys *Gringos* (1968), Erje Aydens *Das verrückte Grün* (1968), Audrey G. Maas' *Nellie* (1969), außerdem *Wo liegt Vietnam?* (1968), eine Anthologie mit Antikriegsgedichten, und der Reader *Burn Baby Burn. Die schwarze Revolte* (1968). Vom *black cultural nationalist* LeRoi Jones druckte Melzer den Roman *Dantes System der Hölle* (1966), außerdem den Erzählband *Langsam bergab* (1968) und die Essaysammlung *Ausweg in den Haß. Vom Liberalismus zur Black Power* (1967). Ab 1969 lieferte März neuen Stoff, allem voran die von Brinkmann und Rygulla zusammengestellte, schon bei Melzer angekündigte Sammlung *Acid. Neue amerikanische Szene* (1969), die wohl meistbeachtete Anthologie aus Fiedlers imaginärem

31 Ralf-Rainer Rygulla, Nachwort, in: ders. (Hrsg.), Fuck you (!). Underground Poems. Untergrund Gedichte, Darmstadt 1968, S. 127–135, hier S. 128.

32 Vgl. Charis Goer, Die neuen Barbaren. Frühe Rezeption der Beat Generation in Westdeutschland, Vortrag auf der Tagung »Die amerikanischen Götter. Transatlantische Prozesse in der deutschsprachigen Popkultur seit 1949«, Freiburg Institute for Advanced Studies (FRIAS), Freiburg, 17. bis 18. September 2010 (Publikation in Vorbereitung).

33 Dazu Helmut Böttiger, Elefantenrunden. Walter Höllerer und die Erfindung des Literaturbetriebes, Berlin 2005, S. 111–121.

Amerika – mit Essays von Marshall McLuhan, Parker Tyler, William S. Burroughs und eben Fiedler, Comics von Joe Brainard und Robert Crumb, Gedichten von Charles Bukowski, John Giorno, Michael McClure usw. Daneben, allein in der ersten Lebensspanne des neuen Verlags, also bis ins Konkursjahr 1973: Ted Berrigans *Guillaume Apollinaire ist tot* (1970), Leonard Cohens Romane *Schöne Verlierer* (1970) und *Das Lieblingsspiel* (1972), außerdem gesammelte Gedichte und Songs (*Blumen für Hitler*, 1971), eine erste Sammlung von Robert Crumbs Underground-Comics (*Head Comix*, 1970), Kenneth Gangemis *Olt* (1971), John Giornos *Cunt*-Gedichte (1969), LeRoi Jones' Essayband *Schwarze Musik* (1970), Ken Keseys später mit Jack Nicholson verfilmter Roman *Einer flog über das Kuckucksnest* (1972), James Kunens ebenfalls verfilmter Bericht über New Yorks Columbia-Revolte, *Erdbeermanifest* (1969), eine Bild-Text-Sammlung von Gerard Malanga (*Selbstporträt eines Dichters*, 1970), Harry Mathews' *Zlahn* (1970), Michael McClures *Dunkelbraun*-Lyrik (1970), Gordon Merricks *Ein Fall von Liebe* (1971), Irving Rosenthals *Schöps* (1969), Valerie Solanas' *Manifest der Gesellschaft zur Vernichtung der Männer* (1969) und Michael Rumakers »vulgäres Propagandastück« *Schwul* (1970), schließlich *Gedichte & Zeichnungen* des Pop-Art-Künstlers Jim Dine (1971), Leslie Fiedlers Western-Studie *Die Rückkehr des verschwundenen Amerikaners* (1970), Parker Tylers Darstellung des *Underground Film* (1970) und ein Reader zur US-Gegenkultur mit Texten von Abbie Hoffman, Norman Mailer, Jerry Rubin, Tom Wolfe usw. (*DIG. Neue Bewußtseinsmodelle*, 1970).

Schon die bloße Aufzählung der Namen und Titel zeigt, welche Faszination vom US-Underground ausging, aber auch, welche Szenen nun auf dem bundesdeutschen Wahrnehmungsradar erschienen und allenfalls aus dieser Ferne den Eindruck einer irgend homogenen »neuen amerikanischen Szene« vermitteln mochten: Giorno und Malanga etwa gehörten zeitweilig zu Andy Warhols Factory-Zirkel. Giorno, ehemaliger Börsenmakler, experimentierte mit Montageverfahren, Soundinstallationen und Kommunikationstechnologie, erfand die Lyrik-Hotline *Dial-a-Poem* und schlief einige Stunden in Warhols Film *Sleep* (1963); Malanga, Lyriker und Fotograf, assistierte dem Pop-Künstler bei zahlreichen Arbeiten. Und Valerie Solanas, die sich einige Zeit im selben New Yorker Milieu bewegte, feuerte 1968 drei Schüsse auf Warhol ab, eine Tat, die ihr wohl eher als ihr aggressiv-komisches, der Tradition des schwarzen Humors verpflichtetes *Manifest*[34] den Ruf einer durchgeknallten Radikalfeministin einbrachte und sie noch lange nach ihrem Tod zur populären Film- und Romanfigur hat werden lassen.[35] Das *März Mammut* enthält nicht nur einen Bericht Warhols über das Attentat, das, wie er aufmerksam vermerkt, keine zwei Tage vor der Ermordung des Präsidentschaftskandidaten Robert Kennedy geschah, sondern auch einen Brief von Solanas an Jörg Schröder, den sie – Jahre nach seiner ersten Ausgabe des *Manifests* – zu ihrem »contact man of the mob« ernannte, mit zahlreichen detaillierten Erkundigungen über die diversen Ausgaben ihres Büchleins beauftragte und schließlich um Alice Schwarzers Adresse bat (Schröders Antwortbriefe gingen verloren, sodass er auch nichts mehr über ihr neues Manuskript *Valerie Solanas* erfuhr, das sie allerdings ohnehin nur für einen Vorschuss von 100 Millionen Dollar abzuliefern gedachte – wenn es je geschrieben wurde, muss es als längst verschollen gelten).[36] Andere Autoren des Melzer und März Verlags wie Ted Berrigan, Frank O'Hara, Kenneth Koch, Ron Padgett oder der in der Türkei geborene Erje Ayden werden der New York School zugerechnet, einer künstlerischen, musikalischen und eben literarischen Strömung der fünfziger,

---

34 Sjón, Das Buch S., in: Neue Rundschau 2010/2, S. 139–144; vgl. auch Charlotte Jørgensen, Manchmal muss man schreien, um gehört zu werden. Zu Valerie Solanas' SCUM-Manifest, ebd., S. 145–152.

35 I Shot Andy Warhol (USA 1996, Regie: Mary Harron); Sara Stridsberg, Traumfabrik, Frankfurt am Main 2010.

36 Andy Warhol, Nachdem sie mich niedergeschossen hatte, drehte sich Valerie um und schoß auf Mario Amaya, in: Schröder (Hrsg.), Mammut, S. 865–877; Valerie Solanas, Contact man of the mob, ebd., S. 878–881.

sechziger Jahre rund um »Abstrakte Expressionisten« wie Jackson Pollock, Mark Rothko, Clyfford Still, Willem de Kooning und nicht zuletzt den einflussreichen Kunstkritiker Clement Greenberg, der die neue amerikanische Malerei – fern jeder Popideologie – als Radikalmoderne feierte, die an den »Grenzen der tradierten Formen und Gattungen und denjenigen ihres Mediums« »erprobt, wie weit die Gesellschaft für hohe Kunst bereit ist«.[37] Harry Mathews, zeitweilig mit der Künstlerin Niki de Saint Phalle verheiratet, stand der französischen Oulipo-Bewegung nahe. Jim Dine, Anfang der Sechziger mit Allan Kaprow und Claes Oldenbourg aktiv in New Yorks Happening-Szene, gehörte dagegen zu jenen Pop-Künstlern, deren europäischer Siegeszug bei der Biennale von Venedig 1964 die französische Kunst-Avantgarde entsetzte: »US-Imperialismus!«, soll der Kritiker Pierre Restany gebrüllt haben, als Robert Rauschenbergs gigantische Bilder von einem Lastkahn geladen wurden. Und seine Frau, die Galeristin Jeanine Restany, seufzte: »Pierre, das ist Omaha Beach. Wir sind verloren.«[38] Der Kanadier Leonard Cohen schrieb seine Romane und Gedichte Mitte der Sechziger auf der griechischen Insel Hydra, ehe er nach Amerika zurückkehrte, wo er als Folkrock-Sänger bekannt wurde. Ken Kesey tourte Mitte der Sechziger mit seiner Kommune, den Merry Pranksters, in einem Schulbus durch Amerika, um Happenings zu veranstalten, bei denen LSD an die Anwesenden verteilt wurde – was der Starreporter Tom Wolfe in seinem Buch *The Electric Kool-Aid Acid Test* (1968) schilderte und damit das vielleicht wichtigste Exempel eines literarisch avancierten »New Journalism«

37 Clement Greenberg, Amerikanische Malerei (1955), in: ders., Die Essenz der Moderne. Ausgewählte Essays und Kritiken, hrsg. von Karlheinz Lüdeking, Hamburg 2009 (= FUNDUS-Bücher, Bd. 133), S. 194–224, hier S. 223f. Vgl. dazu auch Serge Guilbaut, Wie New York die Idee der modernen Kunst gestohlen hat. Abstrakter Expressionismus, Freiheit und Kalter Krieg, Dresden und Basel 1997.

38 Robert Fleck, Die Biennale von Venedig. Eine Geschichte des 20. Jahrhunderts, Hamburg 2009 (= FUNDUS-Bücher, Bd. 177), S. 145.

hinlegte (in Deutschland erschien es allerdings erst Ende der Achtziger).[39] Robert Crumb, inzwischen längst zu Museumswürden gekommen, war mit seinen sexomanischen, drogenschwangeren, blasphemischen, aber auch kein rassistisches, kein misogynes Klischee auslassenden Underground-Comics ein Star in San Franciscos Hippie-Gegenkultur, seine Poster-Strips wie *Tommy Toilet* (»Don't forget to wipe your ass folks!«), *A Short History of America* und *Keep on Truckin'* hingen in unzähligen Wohnheimzimmern und WG-Toiletten der sechziger, siebziger Jahre, auch die deutschen Alternativblätter druckten später immer wieder, um Copyright eher unbekümmert, seine *Mr.-Natural*-Geschichten.[40] LeRoi Jones gehörte seit Ende der Fünfziger – gemeinsam mit seiner Frau Hettie Cohen – zur Beatszene, wandte sich aber nach der Ermordung des frühen Black-Power-Aktivisten Malcolm X 1965 radikal gegen das vornehmlich weiße, jüdische und homosexuelle Künstlermilieu von Greenwich Village, fantasierte in seinem Gedicht *Black Art* (1966) von »Gedichten wie Dolchen in den schleimigen Bäuchen / der jüdischen Eigner«, trennte sich von seiner jüdischen Frau und verschrieb sich ganz dem schwarzen Nationalismus. Zwar erklärte sich Amiri Baraka, wie er inzwischen heißt, schon in den Achtzigern zum geläuterten Antisemiten, wenn auch vehementen Antizionisten, aber nach den Attentaten vom 11. September 2001 geriet er mit seinem Gedicht *Someone Blew up America* wieder in die Schlagzeilen: »Wer wusste, dass das World Trade Center zerstört werden wird«, dichtet er darin: »Wer sagte den 4000 Israelis, die in den Twin Towers arbeiten / dass sie an diesem Tag zu

39 Tom Wolfe, Unter Strom. Die legendäre Reise von Ken Kesey und den Pranksters, Frankfurt am Main 1987.

40 Vgl. u. a. Dez Skinn, Comix. The Underground Revolution, London 2004; Patrick Rosenkranz, Rebel Visions. The Underground Comix Revolution 1963–1975, Seattle 2002. Die erste Sammelausgabe der *Mr.-Natural*-Strips erschien 1973 bei Melzer, wieder herausgegeben von Bernd »Brummbär« Malzahn (Robert Crumb's Herr Natürlich, Darmstadt 1973), nachdem März 1970 Crumbs *Head Comix* veröffentlicht hatte.

Hause bleiben sollten / Warum blieb Scharon fern?«[41] Und Irving Rosenthal, jüdisch, schwul, weiß und antinationalistisch, der in den fünf Ausgaben seines *Big-Table*-Magazins (1959–1960) unter anderem Artaud, Bowles, Burroughs und Kerouac veröffentlicht hatte, erzählt in *Schöps* von Beat-Schreibern wie Allen Ginsberg und Alexander Trocchi. »Beschrieben wird, was man dem Vernehmen nach im Underground alles so treibt«, fasste Helmut Salzinger das Buch in der *Zeit* zusammen: »Drogengenuß, Geschlechtsverkehr (homosexuell, gelegentlich auch heterosexuell), Umgang mit Insekten und Polizisten, Verfertigung von Kunst.«[42]

»Viel Literatur!«, so lautet die Devise, die Jörg Schröder 1969 in seinen ersten *März Texten* ausgab.[43] In einer unleugbar bekifften, übermüdeten Hommage an das US-Magazin *Paris Review*, berühmt für seine langen, unkonventionellen Gespräche mit Autorinnen und Autoren, hatten Rolf Dieter Brinkmann, Rolf Eckart John und Ralf-Rainer Rygulla den Verleger vor ein Mikrofon gesetzt und ihm Fragen zum neuen Verlag gestellt, natürlich auch zum Habitus des Verlegers. John: »Warum möchtest du denn unbedingt einen Porsche haben?« Schröder: »Mmm ... das ist wirklich eine Gewissensfrage ... weil er so schnell ist, eigentlich *nicht*, das Auto, und ganz schön ... weil hinten so wenig Platz ist ...«[44] Wenige Wochen später war es dem *Spiegel* eine längere Meldung wert, dass *konkret*-Herausgeber Klaus Rainer Röhl erst dem Rowohlt-Verlagsleiter Fritz J. Raddatz seinen neuen Porsche 911 T vorgehalten habe, um dann Springers Zeitgeist-Postille *Jasmin* stolz

41 Zu Amiri Barakas antisemitischen und antizionistischen Äußerungen vgl. u.a. die Übersicht der Anti-Defamation League (ADL) unter www.adl.org/anti_semitism/baraka_words.asp.

42 Helmut Salzinger, Hungrig Hysterisch Nackt, in: ders., Best of Jonas Überohr. Popkritik 1966–1982, hrsg. v. Frank Schäfer, Hamburg 2010 (= FUNDUS-Bücher, Bd. 187), S. 113–120, hier S. 116.

43 Interview mit einem Verleger (à la Paris Review Interview), in: Schröder (Hrsg.), Mammut, S. 283–296, hier S. 293.

44 Ebd., S. 285.

seinen neusten Kauf zu präsentieren: einen blauen Porsche 911 T.[45] Ein Thema, das nicht nur die linke Hamburger Medien- und Kulturschickeria mit Zweitwohnsitz auf Sylt bewegte – Schröders kurz darauf erworbener Jaguar liefert bis heute Anekdotenstoff, Walter Kempowski etwa machte sich noch 1991 Gedanken über diesen »unglaublich geltungsbedürftigen Menschen«, der sich einen »handzahmen Leoparden« gehalten habe.[46]

Aber bei allen Abschweifungen, Albernheiten und sonstigen Verweigerungen ließ der befragte Verleger 1969 doch keinen Zweifel daran, dass der neue Verlag zuallererst ein literarischer sein werde, und zwar mit einem Schwerpunkt im »amerikanischen Bereich«: »Da zeigt sich ein neues feeling, eine Tendenz, Literatur nicht mehr als etablierte Form in festgefahrenen Kategorien zu sehen. Die jungen Autoren versuchen, Bewußtseinserweiterung zu erreichen und zwar nicht im Sinne irgendeiner Psychologie oder eines bewußt gemachten Stils. Es zeigt sich dort in der Literatur ein Abwerfen von Kategorien und Stilmitteln, das eben hier bei uns nur propagiert wird. Oder noch nicht einmal das. Die jungen amerikanischen Autoren sollten deswegen importiert werden, um jungen deutschen Autoren, die grade anfangen, und Lesern zu zeigen, wie interessant und aktuell und raffiniert Literatur sein kann, wenn man sich aus dem anerzogenen Blick auf Dinge befreit hat und nicht mehr bloß Literatur machen und lesen will. ... Es ist ja doch so, daß auch in der neuen amerikanischen Literatur in ihren vielen Spielarten eine ätzende Kritik an ihrer Gesellschaft ist, aber sie gebärdet sich eben nicht so theoretisierend, sondern sie verfährt in ihrer Kritik subjektiv. Von hier aus sehe ich einen Ansatz auch für die deutsche Literatur.«[47] Am literarischen Ertrag eines solchen Fortbildungsprogramms mag Schröder selbst gezweifelt

45 Otto Köhler, Zwischen Apo und Jasmin, in: Der Spiegel, 24/1969, S. 83.

46 Walter Kempowski, Somnia. Tagebuch 1991, München 2008, S. 454.

47 Interview mit einem Verleger, S. 294f.

haben – die wenigen Titel deutscher Autoren, die bis 1972 bei März erschienen, haben mit der Programmatik, vor allem mit der poetischen Radikalität des US-Underground tatsächlich wenig gemein, und die seit den Neunzigern zum guten Germanisten-Ton gehörende Beschäftigung mit der sogenannten »deutschen Popliteratur« hat zwar durchaus lange Bibliografien gefüllt, kreist aber nicht ohne Grund noch immer um wenige, beim besten Willen nicht auf den Nenner einer gemeinsamen, produktiven »Szene« zu bringende Namen: Rolf Dieter Brinkmann, Jörg Fauser, Hubert Fichte, allenfalls noch Peter O. Chotjewitz, Hadayatullah Hübsch, die junge Elfriede Jelinek und der Cut-up-Autor Jürgen Ploog.[48]

Aber auch die Wahrnehmung der US-Literatur der fünfziger, sechziger Jahre hat sich seither wieder deutlich verengt. Zwar ist Jack Kerouac ein Taschenbuch-Longseller bei Rowohlt und Paul Bowles mit einer mehrbändigen »Klassiker«-Ausgabe bei Goldmann vertreten, aber selbst von seit Jahrzehnten kanonisch zu nennenden Autoren wie William S. Burroughs oder Allen Ginsberg sind nur noch vereinzelt übersetzte Titel greifbar, andere erscheinen allenfalls noch bei Liebhaberpressen, die Masse kann hierzulande als vergessen gelten. Was übrigens noch deutlicher für jene niederländische Popliteratur gilt, auf die Schröder setzte, als er bei Melzer Autoren wie Catharina Irma Dessaur alias Andreas Burnier, Jan Cremer, Heere Heeresma, Esteban López, Jan Gerhard Toonder, Hans Tuynman oder Hugo Raes veröffentlichte und mit den happeningerprobten Niederländern auf der ohnehin turbulenten Buchmesse 1967 ein furioses »Read-in« veranstaltete.[49]

---

48 Vgl. z. B. Thomas Ernst, Popliteratur, Hamburg 2001; Ulrich Ott und Friedrich Pfäfflin (Hrsg.), Protest! Literatur um 1968, 2. Aufl., Marbach 2000; Johannes Ullmaier, Von Acid nach Adlon und zurück: eine Reise durch die deutschsprachige Popliteratur, Mainz 2001.

49 Vgl. Texte & Marginalien – Melzer – Frühjahr '68, Darmstadt 1968, S. 451–494; zu Provo außerdem Schröder erzählt, Folge 7: Sauna Luxemburg, Fuchstal-Leeder 1991. Zur niederländischen Provo-Bewegung: Jan-Frederik Bandel, Alchemische Mischung. Eine Erinnerung an die Amsterdamer Provos, in: ders., Fantasie und Aufklärung, S. 7–19.

Hard Disk BRD (2): Kulturrevolution

Diedrich Diederichsen erkannte im Programm von März dann auch, durchaus thesenstark, »die Geburt des Pop aus dem Geiste der sterbenden Literatur«, und er nannte, bei seiner Durchsicht des *Mammut*-Bandes 1984, einige Gäste dieser Geburts- und Todesfeier: »alte Beatniks, neue Acid-Heads, Strandgut eines gottlosen Kleinbürgertums, voreilige Weltverbesserer, Künstler und vor allem, ein letztes Mal: Dichter«.[50] Doch mit diesen Chiffren einer vielfältig-gegenkulturellen »Post-Literatur«[51] ist wiederum nur ein Bruchteil des Verlagsspektrums benannt. Die Bibliografie bereits der ersten vier Jahre verzeichnet fast hundert Titel, eine Produktivität, die selbst für einen langjährig aktiven Großverlag beachtlich wäre – die zahlreichen pornografischen Titel, die ab 1969 in den verschiedenen Reihen der angeschlossenen Olympia Press erschienen, nicht eingerechnet (der *Spiegel* zählte 82),[52] von Exkursen ins Porno-Filmgeschäft, Fotobänden, Mail-Art-Aktionen und den Business-Art-Experimenten der geheimnisvoll funktionslosen Agentur Bismarc Media ganz zu schweigen (Diederichsen nennt Schröder den »Erfinder des erweiterten Verlegertums«).[53] Und schließlich galt es, die Presse und Gerichte beschäftigt zu halten und, nicht ganz nebenbei, den großspurig-glamourösen Lifestyle eines erfolgs-, sex- und luxusgewöhnten Verlegers demonstrativ in Szene zu setzen, zum nachhaltigen Ärger nicht nur orthodoxlinker Genossen. Ende 1970 wurden selbst Schröder die zunächst

50 Diederichsen in: März Vorinformationen.

51 Ebd.

52 Nie viel gehabt. 1,2 Millionen Mark Schulden haben den Jung-Verleger Jörg Schröder in Bedrängnis gebracht. Aus dem Pornogeschäft mußte er aussteigen. Ob sein März-Verlag überlebt, ist offen, in: Der Spiegel 33/1971, S. 99–101, hier S. 99.

53 Diedrich Diederichsen, Jörg Schröder – Der Verleger als Schamane und Schuhputzer, in: Spex 12/1986, S. 48–55, hier S. 48.

munter provozierten Drohungen, Intrigen und Gerüchte zu viel, und er entschied sich, die Geschichten selbst fortzuspinnen, wie es einst der exilierte anarchistische Schriftsteller B. Traven getan hatte, um die Spekulationen über seine Herkunft und seinen Verbleib in Mexiko zu beenden[54] – vergeblich natürlich: »Schröder ist link. Schröder barzelt. Schröder hat 3,5 Millionen Gewinn in die eigene Tasche gewirtschaftet. Schröder hat: ein herrschaftliches Landhaus in der Toscana, ein Chalet in Spanien, ein Barockschloß im Taunus und ein Penthouse in Frankfurt (als Privatbordell). Schröder hat ein kleines Ding. Der März-Verlag ist pleite. Schröder betrügt Photographen. Schröder bezahlt Autoren nur für Manuskripte. Schröder hat sich vom Inhalt seiner Bücher entfernt. Schröder ist größenwahnsinnig. Schröder ist der Springer der Linken. ... Einiges davon ist richtig.« So zumindest zitiert es der *Spiegel*,[55] das Satiremagazin *pardon* druckte wenig später unter der Überschrift »Pornokönigs gesammelte Schweinereien« eine andere Variante der Selbstanzeige (nach der Schröder nur 2,8 Millionen in die eigene Tasche gewirtschaftet haben soll – entweder die Journalisten hatten Schwierigkeiten beim Abschreiben oder Schröder hatte verschiedene Fassungen in Umlauf gebracht).[56] Der *Stern* legte im April 1971 noch einmal kräftig nach mit einer reißerischen Story über den »kleinen spitzbärtigen Herrn im grasgrünen Samtanzug«, der aus »seinem Barockschloß« kommt, »seine Jaguar-Luxuslimousine« startet und ins »Komfortbüro« zischt, um dort hinter seinem »pompösen Schreibtisch« zu wüten.[57]

---

54 Vgl. BT (B. Traven) Mitteilungen No 1–36, Reprint, Berlin 1978.

55 März/Olympia Press. Haken mit zehn Mille, in: Der Spiegel 53/1970, S. 90f., hier S. 91.

56 Pardon 1/1970, S. 53f.

57 Jürgen Petschull, Der Pornokönig. Wie es der Frankfurter Jörg Schröder mit Lustbüchern und linker Literatur zu einem Luxusleben brachte, in: Stern 17/1971, S. 60–66.

Kein Zweifel: März sollte nie eine jener aufrecht linken, meist kollektiv begründeten Alternativ- oder Minipressen werden, die Ende der sechziger, Anfang der siebziger Jahre an allen Ecken und Enden der Szene entstanden, um sich nach langen Selbstverständnisdiskussionen wieder aufzulösen oder in mühsamen Umgewöhnungsprozessen schließlich als kleine oder mittlere Verlage zu professionalisieren.[58] Schröder legte die Firma als GmbH & Co. an: »Der Kollektivquatsch existierte als Fiktion, die Tatsachen wurden von mir und von allen anderen sofort verdrängt«, schrieb er später im *Siegfried*. Mit schier endlosen Diskussionen über den »Grad der Kollektivität«, die »realisierte Antizipation emanzipatorischer Praxis« oder auch nur die »Frage des Protokolls«, wie sie etwa die Betreiber des 1970 gegründeten Merve Verlags führten und minutiös dokumentierten,[59] hatte er nichts im Sinn. März, handstreichartig gegründet, präsentierte sich von der ersten Pressemitteilung an als verlegerisch-intellektuelle Großoffensive, ungerührt von linken Geschäfts- und Milieusorgen, aber eben auch in voller inhaltlicher Breite, mit, wie Karl-Heinz Bohrer 1972 in der *Frankfurter Allgemeinen Zeitung* schrieb, »Originalität«, »künstlerischem Instinkt« und »ganz und gar undogmatischem Geist«.[60]

Maos »Große Proletarische Kulturrevolution«, in den Siebzigern von nicht wenigen bundesdeutschen Linken bewundert,[61] dürfte Bohrer allerdings kaum im Sinn gehabt haben, als er März als »*den* kulturrevolutionären Verlag« kennzeichnete – auch wenn

58 Thomas Daum, Die 2. Kultur. Alternativliteratur in der Bundesrepublik, Mainz 1981; zur Ästhetik der »Alternativpressen«: Jan-Frederik Bandel, selfmade. Typoskriptästhetik, Buchobjekte und Wachsmatrizenkultur, in: ders., Fantasie und Aufklärung, S. 41–69; als ein Beispiel der Professionalisierung: ders., Fantasie und Aufklärung. Ein Gespräch mit Hanna Mittelstädt und Lutz Schulenburg, ebd., S. 121–153.

59 Vgl. Merve Lowien, Weibliche Produktivkraft – Gibt es eine andere Ökonomie? Erfahrungen in einem linken Projekt, Berlin 1977 (= Internationale Marxistische Diskussion, Bd. 65).

60 Nachzulesen in der Vorbemerkung zu Schröder (Hrsg.), Mammut, S. IXf.

61 Vgl. Jens Benicke, Von Adorno zu Mao. Über die schlechte Aufhebung der antiautoritären Bewegung, Freiburg 2010.

Roter Stern über China, 1937 in den England, 1938 in den USA, 1969 bei März erschienen, zu den ersten und bis heute bekanntesten Veröffentlichungen des Verlags zählt. Edgar Snows Bericht über die Anfänge der chinesischen Revolution, über 600 Seiten stark, gehört zu jenen »Kultbüchern«, durch die sich März eben nicht nur als literarischer, sondern ganz entschieden auch als politischer Verlag der Erinnerungsfestplatte BRD eingeschrieben hat. Das jenseits literaturhistorischer Erinnerungsnischen sicherlich berühmteste (und ganz alltagspraktisch wirkmächtigste) März-Buch war aber eine dünne, poppig aufgemachte, mit farbigen Zeichnungen, Fotos und Comics bebilderte, trotzdem für gerade mal fünf Mark in den Handel geworfene Aufklärungsfibel: Von Günter Amendts *Sexfront* (1970) wurden allein in den ersten Verlagsjahren 150.000 Exemplare verkauft. Merksprüche wie »Onaniere so oft – soviel oder sowenig – wie du willst und so lange es dir Spaß macht«[62] trugen zum Erfolg unter (an-)politisierten Jugendlichen genauso bei wie Alfred von Meysenbugs Comics (»Alles, was junge Leute wissen müssen!«), Parodien auf den Sauberkeitskult der Nachkriegs-BRD und Slogans wie »Im Bett: zart / Gegen Bullen: hart«.[63]

Natürlich finden sich zahlreiche weitere gelbe Bausteine zur Geschichte eines vermeintlich typisch-zeitgenössischen APO-Verlags, der März eben auch hätte sein können. So gehörte der Reprint klassischer Politliteratur zu den zentralen linken Publikationsstrategien um 1968.[64] Raubdrucker lieferten ganze Biblio-

62 Günter Amendt, Sexfront, unter Mitarbeit von Bernhard Korell und Thomas Bayrle, Günter Degler, Thomas Frank, Gerald Kienast, Alfred von Meysenbug, Thodora Osikowska, Gunter Rambow, Frankfurt am Main 1970, S. 18.

63 Ebd., S. 158.

64 Vgl. z. B. Albrecht Götz von Olenhusen, Der Weg vom Manuscript zum gedruckten Text ist länger als er bisher je gewesen ist. Walter Benjamin im Raubdruck von 1969 bis 1996, Lengwil 1997; Carmen Maria Thiel, Das Urheberrecht und die 68er Bewegung: Quantitative und qualitative Untersuchungen zur Rezeption und Bedeutung der Raubdruckbewegung zwischen 1967 und 1973 in der BRD, Magisterarbeit Leipzig 2007.

theken für die Studentenbuden, sie pressten schnelle Piraten-Kopien aktueller Titel, vor allem aber die kaum noch greifbaren Bücher von Anarchisten, Marxisten, Syndikalisten und Rätekommunisten, Psychoanalytikern, Pädagogen und Philosophen. Doch auch große Verlage wie Suhrkamp lieferten nun vermehrt Studienausgaben linker Theorie. Und in den Siebzigern erschienen, als Lesefutter für die K-Gruppen-Aktivisten, zahlreiche Nachdrucke »proletarisch-revolutionärer« Romane von Arbeiterdichtern der Weimarer Republik wie Willi Bredel, Klaus Neukrantz, Adam Scharrer, Walter Schönstedt oder Karl Wiesinger. Auch bei März gab es eine eigene »Archiv«-Reihe, in der etwa die Schriften des Freudo-Marxisten Siegfried Bernfeld über *Antiautoritäre Erziehung und Psychoanalyse* (1969) erschienen, außerdem Texte des kommunistischen Pädagogen Edwin Hoernle (*Grundfragen proletarischer Erziehung*, 1969), des österreichischen Sozialdemokraten Otto F. Kanitz (*Kämpfer der Zukunft. Für eine sozialistische Erziehung*, 1970) und des sozialistischen, später rätekommunistischen Bildungspolitikers Otto Rühle (*Zur Psychologie des proletarischen Kindes*, 1969), schließlich Augustin Souchys »Bericht« *Anarcho-Syndikalisten über Bürgerkrieg und Revolution in Spanien* (1969). Neben der Linkspädagogik produzierte Schröders Verlag aber auch Bände wie *Propaganda als Waffe* (1972), ausgewählte Texte des linken Großverlegers Willi Münzenberg, Wladimir Korolenkos zuerst 1919 erschienene, von Rosa Luxemburg eingeleitete Autobiografie *Die Geschichte meines Zeitgenossen* (1970), *Das politische Grundwissen des jungen Kommunisten*, eine Art Fibel der kommunistischen Jugendinternationale von 1927 (1970). Komplettiert wurde das Bild durch zahlreiche aktuelle politische und pädagogische Titel, unter anderem zu »Architektur und Stadtplanung im Spätkapitalismus«, zum Freudo-Marxismus, zur Dekolonisierung Afrikas, zur Schülerbewegung, antiautoritären Kinderläden und den gestaltpädagogischen Experimenten der First Street School. Und schließlich, zur Ergänzung des pädagogischen Programms, mehr oder minder agitatorische Kinderbücher von Gunnar Ohrlander alias »Doktor

Gormander« (*Als die Kinder die Macht ergriffen*, 1970; *Als die Kinder streikten*, 1972), von Bernd Brummbär und Wolf Wondratschek (*Die Hundente*, 1972) – und nicht zuletzt vom bekannten linken Strafverteidiger Heinrich Hannover (*Die Birnendiebe vom Bodensee*, 1970; *Der müde Polizist*, 1972).

Der Forderung nach einer neuen »proletarischen Literatur« als »Waffe im Kampf um die Befreiung der Arbeiterklasse« allerdings,[65] wie sie besonders lautstark im Umfeld der »Gruppe 61« und des »Werkkreises Literatur und Arbeitswelt« formuliert wurde,[66] wollte Schröder bei aller Aufmerksamkeit für linke Zeitgeist-Phänomene lieber nicht nachkommen, solch »schrecklichen bundesrepublikanischen DDR-Muff«, wie er rückblickend schreibt,[67] verbot die politische, vor allem aber ästhetische Sensibilität des Verlegers. Stattdessen veröffentliche März gleich zwei Ruhrgebiets-Romane, deren »klare und konkrete Sprache« weniger »die Ausbeutung beim Namen« nannte,[68] als sexuelle Fantasien in klischierte, banal blödelnde, in ihrem ungelenken Brillieren doch hochkomische Sätze zu pressen: Hans Henning Claers *Laß jucken Kumpel* (1971) und *Das Bullenkloster* (1972). Später, als die März-Bücher bereits über Zweitausendeins vertrieben wurden, folgte der Band *Bei Oma brennt noch Licht* (1979). Claers Romane, mehr oder minder offensiv unlektoriert hingedruckt, lieferten sogar den Anlass für insgesamt sechs Sexfilme, in denen sich auch der Autor – ein ehemaliger Boxer, Polizist und Bergmann – als Darsteller versuchte. Die BRD-Sozialrealisten reagierten erwartungsgemäß erbost. »Claers Buch ist gefährlich«, befand der bekannteste Arbeitswelt-Dichter Max von der Grün im *Spiegel*, »gefährlich volksverdummend, weil es einer Verniedlichung der Arbeitswelt

65 Schütt, Asphalt-Literatur, S. 39.

66 Vgl. z.B. Heinz Ludwig Arnold (Hrsg.), Gruppe 61. Arbeiterliteratur – Literatur der Arbeitswelt?, München 1971.

67 Schröder erzählt, Folge 12: Unverbindliche Richtlinien, Fuchstal-Leeder 1993, S. 4.

68 Schütt, Asphalt-Literatur, S. 29.

dient. ... Mehr solcher Bücher, und wir dürfen gewiß sein: Die Manipulation, mit Sperma garniert, wird von den Manipulierten als Vergnügen empfunden werden, die Ausbeutung, mit Orgasmen versüßt, wird den Ausgebeuteten als begehrenswert, als ihr eigentliches Lebensziel erscheinen.«[69]

Tatsächlich dienen die Milieuschilderungen, die Claer durchaus gibt, nur der Auflockerung einer von Sex- zu Sexszene stolpernden Handlung, in der sprechende Namen wie »Obersteiger Adolf Eichel« so wenig fehlen wie homophobe Witzeleien und penetrant wiederholte Antonomasien à la »die Reizvolle«, »die reizvolle Kindfrau«, »die üppige Sexbombe« usw. Mit einer von ihren bürgerlichen Lehrmeistern auf die »Transponierung der spätkapitalistischen in eine sozialistische Gesellschaftsordnung« verpflichteten Arbeiterliteratur[70] hat das tatsächlich kaum etwas zu tun, auch nicht mit den seinerzeit von Martin Walser geförderten Randgruppen-Erfahrungsberichten über deutsche Heime und Knäste. Eher schon erinnert es an Peter Rühmkorfs Exkursionen ins literarische Unterholz. Bereits 1963 hatte Rühmkorf bei Rowohlt den »Para-Roman« *6 Richtige* ins Programm geschmuggelt,[71] das Faksimile eines dünnen Schreibhefts, in dem die Laien-Autorin Bengta Bischoff, eine Hausfrau, ihre »nicht mit den Reizen einer Sexbombe ausgestattete« Heldin das ganz große Lottoglück erleben lässt, ein Märchen, so schön und so öde, wie es nicht einmal die Illustrierten jener Jahre ausmalten.[72]

Zwar ist Claer zweifellos ein versierterer Erzähler als die Hamburger Witwe, doch auch ihm hätte Rühmkorf wohl nachsagen können, dass er »die undurchschaubare Welt nicht willentlich,

69 Der Arbeiter als Hanswurst. Max von der Grün über Hans H. Claer: »Laß jucken Kumpel«, in: Der Spiegel 20/1971, S. 172.

70 Schütt, Asphalt-Literatur, S. 31.

71 Peter Rühmkorf, Bengta Bischoff oder Die befangene Unschuld, in: ders., Über das Volksvermögen. Exkurse in den literarischen Untergrund, Reinbek 1967, S. 277–289.

72 Bengta Bischoff, 6 Richtige, Reinbek 1963, n. p.

sondern ganz unversehens entlarvt«, und damit nicht zuletzt jene wohlwollenden Fachleute, die sich ihre unterprivilegierten Mündel nur im »malerischen alten Fetzen« (oder als Vorkämpfer des Sozialismus) denken mochten.[73] Allerdings lauten Bischoffs Sätze etwa: »Hannes fuhr jeden Morgen mit seinem neuen Ford, 12 M, 40 PS ins Geschäft. Der Wagen war ganz große Klasse. Er hatte Temperament und eine hervorragende Straßenlage.« Oder: »Es war wie ein schöner Traum und doch war es Wirklichkeit.«[74] Claers Sätze dagegen: »Die Wirtin war eine füllige Rubensschönheit, ihre fleischige Figur mit den Maßen 102-70-102 sehr reizvoll.« Oder: »Trotz ihrer fünfundvierzig Jahre bot Ingrid ein ansprechendes Äußeres, hatte ihr Haar superblond gefärbt und trug bei schlankem Wuchs berechtigterweise einen Minirock.« Oder: »Triumph lag im Blick der Sexbombe, als sie sich aus dem Sessel rekelte und graziös den Slip abstreifte.« Oder: »Elli Eichel war fünfundvierzig, mollig und wirkte heute noch anziehend auf Männer jeder Altersgruppe.«[75] In *Laß jucken Kumpel* ist der meistgenannte Name dann auch der des Populär-Sexualaufklärers Oswalt Kolle, der in den Heinrich-Bauer-Postillen *Neue Revue* und *Quick* über die »Wunder der Liebe« berichtete und das Drehbuch für den gleichnamigen Film von 1968 lieferte: »Du liest auch Kolle?«, staunt die »üppige« Wirtin am Ende des Romans, doch ihr Gatte winkt ab: »Nur wegen den Fremdwörtern.«[76] »Authentisch«, wie der Klappentext behauptet, sind diese Männerfantasien gewiss, wenn auch in einem ganz anderen Sinne, als es sich die Propagandisten »proletarischer Literatur« wünschten – eben als symptomatisches Kondensat aus *Bild*-Zeitung, *Neuer Revue* und Alltagsgerede, über das Anfang der siebziger Jahre befreit lachen konnte,

73 Rühmkorf, Bengta Bischoff, S. 282f.

74 Bischoff, 6 Richtige, n.p.

75 Hans Henning Claer, Laß jucken Kumpel, Frankfurt am Main 1971, S. 16, 20, 135, 173.

76 Ebd., S. 225.

wer nicht nur an der revolutionären Entschlossenheit der bundesrepublikanischen Arbeiterschaft seine Zweifel hatte, sondern auch am sexualrevolutionären Glaubenssatz, »daß sexuell freies Verhalten wenigstens mit politisch bewußtem identisch ist, wenn nicht sogar mit politisch progressivem«.[77]

Eine durchaus intrikate literarische Intervention also, besonders wenn man ihr die 1970 ebenfalls bei März erschienene Anthologie *Vierundachtzig Österreichische Erzähler* an die Seite stellt, die angeblich jüngsten Versuche im Spiel mit »trivialen Erzählmustern«, einer Tradition, die auf die Avantgardisten der Wiener Gruppe zurückgeht und Ende der Sechziger, Anfang der Siebziger vor allem von in Graz aktiven Autoren wie Handke und Jelinek fortgeführt wurde. Die exemplarischen Werke der »5. Wiener Schule« allerdings, wiederum Laien-Dichter, hatte Herausgeber Dominik Steiger – im *Mammut* kann man es nachlesen – in einem Wiener Boulevardblatt gefunden, sie erschienen dort in der Rubrik »Mein ulkigstes Erlebnis«.[78] Ein bemerkenswerter Gegenentwurf auch zur Anthologie *Trivialmythen*, die im selben Jahr erschien und den Beiträgern unter Berufung auf Fiedlers »post-modernes« Projekt abforderte, ein »Konzentrat der Oberfläche« zu liefern – also der medial vermittelten Bild- und Textkosmen des Alltags, die sich bei Bischoff und Claer so unverhofft verdichten.[79] Erst 1978 erschien dann im zweiten März Verlag einer der wenigen deutschen Romane – zumal aus den der Arbeiterromantik verschriebenen Siebzigern –, denen es gelingt, ohne politische und, vor allem, sprachliche Anbiederung, unpeinlich und literarisch präzise

77 Henryk M. Broder, Porno unterm Gummibaum, in: Peter P. Dahl (Hrsg.), Anatomie eines Lustmarktes. Seid nett aufeinander. 200 Kontaktbriefe enthüllen geheime Triebwünsche der St. Pauli-Leser, Hamburg 1970 (= konkret extra, Bd. 13), S. 129–131, hier S. 129.

78 Dominik Steiger (Hrsg.), Vierundachtzig Österreichische Erzähler, Frankfurt am Main 1970; Schröder (Hrsg.), Mammut, S. 1252f.

79 Renate Matthaei, Vorwort, in: dies. (Hrsg.), Trivialmythen, Frankfurt am Main 1970, S. 7–10.

eine proletarische Lebenswelt darzustellen: der *Ostend-Roman* von Manfred Esser, einem Autor aus der avantgardistisch-sprachexperimentellen Stuttgarter Schule um den Philosophen Max Bense.

Nun gehört es zu den Kennzeichen eines klugen Verlagsprogramms, dass sich solche Querverweise herstellen, um einer undogmatischen, deshalb aber nicht minder entschlossenen Programmatik erst die nötige Komplexität zu geben – besonders retrospektiv lässt sich manch durchaus erkenntnisförderlicher, lustvoller, aber auch paranoider Beziehungszauber anrichten. Eine Position, die Jörg Schröder selbst, wie Diederichsen anmerkt, souverän einzunehmen weiß, sei es in seinen Erzählungen, sei es in der Komposition einer Anthologie wie eben des *Mammut*: »Kriterium für die Auswahl der Texte ist der Zusammenhang untereinander, der Zusammenhang mit März und der Zusammenhang mit Schröder, seiner Vita und seinen Geschäften.«[80] Das allein wäre freilich banal und könnte kaum den Mythos von März als verlegerischem Epizentrum einer bundesrepublikanischen »Kulturrevolution« begründen, wäre nicht genau jene »alchemische Mischung« gelungen,[81] die gerade 1969 bereitet werden konnte, in jenem Jahr also, auf das meist der Auseinanderfall der kulturell-politischen Formation »1968« datiert wird, zumindest sofern deren Kitt das Gefühl gewesen war, gerade hier, gerade jetzt einer »revolutionären Situation« entgegenzusteuern. Im Abschied von dieser, an Revolutionsbegriffe des 19. Jahrhunderts geklammerten, Hoffnung setzte nicht nur der Linksphilosoph Herbert Marcuse auf die »neue«, »anti-repressive Sensibilität« als Motor einer »freien Gesellschaft«,[82] also auf das nicht eigentlich revolutionäre, doch aber zersetzende Potenzial ästhetischer, psychedelischer, romantischer und sexueller Sub- oder Gegenkulturen.

---

80 Diederichsen in: März Vorinformationen.

81 Den Begriff entwende ich Harry Mulisch, Bericht aan de rattenkoning, Amsterdam 1966.

82 Herbert Marcuse, Versuch über die Befreiung, Frankfurt am Main 1969, S. 131f.

»Die Revolution«, schrieb Marcuse in seinem 1969 erschienenen *Versuch über die Befreiung*, »muß gleichzeitig eine Revolution der Wahrnehmung sein, welche den materiellen und geistigen Umbau der Gesellschaft begleitet und die neue Umwelt hervorbringt.«[83] Im selben Jahr veröffentlichte der US-Historiker Theodore Roszak sein einflussreiches Buch *The Making of a Counter Culture*, in dem er der europäischen Protestbewegung ihr Verharren im »überkommenen Rechts-Links-Schema« vorwarf,[84] um die vor allem in den USA der sechziger Jahre entstandenen »jugendlichen« Gegenkulturen zur Widerstandsbewegung gegen eine technokratische Gesellschaft zu erklären, deren rationalistisch-wissenschaftliches Weltbild mit traditionell linkem Besteck nicht zu begreifen, schon gar nicht zu bekämpfen sei. Auch Walter Hollstein und Rolf-Ulrich Kaiser fanden das Personal ihrer 1969 erschienenen Übersichts-Bändchen *Der Untergrund. Zur Soziologie jugendlicher Protestbewegungen* und *Underground? Pop? Nein! Gegenkultur!* vor allem in den USA, bei den Beatniks, Hippies, Diggers und Yippies, blickten aber auch auf die – zu diesem Zeitpunkt bereits zeremoniell aufgelöste – Provo-Bewegung der Niederlande, auf »Free Concerts« in London, Happenings in Paris und deutsche Film-Kooperativen.[85]

Aus Hollsteins Buch borgte sich dann auch der *Spiegel* einen griffigen Slogan: »Anti-Gesellschaft im Untergrund« titelte das Blatt im Juni 1969 und widmete sich über immerhin zehn Seiten diversen mehr oder minder jugendlichen Subkulturen und »jenem inneren Exil, das sie in der Weltsprache dieser Jahre Underground nennen«.[86] Der Artikel besteht vor allem aus einer langen, mit wohl-

---

83 Ebd., S. 61.

84 Theodore Roszak, Gegenkultur. Gedanken über die technokratische Gesellschaft und die Opposition der Jugend, Düsseldorf und Wien 1971, S. 23.

85 Walter Hollstein, Der Untergrund. Zur Soziologie jugendlicher Protestbewegungen, Neuwied und Berlin 1969; Rolf-Ulrich Kaiser, Underground? Pop? Nein! Gegenkultur!, Köln und Berlin 1969. 1971 erschien Rolf Schwendter, Theorie der Subkultur, Köln und Berlin 1971.

86 Underground. Jahr des Schweins, in: Der Spiegel 24/1969, S. 142–155.

dosierter Süffisanz aufgesetzten Liste all dessen, was im »Untergrund«, zumal aber in der internationalen Kunstszene für Spektakel gesorgt hatte und weiterhin sorgte: Underground-Postillen aller Couleur und Größenordnung, Joseph Beuys' Düsseldorfer »Gegen-Akademie«, die Kunstaktionen der Wiener Aktionisten Otto Muehl und Hermann Nitsch, aber auch Happenings von Yayoi Kusama, Timm Ulrichs und Valie Export, Frank Zappas Platten, Janis Joplins Auftritte, »Free Store«-, »Free Clinic«- und »Free University«-Initiativen, Londons Hausbesetzerszene, Marihuana-Kleingärtner, Giornos Telefon-Poesie, die Nackt-Auftritte des Living Theatre, Mixed-Media-Installationen von Ferdinand Kriwet und Nicolas Schöffer, Land und Concept Art, Andy Warhols Bilder, Filme und Texte, Allen Ginsbergs hinduistische Eskapaden, Timothy Learys LSD-Philosophie, Marshall McLuhans so simple wie effektive Medientheorie, Pop-Comics usw.

Jedes große, mit entsprechenden Haushaltsmitteln ausgestattete Ausstellungshaus könnte diese Liste heute praktisch unverändert übernehmen, um eine populäre Sixties-Retrospektive zu zeigen – was sicherlich einiges über die Kanonisierungsprozesse erzählt, die seitdem abgelaufen sind. Wie etwa aus dem blutig-kathartischen »Orgien Mysterien Theater« von Hermann Nitsch eine österreichische Regionalattraktion geworden ist, konnten Jörg Schröder und Barbara Kalender viele Jahre später in ihrer Geschichte *Guru mit Gänsen* (2007) festhalten: »Es gab Nitsch-Kalender und -Postkarten, Nitsch-Wein ... Ja, und ein Konditor hatte Branntweinkugeln aus Schokolade gedreht, garniert mit roten Marzipanspritzern – eine süße Hommage an Nitschs Blutorgien.«[87] 1969 allerdings, als März Nitschs Manifeste, Aktionsskripte und -fotos veröffentlichte, garniert mit medizinischen Farbfotos, war es in Österreich unmöglich, dieses laienanalytisch-groteske Inzesttheater aufzuführen. Nitsch lebte größtenteils in Deutschland,

87 Schröder erzählt, Folge 9 (2. Serie): Guru mit Gänsen, Berlin 2007, S. 34.

fand aber steigende Beachtung in den USA. Muehl dagegen, wie Nitsch nachhaltig von den Sexualtheorien des Psychoanalytikers Wilhelm Reich beeinflusst, gründete Anfang der Siebziger eine Kommune, die später wegen ihrer autoritären Strukturen, wegen Drogenkonsums, vor allem aber wegen des sexuellen Missbrauchs Minderjähriger die Gerichte beschäftigte.[88] Andererseits war der in der »Underground«-Umschau des *Spiegel* prominent genannte Warhol 1969 längst ein Popstar, Kusama war bereits 1966 beim wichtigsten internationalen Kunst-Großevent, der Biennale von Venedig, vertreten, Schöffer auf der zweiten und dritten *documenta*. Und der Galerist René Block erzielte auf dem Kölner Kunstmarkt 1969, vier Monate nach dem *Spiegel*-Bericht, für die Beuys-Arbeit *Das Rudel* spektakuläre 110.000 D-Mark. Der Begriff »Underground« verklammert hier also sehr unterschiedliche Positionen, schon um der Pointe eines »immer schnelleren Runs auf das kommerziell so nutzbringende Underground-Etikett« das nötige Gewicht zu geben.[89]

Subkultur-, Szene- oder Bohème-Storys werden freilich ohnehin meist ins selbe Erzählschema gepresst, bei Zeithistorikern nicht minder als bei Journalisten: von den diffusen, antibürgerlich-drastischen Anfängen über eine Phase produktiv vermischten, rapiden Wachstums hin zur Kommerzialisierung und schrittweisen Integration in die einst so vehement abgelehnte bürgerliche Gesellschaft. Die Redakteure folgten also nur einer Konvention, als sie 1969 – völlig richtig – voraussagten, dass die Gegen- sich bald in eine Alternativkultur verwandeln würde, auch wenn Theoretiker wie Walter Hollstein noch einige Zeit darauf pochten, den »Underground« kennzeichne »nicht die Alternanz *in* der bürgerlichen Gesellschaft, wie das für die Pop-Szenerie weithin der Fall

88 Vgl. Robert Fleck, Die Mühl-Kommune. Freie Sexualität und Aktionismus. Geschichte eines Experiments, Köln 2003.

89 Underground. Jahr des Schweins, S. 155.

ist, sondern die Alternative *zur* bürgerlichen Gesellschaft«.[90] Allerdings zitiert Hollstein selbst den linken US-Journalisten Erwin Silber, der 1970 hellsichtig prognostizierte: »Eine wichtige Funktion der ›Kulturrevolution‹ – vielleicht die wichtigste – liegt darin, jene neuen Ideen zu entwickeln, die es dem kapitalistischen System ermöglichen, sich weiterzuentwickeln, und der kapitalistischen Klasse, ihre Position zu halten. ... Es ist nicht nur vorstellbar, sondern sehr wahrscheinlich, dass der amerikanische Kapitalismus, wenn er die Achtziger erreicht, versessen auf das Jahr 1984, viele Stile und Ideen der ›Kulturrevolution‹ angenommen haben wird, wie eine Schlange, die ihre alte Haut gegen eine neue tauscht, ohne dass sich am eigentlichen Bau des Reptils etwas ändert.«[91]

Ähnlich wurde auch in der Bundesrepublik debattiert: Der »Zentralrat der umherschweifenden Haschrebellen«, eine Berliner Anarchistenclique, wurde von Werner Olles – »mit sozialistischem Gruß« – belehrt, er steuere mit seiner subkulturellen Praxis zu auf »die Integration in eine Gesellschaft, die zwar zu recht als katastrophal abgelehnt wird, aber dann doch als unabänderlich und gegeben hingenommen wird«. Die Haschrebellen rieten Olles daraufhin, erstmal Marx zu lesen und avisierten den »Sieg im Volkskrieg«, während der psychiatrische Oberarzt Dietrich Kleiner Olles für seinen Widerspruch lobte, schließlich schade sich eine politische Bewegung, »wenn sie sich den Klotz rauschgiftkranker und rauschgiftpropagierender Scheinrevolutionäre ans Bein bindet«. Dafür wiederum bekam Kleiner Zuspruch von Carl L. Guggemos, Herausgeber des Berliner APO-Infoblattes *Extra-Dienst*, der jeden Zusammenhang zwischen den Haschrebellen und der linken Szene bestritt, es handele sich »um Gammler, die

90 Walter Hollstein, Untergrund und Opposition in Amerika, in: Diethart Krebs (Hrsg.), Die hedonistische Linke. Beiträge zur Subkultur-Debatte, Neuwied und Berlin 1971, S. 48–81, hier S. 53.

91 Zit. nach ebd., S. 75f. (meine Übersetzung, jfb).

sich links aufputzen«. Usw.[92] Der »Sieg im Volkskrieg« blieb dann freilich aus, Olles gelangte auf dem Umweg über die autoritären K-Gruppen als selbsterklärter »Wanderer zwischen den Welten«[93] zur Neuen Rechten und schreibt heute für deren Zentralorgan *Junge Freiheit*, aus dem Umfeld der Haschrebellen ging die militante Bewegung 2. Juni hervor, und vom SPD-Mitglied Guggemos wurde später bekannt, dass er als »IM Gustav« dem DDR-Ministerium für Staatssicherheit zugearbeitet hatte. Jörg Schröder waren solche Sorgen wohl eher fremd – bei aller »kulturrevolutionären« Stoßkraft war März schließlich keine Organisationsplattform einer auseinanderbrechend-verstörten Linken, sondern ein Verlag, dessen Politik gerade in der Heterogenität lag. Der *Spiegel*-Bericht kam dann auch nur zu willkommen, brachte er doch massiv Publizität für eine ganze Reihe Autoren und Künstler des März Verlags – zumal für jene Vertreter aus Fiedlers imaginärem Amerika.

Aus der Rückschau auf das Spektrum der politischen, journalistischen, literarischen, künstlerischen, pornografischen und subkulturell inspirierten März-Veröffentlichungen, die allein zwischen 1969 und 1972 erschienen, möchte man Klaus Theweleit zustimmen, wenn er das Ereignis »1968« – ebenfalls im Rückblick – als eines der geradezu rauschhaften Sprachentdeckung und -erweiterung beschreibt, als Ausbruch aus der bundesrepublikanischen Nachkriegs-Sprachenge in einen wilden Mischmasch neuer Fremdsprachen, »die Sprachen des Marxismus, die öffentlich werdende Sprache der Psychoanalyse, ... die Sprachen eines sich entfaltenden Internationalismus, die sich verbanden mit den Sprechweisen des

92 Dokumentiert in: Bernd Kramer (Hrsg.), Gefundene Fragmente 1967–1980, Bd. 1, Berlin 2004, S. 9–20.

93 Werner Olles, Zur Rechten Gottes. Studentenbewegung, Rote Garden, Stadtguerilla – eine späte Abrechnung, in: Claus-M. Wolfschlag (Hrsg.), Bye-Bye '68. Renegaten der Linken, APO-Abweichler und allerlei Querdenker berichten, Graz und Stuttgart 1998, S. 10–28, hier S. 25.

Kinos und den Sprachen der Popkultur. Eine neue Sprechweise einer sexualisierten Frechheit insgesamt ging daraus hervor, die die Ansprüche der ›herrschenden Gesellschaft‹, jedes gegnerische Argument oder Nichtargument, mit der Behauptung beantwortete, das Leben sei hier und jetzt, das Wissen sei das, was man *selber* habe, und etwas anderes würde nicht interessieren. Viele weitere Sprachen mischten sich, aus allen denkbaren Ecken und Winkeln von 1967 bis 1970 hinzu: wissenschaftliche, aktionistische, happeningshafte, spontaneistische Teile aus der Sprache der Arbeiterbewegung, pädagogische, besserwisserische, erzieherische, gewalttätige, berauschte, klatschhafte, intrigantische, rücksichtslos offene, selbstdarstellerische, paranoische, narzißtische, lässige, verwirrte, rührende, fordernde Sprachen und Sprechweisen ... Sprache aus Marx, Sprache aus *sexuellem* Freud/Reich, Sprache verfolgter Juden konnten die Nachfolge von Sprache aus Elvis und Sprache aus Be-Bop und Sprache aus Billie Holliday antreten, weil sie aus gleichermaßen exterritorialen Bezirken kamen. Sie waren öffentlich geächtete Sprachen, ausländische Sprachen, Sprachen von Feinden, undeutsche Sprachen.«[94]

Die »Sprachen«, von denen Theweleit hier redet, kann man natürlich metaphorisch verstehen, eben als Verweis auf die Sehnsucht, sicherlich auch: Notwendigkeit, brutal unterbrochene, verschüttete, vergessene intellektuelle Traditionen wieder zu erschließen, neue zu importieren oder schlicht zu erfinden. Zwar setzten die dogmatischen K-Gruppen mit auch sprachlicher Rigidität solcher Offenheit unter ihren Mitgliedern bald ein Ende,[95] und weite Teile der in den Siebzigern wachsenden alternativ-spontaneistischen Milieus begnügten sich mit einer kolloquialen, oft

94 Klaus Theweleit, Bonbonglas. Sprechen und Gewalt im »Land, das Ausland heißt« – eine autobiographische Notiz, in: ders., Das Land, das Ausland heißt. Essays, Reden, Interviews zu Politik und Kunst, München 1995, S. 143–157, hier S. 149f.

95 Vgl. zur »Zerstörung öffentlichen Sprechens« wiederum Klaus Theweleit, ... ein Aspirin von der Größe der Sonne, Freiburg 1990, S. 35f.

penetrant witzelnden Szenesprache und bemüht zur Schau gestellter Verletzlichkeit und Sensibilität.[96] Doch scheint sich der von Theweleit benannte Impuls dennoch, zwischen den Szenen, fortgesetzt, sogar intensiviert zu haben, mit neuen Weiterungen hin zu romantisch-esoterischen, antipsychiatrischen, feministischen, ökologischen, situationistischen, aber auch philosophischen Traditionen. Für Theweleit etwa war es die schillernd-unangepasste Theoriesprache von Gilles Deleuze und Félix Guattari, deren *Anti-Ödipus* in den siebziger, achtziger Jahren zahlreiche Lektüregruppen beschäftigt hielt und deren *Rhizom*-Kapitel, 1976 in Frankreich, 1977 bei Merve erschienen, zum Manifest einer neuen städtisch-intellektuellen Subkultur wurde. »Laßt keinen General in euch aufkommen! Macht Karten, keine Photos oder Zeichnungen! Seid der rosarote Panther, und liebt euch wie Wespe und Orchidee, Katze und Pavian.«[97] Ende der Siebziger war das ein verlockender Sound.[98]

Theweleits Dissertation zur Freikorps-Literatur, unter dem Titel *Männerphantasien* (1977/78) schnell zum Szene-Bestseller avancierend,[99] zeigt, wie ansteckend das assoziative, metaphorisierende, sich aus links-akademischer Theoriesprache befreiende Schreiben

96 Astrid Czubayko, Die Sprache von Studenten- und Alternativbewegung. Aachen 1997. Zum »Erfahrungshunger« der Siebziger vgl. Michael Rutschky, Erfahrungshunger. Ein Essay über die siebziger Jahre, Köln 1980.

97 Gilles Deleuze und Félix Guattari, Rhizom, Berlin 1977, S. 41.

98 Vgl. zur zeitgenössischen Wahrnehmung: »Luftwurzeln und Wildwuchs verlieben sich«. SPIEGEL-Redakteurin Ariane Barth über die Philosophie der Franzosen Deleuze und Guattari, in: Der Spiegel 53/1980, S. 98–102. Rückblickend: Diedrich Diederichsen, Aus dem Zusammenhang reißen / in den Zusammenhang schmeißen. Zur deutschen Veröffentlichung von »Mille Plateaux« von Gilles Deleuze und Félix Guattari, in: ders., Freiheit macht arm. Das Leben nach Rock 'n' Roll 1990–93, Köln 1993, S. 159–182; Philipp Felsch, Merves Lachen, in: Zeitschrift für Ideengeschichte 2/2008, S. 11–30.

99 Zur Rezeption vgl. Klaus Theweleit, Alles muß man so machen, daß jeder, der es sieht, ausrufen kann, das kann ich auch. Alles muß man so machen, daß jeder, der es sieht, ausrufen kann, das nicht. & Notizen (II), in: Die Republik 18–26 (1978), S. 464–603.

der Franzosen seinerzeit wirkte, bevor es in den Achtzigern zum Mode-Diskurs des internationalen Kunstbetriebs wurde, in dem es sich bis heute als erschlaffter Jargon hält. Und es schien sich – zumindest für den Moment – noch einmal mit den »Intensitäten« amerikanischer Gegenkultur zu verbinden, wie Helmut Höge 1978 mit Jean-François Lyotard schwärmte: »Das sind die ›Menschen der Steigerung‹, die ›Herren‹ von heute: Außenseiter, experimentierende Maler, Popkünstler, Hippies, Yippies, Parasiten, Verrückte, Eingesperrte. Eine Stunde ihres Lebens enthält mehr an *Intensität* (und weniger an Intention) als tausend Worte eines Berufsphilosophen. Sie sind Nietzsche viel näher als seine *Leser.*«[100] Die französische Theorie, so »Ha. Ha.«, bestimmte genau dieses Verhältnis zwischen ästhetischer und politischer Radikalität neu. »Und deswegen werden ihre Arbeiten auch gerade von denjenigen Linken hier gelesen und diskutiert, die versuchen, ein solches amerikanisches Produktionsfeld zu übernehmen und ein Stück der hiesigen Verhältnisse dafür zu roden. Kein Wunder, dass diese Arbeiten gerade diejenigen am schärfsten herausfordern, die die europäische Linke mit den Theorien und Utopien (und damit Organisations- und Aktionsformen) des 19. Jahrhunderts dominieren wollen.«[101]

Aber auch Namen wie Louis Althusser, Antonin Artaud, Georges Bataille, Carlos Castaneda, E.M. Cioran, Hélène Cixous, George Devereux, Hans Peter Duerr, Paul Feyerabend, Michel Foucault, R. Buckminster Fuller, André Glucksmann, Luce Irigaray, Michel Leiris, Jean Piaget, Alain Touraine, Immanuel Velikovsky und Paul Virilio kennzeichnen die breite intellektuelle Neugierde, die den Jahren um 1968 folgte, mit nietzscheanischen Schlagwörtern einer verschärften »Vernunftkritik« den Weg in die Achtziger bereitete –

100 Lyotard, zit. nach Ha. Ha. (i. e. Helmut Höge), Tango ergo sum, in: André Glucksmann – Für und wider den Franzmännern, Bremen o. J., S. 51 – 72, hier S. 63. Das Zitat in Jean-François Lyotard, Intensitäten, Berlin 1978, S. 32.

101 Ha. Ha., Tango ergo sum, S. 67.

und für nicht wenige auch den Ausstieg aus einem linken, materialistischen, progressiven Weltbild.[102] Für März bedeutete diese Neugier nicht zuletzt, dass in den Siebzigern Bücher, die in den ersten Verlagsjahren allenfalls ein Nischenpublikum gefunden hatten, über Zweitausendeins, den zentralen Umschlaghafen der Alternativszene, plötzlich eine große, verstreutere Leserschaft erreichten.

Doch Schröder wusste auch genau, wie befreiend die Entdeckung neuer Sprech- und Schreibweisen war. Hatte er Melzer vor dem Bruch 1969 von einem geisteswissenschaftlich orientierten Judaica-Verlag zu einem der vor allem amerikanischen und niederländischen Underground-Literatur umgemodelt, so hatte er – als eine seiner ersten Verlagstaten – 1966 auch ein Buch veröffentlicht, das zuerst 1947 in der DDR erschienen, in der Bundesrepublik aber noch weitgehend unbekannt war: Victor Klemperers *LTI. Aus dem Notizbuch eines Philologen*. Klemperer, der als Jude den NS-Faschismus in Deutschland überlebt hatte, legt darin eine Kritik der nationalsozialistischen Sprache als »stärkstes, ... öffentlichstes und geheimstes Werbemittel« deutscher Ideologie vor: »Das Gift der LTI« – der Sprache des »Dritten Reiches« – »deutlich zu machen und vor ihm zu warnen – ich glaube, das ist mehr als bloße Schulmeisterei. Wenn den rechtgläubigen Juden ein Eßgerät kultisch unrein geworden ist, dann reinigen sie es, indem sie es in der Erde vergraben. Man sollte viele Worte des nazistischen Sprachgebrauchs für lange Zeit, und einige für immer, ins Massengrab legen.«[103] Schröder änderte für seine Neuausgabe kurzerhand den Titel und markierte damit zugleich, dass genau diese Forderung Klemperers im Nachkrieg ungehört geblieben war: *Die unbewältigte Sprache*.

---

102 Zur politischen Ambivalenz dieser Entwicklung vgl. z.B. Diedrich Diederichsen, todesblei. Get out of Germany, in: Spex 1/1991, S. 54–57 und S. 74; ders., Spirituelle Reaktionäre und völkische Vernunftkritiker – Nach der Wende: Syberberg und Foucaults falsche Freunde, in: ders., Freiheit macht arm, S. 117–157.

103 Victor Klemperer, Die unbewältigte Sprache. Aus dem Notizbuch eines Philologen »LTI«, Darmstadt 1966, S. 24.

Damit setzte er Klemperers Text in Bezug zu einer sprachkritischen Debatte, die in der Bundesrepublik zwar bereits mehrfach angestoßen, aber stets schleunigst abgewehrt worden war, zuletzt etwa nach George Steiners 1959 – noch in Unkenntnis von Klemperers Überlegungen – formulierter Polemik wider die »mit Falschheit, Lüge und Unwahrheit« »infizierte« deutsche Sprache.[104] Dass die deutsche Literatur des Nachkriegs, in derart korrumpierter, unbeirrt weitergetragener Sprache geschrieben, ohne jeden »Lebensfunken« bleiben müsse, war eine These, die ganz offenkundig nicht nur wegen ihrer Überschärfe mit oft billiger Ironie abgetan wurde. Marcel Reich-Ranicki etwa war sich sicher, Steiners Angriff durch eine Namensliste bereits widerlegt zu haben: »Alfred Andersch, Heinrich Böll, Günter Grass, Wolfgang Koeppen, Siegfried Lenz, Hans Erich Nossack, Wolfdietrich Schnurre, Martin Walser. Halten Sie es für möglich, daß George Steiner bisher keine Gelegenheit hatte, sich mit den Arbeiten dieser Schriftsteller zu befassen?«[105] Die detaillierte Antwort, auch wenn sie sich lohnte, steht bis heute weitgehend aus[106] – dabei hatte Urs Widmer ebenfalls 1966 mit seiner Basler Dissertation *1945 oder die »Neue Sprache«. Studien zur Prosa der »Jungen Generation«* einen vorsichtigen, aber klugen, nicht zuletzt auf Klemperers »im strengen Sinn unwissenschaftliches, kaleidoskopartiges linguistisches Erinnerungsbuch« gestützten, Vorstoß gewagt.[107]

---

104 George Steiner, Das hohle Wunder, in: ders., Sprache und Schweigen. Essays über Sprache, Literatur und das Unmenschliche, Frankfurt am Main 1969, S. 129–146, hier S. 146. Anmerkung zu Klemperer ebd., S. 129f. Die Antworten in: Deutsch – gefrorene Sprache in einem gefrorenen Land? Sprache im technischen Zeitalter 6 (1963). Zur Sprachkritik-Debatte in der BRD vgl. auch Jan-Frederik Bandel, Nachwörter. Zum poetischen Verfahren Hubert Fichtes, Aachen 2008 (= Hubert-Fichte-Studien, Bd. VII), S. 72–97.

105 Marcel Reich-Ranicki, Nicht der Schimmer eines Beweises, in: Deutsch – gefrorene Sprache in einem gefrorenen Land?, S. 464–466, hier S. 465.

106 Vgl. dazu Bandel, Der Gestus der Desertion.

107 Urs Widmer, 1945 oder die »Neue Sprache«. Studien zur Prosa der »Jungen Generation«, Düsseldorf 1966, S. 27.

Jedenfalls benannte die Veröffentlichung der *Unbewältigten Sprache* ein Unbehagen, und das Eintauchen des Verlags in die auch von Theweleit nur grob umrissene Vielfalt illegitimer, verdrängter und subkultureller Literatur- und Polit-Sprachen kann man durchaus als Antwort nehmen – bis hin zum offensiven Unernst, wie ihn die *Mammut*-Anthologie auch dokumentiert.[108] Unter dem Titel *Der joviale Russe* unterzogen Ralf-Rainer Rygulla und Rolf Dieter Brinkmann Guillaume Apollinaires Gedicht *La jolie russe* (Die hübsche Rothaarige) einer Behandlung, die Ernst Jandl »Oberflächenübersetzung« genannt hat (und die wohl nicht ganz zufällig an die Wortspiel-Entkoppelungen erinnert, mit denen Arno Schmidt seit Anfang der Sechziger experimentierte).[109] »Mais riez de moi / Hommes de partout surtout gens d'ici / Car il y a tant de choses que je n'ose vous dire / Tant de choses que vous ne me laisseriez pas dire / Ayez pitié de moi« etwa wird zu: »Mais ritzt die Möse / Ömmes wollte partout nicht aufs Eis / Tante Carla und die ganze Chose nebst einer Nase von dir / Tante du bist die Chose wo der leise Ritz bei dir sitzt / Ohje, Pipi vom Mai«. Perfekt wird die Albernheit durch die nachgeschobene Anmerkung, dass, bei genauerer Betrachtung, »die scheinbaren Abweichungen tatsächlich Ergänzungen der deutschen Übertragung« seien.[110]

Doch die Philologie ist Brinkmann und Rygulla nur einen Seitenhieb wert, und auch ohne Zitat-Beistand von Marshall McLuhan und Claude Lévi-Strauss würde man wohl erkennen, dass hier nicht nur der klassischen Avantgarde die Aura bestritten, sondern Oberfläche gegen Ausdruck ausgespielt wird: »Man muß Gedichte aus ihrem Begriff ›Gedichte‹ befreien, um zu einem Gedicht zu

108 Ralf-Rainer Rygulla & Rolf Dieter Brinkmann, Der joviale Russe (nach Apollinare: La jolie rousse) / Guillaume Apollinaire, La jolie rousse, in: Schröder (Hrsg.), Mammut, S. 70–73.

109 Zur Schmidt-Rezeption im BRD-Underground vgl. Bandel, selfmade.

110 Schröder (Hrsg.), Mammut, S. 305. Zur Albernheit als künstlerische Strategie vgl. Michael Glasmeier und Lisa Steib, Albernheit, Hamburg 2011 (= Kleiner Stimmungs-Atlas in Einzelbänden, Bd. 1).

kommen.«[111] Ein typischer Brinkmann-Satz. Ein paar andere: »Im Trüben läßts sich offenbar doch wohl am besten fischen, und was ›Kultur‹ angeht, ist's eine einzige trübe Brühe. Ich bins leid, leid, leid, leid. Sollen sie alle verrecken! Auf der Stelle! Sofort!«[112] Das schrieb der Schriftsteller im April 1966 an den Berliner Kommunarden Hartmut Sander, in dessen wenig professionell betriebener Oberbaumpresse neben den *Oberbaumblättern* und Rygullas erster *Underground-Poems*-Sammlung (1967) auch Heftchen von Roel van Duijn (*Provo – Einleitung ins provozierende Denken*, 1966), Peter Handke (*Die Literatur ist romantisch*, 1967) und eben Brinkmann (*& Gedichte*, 1966) erschienen – wobei Letzterer vehement gegen das Resultat wetterte, was Sander unkommentiert, allerdings dank drucktechnischer Experimente auch fast unlesbar in seinem *Oberbaum – Linkeck Almanach 1965–68* (1968) dokumentierte: Die Gestaltung des Heftes sei nicht einfach eine Frechheit, sie zeuge vor allem von einem »verquollenen und unausgegorenen« »Anti-Konzept«, »weil die ›Anti-Haltung‹ zur heutigen ›Kunst‹ sich nur noch so zu realisieren weiß, daß sie sich *politisch* in sehr bestimmte Aktivität umsetzt und sich nicht nur im ambitionierten, engagierten Bewusstsein einiger ... Schriftsteller, die, indem sie *schriftstellern*, ihr Anti zu einer verlogenen Farce machen, einer gängigen Anti-Masche«.[113] Ein Grunddilemma nicht nur des literarischen Underground, das auch Brinkmann nicht lösen konnte. Auf jeden Fall musste er sich neue Verbündete suchen und fand sie, zumindest eine Zeitlang, bei März.

Auch Sander war übrigens an einer der allerersten März-Veröffentlichungen beteiligt, nämlich an der 1969 – passend zur breiten Gegenkultur- und Untergrund-Debatte – erschienenen Buch-

---

111 Schröder (Hrsg.), Mammut, S. 305.

112 Rolf Dieter Brinkmann an Hartmut Sander, 16. April 1966, in: Oberbaum – Linkeck Almanach 1965–68, Berlin 1968, n. p. Deutlich lesbarer wieder in: Kramer (Hrsg.), Gefundene Fragmente, S. 52 f.

113 Rolf Dieter Brinkmann an Hartmut Sander, 4. Januar 1967, ebd., S. 54 f.

collage *Subkultur Berlin. Selbstdarstellung, Text-, Ton-, Bilddokumente, Esoterik der Kommunen, Rocker, subversiven Gruppen.* Der Querformat-Band, ausgestattet mit einem Werbeplakat für die Oberbaumpresse und einer Flexi-Schallplatte, dokumentiert in Tonbandprotokollen, Briefen, Flugblättern, Fotos, Zeitungsausschnitten und Donald-Duck-Comics das Lebensgefühl der Berliner Subkultur rund um die sogenannte »Potskommune«, die »Linkeck-Kommune«, die die anarchistische Postille *linkeck* herausgab, und Sanders Oberbaumpresse. Der Gesprächs-Ausschnitt allerdings, den Schröder in die *März Texte 1* und damit später auch ins *Mammut* aufgenommen hat, dokumentiert noch einmal, was subkulturelles Sprechen 1969 eben auch war: endlose Diskussionen, ungelenke Abstraktionen im Versuch, politisch über persönliche Probleme zu kommunizieren, und haschverlangsamtes Gebrabbel über das Scheitern, die Hemmungen und alles, was dazugehört: »Vor allem wenn man irgendwann Ansätze von anderen Erfahrungen gemacht hat.« »Ja einmal das ...« »Mit diesen Erfahrungen so total gescheitert ist, mit den falschen.« »Ach so ja, einmal das und vielleicht auch mal irgendwie eine positive Erfahrung gemacht hat.« »Ja das andere meinte ich zuerst.« »Ja ja.« »Wie, hat das jemand mal? Kann man, mal andeuten?« »Würd ich auch gern wissen, wie das aussieht.«[114] Es war dann, wie Schröder in Erinnerung ruft, ausgerechnet Peter Handke, dem an der mühsam behaupteten »Authentizität ... doch so was Künstlerisches« aufstieß, »so was Atmosphärisches, Echtes, Pop-Ähnliches. Soll das Kunst sein?«[115] Noch eine Gewissensfrage.

114 Nicht angetörnt. Über Potskommune, Linkeck und ihre Zeitungen –. Tonbandprotokoll, in: Schröder (Hrsg.), Mammut, S. 224–233, hier S. 230. Als weiteres Beispiel vgl. die Oberbaum-Publikation Kommune 2, Versuch der Revolutionierung des bürgerlichen Individuums. Kollektives Leben mit politischer Arbeit verbinden, Berlin 1969.

115 Zit. nach Schröder erzählt, Folge 12: Unverbindliche Richtlinien, S. 10.

Hard Disk BRD (3): Pornografie-Exkurs

Ein halbes Jahr nach der großen Underground-Geschichte lieferte der *Spiegel* Jörg Schröder schon wieder eine geschäftsförderliche Titelstory: »Was ist unzüchtig?«, fragte das Magazin am 8. Dezember 1969. Und der Untertitel variierte eine beliebte Metapher des Nachkriegs – nach der »Fresswelle«, die der Währungsreform folgte, der »Bekleidungs-« und »Reisewelle« der Fünfziger, der »Sexwelle« der Mittsechziger nun also: »Porno-Welle in der Bundesrepublik«. Der Bericht dreht sich allerdings – nach einigen Impressionen zum schwunghaft-illegalen Import skandinavischer Sex-Magazine, -Bildbände und -Filme – vor allem um die einsetzende Liberalisierung des Strafrechts in Sachen »unzüchtiger Schriften« (wie die juristische Bezeichnung noch bis 1973 lauten sollte). Im Sommer 1969 hatte der Bundesgerichtshof in einem Urteil zum Roman *Fanny Hill*, einem englischen Erotikon aus dem 18. Jahrhundert, entschieden, dass als »unzüchtig« nun nicht mehr »die Schilderung geschlechtlicher Vorgänge als solche« gelten solle, »wenn sie nicht aufdringlich vergröbernd oder anreißerisch ist und dadurch Belange der Gemeinschaft stört oder ernsthaft gefährdet«.[116] Eine Freigabe der Pornografie bedeutete das keineswegs, aber es war ein erster Schritt zur Ende 1973 verabschiedeten Reform des zuständigen Paragrafen 184 des Strafgesetzbuchs, die bis heute – mit kleineren Änderungen – die Rechtslage bestimmt.

Der *Spiegel* prognostizierte, dass auch die »Restbestände von Puritanismus« dem Geschäft mit der Pornografie noch einige Zeit Schlagzeilen und damit Absätze sichern würden,[117] ließ erstaunli-

---

116 Zit. nach Pornographie. Müdes Lächeln, in: Der Spiegel 50/1969, S. 82–101, hier S. 90.

117 Ebd., S. 92 f.

cherweise aber den Verlag unerwähnt, der zumindest im Feld der literarischen Pornografie eben seine Großoffensive gestartet hatte. Zwar wird, etwas zusammenhangslos, Rygullas noch bei Melzer erschienene Underground-Anthologie *Fuck you (!)* genannt, der Name »Olympia Press« aber erscheint nur im Zusammenhang französischer Prozesse Anfang der Sechziger, als Beleg, dass eine anstehende Liberalisierung die schönsten Geschäfte über kurz oder lang vermasseln müsse: »In fünf oder sechs Jahren«, habe der Pariser Porno-Verleger Maurice Girodias schon 1961 prognostiziert, »ist mein Geschäft ruiniert, da bleibt mir nur noch eins: Russisch lernen und die allerletzte Bastion des Puritanismus stürmen.«[118] Keine ganz verkehrte Prognose, zumindest, was die Pariser Olympia Press anging – für den Moment sollte Girodias aber vor allem vom deutschen Entwicklungsstand in Sachen *dirty books* profitieren, hatte er doch in Schröder einen lautstark ans Geschäft gehenden Partner gefunden. Die Nichterwähnung mochte Schröders deutsche Olympia Press dann auch nicht hart treffen, nur eine Woche nach der Porno-Story berichtete der *Spiegel* ausführlich von der großen Olympia-Press-Pressekonferenz im Schloss Kranichstein.[119] Und schon im Februar, noch vor dem Bruch mit Melzer, hatte man die Geschäftsanbahnung mit Girodias gemeldet. Titel: »Sportliches Geschehen«, hatte doch der Nürnberger Olympia-Verlag, bis heute Herausgeber des Fußballmagazins *kicker*, gegen die Verwendung des Namens »Olympia« Einspruch erhoben, zumal dem Verlagsprogramm »jeglicher Bezug zum olympischen Gedanken mangelt«.[120]

Auch wenn Jörg Schröder 1969 hart an seinem schlechten Ruf arbeitete, konnte er sich in dieser Hinsicht mit dem französischen Olympia-Verleger noch nicht messen: Girodias galt als Hasardeur,

118 Ebd., S. 92.

119 Olympia Press. Dumpfe Hämmer, in: Der Spiegel 51/1969, S. 171.

120 Olympia Press. Sportliches Geschehen, in: Der Spiegel 9/1969, S. 151.

Verschwender, Fantast und Schwindler, sein Geschäftsgebaren zeichnete sich durch Bluff, Charme, Wahnwitz, Unerschrockenheit, Wichtigtuerei und Schurkenstücke aller Art aus, nicht zuletzt den Autoren gegenüber. So hellsichtig viele seiner verlegerischen Entscheidungen waren, so gekonnt seine Selbststilisierungen, so skrupellos ignorierte er Verträge, brachte sich um Rechte, seine Autoren um Honorare, so freudig stürzte er sich in Prozesse und manövrierte seinen Verlag immer wieder an den Rand des Ruins. Mitte der Sechziger hatte seine »Verlagskarriere nicht mehr viel mit dem Veröffentlichen von Büchern zu tun«, wie er selbst später bekannte: »Sie hatte nur noch damit zu tun, die letzten Bruchstücke des Betriebs zusammenzuhalten, ermüdende Prozesse zu führen, Geld zu erfinden, wo keins mehr aufzutreiben war, und die Realität mit Alibis, syllogistischen Übungen, absurden Träumen und ungedeckten Schecks auszuweiten«.[121]

Auch sein überdimensionierter Bar- und Unterhaltungsbetrieb, die Grande Séverine, war nach fünf Jahren spektakulärer Feiern pleite. 1965 suchte er sich per Anzeige eine Assistentin, übertrug ihr die Abwicklung der Pariser Geschäfte, setzte sich nach New York ab, zog ins Chelsea Hotel, versuchte, durch die Etablierung einer US-Olympia-Press[122] wieder Boden unter den Füßen zu gewinnen und internationale Dependancen zu gründen, um das Beste aus den einmal erworbenen – oder eben auch nicht erworbenen – Rechten zu machen. »Du wirst das Vergnügen haben, einen neuen Girodias kennenzulernen«, schrieb er 1970 in ungeminderter Selbstgewissheit nach Paris, »einen wohlhabenden, wohlsituierten Girodias, eine Gardenie am Revers, einen schneeweißen Windhund zu Füßen und eine Tausend-Dollar-Zigarre

121 Zit. nach John de St. Jorre, The Good Ship Venus. Erotic Voyages of the Olympia Press, London 1994, S. 272f. (meine Übersetzung, jfb).

122 Vgl. Patrick J. Kearney, A Bibliography of the Publications of the New York Olympia Press, Santa Rosa 1988.

zwischen den Lippen ...«[123] Nicht unbedingt der ideale Geschäftspartner, zumal, wenn man wie Jörg Schröder selbst mehr Talent zum schrillen Start als zur Konsolidierung hat. Und so sollte die Kooperation nach nur zwei Jahren in einem juristischen Streit auseinanderbrechen.

Dabei hatte Girodias ohnehin einen einfachen Part in diesem Abkommen: Er lieferte seinem deutschen Partner Lizenzen, um schnell mit einer kontinuierlichen Buchproduktion loslegen zu können, und – zweifellos das Wichtigste – einen Namen. Schließlich war die Pariser Olympia Press nicht irgendeine Porno-Klitsche, sondern der Verlag von Samuel Beckett, William S. Burroughs, Gregory Corso, J. P. Donleavy, Lawrence Durrell, Henry Miller, Vladimir Nabokov, Terry Southern und Mason Hoffenberg. Schon Girodias' Vater Jack Kahane, ein im Pariser Milieu der Exilliteraten gestrandeter englischer Schriftsteller, hatte sich dort als Verleger englischsprachiger Bücher etabliert und neben allerhand *dirty books* auch die ersten Romane von Henry Miller veröffentlicht, außerdem Bücher von Radclyffe Hall, James Joyce, D. H. Lawrence und Anaïs Nin – Texte, die in Großbritannien und den USA mit Verboten zu rechnen hatten.[124] Zur Erstausgabe von Millers *The Tropic of Cancer* (1934) lieferte sogar der 15-jährige Maurice seinen Beitrag, er entwarf den Umschlag, »und was für ein schrecklicher Umschlag das war«, wie er später selbst stöhnte, »ein riesiger Krebs, der eine menschliche Gestalt in seinen Zangen hielt und gleichzeitig oben auf einer Weltkugel saß: Jetzt ist mir klar, daß der Erzeugerstolz meinen Vater damals so verblendet haben mußte, daß er beschloß, ein solch kümmerliches Stück Schülerkunst als Umschlagentwurf für ein berühmtes

123 De St. Jorre, The Good Ship Venus, S. 286 (meine Übersetzung, jfb).

124 Vgl. Jack Kahane, Memoirs of a Booklegger (1939), New Gloucester 2009; Neal Pearson, Obelisk. A History of Jack Kahane and the Obelisk Press, Liverpool 2007; Gary Miers und James Armstrong, Of Obelisks and Daffodils. The Publishing History of the Obelisk Press (1929–1939), New Gloucester 2011.

Buch zu verwenden – allerdings war mein eigener Stolz über die Drucklegung meines Werkes noch überwältigender.«[125]

Girodias, der den Namen seiner Mutter annahm und sich gefälschte Papiere besorgte, um als Jude im Vichy-Frankreich zu überleben, versuchte sich bereits während des Kriegs im Verlagsgeschäft. 1953 gründete er die Olympia Press und orientierte sich dabei am Geschäftsmodell seines Vaters: Nach wie vor gab es eine große Szene von US-»Expats« in Paris, die sich mit der lokalen Bohème mischte.[126] Auch die Autoren der Beat Generation entdeckten Ende der Fünfziger die französische Hauptstadt für sich, ihr Lieblingsdomizil wurde eine als »Beat Hotel« berühmt gewordene Absteige im Quartier Latin. Paris war aber auch Anlaufpunkt für amerikanische und englische Touristen, für jugendliche Tramper aus ganz Europa und, so Girodias' Kalkül, die ideale Operationsbasis, um Soldaten und Matrosen mit erotischem Lesestoff zu versorgen, der unter den strikten Gesetzen Großbritanniens und der USA nicht gedruckt und verbreitet werden konnte.[127]

Als traditionsbewusster »anglo-französischer Pornograf in zweiter Generation«[128] veröffentlichte Girodias zunächst eine zweibändige Ausgabe von Henry Millers Roman *Plexus*, der zwar ein Jahr zuvor bereits in französischer Übersetzung, aber noch nicht im Original erschienen war. Es folgten zunächst Übersetzungen von De Sades *La Philosophie dans le Boudoir*, Guillaume Apollinaires *Les Exploits d'un jeune Don Juan* und Georges Batailles *Histoire de l'œil*. Doch die genuin pornografischen *dirty books*, durch die Girodias

---

125 Maurice Girodias, Nachwort zu »Die wirklichen Sieben Minuten«, in: J. J. Jadway, Die wirklichen sieben Minuten, Frankfurt am Main 1970, S. 245–254, hier S. 245.

126 Vgl. James Campbell, Paris Interzone. Richard Wright, Lolita, Boris Vian and others on the Left Bank, 1946–60, London 2001.

127 Vgl. de St. Jorre, The Good Ship Venus, S. 52. Zu den Paris-Trips der deutschen Gammler-Szene vgl. Jan-Frederik Bandel, Lasse Ole Hempel, Theo Janßen, Palette revisited. Eine Kneipe und ein Roman, Hamburg 2005, S. 65–73.

128 Mauris Girodias, Preface, in: Patrick J. Kearney, The Paris Olympia Press. New Edition, Liverpool 2007, S. X–XIII, hier S. X.

berühmt-berüchtigt werden sollte und die ab 1955 in der grünen Taschenbuchreihe »The Traveller's Companion« erschienen, ließen nicht lang auf sich warten. Seine Autoren fand »Gid«, wie Freunde ihn nannten, unter anderem im Umfeld der neoavantgardistischen Zeitschrift *Merlin*. Besonders der schottische Schriftsteller Alexander Trocchi erwies sich als einfallsreicher und flinker Produzent – manchen »Traveller's Companion« soll er in einer Woche zusammengetippt haben, vor allem, um rasch wieder zu Geld für Drogen zu kommen (Pseudonyme: »Frances Lengel«, »Frank Harris« und »Carmencita de las Lunas«).[129] Der amerikanische Künstler Norman Rubington, 1948 bereits mit einer Einzelausstellung auf dem Pariser Salon d'Automne vertreten, schrieb unter dem wohlklingenden Namen »Akbar del Piombo« und verfertigte kuriose Collagebücher wie *Fuzz against Junk* (1959), der englische Lyriker Christopher Logue wurde zum Grafen »Palmiro Vicarion«, und Georges Batailles Ehefrau Diane veröffentlichte, erst anonym, später unter dem Pseudonym »Selena Warfield« den sadomasochistischen Roman *The Whip Angels* (1955).

Und dazwischen: die erste Ausgabe von Samuel Becketts Roman *Watt* (1953), Austryn Wainhouses experimenteller Roman *Hedyphagetica* (1954), J.P. Donleavys *The Ginger Man* (1955), Terry Southerns und Mason Hoffenbergs wunderbar alberne Porno-Komödie *Candy* (1958), später als All-Star-Klamotte mit Charles Aznavour, Marlon Brando, Richard Burton, John Huston und Ringo Starr verfilmt, William S. Burroughs' *The Naked Lunch* (1959), *The Soft Machine* (1961) und *The Ticket that Exploded* (1962), Gregory Corsos *The American Express* (1961). Außerdem

129 Vgl. das Interview mit Richard Seaver, in: Allan Campbell und Tim Niel (Hrsg.), A Life in Pieces. Reflections on Alexander Trocchi, Edinburgh 1997, S. 56–63, hier S. 63. Zur Geschichte der Pariser Olympia Press vgl. de St. Jorre, The Good Ship Venus; Kearney, The Paris Olympia Press sowie Maurice Girodias, Une Journée sur la Terre, Bd. II: Les Jardins d'Eros, Paris 1990. Der zweite Band von Girodias' Autobiografie endet allerdings 1961, die geplante Fortsetzung *Le Futur perpétuel* konnte nicht mehr erscheinen.

Übersetzungen von Samuel Beckett, Jean Genet, Raymond Queneau sowie der von Anne Desclos alias »Dominique Aury« alias »Pauline Réage« geschriebenen *Histoire d'O* (1954, dann in neuer Übersetzung 1957), deren deutsche Übersetzung Jörg Schröder bei Melzer 1967 veröffentlichen sollte – sein Einstieg ins Geschäft mit der pornografischen Literatur und ein entscheidender Schritt zu deren Legalisierung in der BRD. Girodias' größter Coup aber war es, sich als einziger Verlag 1959 an die Veröffentlichung von Vladimir Nabokovs *Lolita* gewagt zu haben, das sich schnell zu einem internationalen Bestseller, schließlich zu einem der unbestrittenen Klassiker des 20. Jahrhunderts entwickelte. Nabokov bemühte sich dann auch rasch, die Verbindung mit Girodias' Pariser Porno-Imperium zu verdrängen: »Ich war nicht darauf vorbereitet«, so Girodias, »als mich ein Einschreiben von Nabokov erreichte ..., in dem er mit königlicher Einfachheit feststellte: ›Ich erkläre unseren Vertrag für null und nichtig ...‹ Seine Agentin musste all ihre Diplomatie aufwenden, ihn zu überzeugen, dass es ganz so einfach nicht funktionierte.«[130] Nabokov jedenfalls erlaubten die *Lolita*-Einnahmen, seine Professur aufzugeben und in die Suite eines Schweizer Hotels zu ziehen. Girodias steckte seinen Anteil komplett in das Wahnsinnsunternehmen Grande Séverine – fünf Jahre später war er pleite.[131]

Sein US-Unternehmen konnte nicht nur den ökonomischen Erfolg der Pariser Zeit nicht fortsetzen, auch literarisch waren die besten Jahre vorbei, obwohl er noch eine Reihe bemerkenswerter Bücher druckte, etwa Ronald Tavels *Street of Stairs* (1968), Diane di Primas *Memoirs of a Beatnik* (1969), *The Original Seven Minutes* von einem fiktiven »J J Jadway« (1969) und Valerie Solanas' *S.C.U.M. Manifesto* (1968) – dabei sollte das Attentat der »frühesten Anti-

130 Maurice Girodias, Pornologist on Olympus – The Founder and Editor of Paris' Olympia Press Speaks Up on His Work and His Credo, in: Playboy 4/1961, S. 56, 68, 145–148, hier S. 146.

131 De St. Jorre, The Good Ship Venus, S. 160.

Indieporn-Aktivistin«[132] zuerst Girodias gelten, aber der war zur fraglichen Zeit in Kanada, sodass Warhol als Ersatzmann herhalten musste.[133] An allen vier Titeln sicherte sich Schröder die deutschen Rechte. Allerdings erschienen nur Tavel und di Prima bei der deutschen Olympia Press, die beiden anderen Bücher wanderten ins März-Programm.

Das also war die Geschichte, die Schröder mit dem Verlagsnamen »Olympia Press« übernahm, wobei die deutsche Dependance die spezifische Mischung, die Girodias' verlegerische Fama ausmachte, weder wiederholen konnte noch wollte: Der Firmenname sorgte für eine literarisch-avantgardistische Aura, auch wenn man sich weitestgehend aufs rasche Bereitstellen der keineswegs nur in links-literarischen Kreisen nachgefragten *dirty books* beschränkte. Die weniger anrüchigen Bücher, inzwischen auch regulär auf dem englischsprachigen Markt zu haben, hatten ohnehin größtenteils längst deutsche Verleger gefunden: Millers Romane und Southerns und Hoffenbergs *Candy* (1967) erschienen bei Rowohlt, Burroughs' *Naked Lunch* (1962) bei Limes, Donleavys *Ginger Man* (1963) bei Kindler, Becketts *Watt* (1970) bei Suhrkamp.

Als brauchbar erwies sich auch Girodias' über Jahre bewährte libertäre Verlags-Ideologie. Sie bestand eigentlich nur aus zwei recht schlichten Glaubenssätzen: 1. Was die Zensur-Instanzen herausfordert, ist per se widerständig, also progressiv, auch und gerade wenn es nach geltenden Maßstäben geschmacklos, ja: widerwärtig scheint.[134] 2. Das obszöne Wort ist befreiend, weil es eine

132 Diedrich Diederichsen, Pornografie und Pop, in: ders., Kritik des Auges. Texte zur Kunst, Hamburg 2008 (= FUNDUS-Bücher, Bd. 173), S. 256–273, hier S. 263.

133 De St. Jorre, The Good Ship Venus, S. 283.

134 Zu Girodias' Zensur-Kritik vgl. u. a. The Playboy Panel: Sex and Censorship in Literature and the Arts (mit Thurman Arnold, Albert Ellis, Ralph Ginzburg, Maurice Girodias, Norman Mailer, Otto Preminger, Barney Rosset), in: Playboy 7/1961, S. 27 f., 72, 74, 76, 88, 92, 95–99; The Struggle against Censorship. A Round Table Discussion with Maurice Girodias, William Burroughs, Allen Ginsberg, Carl Solomon and James Grauerholz (1974), in: Bill Henderson (Hrsg.), The Art of Literary Publishing – Editors on Their Craft, Wainscott 1980, S. 212–229.

überkommene Moral erschüttert, bis sie einem neuen, freieren Umgang der Menschen endlich nicht mehr im Wege steht. Oder in Girodias' eigenen Worten: »Freiheit muß total sein; sie auf den literarischen oder künstlerischen Ausdruck zu beschränken, ist nicht genug. ... Nicht Freiheit begriffen als bloße Negation, sondern als das Movens für die Erforschung aller positiven Möglichkeiten des menschlichen Lebens, die alle mehr oder weniger ihren Bezugspunkt oder ihren Entstehungspunkt im Sex haben.«[135] In einem Statement zur deutschen Neugründung 1969 allerdings sprach er, die Tausend-Dollar-Zigarre zumindest vor Augen, von der neuen Liberalität in den USA, wo die Olympia Press bereits zu einem »etablierten Verlag« geworden sei: »Fürchten Sie deshalb nicht, daß diese neue Respektabilität einen dämpfenden Einfluß auf den avantgardistischen Stil des Programms hat. Heute wie vor 10 oder 15 Jahren werden Sie Autoren in unserer Liste finden, deren Namen Sie sich merken sollten – die Olympia Press hat noch viele Pläne, die wir auch in Deutschland realisieren wollen.«[136] Tatsächlich dauerte es noch einmal fünf Jahre, bis Girodias' Verlagskarriere beendet war: 1974 erschien in seiner Venus Freeway Press *President Kissinger*, ein kurioses Stück »politischer Science-Fiction« über den zum Präsidenten aufgestiegenen Henry Kissinger. Es sollte Girodias' letzte verlegerische Tat bleiben.[137]

Auch die Kooperation mit Schröder, so einträglich sie sich gestaltete, war nicht von langer Dauer: »Shroeder«, befand Girodias später, sei der Erfolg ganz offensichtlich zu Kopf gestiegen.[138] Um Girodias' Geldforderungen auszubremsen, hatte Schröder in

135 Maurice Girodias, Das farbige Banner der Pornographie. Eine Geschichte der Olympia Press, in: Dieter E. Zimmer (Hrsg.), Die Grenzen literarischer Freiheit. 22 Beiträge über Zensur im In- und Ausland, Hamburg 1966, S. 17–38, hier S. 38.

136 Maurice Girodias, Die deutsche Olympia Press – Seit 18. März 1969 (Pressekonferenz 11. Dezember 1969).

137 Vgl. Maurice Girodias, L'Affaire Kissinger, Paris 1990.

138 Maurice Girodias, Between Books. A Manner of Press Release, New York 1973, S. 16.

Jürgen Petschulls *Stern*-Report über den »Pornokönig« und sein »Luxusleben« die Meldung lanciert, künftig könne die deutsche Olympia Press trefflich ohne internationalen Partner auskommen, schließlich halte Girodias keinerlei Gesellschafteranteile, sondern sei nur Lizenzgeber einzelner Titel.[139] Der Coup misslang, am Ende stand ein Vergleich, und Schröder war die deutsche Olympia Press los. Der Verlag, jetzt unter Schröders abtrünnigem Ex-Mitarbeiter Peter Beitlich, publizierte zwar weiter, aber zumindest die schrillen Zeiten des Porno-Geschäfts waren vorbei. Schon im August 1971, vier Monate nach der *Stern*-Story, berichtete der *Spiegel* über das Auslaufen der »Porno-Welle auf dem Buchmarkt«: Auch die Konkurrenzunternehmen Zeropress und Softpress, von Abraham Melzer betrieben, waren vollkommen überschuldet, trotz des Erfolgs des Bildbandes *Softgirls* (1970) mit dem Münchner Szene-Busenstar Rosemarie »Rosy Rosy« Heinikel (deren Quasselbuch *Rosy Rosy* 1971 bei März erschien), Texten von Paulus Böhmer (ebenfalls März-Autor) und Fotos von Gunter Rambow (der sich gerade, assistiert von Bazon Brock, zu einem der vehementesten Beschwerdeführer in Sachen Schröder entwickelte).[140] Wenig Erfolg beschieden war Gerhard Zwerenz' kleinen *Nummernbüchern*, auch wenn sie der Betreiber selbst in seiner aphoristischen Porno-Theorie zum Mittel der »Befreiung der Fantasie aus den Fesseln der Klassenherrschaft« erklärte.[141]

Bereits Anfang November 1971 allerdings korrigierte der *Spiegel* zwar nicht ausdrücklich sich selbst, doch aber die Kollegen, die »die – falsche – Lagemeldung von der Pornofront« gegeben hätten. Jetzt war das »Geschäft mit der Pornographie« wieder ein Titelthema wert, das zweite in zwei Jahren.[142] Das Sex-

139 Petschull, Der Pornokönig, S. 66.

140 Sitzen auf Softlove, in: Der Spiegel 36/1971, S. 124f.

141 Gerhard Zwerenz, Bürgertum und Pornographie. 106 Fußnoten, Frankfurt am Main 1971 (= Nummernbücher, Bd. 12), S. 9.

142 Porno-Markt: Frau Saubermann an der Spitze, in: Der Spiegel 45/1971, S. 78–97.

Business habe sich keineswegs erübrigt, wie »Porno-Protzer« Schröder verbreite, den das Blatt mit dem Satz zitiert: »Es geht nicht weiter abwärts, da ist keine Chance mehr, das gilt für alle Pornomedien.«[143] Im Gegenteil, auch wenn der Paragraf 184 noch immer in Kraft sei, stabilisiere sich der Handel mit Pornografie, immer neue Sex-Shops und -Versandhäuser hielten ein breites Angebot für ihre Kunden bereit: Bücher, Magazine, Filme, Sextoys, Reizwäsche usw. Auch die Produktion hatte sich normalisiert, selbst große Druckereien, ob sie nun der SPD gehörten oder dem Springer-Konzern, arbeiteten anstandslos für die Sex- und Porno-Blättchen. Kurzum: Der Porno-Markt richtete sich Anfang der siebziger Jahre in jener wenig »kulturrevolutionären« Nische ein, die bis heute besteht, verändert allenfalls durch die immense, von Zensurapparaten kaum kontrollierbare Verbreitungsmaschinerie namens Internet, deren technische Entwicklung Anfang der Siebziger bereits zügig voranschritt. Durchaus vorstellbar also, dass sich Schröder, wäre der Olympia-Streit ausgeblieben, wäre damit auch der gesamte März Verlag nicht in den Konkurs gerauscht, in der neuen Normalität des Sexmarktes wirtschaftlich hätte sanieren können, wenn auch wohl weniger mit *dirty books* als mit Bildbänden, Magazinen, Filmen – schließlich war er unter dem Label »Olympia Film« auch in diese Sparte eingestiegen. Dann allerdings wäre heute eine ganz andere Geschichte zu erzählen.

Denn was der *Spiegel* 1971 als Normalisierung des Business beschrieb, bei der eben schon mal der eine oder andre auf der Strecke bleibt, markiert zugleich, wie Diederichsen festhält, das rapide Schwinden der »sozio-ästhetischen Nähe« von Pornografie und Gegenkultur.[144] Was auch immer an lesbisch-schwuler, queerer oder sonstwie subkulturell kodierter »Indiepornografie« seitdem

143 Ebd., S. 87.

144 Diederichsen, Pornografie und Pop, S. 263.

entstanden sein mag, in der Bundesrepublik spielte es kaum eine Rolle. Linke Magazine wie *konkret*, die einige Jahre lang munter Pin-ups gedruckt hatten, verzichteten nun wieder darauf, einige – wie Klaus Rainer Röhls Konkurrenzblatt *das da* – behaupteten sich noch eine ganze Weile mit dieser Mixtur, um sich schließlich statt von den Bildchen lieber von der Politik zu verabschieden. In den Underground-Postillen ersetzten psychedelische Zeichnungen, John-Tenniel-Stiche, Crumb-Comics und merkwürdige Typografie die aus skandinavischen Heftchen gerissenen Sexbilder. Und ab Ende der Siebziger erklärte die bundesdeutsche Frauenbewegung pornografischen Darstellungen den Krieg. Doch zu diesem Zeitpunkt glaubte ohnehin niemand mehr an die Verquickung von Porno, Pop und Politik, zu deren kurzer Testphase Schröder auf das Label »Olympia« gesetzt hatte.

Zum denkbar günstigsten Zeitpunkt, vermengten sich doch um 1968 eine sich seit der Einführung der Pille anbahnende Liberalisierung zumindest heterosexueller Umgangsnormen, die zunehmende Sexualisierung von Werbung, Illustrierten und kommerziellen Filmen, die Populär-Sexologie eines Oswalt Kolle, die wider den Erhalt der »bürgerlichen Kleinfamilie« gerichteten Sexualtheorien studentenbewegter Wilhelm-Reich-Leser und der angebliche Sexualradikalismus medial dauerpräsenter Kommunarden zum Eindruck einer Hochzeit »sexueller Revolution«.[145] Zweifellos verstand es Schröder, die Klaviatur des Progressiven zu bedienen, um Staatsanwälte zu verwirren, Neulinke ins Boot zu holen und den Verkauf anzukurbeln. So heißt es in einer Erklärung zur 1969 gegründeten Olympia Film: »Die neuen Sex-Filme der Olympia Film sind ... keine Pornofilme mehr, sondern Filme, die mit dem Fortschritt, im Sinne des Wortes, der Entwicklung der Sensibilität der Sexualität zu tun haben, also geradezu Anti-

145 Vgl. zusammenführend Dagmar Herzog, Die Politisierung der Lust. Sexualität in der deutschen Geschichte des 20. Jahrhunderts, München 2005, S. 173–222.

Pornofilme. Der Anti-Pornofilm hat genau den umgekehrten Sinn, aus der Frustration herauszuführen, die Komplexe aufzubrechen, den Konsumenten nicht immer tiefer in die Konsumhaltung hineinzustoßen, sondern ihm Möglichkeiten zu geben, sich zu identifizieren, auf die filmischen Vater-Imagos zu verzichten, es selbst zu machen (und Filme laufen zu lassen aus Lust am Spiel, warum nicht?).«[146]

Heute liest sich das zweifellos als Parodie, besonders wenn man bedenkt, dass zu diesem Zeitpunkt noch kein einziges Exempel dieser »Anti-Pornografie« vorzuführen war. Das eigens für die Pressekonferenz gedrehte Filmchen einer Berliner Kommunarden-Gruppe namens »Brothers & Sisters« war so missglückt, dass es Schröder nicht ernsthaft präsentieren mochte. Dennoch berichtete die Zeitschrift *pardon* kurz darauf ausführlich, wenn auch mild ironisch über die Berliner, ihre »Anti-Porno-Filme« und ihre drogenschwere Subkultur-Philosophie, garniert mit zahlreichen vollmundigen Statements der Jungfilmer: »Hier wollen wir versuchen, Avantgarde zu sein. Sexuelle Avantgarde. Das ist kein Widerspruch, denn die Sexualität ist das Entscheidende.«[147] Die angekündigten Produktionen – *Come together* und *That's it* – sahen nie das Dunkel eines Vorführraums, stattdessen produzierte Olympia 1971 und 1972 immerhin sechs Filme, denen das Satiremagazin attestieren konnte, sie vermittelten, anders als die skandinavische Konkurrenz, »daß Sexualität eine selbstverständliche, natürliche, und normale Sache sei, die Spaß macht« – so hatte es ja in der Pressemitteilung gestanden.[148] Doch auch die US-Historikerin Elizabeth Heineman, die sich die Produkte aus Schröders Filmbetrieb vierzig Jahre später angesehen hat, stellt fest, dass es

146 Olympia Film, Neue Sexfilme (Pressekonferenz 11. Dezember 1969).

147 Peter Knorr, Gelebte Pornografie. Ein Bericht über die neue Sexualität Berliner Jungfilmer, in: pardon 2/1970, S. 24–26.

148 Karlheinz Brecher, Na, Leute? Pornofilme gucken? Bericht über einen Massensport, in: pardon 1/1971, S. 52–54.

zwar keine Anti-, sondern durchaus Pornofilme waren, mit den Genrekonventionen aber brachen, um sich aus dem Repertoire linker Theorien und subkultureller Szenen zu bedienen – von den Theorien der Sexualrevolutionäre bis hin zu Valerie Solanas, der der Streifen *Die Amazonen*, reich an lesbischen Szenen, zugeeignet ist.[149] »Schröders tatkräftiges Eingreifen«, resümiert Heineman, »machte die Pornografie zu einer Plattform für Auseinandersetzungen über linke Politik, Sexualität und Konsum. Wie jeder gute Unternehmer bot Schröder jeder Zielgruppe genau das, was sie wollte: Lusterfahrung und Vergnügen für Hedonisten aus alternativen Kulturen und politische Aussagen für die, die nach ›größeren‹ Themen, wie Kunst und Politik suchten, um sexuelle Darstellungen zu rechtfertigen.«[150]

So richtig diese Feststellung ist, sie macht die Porno-Exkursion Schröders doch zu einer bloßen Fußnote, und die kurze Dauer des Unterfangens bestätigt das (im *Mammut* findet das Thema praktisch keine Erwähnung). An Schröders unternehmerischer Cleverness hatten schließlich nicht einmal seine vehementesten Gegner Zweifel, im Gegenteil: Sie überschätzten das Ausmaß seines ökonomischen Erfolgs, genau das machte sie ja zu Gegnern. Und dass die Chiffre »1968« nicht zuletzt die kurzfristig vollkommen logisch scheinende Vermengung heterogener Lebensformen und Theorien bezeichnet, zeigt nicht nur der schnelle Blick in die März-Bibliografie, sondern in praktisch jedes mehr oder minder linke Magazin jener Jahre. Wollte man die Geschichte noch einmal aus dem Blickwinkel der Pornografie erzählen, so wäre wohl ein Unernst zu entdecken, eine Albernheit, in der sich vielleicht deutlicher als in Tausenden Seiten Revolutions-, Subkultur- und

149 Elizabeth Heineman, Jörg Schröder, linkes Verlagswesen und Pornografie, in: Sven Reichardt und Detlef Siegfried (Hrsg.), Das alternative Milieu. Antibürgerlicher Lebensstil und linke Politik in der Bundesrepublik Deutschland und Europa 1968–1983, Göttingen 2010, S. 290–312.

150 Ebd., S. 312.

Kommunedebatte das Gefühl eines befreienden Aufbruchs archiviert hat – allerdings nicht erst in den späten Produktionen, sondern bereits in Girodias' Pariser Paperbacks. Denn so schnell sich die »unentrinnbare Monotonie pornografischen Schreibens« bemerkbar macht, die George Steiner 1965 beklagte,[151] so untrüglich sie sich in den meisten Fällen unmittelbar auf den Leser überträgt, das Genre bot den meist unter Pseudonym und Zeitdruck schreibenden Autoren auch ungekannte Freiheiten: Kohärenz war wenig gefragt, die serielle Handlungsanordnung legte abstruse Variationen nahe, zumal man ja keinen literarischen Ansprüchen genügen musste, eigentlich auch keinen anderen, außer dem, die üblichen Reizworte in hinreichender Dichte anzubringen.

So ist – um ein beliebiges Beispiel zu nehmen – Ed Martins *Frankenstein '69*, als US-Lizenz einer der ersten deutschen Buchclub-Titel, ein Sex-Schauerroman um einen besessenen Wissenschaftler mit obligatorisch wirrem Haar, seine ewig begehrliche Frau, drei künstliche, auf Sex programmierte Wesen mit bedauerlichen Fehlschaltungen, drei hereinschneiende Geheimagenten und ein Spukschloss, in dem es, trotz verlässlich über den Himmel zuckender Blitze, so gar nicht spuken will. Außerdem begegnet man einem trunksüchtigen, leider momentan impotenten Meeresgott, der von seinen Untergebenen mit stets neuen, wenig Ehrfurcht bezeugenden Namen angerufen wird (»Euer Erhabener Hoden«, »Memorier des Ersten Stoßes«, »Euer Sabbernder Wüstling« usw.). Und natürlich ewig scharfen Nixen, variabel im Geschlecht, unter denen der Verkehr mit einem Wal als Höhepunkt der Dekadenz gilt. Nur gelegentlich nachlässig durch submarinen Zauber motiviert, wiederholt Martin längere Beschreibungspassagen, ein ganzes Kapitel wird mehrfach variiert, wenn auch über weite Strecken wortgleich. Platte Running

151 George Steiner, Night Words. High Pornography & Human Privacy, in: Encounter 4/1965, S. 15–19, hier S. 15.

Gags und Nonsens-Elemente fehlen so wenig wie sodomitische Szenen, Sex mit Baumstümpfen und eben die von Steiner beklagten, eher pflichtbewusst eingestreuten immergleichen Phrasen à la »Hortense stöhnte vor Entzücken und begann sich auf seinem Schwanz langsam auf und ab zu bewegen«.[152]

J J Jadways *Die wirklichen sieben Minuten*, das Schröder nicht bei Olympia, sondern bei März veröffentlichte (wenn auch mit einem sein Olympia-Press-Layout aufnehmenden Cover), entstammt einer Mystifikation des streitlustigen Girodias: Als er hörte, dass der Bestseller-Autor Irving Wallace sich des inzwischen modischen Themas Zensur angenommen und den Roman *The Seven Minutes* geschrieben hatte, in dem unter anderem ein schmieriger Pariser Porno-Verleger namens Christian Leroux auftritt – eine böswillige Mischung aus Girodias und seinem Vater Jack Kahane –, entschloss er sich zur schnellstmöglichen Gegenwehr.[153] Er ließ einen Freund, den israelischen Autor Michael Bernet, geschwind einen Roman fabrizieren, der knapp nach jenem Wallaces erschien und den Titel *The Original Seven Minutes* trug (später, nach Verbot dieser Ausgabe: *Seven Erotic Minutes*). Als Autor zeichnete eben »J J Jadway«, eine fiktive Gestalt aus Wallaces Roman, die Girodias in seinen Anmerkungen kurzerhand zur realen erklärte – und als solche habe Jadway mit Jack Kahane einen Vertrag abgeschlossen, leider seinen Roman *The Seven Minutes* aber nie beendet. »Die vorliegende Fassung«, so Girodias, »ist weitgehend ergänzt, geordnet und redigiert worden, und zwar von einem Schriftsteller, dessen Begabung der Jadways mindestens ebenbürtig ist. Ich glaube nicht, daß ich mich hier für irgendwelche unziemlichen Manipulationen entschuldigen muß, denn das Buch hätte keinesfalls

152 Ed Martin, Frankenstein '69, Darmstadt 1969, S. 13.

153 Vgl. Porno-Mystifikation. Kleines Späßchen, in: Der Spiegel 43/1970, S. 228–231; de St. Jorre, Good Ship Venus, S. 287f. Zuerst rekonstruiert von Kearney, A Bibliography of the Publications of the New York Olympia Press, S. VIIf.

in der ursprünglichen chaotischen und unfertigen Form gedruckt werden können.«[154]

Eine Herausgeberfiktion, wie sie schon die Autoren des 18. Jahrhunderts liebten, und auch Girodias hatte seine Freude daran. Bereits 1954 hatte er den angeblichen fünften Band von Frank Harris' berühmter erotischer Autobiografie veröffentlicht. Der irische Journalist hatte vier Bände von *My Life and Loves* in Kahanes Olympia Press publiziert, bevor er 1931 starb.[155] Erbost, dass er die Rechte an diesem Longseller an Hachette verloren hatte, erwarb Girodias wenigstens die am fünften Band – und musste feststellen, dass Harris diesen nicht abgeschlossen hatte. Das teuer erworbene Manuskript las sich längst nicht so vergnüglich wie die früheren, also beauftragte er seinen bewährten Lieferanten Trocchi, daraus einen veritablen fünften Band zu basteln. Trocchi war nicht begeistert, machte aber gute Arbeit, der Band ging unbeanstandet in diverse Nachauflagen und wurde zum gern zitierten Beleg, bis Grove Press 1963 eine Gesamtausgabe des Harris-Werkes vorlegte.[156] Girodias gestand nun ein, dass es sich mal wieder um einen jener »Streiche eines notorischen Weltenbummlers« gehandelt habe, die »nicht unbedingt den Vorstellungen von einem fleißigen Verleger entsprechen«.[157] Trocchis »komödiantische Darstellung«[158] erschien in der deutschen Olympia Press dann auch bereits unter ihrem neuen Titel: *Was Frank Harris nicht wußte* (1969). Girodias' Anmerkung zu Jadway ist also nicht zuletzt ironisches Selbstzitat, bekräftigt durch seinen Seitenhieb

154 Girodias, Nachwort zu »Die wirklichen Sieben Minuten«, S. 253.

155 Vgl. Campbell, Paris Interzone, S. 162–166.

156 Auf Deutsch erschienen als Mein Leben und Lieben. Ein Selbstbekenntnis von Frank Harris, Flensburg 1965f. (3 Bde.).

157 Maurice Girodias, Vorwort, in: Alexander Trocchi, Was Frank Harris nicht wußte, Darmstadt 1969, S. 9–16, hier S. 9 (dem Verständnis zuliebe grammatisch etwas zurechtgerückt, jfb).

158 Ebd., S. 16.

auf *Naked Came the Stranger*, den 1969 erschienenen Sex-Roman der schreibenden Hausfrau »Penelope Ashe«. Ashe war ebenfalls eine Fiktion, produziert hatte den Roman ein ganzes Team amerikanischer Journalisten, bemüht, keine Plattheit auszulassen, um den perfekten Reißbrett-Bestseller zu landen.[159]

»Der Durst nach konsumierbarer, vorgefertigter Kultur ist so unermeßlich, daß Amerika sich langsam zu einem phantastischen Monument der Unwirklichkeit wandelt, zu einem Moloch, der alle in der Welt umherschwirrenden Fehlinformationen aufsaugt und am anderen Ende als abergläubischste, voreingenommenste und irrationalste Kultur wieder ausstößt, die eine menschliche Gesellschaft je erzeugt hat, für die Fakten nichts und Fiktionen alles bedeuten, der Buchstabe wichtiger als seine Bedeutung, und der Mythos immer realer als die Realität.«[160] Also sprach Maurice Girodias, und das im Vor- bzw. Nachwort zum Roman seines fiktiven Autors Jadway, im Übrigen einer leidlich vergnüglichen Story aus dem Bohème-Milieu amerikanischer Exilanten im Paris der Dreißiger, strukturiert durch die eher lax ausgeführte Rahmenhandlung eines siebenminütigen Geschlechtsakts, während dessen der Protagonistin alles Mögliche durch den Kopf geht, Leben und Lieben, Bohème-Spelunken und Orgien, mit allen gebräuchlichen Klischees garniert, Fantasie-Akte mit Jesus, Chopin und Shakespeare, routinierte Blasphemien aller Art, sogar eine Doppelgängerinnen-Szene mit einer Pariser Prostituierten, wenn man denn will: eine Parodie auf das, was Literaturwissenschaftler wohl die »Identitätsproblematik der Moderne« nennen würden: »Ich war plötzlich ein kleines Kind ohne Zuhause noch Namen noch Identität, verheult, verloren, während die anderen Kinder ihm seine Spielzeuge und seine Bonbons stahlen und seinen Pappi wegnahmen.«[161]

---

159 Vgl. Parodie. Fremder als nackt, in: Der Spiegel 35/1969, S. 132.

160 Girodias, Nachwort zu »Die wirklichen Sieben Minuten«, S. 249.

161 Jadway, Die wirklichen Sieben Minuten, S. 200.

Irving Wallace und sein Verlag waren wenig amüsiert von so viel offensivem Unernst, sie erwirkten, dass Girodias' in 150.000er Auflage gedrucktes *Minuten*-Buch eingestampft wurde, bevor es in die Auslieferung gehen konnte, rund fünfzig Stück sollen heute noch auf dem Sammlermarkt auszumachen sein.[162] Von der deutschen Ausgabe gelangten zwar deutlich mehr Exemplare in die Zirkulation, doch auch März musste eine zweite Auflage mit geschwärztem Autornamen und Titel drucken und auf Girodias' Nachwort ebenso verzichten wie auf die, als Vorsatzpapier eingebundene, boulevardmäßig aufgemachte Hintergrund-Info (»März Minuten: Gericht verbietet zweites ›Sieben Minuten‹-Buch«).[163] Man darf vielleicht bezweifeln, dass die Mystifikation vollends aufgeklärt ist – erinnert der Name des identifizierten Autors Michael Bernet nicht doch verdächtig an den von Wallaces Helden Michael »Mike« Barrett? Sicher ist nur, dass das Wallace-Buch verfilmt wurde, und zwar von keinem Geringeren als Sexploitation-Legende Russ Meyer. Allerdings fehlt der Film auf allen lieferbaren DVD-Kollektionen des Sexfilmers – zu kommerziell, zu seriös, zu stringent, murren die echten Fans.

Herausgeberfiktionen leistete man sich auch bei der deutschen Olympia Press. So zeichnete deren Lektor Hardo Wichmann als »Samuel Hirschfeldt« verantwortlich für einen Sammelband »erotischer Texte zum eigenen Gebrauch«, Titel: *Wunderborn*. Eine deutliche Anspielung auf den berühmten Sexualwissenschaftler Magnus Hirschfeld, keineswegs aber die einzige Verweisfinte im Buch. Das Vorwort zitiert Ludwig Marcuse und Peter Rühmkorf, dessen Band *Über das Volksvermögen* (1967), eine kommentierte Kollektion vulgärer Subpoesie, Schlagerparodien, Knittelverse usw., ungeniert zum Vorgängerunterfangen erklärt wird: »Alle

162 Stephen J. Gertz, The Dirty Secret of a Legendary Rare Book, www.finebooksmagazine.com (20. April 2009).

163 1984 erschien dann nochmals eine Ausgabe mit dem Titel *Sieben*, Autor: »Jane Way«.

hier gedruckten Texte«, so »Hirschfeldt«, »sind authentisch, nicht überarbeitet oder redigiert«, sie verbinde das Grundschema des »Gedankenspiels, das an der Realität ansetzt, sie überspielt und verändert, das Individuum entschädigt, belohnt, aus der Anonymität erhöht«.[164] Was dann folgt, ist – bis in die Beispiele hinein – eine Paraphrase von Arno Schmidts Jahre zuvor formulierten Überlegungen zum »Längeren Gedankenspiel«, einem poetologischen Ableger der Freud'schen Tagtraum-Theorie. Schmidt hätte sich wohl gewundert, wäre ihm das Buch in die Hände geraten – auch wenn sein Name nirgends genannt wird. Dafür variiert ein Zwischentitel jenen seiner wild psychoanalytischen May-Polemik *Sitara und der Weg dorthin* (1963): »Orgasmia und der Weg dorthin«.

Von der Güte dieses Kalauers sind dann auch die versammelten Texte, etwa die Gedichte eines »Rainer M. Riegel«: »Sie bewegt den Negerpimmel / sich im Schoße hin und her, / drückt die Eier, ist im Himmel, / schreit dann laut: ›Ich kann nicht mehr!‹«[165] »Rainer M. Riegel«, so viel Philologie muss sein, zieht gleich zwei weitere Avantgarde-Heroen der Nachkriegs-Lyrik ins Porno-Spiel hinein: Rainer M. Gerhardt, einen der frühesten und wichtigsten Vermittler junger amerikanischer Lyrik im deutschen Nachkrieg, und Werner Riegel, Rühmkorfs früh gestorbenen Mitstreiter bei der »finistischen« Zeitschrift *Zwischen den Kriegen*.

Doch für solche Seitenpfade interessiert sich die Philologie bekanntlich wenig, und so gibt es eigentlich nur eine Frage, die die Text-Detektive seit Jahren beschäftigt hat: Hinter welchem der zahl- und fantasiereichen Olympia-Pseudonyme mag sich Joseph »Joschka« Fischer verborgen haben? Etwa hinter dem schönen Namen »Petrus Josuah«, der in Antiquariatskatalogen inzwischen

164 Samuel Hirschfeldt (i. e. Hardo Wichmann), Vorwort, in: ders. (Hrsg.), Wunderhorn. Erotische Texte zum eigenen Gebrauch, Frankfurt am Main 1970, S. 7–10, hier S. 8.

165 Rainer M. Riegel, Wie es euch gefällt, ebd., S. 265–284, hier S. 283.

meist mit dem Verweis »d. i. wahrscheinlich Joschka Fischer« erläutert wird? Schließlich lebte der Apostel Petrus als Fischer am See Genezareth, wo Jesus auf ihn traf. Spätestens da allerdings wird es wirklich philologisch. Und langweilig, was inzwischen, da Fischer – von einem repräsentativen Posten im Europarat mal abgesehen – die Politik verlassen hat und sich als Consultant verdingt, allerdings auch unstrittig scheint.

Hard Disk BRD (4): Castaneda, Don Juan und die Mininukes

Im Sommer 1972 erschien bei März ein Buch mit dem schillernden Dreifachtitel *Die andere Realität. Die Lehren des Don Juan. Ein Yaki-Weg des Wissens.* Sein Autor sollte bald zu einem der einflussreichsten Stichwortgeber jener Alternativmilieus werden, die sich in den Trümmern der Revolutionseuphorie, des kritischen und neomarxistischen Theorieversuchs von »1968« bildeten und immer skurrilere Blüten trieben. In diesem Fall kam der Erfolg für März definitiv zu spät – die deutschen Rechte an Carlos Castanedas Debüt gingen im Konkursverfahren an S. Fischer, wo auch die folgenden Bücher erschienen und bis heute enorme Auflagen erreichen. Schröder konnte von dem Band offenbar nur ein paar Hundert Exemplare drucken, und auch sonst zeigt das Produkt Spuren eines Verlags in der Auflösung: Die Übersetzung ist oft ungelenk, zweifellos unredigiert, und die Satzfehler erreichen eine Dichte, die den *Spiegel* mahnen ließ, dem Verlag fehle offenbar jene »Ernsthaftigkeit«, die Castanedas *Lehren des Don Juan* zu »einem der ehrlichsten und genauesten Bücher über eine dem Zivilisationsverstand kaum zugängliche Welt magischer Lebensweise« mache.[166] Schon auf dem Cover hatte man sich großzügig gezeigt und dem Ober- und Untertitel der Originalausgabe den Titel von Castanedas zweitem Buch beigegeben: *Die andere Realität*, das klang einfach zu suggestiv für die Sinnsucher von 1972, *Die Lehren des Don Juan* dagegen hätten in der Nachbarschaft des März-Programms eher eine erneute Mystifikation Girodias' vermuten lassen.

Der Hang zur Mystifikation fehlte freilich auch diesem Autor nicht. Heute scheint, wie Hannes Stein 1994 in der *Frankfurter Allgemeinen* spöttelte, über Carlos Castaneda alles gesagt: »Es ist nicht mehr nötig, ihn als halbgebildeten Scharlatan zu entlarven: Er verkörpert sozusagen Kalifornien als geistige Lebensform. Die amerikanische Westküste ist das Mekka aller New-Age-Verzückten, sie ist das Moskau aller Öko-Romantiker in den Vereinigten Staaten, und nur hier konnte Carlos Castaneda seinen Doktortitel erwerben. Sein einziges Geheimnis ist, daß er keines hat. Sein Edelschamane Don Juan, der sich so erlesen ausdrückt wie kaum ein westeuropäischer Universitätsprofessor, ist eine typische zivilisationskritische Projektion. Die klugen Sprüche, die Castaneda ihm in den Mund legt, sind versteckte Plagiate: ein Mischmasch aus Wittgenstein, Husserl, orientalischen Weisheits- und psychologischen Erlösungslehren.«[167] Als Castaneda 1998 starb, bekräftigten die meisten Nachrufe das Urteil, er sei vielleicht einer der begabtesten Fantasy-Autoren der international boomenden New-Age-Szene gewesen, ganz gewiss aber kein vertrauenswürdiger Ethnologe indianischer Kultur- und Glaubenspraktiken.[168] Und

---

166 Manchmal verspielt. Carlos Castaneda: »Die andere Realität«, in: Der Spiegel 43/1972, S. 192.

167 Hannes Stein, Führerkult im Feenreich. Carlos Castanedas Absage an Gesellschaft, Moral und Vernunft, in: Frankfurter Allgemeine Zeitung, 30. Dezember 1994.

168 Lesenswert: Deltef Kuhlbrodt, Der größte Kick. Carlos Castaneda, der Geisterseher der Hippie-Ära ist tot. Seine Bücher lasen nicht wenige als Reiseführer auf dem Weg in die Außenwelt der Innenwelt, in: die tageszeitung, 20. Juni 1998.

erst in den letzten Jahren rückte Castaneda – in Folge der BBC-Dokumentation *Carlos Castaneda and the Shaman* (2006) – auch als »Sektenführer« ins Interesse der Medien,[169] nachdem bekannt geworden war, dass sich fünf Frauen, als sogenannte »Hexen« der harte Kern seiner Gefolgschaft, nach dem Tod des Meisters offenbar das Leben genommen hatten. Die Knochen von Patricia Partin, Castanedas Adoptivtochter und Geliebter, wurden 2006 im Death Valley gefunden. Andere einstige Anhänger meldeten sich kritisch zu Wort, darunter auch Amy Wallace, die Tochter des *Sieben-Minuten*-Autors. Sie veröffentlichte 2003 die Abrechnung *The Sorcerer's Apprentice. My Life with Carlos Castaneda.*

1972 war von all dem noch keine Rede, und der *Spiegel* folgte nur einem internationalen Konsens, wenn er Castanedas erstes Buch zwar mit dem »Hippie-Hasch-Brauchtum« der Zeit assoziierte, es aber meilenweit von solchem »Tingeltangel« entfernt wähnte.[170] Castaneda hatte damals in den USA bereits drei Bücher veröffentlicht: *The Teachings of Don Juan. A Yaqui Way of Knowledge* (1968), *A Separate Reality. Further Conversations with Don Juan* (1971) und *Journey to Ixtlan. The Lessons of Don Juan* (1972). Sie beschreiben die – angebliche – Begegnung mit einem Yaqui-Indianer, Don Juan, der sich als *brujo*, also als Zauberer herausstellt und Castaneda als »Lehrling« aufnimmt. Castaneda überschritt in seinen Büchern zwar eindeutig die Grenzen der akademischen Ethnologie (oder »Anthropologie«, wie es an den amerikanischen Universitäten heißt), doch die Zeiten waren günstig für Grenzgänger. Die University of California in Los Angeles (UCLA) nahm Castanedas drittes Buch, versehen mit dem Titel »Sorcery. A Description of the World«, einem Abstract und einem Lebenslauf, ansonsten aber unverändert, als Dissertation an und verteidigte diese Ent-

169 Petra Steinberger, Schlafen mit Carlos. Wie aus dem Peyote-Ethnologen Castañeda ein Sektenführer wurde, in: Süddeutsche Zeitung, 13. April 2007.

170 Manchmal verspielt, S. 192.

scheidung noch, als immer mehr Zweifel an Castanedas Glaubwürdigkeit laut wurden.[171]

Es gab durchaus frühe Skeptiker, etwa den Ethnobotaniker Weston La Barre, ein ausgewiesener Kenner des indianischen Peyote-Kults, der Castanedas *Separate Reality* 1971 als »pseudotiefsinnig, anmaßend und reichlich abgeschmackt« abtat, als »frustrierend, ja enervierend öde Pseudoethnografie und, im Intellektuellen, Kitsch«.[172] Allerdings entschied sich das *New York Times Book Review*, diesen Verriss nicht abzudrucken, er erschien erst Jahre später in einem Sammelband. Und im November 1972 schrieb Joyce Carol Oates, irritiert durch eine Besprechung, wiederum im *Book Review* der *New York Times*, es falle ihr doch schwer, Castanedas Bücher anders denn als Belletristik zu lesen, als »bemerkenswerte Kunstwerke mit dem Hesse'schen Grundmotiv eines jungen Mannes, der eingeweiht wird in eine ›andere Art‹ von Wirklichkeit«.[173] – Das war freilich nur der Leserbrief einer Schriftstellerin, gegen den eine lange Eloge des Ethnologen Paul Riesman stand, der Castanedas Don-Juan-Bücher als »Werk« gefeiert hatte, »das zu den besten gehört, die die Anthropologie als Wissenschaft hervorgebracht hat«.[174]

Erst in der zweiten Hälfte der Siebziger, als vor allem Richard de Mille zahlreiche Inkonsistenzen, Fragwürdigkeiten und – tatsächliche wie vermeintliche – Quellen der Bücher entdeckte,[175] änderte sich die Stimmung. Doch die akademische Debatte sollte

---

171 Vgl. dazu ausführlich Richard de Mille, Die Reisen des Carlos Castaneda, Bern 1980, S. 77–103.

172 Weston La Barre, Stinging Criticism from the Author of The Peyote Cult, in: Daniel C. Noel (Hrsg.), Seeing Castaneda. Reactions to the »Don Juan« Writings of Carlos Castaneda, New York 1976, S. 40–42, hier S. 42 (meine Übersetzung, jfb).

173 Joyce Carol Oates, Letter to the New York Times Book Review, ebd., S. 68f. (meine Übersetzung, jfb). Vgl. auch dies., Don Juan's Last Laugh, ebd., S. 122–128.

174 Paul Riesman, A Comprehensive Anthropological Assessment, ebd., S. 46–53, hier S. 47 (meine Übersetzung, jfb).

175 De Mille, Die Reisen des Carlos Castaneda.

sich noch bis in die achtziger, ja in die neunziger Jahre ziehen, zumal gerade in den USA die Strahlkraft des Bestsellerautors auch Fachkollegen zum laxen Umgang mit ethnologischen Beobachtungen und Quellen verlockte.[176] Ganz zu schweigen von der Verehrung erst in den alternativen Milieus der siebziger, achtziger Jahre, aber auch unter den längst nicht mehr auf linke oder exlinke Szenen beschränkten, bis heute stetig neue Leser hervorbringenden Gläubigen eines »New Age«.[177] Nicht nur in den USA wurden Castanedas Bücher, wie der US-Soziologe Hans Sebald schreibt, zu »einer Art Evangelium der Gegenkultur«,[178] die sich in neuromantischer Breite gegen das wandte, was sie »Rationalismus«, »Technokratie«, »Wissenschaftlichkeit« schimpfte – und es erstaunt nicht, den Counter-Culture-Theoretiker Theodore Roszak unter den frühen Akklamateuren Castanedas zu sehen.[179]

In der deutschen »scene« wirkte vor allem Helmut Salzinger als Multiplikator: Salzinger, in den Sechzigern einer der wichtigsten Kommentatoren von Pop- und Underground-Themen

176 Vgl. ausführlich Jay Courtney Fikes, Carlos Castaneda, Academic Opportunism and the Psychedelic Sixties, Victoria 1993.

177 Irrationalismus- und Esoterikkritik setzt in der deutschen Linken eher spät ein und stößt bis in die Gegenwart auf Anfeindungen, zumindest in sich noch immer als »alternativ« verstehenden Milieus. Vgl. z. B. Eduard Gugenberger und Roman Schweidlenka, Mutter Erde, Magie und Politik. Zwischen Faschismus und neuer Gesellschaft, Osnabrück 2005 (zuerst 1984); Peter Kratz, Die Götter des New Age. Im Schnittpunkt von »Neuem Denken«, Faschismus und Romantik, Berlin 1994; Studentischer Sprecherrat der Universität München (Hrsg.), Ganzheitlich und ohne Sorgen in die Republik von morgen. Dokumentation zum Kongress gegen Irrationalismus, Esoterik und Antisemitismus, Aschaffenburg 2001; Claudia Barth, Über alles in der Welt – Esoterik in der Leitkultur. Eine Einführung in die Kritik irrationaler Welterklärungen, Aschaffenburg 2003.

178 Hans Sebald, Die Romantik des »New Age«. Der studentische Angriff auf Wissenschaft, Objektivität und Realismus, in: Hans Peter Duerr (Hrsg.), Der Wissenschaftler und das Irrationale, Bd. 3: Beiträge aus der Philosophie, Frankfurt am Main 1985, S. 215–237, hier S. 227. Zu Castaneda vgl. auch Hans Sebald, Die Märchenwelt des Carlos Castañeda, in: Hans Peter Duerr (Hrsg.), Authentizität und Betrug in der Ethnologie, Frankfurt am Main 1987, S. 280–289.

179 Roszak führte ein langes, komplett unkritisches Interview mit Castaneda, das im Januar 1969 ausgestrahlt wurde (nachzuhören z. B. via youtube).

in den bürgerlichen Medien, hatte sich Ende der Sechziger aufs Land zurückgezogen und brach mehr und mehr mit dem BRD-Kulturbetrieb.[180] Hellsichtig genug, dem Castaneda-Kult der neuen Esoteriker eine Absage zu erteilen, und hinreichend vorsichtig, sich auf die Glaubwürdigkeit der Don-Juan-Überlieferungen nicht festzulegen, hielt er die Bücher Castanedas doch für einen Hebel, die »Realitätsvorstellungen des abendländischen Kulturkreises« außer Kraft zu setzen.[181] Als Dennis Timm, mit dem er im niedersächsischen Landrefugium mexikanische Pilze gekaut hatte,[182] unter dem Titel *Die Wirklichkeit und der Wissende* 1977 eine buchlange Castaneda-Apologie veröffentlichte, steuerte Salzinger sogar einen lyrischen »Vorspann« bei, Tendenz: »was wir REALITÄT nennen / das ist nicht / alles«.[183]

Diese drei Zeilen bringen Castanedas Kernbotschaft auf den Punkt, zumindest jene, die in den sechziger, siebziger Jahren deutlich gehört wurde: Was wir, durchaus verlässlich, für alltägliche Realität halten, ist eigentlich das Produkt kultureller Zurichtungen unserer Wahrnehmungsfähigkeit, die stets neu bestätigte Identifikation mit einer längst verinnerlichten, tradierten Sichtweise. Castanedas *brujo* spricht von »Schilden«, die die Menschen aufrichten, und vom – fatalen – »inneren Gespräch«: »Die Welt ist so-und-so, nur weil wir uns sagen, daß sie so-und-so ist. Wenn wir aufhören, uns zu sagen, daß die Welt so-und-so ist, dann wird

180 Zu Salzinger vgl. das Nachwort von Frank Schäfer in: Salzinger, Best of Jonas Überohr, S. 309–346, außerdem: Klaus Modick, Mo Salzinger und Michael Kellner (Hrsg.), Humus. Hommage à Helmut Salzinger, Hamburg 1996.

181 Helmut Salzinger, Lehren eines amerikanischen Zauberers (1975), in: ders., Best of Jonas Überohr, S. 297–304, hier S. 301.

182 Dennis Timm, Salz Off The Earth, in: Modick, Salzinger, Kellner (Hrsg.), Humus, S. 52–62.

183 Helmut Salzinger, This is Kino – Ein Vor/Wort, in: Dennis Timm, Die Wirklichkeit und der Wissende. Eine Studie zu Carlos Castaneda mit einem Vorspann von Helmut Salzinger, Bottrop 1977, S. 7–25, hier S. 18.

die Welt aufhören so-und-so zu sein.«[184] Eine erkenntnistheoretische Basisbanalität, doch sie steht nicht zufällig im Zentrum ästhetischer Programme bis in die Gegenwart, und gerade in den Siebzigern weit darüber hinaus auf dem Bewusstseinsprogramm all derer, die sich auf jener Reise wähnten, die Rolf Dieter Brinkmann mit dem Psychiater Ronald D. Laing »Ausbrüche in eine unbekannte psychische Dimension« genannt hatte, »Vorstöße von Kosmonauten des Inneren in ein anderes Land«.[185]

Nur über die Methodik, die Rezeptur war man sich nicht einig – und es ist wohl Teil von Castanedas Erfolg als Reiseleiter, wie aufmerksam und anpassungswillig er sich in dieser Hinsicht zeigte. *Die Lehren des Don Juan*, sein erstes Buch, ist noch ganz dem psychedelischen Aufbruch der Sechziger verpflichtet, es besteht im Wesentlichen aus Protokollen und Gesprächen über psychoaktive Substanzen: Peyote-Kakteen, verschiedene Stechapfel-Sorten und den als »Mexikanischer Kahlkopf« bekannten Pilz *Psilocybe mexicana*. Nach dem Erscheinen des Buches sollen dann auch Hunderte von Hippies nach Mexiko eingefallen sein, bis die Armee – sehr zur Freude der arg bedrängten Indianer – dem Treiben ein Ende bereitete.[186] Aber schon im zweiten Band trat die Bedeutung psychedelischer Drogen deutlich in den Hintergrund, ab dem dritten schrieb Castaneda sogar die Anfänge seiner Lehrzeit noch einmal um, »diesmal ... ohne den Drogenunfug«, wie »Überohr« Salzinger kommentierte, inzwischen offenbar ebenfalls auf einem anderen Trip.[187] Psychoaktive Substanzen hin oder her, das Erkenntnisversprechen wird mit bewährten Erzählelementen

184 Carlos Castaneda, Eine andere Wirklichkeit. Neue Gespräche mit Don Juan, Frankfurt am Main 1973, S. 233f.

185 Brinkmann, Angriff aufs Monopol.

186 Fikes, Carlos Castaneda, S. 38f.

187 Jonas Überohr (i.e. Helmut Salzinger), Karlchens Erzählungen (Sounds, 1974), in: Ulcus Molle Info, Sonder-Nummer 2: Eine andere Ansicht der Welt. Studie zu Carlos Castaneda, Bottrop 1976, S. 26.

ausstaffiert: Don Juan ist der *wise old man*, außerhalb der westlichen Gesellschaft stehend, doch vertraut genug mit ihr, sie mild spöttisch zu betrachten, und er ist, als ausgewiesener Trickster, ebenfalls eine recht variable Figur, erst eher ernst und finster, später, gerade im Ensemble mit seinem Kumpel Don Genaro, ein manchmal recht drastischer Komiker. Die Sonora-Wüste erscheint als Ort außerhalb der Zeit, außerhalb aller Anforderungen städtischer Realität – als Castaneda bei Don Juan aufkreuzt, muss er erst einmal etliche Stunden stumm am Boden herumkriechen, um den idealen Sitzplatz zu finden. Aber es fehlt – neben Trips, die Castaneda unter anderem als Krähe davonfliegen lassen – auch nicht an Fantasy-Elementen: Da wird der Geist eines Wasserloches herbeigerufen, riesige haarige Monster schlagen mit den Flügeln, und eine Hexe sitzt als Amsel auf dem Dach und freut sich des Lebens, bis ihr der Zauberlehrling Castaneda mit einer Wildschweinpfote zu Leibe rückt (da kann man schon einmal das »hemmende Gewicht« der eignen »Vernunft«[188] beklagen). Für intellektuellere Bedürfnisse wird das schamanistische Ritual des Tanzes auf dem Wasserfall geschildert (eine Erfindung, die sich dann in der ethnologischen Forschung festgesetzt hat),[189] und die Form der Bücher scheint diese als willkommene Provokation einer verunsicherten Disziplin attraktiv gemacht zu haben. Jedenfalls dürfte die Zustimmung gerade auch akademischer Ethnologen zum Erfolg erheblich beigetragen haben, ehe sich die Verkäufe auf dem inzwischen gewachsenen Esoterik-Markt verselbstständigt hatten.

Castanedas frühe Bücher übten, gerade in ihrem parodistischen Spiel mit der Wissenschaftlichkeit, in ihrer geschickten Mehrdeutigkeit, ihren Reiz auch auf akademische Intellektuelle aus, die das Irrationale entdeckten, ohne sich diesem – wie die »New Age«-Hippies – hinzugeben. Das zeigt nicht nur ein klug differen-

---

188 Castaneda, Eine andere Wirklichkeit, S. 279.

189 Dazu ausführlich Fikes, Carlos Castaneda, S. 70–78.

zierender Aufsatz des US-Literaturwissenschaftlers Rainer Nägele, der 1973 in Fischers *Neuer Rundschau* erschien,[190] sondern auch Hans Peter Duerrs Habilitationsschrift *Traumzeit. Über die Grenze zwischen Wildnis und Zivilisation*, die mit einer augenzwinkernden Aufnahme des Vorspanns der *Lehren des Don Juan* beginnt.[191] Duerrs Studie, ein aus unzähligen Quellen schöpfender Versuch über die konstitutive Bedeutung der Wildnis für die Errichtung der Zivilisation, sorgte, wenn auch in kleineren, intellektuelleren Segmenten des Alternativmilieus, für ähnliche Aufregung wie Castanedas Fiktionen.[192] Schon bald konnte der Syndikat Verlag, der Duerrs Buch verlegt hatte, mit einem Zitat des erbosten Jürgen Habermas werben: »Ihr wollt die Dämme der Rationalität niederreißen, die wir errichtet haben.«[193]

Schwer einzuschätzen, wie sehr ein anarchisch-neugieriger, der Vulgär-Esoterik und -Gottsucherei aber fremd gegenüberstehender Ethnologe wie der Paul-Feyerabend-Schüler Duerr von der aus Amerika herübergetragenen »New Age«-Welle profitierte, Carlos Castaneda tat es auf jeden Fall. Beider Erfolg aber ist Ausdruck jenes Wandels, den Rainer Nägele mit Blick auf die USA beschreibt: »Sah man, vor allem in den Universitätsbuchhandlungen, bis 1969/70 Marcuse, Marx und Mao Tse-tung, kritische Abhandlungen über Gesellschaft und Politik, Informationen über den Vietnam-Krieg, Anleitungen zum Guerilla-Krieg und ähnliches mehr, so hat sich das Bild seit dem Herbst 1970 zunehmend verändert. Immer mehr verschwanden die inzwischen schon vertrauten Titel und Namen von den Ausstellungsständen, an ihre

190 Rainer Nägele, Unterwegs nach Ixtlan. Zur Phänomenologie eines neuen Bewußtseins, in: Neue Rundschau 4/1973, S. 667–687.

191 Vgl. Hans Peter Duerr, Traumzeit. Über die Grenze zwischen Wildnis und Zivilisation, Frankfurt am Main 1978, S. 9.

192 Vgl. dazu Rolf Gehlen und Bernd Wolf (Hrsg.), Der gläserne Zaun. Aufsätze zu Hans Peter Duerrs »Traumzeit«, Frankfurt am Main 1983.

193 Zit. nach Manfred Henningsen, Habermas oder die Angst vor der Traumzeit, in: Gehlen und Wolf (Hrsg.), Der gläserne Zaun, S. 24–31, hier S. 24.

Stelle traten Hermann Hesse – der allerdings schon in den sechziger Jahren eine große Rolle spielte –, Zen-Buddhismus, transzendentale Meditation, überhaupt östliche Philosophie in allen Variationen und nicht zuletzt Einführungen in die Hexenkunst und schwarze und weiße Magie.«[194]

Die »Revolution«, so erklärten auch die deutschen »Alternativen«, wandte sich nach innen.[195] Spiritualität stand jetzt hoch im Schwang, es war viel die Rede von »Betroffenheit«, aber auch ökologische Themen rückten zunehmend ins Interesse – am Übergang in die achtziger Jahre stand die Restlinke ganz im Zeichen der Anti-AKW-Bewegung und der sich formierenden Grün-Alternativen. Man könnte vielleicht eine BRD-Geschichte dieser »zweiten Kultur« entlang der Zweitausendeins-Verlagsprogramme schreiben – hier nur eine, zugegebenermaßen tendenziöse, Minimalauswahl: 1974 – Salvador Dalí: *Unabhängigkeitserklärung der Phantasie und Erklärung der Rechte des Menschen auf seine Verrücktheit*, Wolf Wondratschek: *Chuck's Zimmer. Gedichte/Lieder.* 1975 – Antonin Artaud: *Die Tarahumas. Revolutionäre Botschaften*, Robert Crumb: *Die 17 Gesichter des Robert Crumb*, Bob Dylan: *Texte und Zeichnungen*, Gilbert Shelton: *Die 128 Seiten der Fabulous Furry Freak Brothers & ihrer Freunde.* 1976 – Bob Dylan: *Tarantel*, Uwe Nettelbeck: *Mainz wie es singt und lacht*, Helmut Newton: *White Women*, Cat Stevens: *Songbook.* 1977 – Charles Bukowski: *Stories und Romane*, Eva Kroth: *Ansichten von Frauen*, Hannes Wader: *Lieder.* 1978 – Woody Allen: *Wie du dir, so ich mir*, Joan Baez: *Tagesanbruch*, Donovan: *Songbook.* 1979 – *Briefe aus einer belagerten Provinz. Was betroffene Bürger berichten und wie sie über den Atomstaat denken*, Günter Grass und Volker Schlöndorff: *Die Blechtrommel als Film*, Peggy Parnass: *Prozesse 1970 bis 1978*, Günter Zint: *Gegen*

194 Nägele, Unterwegs nach Ixtlan, S. 668.

195 Vgl. Pascal Eitler, »Alternative« Religion. Subjektivierungspraktiken und Politisierungsstrategien im »New Age« (Westdeutschland 1970–1990), in: Reichardt und Siegfried (Hrsg.), Das alternative Milieu, S. 335–352, hier S. 345.

den Atomstaat. 1980 – *Deutschland-Berichte der Sozialdemokratischen Partei Deutschlands (Sopade) 1934–1940*, *Global 2000 – Der Bericht an den Präsidenten*, Michael Ruetz: *»Ihr müßt diesen Typen nur ins Gesicht sehen.« APO Berlin 1966–1969*, Wolf Wondratschek: *Letzte Gedichte.* 1981 – *Chemie in Lebensmitteln*, Robert Crumb: *Voll auf die Nüsse*, Alexander Kluge und Oskar Negt: *Geschichte und Eigensinn*, Holger Strohm: *Friedlich in die Katastrophe. Eine Dokumentation über Atomkraftwerke.* 1982 – Robert Del Tredici: *Die Menschen von Harrisburg. Das Leben mit dem Atomreaktor Three Mile Island*, Susanne Fischer-Rizzi: *Blätter von Bäumen. Mythen, Heilanwendung und Betrachtung von einheimischen Bäumen*, Joan McIntyre: *Der Geist in den Wassern. Ein Buch zu Ehren des Bewußtseins der Wale und Delphine*, Georges Perec: *Das Leben. Gebrauchsanweisung.* 1983 – Inga Buhmann: *Ich habe mir eine Geschichte geschrieben*, Peter Knorr und Hans Traxler: *Birne. Das Buch zum Kanzler*, Antje Kunstmann: *Mädchen. Sexualaufklärung emanzipatorisch.* 1984 – Marie-Claude Deffarge und Gordian Troeller: *Frauen der Welt*, Marc Rogers: *Gemüsesamen aus dem eigenen Garten*, Ursula Wall: *Bio-Baby. Biologische Ernährung für Säuglinge und Kleinkinder mit Tips für Kleidung und Pflege.* 1985 – Marius Müller-Westernhagen: *Songbook*, Volker Elis Pilgrim: *Zehn Gründe, kein Fleisch mehr zu essen*, Elisabeth von Schöfer-Salzmann: *Heilung durch Bewegung. Durch Bewegungstherapie zu einem befreiten Leben.* 1986 – Lisa Malin: *Die schönen Kräfte. Eine Arbeit über Heilen in verschiedenen Dimensionen*, Rolf Schwarz: *Heilung durch Homöopathie*, Verena Rottmann und Holger Strohm: *Was Sie gegen Mikrozensus und Volkszählung tun können. Ein Ratgeber*, Holger Strohm: *Was Sie nach der Reaktorkatastrophe wissen müssen.* 1987 – AG Atomindustrie: *Wer mit wem in Atomstaat und Großindustrie*, Nan Goldin: *Die Ballade von der sexuellen Abhängigkeit.* 1988 – Victor Chu: *Psychotherapie nach Tschernobyl*, Brigitte Runge und Fritz Vilmar: *Handbuch Selbsthilfe. Gruppenberichte – 900 Adressen – gesellschaftliche Perspektiven*, Barbara und Rolf Schwarz: *Natürliche Kleidung.* 1989 – *Der Heimatplanet*, *Die taz. Das Buch.* 1990 – Pat Delgado und Colin Andrews: *Kreisrunde Zeichen. Eine Untersuchung des Phänomens der* *spiralförmig flachgelagerten Bodenmuster in Kornfeldern*, Pat Delgado und Colin Andrews: *Die Zeichen mehren sich. Neue Fakten und Fotos zum Phänomen der spiralförmig flachgelagerten Bodenmuster in Kornfeldern*, Ruth Jensen: *Umweltschaden AIDS? Hintergründe einer biologischen Katastrophe*, *Tibet – Heiliger Raum. Vorwort von Seiner Heiligkeit, dem Dalai Lama.*

Natürlich verfälscht eine solche Auswahl. Sie unterschlägt, wie kontinuierlich Zweitausendeins auf einige internationale Hausautoren gesetzt hat – Charles Bukowski, Robert Crumb, Boris Vian –, verschweigt literarische Wiederentdeckungen wie die Serie *Haidnischer Alterthümer* und lässt unbeachtet, dass das Unternehmen bei aller immer reger werdenden Verlagstätigkeit doch in erster Linie stets ein Verwalter fremder Restbestände blieb, sprich: ein »Ramscher«. Aber selbst Mathias Bröckers kommt in seiner offiziellen Verlagsgeschichte, 2009 zum vierzigsten Jubiläum des Betriebs gedruckt, nicht umhin, Verständnis für Jörg Schröder und Uwe Nettelbeck auszudrücken, die ihre jeweiligen literarisch-verlegerischen Projekte einige Jahre exklusiv über Zweitausendeins vertrieben hatten, bis es 1981 zum Bruch kam. Neben Geldstreitigkeiten, »Intrigen, Eitelkeiten und dem üblichen Alpha-Männchen-Gehacke«, so Bröckers, habe auch das Hauptprogramm die »Sub-Verleger« zunehmend irritiert.[196] In Schröders eigener März-Chronik heißt es noch deutlicher: »Schröder trennt sich von Zweitausendeins wegen deren Hinwendung zur Ohne- (›Sehen ohne Brille‹, ›Backen ohne Ei‹) und Mit-Literatur (›Ufos – Wir sind nicht allein‹).«[197] Die große UFO-Welle erreichte den Versand allerdings erst in den neunziger Jahren mit *Jenseits von Top Secret. Das geheime UFO-Wissen der Regierungen* (1991), *Sie sind da. Die UFO-Dokumentation* (1992), *UFO-Welle über Belgien* (1994) und ähnlichen Wälzern.

196 Mathias Bröckers, Zweitausendeins. Der Versand. 40 Jahre danach, Frankfurt am Main 2009, S. 59 f.

197 Vgl. unter www.maerz-verlag.de. Zum – juristischen – Streit zwischen Nettelbeck und Zweitausendeins vgl. Notizen, in: Die Republik 55–60 (1982), S. 1–53.

Andererseits war auch Schröder als Verleger aufmerksam genug, dem alternativen Zeitgeist Zugeständnisse zu machen (obwohl er sich in den siebziger, achtziger Jahren vor allem auf die ohnehin starke literarische Ausrichtung des Verlags konzentrierte). 1979 etwa erschien, noch via Zweitausendeins, Hans Christoph Buchs *Bericht aus dem Inneren der Unruhe*, ein »Gorlebener Tagebuch« zu den damals einsetzenden Anti-AKW-Protesten im Wendland (Christian Schultz-Gerstein attestierte Buch im *Spiegel* redliches Bemühen um die »Bestnote in kritischem Zeitgeist« und spottete, durchaus begründet: »Zum Beweis unerschrockener Kernkraft-Gegnerschaft gibt Buch den Machthabern und Atombefürwortern in aller Welt Saures, daß die Stammtische wackeln«).[198] 1982 folgte *Das Okkulte* von Colin Wilson, ein umfangreicher, zuerst 1971 in Großbritannien erschienener Versuch über das Paranormale und die »Enge des Bewußtseins«.[199] 1983 sollte ein astrologisches »Buch der Deutungen« mit dem Titel *Das aufsteigende Zeichen. Aszendent – Sonne – Himmelsmitte* Geld in die Kassen bringen, und mit Charles Darwins Abhandlung über *Die Bildung der Ackererde durch die Thätigkeit der Würmer mit Beobachtung über deren Lebensweise* erschien gewissermaßen der Urtext zum biologisch-dynamischen Gartenbau: »Der Erfolg war mäßig«, so Schröder, »die Leute lasen jeden ökologischen Humbug, aber keinen Quellentext über die Entstehung des Humus.«[200]

Wesentlich mehr Aufsehen erregte 1985 *Die Vernichtung der weisen Frauen. Beiträge zur Theorie und Geschichte von Bevölkerung und Kindheit*, eine umfangreiche Untersuchung von Gunnar Heinsohn und Otto Steiger, die bald zum Szene-Bestseller wurde, was die Faszination des Hexen-Themas für ein alternatives, oft frauen-

198 Aus amtlichen Höhen. Christian Schultz-Gerstein über H. C. Buch: »Gorlebener Tagebuch«, in: Der Spiegel 3/1980, S. 165 (auch in: ders., Rasende Mitläufer. Porträts, Essays, Reportagen, Glossen, Berlin 1987, S. 34 – 36).

199 Colin Wilson, Das Okkulte, Berlin und Schlechtenwegen 1982, S. 9.

200 Schröder erzählt, Folge 37: Pingpong, Augsburg 1999, S. 30.

bewegtes Publikum beweist, denn Heinsohn und Steiger erteilten einigen populären Theorien eine klare Absage, etwa der, in den Hexenverfolgungen habe der neuzeitliche Rationalismus die weibliche Verbundenheit mit der Natur, einen widerständigen Irrationalismus bekämpft. Schon in der *Mammut*-Anthologie ließ sich die Gegenthese von Heinsohn und Steiger nachlesen.[201] Mit dem Vorwurf der Hexerei, so heißt es darin, sei im Sinne vermehrter »Menschenproduktion« vor allem das Volkswissen über effektive Empfängnisverhütung bekämpft worden, außerdem Techniken des Schwangerschaftsabbruchs, der Sterilisation, der Kindstötung und schließlich alle Sexualpraktiken, die sexuelle Befriedigung brachten, aber nicht der Fortpflanzung dienten (also Homosexualität, Prostitution und Ehebruch). »Offensichtlich«, schließen Heinsohn und Steiger, »waren also die tödlichen Verfolgungen und die sich daraus ergebende allgemeine Repression weder gegen die weibliche ›Irrationalität‹ gerichtet, noch beruhten sie ursprünglich auf einem männlichen Haß aus dem Gefühl sexueller Unterlegenheit heraus, sondern sie dienten einer Bevölkerungspolitik, mit der die Interessen von Frauen *und* Männern kollidieren mußten.«[202] Diese durchaus steile These verhalf Schröders *Mammut* dann doch noch, nach den beiden verworfenen Elogen, zur Erwähnung im *Spiegel* – immerhin fünf Seiten widmete das Magazin den »neuen Forschungsergebnissen über die Ursachen der Hexenverfolgung«.[203]

In der *Mammut*-Anthologie finden sich noch weitere Spuren alternativer Grab- und Forschungsarbeit an den »Dämmen der Rationalität«: Dem, nicht zuletzt dank der hoch identifikatorischen Historiografie der Frauenbewegung, ungemein populären

---

201 Gunnar Heinsohn und Otto Steiger, Die Vernichtung der weisen Frauen, in: Schröder (Hrsg.), Mammut, S. 494–518.

202 Ebd., S. 517f.

203 »Femina = die weniger Glauben hat«. Neue Forschungsergebnisse über die Ursachen der Hexenverfolgung, in: Der Spiegel 43/1984, S. 117–128.

Hexenthema galt neben Heinsohns und Steigers Text ein Auszug aus dem Band *Hexenprozesse in der Grafschaft Büdingen* (1982), einem Selbstverlagserzeugnis des Oberforstmeisters und Regionalhistorikers Walter Nieß.[204] Auch eine Übersetzung des Buches *Mysteries. An Investigation into the Occult, the Paranormal and the Supernatural* (1979) von Colin Wilson, damals bereits mit zwei Büchern bei März vertreten, wurde in Aussicht gestellt – erschien allerdings nicht, vermutlich bedingt durch den baldigen Konkurs. Im *Mammut* findet sich ein kurzes Kapitel daraus, »Riesen und Hexen«, eine Würdigung des obskuren Archäologen, Okkultismus-Forschers und Parapsychologen T. C. Lethbridge, den Wilson unter anderem ob seiner Experimente mit Pendeln und seiner Deutung der britischen Steinkreise als »Akkumulatoren« magischer Kräfte rühmt.[205] Zu den schillernden Gestalten, denen Reverenz erwiesen wird, gehört außerdem der anarchistische Psychoanalytiker, Bohemien und Kokain-Süchtige Otto Gross, der Ende der Siebziger im Rahmen von Harald Szeemanns Monte-Verità-Ausstellung wiederentdeckt worden war. Josef Dvorak, einst im Umfeld von Muehl, Nitsch und anderen Wiener Aktionisten unterwegs, rechnet Gross in seinem *Mammut*-Text jenem Jahrhundertwende-Milieu zu, das mit seinen »symbolistischen, expressionistischen, dadaistischen, unabhängig-sozialistischen und antiautoritär-individualistischen Konzeptionen« zum Vorbild der »kulturrevolutionären Studentenbewegung von 1968« geworden sei.[206] Das war durchaus im Sinne der editorischen Ausgrabungsarbeit um 1968, wie sie auch der März Verlag betrieben hatte und weiter betrieb – das *Mammut* zeugt davon.

---

204 Walter Nieß, Erste Nachrichten über Hexenprozesse in der Grafschaft Büdingen, in: Schröder (Hrsg.), Mammut, S. 519–543.

205 Colin Wilson, Riesen und Hexen, in: Schröder (Hrsg.), Mammut, S. 559–570.

206 Josef Dvorak, Kokain und Mutterrecht, in: Schröder (Hrsg.), Mammut, S. 1059–1089, hier S. 1059.

Nicht einmal Immanuel Velikovsky, vielleicht der merkwürdigste Name in den Neugierverzeichnissen der siebziger, achtziger Jahre, fehlt – auf seine »Gespräche mit Einstein« stößt der Leser gleich zu Beginn der 1984 komponierten *März Texte 2*.[207] Der Hinweis auf den fünf Jahre zuvor verstorbenen russisch-amerikanischen Psychoanalytiker mit polyhistorischem Selbstverständnis dürfte von Gunnar Heinsohn gekommen sein, hatte dieser doch in Deutschland die Debatte um Velikovskys populäre, aber flächendeckend als unseriös abgelehnte Theorien wieder angeschoben[208] und 1982 die »Gesellschaft zur Rekonstruktion der Menschheits- und Naturgeschichte« mitbegründet. Der kurzlebige, bald an internen Streitigkeiten zerbrechende Verein versuchte, Velikovskys zentrale Anliegen weiter zu verfolgen: seine Vorstellung von globalen Katastrophen in der Erdgeschichte, ausgelöst durch kosmische Vorfälle, verbunden mit dem Konzept einer kollektiven Verdrängung dieser Desaster über die Jahrtausende, seine Kritik der gängigen historischen Chronologie, schließlich sein Beharren darauf, mythisch-religiöse Erzählungen wörtlich zu nehmen und im Zweifelsfalle lieber physikalische Gesetzmäßigkeiten infrage zu stellen als die Erzählung, dass sich das Meer vor Moses und den Israeliten teilte oder dass Jerichos Mauern einstürzten (wobei sich Velikovsky keineswegs allein auf die jüdische Überlieferung stützte).

Velikovsky verkörperte den Typus des unerschrocken-radikalen Häretikers offenbar perfekt – noch heute wird er nicht nur unter Esoterik-Jüngern als zweiter Galileo Galilei gehandelt, seine Anhänger mischen sich auch hierzulande immer wieder in historische Debatten, etwa der Privatgelehrte Heribert Illig mit seiner

207 Immanuel Velikovsky, Gespräche mit Einstein, in: Schröder (Hrsg.), Mammut, S. 362–378.

208 Vgl. Gunnar Heinsohn, Über die ›heiße‹ Venus, das dunkle Zeitalter Griechenlands und das Zittern im akademischen Lehrgebäude. Leben und Forschungen Immanuel Velikovskys, in: Freibeuter 2 (1979), S. 1–20.

chronologiekritischen These vom »erfundenen Mittelalter«.[209] Und Christoph Marx, Übersetzer einiger Velikovsky-Bücher, klagte gar, die Studenten der siebziger, achtziger Jahre, ausgebildet in Unkenntnis der »Velikovskyanischen Wende«, seien »eine verlorene und von ihren Lehrern um ganz grundsätzlich neue Einsichten betrogene Generation«.[210] Marx beweist aber auch einen Realitätssinn fürs Komische, wenn er das Konzept kollektiver Verdrängung kurzerhand mit einer nun eindeutig literarisch-parodistischen Weiterung der Psychoanalyse verknüpft, nämlich mit der »Etym«-Sprachspieltheorie aus Arno Schmidts *Zettel's Traum* (1970).[211] Dagegen zeigt Velikovskys Fragment gebliebener Bericht über die Begegnungen mit Einstein, wie sehr er sich bei aller Widerständigkeit die Anerkennung wissenschaftlicher Autoritäten wünschte.[212] Tatsächlich fand er in Einstein einen Verteidiger seines Muts, nicht unbedingt aber seiner Thesen: »Sie haben das Zeug dazu, auch das kleine Einmaleins mit historisch-philologischen Methoden gründlich zu widerlegen. Des Beifalls der Laien, welche einen geheimen Grimm gegen die Rechnerei haben, können Sie sicher sein«, schrieb der Physiker 1951, als ihm Velikovsky sein erstes Buch *Worlds in Collision* schickte[213] – eine freundliche Antwort, aber im Kern enthält sie bereits das Argument, das Stephen Jay Gould Velikovsky später entgegenhalten sollte: dass er, daherkommend mit dem Charme des Underdogs, zweifellos das dramatische Talent und die Detailkenntnis besitze, seine

209 Vgl. Matthias Grässlin, Dr. Seltsam und die Zeitbombe. Heribert Illig kuriert die Chronologie, in: Frankfurter Allgemeine Zeitung, 1. Oktober 1996.

210 Christoph Marx, Velikovsky im deutschen Sprachraum, in: kuckuck (kulikri) 33/34 (1982), S. 31–40, hier S. 33.

211 Vgl. Christoph Marx und Horst Lummert, Letzte Briefe, in: kuckuck (kulikri) 40/41/42 (1983), S. 113–138. Vgl. auch dies., Zum Velikovsky-Komplex – aus Briefen, in: kuckuck (kulikri) 37/38/39, S. 41–54 und S. 69–75; außerdem den Briefwechsel zwischen Christoph Marx und Paul Feyerabend, ebd., S. 84–101.

212 Vgl. zu dieser Frage auch den Kommentar in Schröder (Hrsg.), Mammut, S. 1248f.

213 Brief vom 5. Januar 1951 (www.varchive.org).

Thesen faszinierend, für ein Laienpublikum überzeugend zu formulieren – mehr aber auch nicht.[214] Für Velikovsky-Anhänger, fest überzeugt von ihrem himmelstürmenden Radikalskeptizismus, waren solche Verweise freilich eher Bestätigung. Als der *Spiegel* 1981 von Streitigkeiten um Einsteins Nachlass berichtete,[215] traktierte Marx Wissenschafts- und Chefredaktion, schließlich sogar den Herausgeber Rudolf Augstein mit Briefen: Der Nachlass werde nicht wegen irgendwelcher Streitigkeiten unter Verschluss gehalten, sondern weil er »die von allen Biographen schon totgeschwiegene Verbindung Einsteins zu Immanuel Velikovsky« dokumentiere, sprich: »die Zernichtung« von Einsteins »Theoriengebäude – und damit unseres Weltbildes«. Auch der *Spiegel* wirke mit an dieser Geheimhaltung.[216]

Schröder übernahm Velikovsksy Text übrigens aus einer »Zeitschrift für die Poesie und die Revolution und«, die Helmut Höge, Autor, später Redakteur der noch jung-alternativen *tageszeitung*, unter dem Titel *Neues Lotes Folum* herausgab.[217] Die assoziative Komposition dieses Magazins, die Freude an Fundstücken, Beziehungszauber, Mystifikation und Identitätsvervielfältigung zeigen eine gewisse Nähe zum *Mammut* – tatsächlich war Höge als Hospitant an dessen Redaktion beteiligt,[218] unter dem Pseudonym

214 Stephen J. Gould, Velikovsky im Zusammenstoß, in: ders., Darwin nach Darwin. Naturgeschichtliche Reflexionen, Frankfurt am Main, Berlin und Wien 1984, S. 130–136.

215 Daumen drauf. Mehr als 25 Jahre nach dem Tode Albert Einsteins werden seine nachgelassenen Schriften und Papiere noch immer unter Verschluß gehalten, in: Der Spiegel 6/1981, S. 196.

216 Abgedruckt in: kuckuck (kulikri) 33/34 (1982), S. 23–30, hier S. 23.

217 Immanuel Velikovsky, Gespräche mit Einstein, in: Neues Lotes Folum 2&4. Zeitschrift für die Poesie und die Revolution und, Bremen 1980, S. 345–354, mit einem Nachwort, S. 354–369, und einem Anhang, S. 371–373.

218 »Jörg Schröder und ich« ist seine eigne Formulierung für die *Mammut*-Arbeit, die Schröder als Hochstapelei zurückweist (Helmut Höge, »Im Grunde verletzt es meine Eitelkeit, dass jeder Name in der Geschichte Ich bin«, in: Kultur & Gespenster 9 (2009), S. 113–129, hier S. 128).

»Helke Schwan« steuerte er auch einen Text bei, den er gemeinsam mit Mathias Bröckers geschrieben hatte, Titel: »The Glühbirnen-Fake«.[219] Es geht in der, einer fiktiven Recherche folgenden, Erzählung dann auch um fragwürdige Autorschaft, Kollektivpseudonyme und massives Ghostwriting, um Thomas Pynchon, die Beatniks, verschiedenste Anwärter auf die Shakespeare-Autorschaft und den Plagiatsstreit zwischen Günther Anders und dem US-Friedensaktivisten Jonathan Schell. Als Mastermind der internationalen Ghostwriting-Verschwörung erscheint Ed Sanders, als akademische Gelegenheitsarbeiter der französischen Dependance Michel Foucault und Michel Serres. Und hinter allem steckt eine Agentur namens »Standard Text«, ein Institutionsname, mit dem Höge auch seinen ebenfalls 1984 erschienenen »Endlosroman« *Vogelsberg* zeichnete. Als er 1991 den Band *Babelsberg. Eine Endlos-Recherche* folgen ließ, war Jörg Schröder dann allerdings doch irritiert über Höges jüngste Pseudonymfindung: »Bismarc Media«, Name der neben dem ersten März Verlag betriebenen Business-Art-Agentur für gar nichts (schon im *Neuen Loten Folum* war zu lesen, »daß es in der Linken nur noch so etwas wie ein ›Copy-Left‹ gibt, d.h. so viel wie: ›they left it to us‹« – was auch immer das wiederum konkret heißt,[220] jedenfalls sah Höge es nicht so eng).

Komplettiert als Szene-Reader wird das *Mammut*, das Schröder mit Barbara Kalender edierte, durch Texte über Drogen, etwa Werner Schmidmaiers kleines Verzeichnis von »Chymie aus Wald und Flur« (mit kulturhistorischen Verweisen vom Delphischen Orakel bis hin zu Lewis Carroll)[221] und einen Bericht des Mediziners George Morris Carstairs über Rauschmittel in

219 Helke Schwan (i.s. Mathias Bröckers und Helmut Höge), The Glühbirnen-Fake, in: Schröder (Hrsg.), Mammut, S. 633–653.

220 Neues Lotes Folum 2&4, S. 375.

221 Werner Schmidmaier, Chymie aus Wald und Flur, in: Schröder (Hrsg.), Mammut, S. 1027–1035.

Indien.[222] Noch die Tatsache, dass die gelben Bücher Anfang der achtziger Jahre auf dem Land gemacht wurden, nämlich im Vogelsbergkreis, einem Rückzugsgebiet zahlreicher, nicht nur alternativer, Stadtverdrossener, erlaubt ein kleines literarisches Memoryspiel: Dreht sich auf Seite 1190 ein Traktorfahrer um, die Schiebermütze halb ins Gesicht gezogen, und entpuppt sich, laut Bildunterschrift, als »Ken Kesey auf seiner Farm in Pleasant Hill«, kann man nur wenige Seiten weiter den Blick durchs Fenster auf einen weiteren Traktoristen werfen – diesmal ist es der ländliche Verleger Schröder selbst, eine ungewohnte Inszenierung, die freilich auch in dem 1985 vom Bayrischen Rundfunk produzierten TV-Portrait *Die März Akte. Prüfungen der deutschen Literaturszene* für allerlei bukolische Szenen gut ist.[223]

Der Verweis hat noch einen zusätzlichen Sinn, denn Kesey und Schröder erweisen sich im *Mammut* nicht nur als Intellektuelle in der Provinz, sie können beide von merkwürdigen Tauchversuchen im Zentrum der Friedensbewegung berichten, Kesey Mitte der Sechziger in den USA, Schröder Anfang der Achtziger in der Bundesrepublik. Was sich gleicht, sind weniger die Umstände, ähnlich ist vielmehr das Befremden. In einem kurzen Kapitel aus Tom Wolfes *The Electric Kool-Aid Acid Test*, 1970 in die März-Anthologie *DIG. Neue Bewußtseinsmodelle* aufgenommen, 1984 dann ins *Mammut*,[224] findet sich der Bericht von Keseys Auftritt bei einem gigantischen Mobilisierungstreffen der Vietnamkriegs-Gegner in Berkeley, den großspurig benannten »International Days of Protest Against American Military Intervention« im Oktober 1965. Kesey und seine Gang, die Merry Pranksters, ließen es sich nicht nehmen, in voller psychedelischer Montur zu erscheinen, einen eigens ange-

222 George Morris Carstairs, Bhang und Alkohol. Kulturelle Faktoren bei der Wahl von Rauschmitteln, in: Schröder (Hrsg.), Mammut, S. 1037–1058.

223 Die März Akte, ein Film von Peter Gehrig, DVD, Berlin 2007.

224 Tom Wolfe, Die gefrorene Friedensversammlung, in: Schröder (Hrsg.), Mammut, S. 1179–1190.

brachten amerikanischen Adler auf dem blutrot beschmierten Bus, auch wenn der gemeinsame Aufmarsch mit einer Delegation der wenig pazifistischen Hell's Angels ausfallen musste. Wolfes Bericht, zugegebenermaßen parteiisch, schildert Kesey als fatalen Störer linker Erregungsübungen: »Ihr wißt doch«, lässt er Kesey mit freundlich-langsamer Stimme sagen, »daß ihr diesen Krieg nicht mit dieser Kundgebung beenden könnt ... auch nicht mit Marschieren ... Marschieren, das machen die doch ... die machen Kundgebungen und die marschieren ... seit zehntausend Jahren haben sie Kriege geführt, und auf diese Tour werdet ihr das nicht stoppen können ... zehntausend Jahre, und das ist das Spiel, wie sie es spielen ... Kundgebungen veranstalten und marschieren ... und das ist genau das Spiel, das ihr mitspielt ... nämlich *denen* ihr Spiel ...«[225] Wolfe will allerhand Verwirrung unter den Zuhörern, vor allem aber unter den Veranstaltern registriert haben: »Wer zum Henker hat diesen Bastard eingeladen!« »*Du* hast ihn eingeladen!« »Naja, verdammt noch mal, wir haben gedacht, er ist Schriftsteller, also wird er gegen den Krieg sein!«[226]

Folgt man dem 1982 – zum Start des neuen März Verlags – erschienenen Band *Cosmic*, erzählt von Jörg Schröder, aufgeschrieben und montiert von Uwe Nettelbeck, dann stolperte Jörg Schröder ähnlich unverhofft in die neue Friedensbewegung der Bundesrepublik, um nicht zu sagen: begründete er, ohne es zu wollen, jenes »sensationelle Comeback« des in den Ostermärschen der fünfziger, frühen sechziger Jahre tragenden, nach der Radikalisierung der Vietnam-Proteste aber verdrängten Pazifismus, wie Wolfgang Pohrt spottete: »Zehn Jahre lang hatte die in tausend Müsli- und Knäckebrotsekten zerfallende Bewegung das Pulverfaß im Keller glatt vergessen und bienenfleißig ein alternatives Aufbauprojekt auf das andere gemauert. Nun schlug plötzlich

225 Ebd., S. 1186f.

226 Ebd., S. 1188.

die Vergegenwärtigung der Tatsache, daß man im Atomzeitalter lebt, wie eine Bombe ein.«[227] Und so berichtet auch Schröder von einer reichlich späten, aber umso weiter reichenden Reaktion. Im November 1980 erschien im eben mit höchsten Ambitionen gestarteten Kulturmagazin *TransAtlantik* Schröders Erzählung *Die Eingeweide der SPD*, ein literarischer Bericht »über die oberhessische Basis«,[228] also von der realen Tristesse ländlicher Ortsvereine. Als eine Merkwürdigkeit unter vielen wird darin auch der Besuch eines »Rudi Schrimpf« genannten Genossen erwähnt, der nach einigen Gläsern Obstler von den »Atomen« berichtet, die, zusammen mit konventionellen Sprengköpfen, in getarnten, aber nur schlecht gesicherten Depots lagerten (tatsächlich fand sich wohl in keinem anderen Land zu Zeiten des Kalten Krieges eine ähnliche Atomwaffendichte wie in der Bundesrepublik – Anfang der siebziger Jahre sollen um die 7000 Atomwaffen verschiedenster Art im Land deponiert gewesen sein). Die Existenz dieser sogenannten »Sondermunitionslager« war kein Geheimnis, allenfalls ein offenes, in Zeitungsarchiven problemlos nachzulesen, aber 1980 wirkte Schröders Story dennoch wie eine Offenbarung – sie kam eben zur rechten Zeit: Mit dem NATO-Doppelbeschluss im Dezember 1979 stand ein erneutes »Nachrüsten« in Westeuropa an. Anfang November 1980 wurde mit Ronald Reagan ein republikanischer Hardliner US-Präsident und avancierte schnell zum Feindbild zumal der deutschen Friedensbewegten.[229] Obwohl die

227 Wolfgang Pohrt, Endstation. Über die Wiedergeburt der Nation, in: ders., Endstation. Über die Wiedergeburt der Nation. Pamphlete und Essays, Berlin 1982, S. 95–128, hier S. 97. Zur Kritik des Pazifismus um 1968 und ihrer Rücknahme vgl. ders., Gewalt und Politik, in: Die alte Straßenverkehrsordnung. Dokumente der RAF, Berlin 1986, S. 7–19.

228 Jörg Schröder, Die Eingeweide der SPD. Erzählungen über die oberhessische Basis, in: TransAtlantik 11/1980, S. 67–77.

229 Zu den Phasen der neuen Friedensbewegung vgl. überblickend Andrei S. Markovits und Philip S. Gorski, Grün schlägt rot. Die deutsche Linke nach 1945, Hamburg 1997, S. 165–171.

»Schrimpf«-Anekdote Anfang der siebziger Jahre spielt, druckte die *tageszeitung*, das Zentralorgan der grün-alternativen Bewegung, einen entsprechend filetierten Auszug aus dem *TransAtlantik*-Text kurzerhand als »Reportage« nach – und bald stand Schröders Telefon nicht mehr still: »Wollen Sie mal ein Atomminendepot sprengen? Fahren Sie in die Grenzgebiete zur DDR. Alle 40 km entlang der DDR-Grenze hat die NATO Munitionsdepots eingerichtet, die auch Atomwaffen enthalten.«[230]

Die *Cosmic*-Erzählungen, 1981 aufgenommen, im Sommer 1982 in Nettelbecks Zeitschrift *Die Republik*,[231] im Herbst als März-Buch erschienen, wären dann schon eher »Reportage« zu nennen, zeichnen sie sich doch aus durch einen abgeklärt-scharfen Blick auf die sich eben formierende neue Friedensbewegung und den »ganzen Müslimuff und Moralmuff und Bewegungsmuff«.[232] Es treten auf: *taz*-Redakteure und sonstige -Mitarbeiter, von denen sich einer als *Stern*-Mitarbeiter erweist (und im *Stern* erschien dann auch der vielbeachtete Bericht über die »Atomrampe« BRD – noch zwei Jahre danach sollte Gerd Bucerius über die »dreiste Behauptung« klagen, »die Bundesrepublik sei die ›drittgrößte Atommacht der Welt‹ – dabei haben wir überhaupt keine Atomwaffen«).[233] Außerdem mit von der Partie: der Pfarrer Günther Heipp als christlich-umweltbewusster »Geschaftlhuber«,[234] eine Handvoll wohlmeinender »Grünspechte«, durch Theweleit-Lektüre geschulte Alternativ-Schwadroneure,[235] Stadtflüchtlinge, die das

230 *Taz*-Bericht vom 27. Oktober 1980, in: Jörg Schröder und Uwe Nettelbeck, Cosmic, Berlin und Schlechtenwegen 1982, S. 67. Zu Schröder und der *tageszeitung* vgl. zusammenfassend Barbara Kalender und Jörg Schröder, Schröder erzählt: Vogelsberg. Die Zeitung als Diskursmedium, in: die tageszeitung, 13. November 2004.

231 Die Republik 55–60 (1982), S. 54–340.

232 Schröder und Nettelbeck, Cosmic, S. 217.

233 Gerd Bucerius zu Fragen der Zeit: Kein Nachruf, in: Die Zeit 22/1983.

234 Schröder und Nettelbeck, Cosmic, S. 244.

235 Ebd., S. 246f.

»kreative Malen in der Gruppe« und das »gemeinsame Trommeln« auch auf dem Land nicht sein lassen können,[236] Katastrophenfurcht-Gewinnler und zwei Grünen-Funktionäre der ersten Stunde, Gertrud Schilling und Roland Vogt (beide gehörten übrigens auch zu jener Partei-Delegation, die wenig später, im Sommer 1982, Muammar al-Gaddafi einen freundschaftlichen Besuch abstattete, gemeinsam mit – dem inzwischen offen neurechten – Alfred Mechtersheimer und – dem Ende der achtziger Jahre zur SPD wechselnden – Otto Schily). »Und ansonsten«, wie es einmal resümierend heißt, »durch die Bank die übliche kunterbunte Truppe, freundliche Volksschullehrer, reisende Querulanten, Bio-Bauern, Anthroposophen, aschfahle Körnerfresser, tatterige Endzeitpropheten, Kundschafter von K-Gruppen, Kundschafterinnen aus der Frauenbewegung, ein paar Journalisten«.[237]

Zum eigentlichen Phänotypen dieses – keineswegs ohne zumindest anfängliche Sympathie, doch aber mit stets wachsendem Befremden betrachteten – Alternativ-Biotops wird der Schriftsteller Peter Mosler ausstaffiert. Mosler hatte 1981 bei Rowohlt das Buch *Die vielen Dinge machen arm* veröffentlicht, Schröder sollte es für den *Spiegel* rezensieren, sein Befund schien Redakteur Christian Schultz-Gerstein allerdings wohl nicht scharf genug, und so entschloss er sich, Moslers »ebenso menschenfeindliches wie gedankenloses Buch, das überdies vor ideologischem Opportunismus nur so strotzt«, selbst zu verreißen: »Wenn ein sich immer noch als linksliberal verstehender Kulturbetrieb einen Autor als ›Dissidenten der Bundesrepublik‹ in die Arme schließt, der Wörter wie ›Lebensraum‹ für Lyrik hält, in dessen KdF-Sprache der Bauer ›die Frucht dem Boden abringt‹ und ›Armut‹ gleichbedeutend mit ›Größe‹ ist, dann liegt der Verdacht nahe, daß die linksliberale Identität des Kulturbetriebs weiter nichts mehr ist

236 Ebd., S. 243.
237 Ebd., S. 193.

als Etikettenschwindel. Der bringt dann Autoren wie Mosler hervor.«[238] Das sind deutliche Worte, und die Schilderungen in *Cosmic* fallen nicht nennenswert freundlicher aus. Mosler präsentiert sich darin zunächst einmal als opportunistischer Wichtigtuer und selbstgefälliger Schwätzer, doch in diesen Rollen erscheint früher oder später praktisch jeder Bewohner des Kulturbetriebs – keineswegs nur in den Erzählungen Jörg Schröders, der für diese Gemengelage von Eitelkeit, Intrigantentum, Oberflächlichkeit und Selbsterhaltungstrieb nur ein besonders ausgeprägtes Gespür hat. Wie Schultz-Gerstein erkennt aber auch Schröder, dass die Falschheit des Tons – von der sich der *Cosmic*-Leser durch ein über zwanzig Seiten langes Zitat überzeugen kann[239] – verrät, welch merkwürdige Umwandlungsprozesse in den alternativen Milieus geschahen und wie sie hineinwirkten in den offiziösen Kulturbetrieb: »Volle Deckung, die neuen Menschen kommen, halb Yogis, halb Kommissare.«[240]

Und so ist *Cosmic* nicht zuletzt der geradezu gespenstischen Unempfindlichkeit jener Alternativen gewidmet, die sich ihre »Sensibilität« und, schlimmer noch, ihre pausenlose »Betroffenheit« zugute halten, um umso dreister ihre Dogmen zu behaupten, Gruppengehorsam einzufordern, die nötigsten distanzwahrenden Umgangsformen einer permanenten Erziehung zu opfern – ganz zu schweigen von apokalyptischen Sehnsüchten, Besserwisserei, Funktionärsgebaren und einem geradezu penetrant guten Gewissen. »Man mag wahrscheinlich all die merkwürdigen Affinitäten zum Faschismus nicht, die in diesen Bewegungen zutage treten«, heißt es an einer Stelle.[241] Und angesichts eines *konkret*-Textes des

238 Christian Schultz-Gerstein, Grüner Etikettenschwindel, in: Der Spiegel 16/1981, S. 237–240.

239 Schröder und Nettelbeck, Cosmic, S. 253–277.

240 Ebd., S. 278.

241 Ebd., S. 196.

linken »Sittenwächters« Hermann Peter Piwitt,[242] so Schröder, frage man sich doch, »ob es nicht Zeit ist, deine Siebensachen zu packen und zur Not sogar nach Texas auszuwandern«.[243]

Hard Disk BRD (5): Unterwegs nach Deutschland

Dallas, Texas, also als doch vorzuziehende Alternative zu einem deutschen Alternativmilieu, das sich eben nicht nur durch apokalyptisch-katastrophische Visionen von atomarer Zerstörung, Überbevölkerung und Waldsterben formierte, sondern gerade in einem ungehemmten Antiamerikanismus die – natürlich »schwierige«, aber umso lautstärker beschworene – Liebe zu Deutschland entdeckte. Anfang der Achtziger schien es tatsächlich, als wäre das »nächste blaue Wunder«, wie Schröder in *Cosmic* prognostiziert, aus genau dieser Szene zu erwarten.[244]

»Im Augenblick äußerster Bedrohung ... geht man dorthin zurück, woher man kommt: man krallt sich an das, was verbrannt werden soll: deutschen Boden, was noch einmal, und diesmal gründlicher, gelöscht werden könnte: die geschichtliche Existenz eines Volkes«, fantasierte 1984 etwa ein friedensbewegter Karlsruher Germanist und verabschiedete sich vom einst angeblich geteilten amerikanischen Traum: »Wir haben nichts gegen Disneyland, Snow White and the Dwarfs, nichts gegen Donald Duck und MacDonalds, nichts gegen J. R. und Sue Ellen, die Ewings

242 Hermann Peter Piwitt, Fernsehen: Brief an Mrs. E. Ewing in Dallas, in: konkret 3/1982, S. 112.

243 Schröder und Nettelbeck, Cosmic, S. 215f.

244 Ebd., S. 216.

oder Cartwrights, überhaupt nichts gegen Pershing und Cruise Missiles, solange das alles in Texas bleibt oder in Wisconsin oder sonstwo in Amerika.«[245]

Allerorten schwadronierten Linke, Exlinke, aber auch unverhohlen Rechte wie der immer wieder in alternativen Diskussions- und Publikationszusammenhängen auftauchende »Nationalrevolutionär« Henning Eichberg über »nationale Identität« und die »deutsche Frage«,[246] und die Friedens- und Ökologiebewegung lieferte Anfang der achtziger Jahre die zentralen Motive dieser neudeutschen Erregung: Die Bundesrepublik galt nun nicht mehr – wie noch den Vietnam-Protestlern um 1968 – als Verbündeter des US-Imperialismus, sondern als dessen Opfer, kolonisiert, um Selbstbestimmung und Kollektiv-Identität betrogen, zerschlagen und auserkoren zur Front eines fast schon unvermeidlichen Krieges.[247] »Die Berufung auf das Eigene ... führt das reale Ausmaß der *Ent*eignung nach der Katastrophe von 1945 erst vor Augen«, dichtete atemlos der Karlsruher Literaturwissenschaftler: »das, worauf wir uns berufen möchten, ist beschädigt oder korrumpiert: Land, Vaterland, Heimat, ist verloren oder verdrängt: Geschichte und Identität ist aufgegeben: die Einheit

---

245 Götz Großklaus, Schlachtfeld Gesamtdeutschland. Ein Plädoyer für die notwendige Verknüpfung der Friedensfrage mit der ›deutschen Frage‹, in: Werner Buckel, Götz Großklaus und Hans Schulte (Hrsg.), Nachdenken statt Nachrüsten. Karlsruher Wissenschaftler für den Frieden, Karlsruhe 1984, S. 152–167, hier S. 154 und 158.

246 Vgl. etwa Henning Eichberg, Abkoppelung. Nachdenken über die neue deutsche Frage, Koblenz 1987, der auf S. 29–31 auch einen bibliografischen Überblick zur »neuen deutschen Frage« gibt. Zu Eichberg – gerade auch in Hinblick auf seine Querfrontstrategie – vgl. Clemens Heni, Salonfähigkeit der Neuen Rechten. ›Nationale Identität‹, Antisemitismus und Antiamerikanismus in der politischen Kultur der Bundesrepublik Deutschland 1970–2005: Henning Eichberg als Exempel, Marburg 2007.

247 Die schärfste Kritik dieses Prozesses stammt von Wolfgang Pohrt – vgl. neben dem bereits zitierten Aufsatz zur »Endstation« v. a. ders., Lebensschutz und Nationalpolitik. Motive, Ziele und Geschichtsbild der Ökologie- und Friedensbewegung, in: Initiative Sozialistisches Forum Freiburg (Hrsg.), Frieden – je näher man hinschaut desto fremder schaut es zurück. Zur Kritik einer deutschen Friedensbewegung, Freiburg 1984, S. 228–247.

Deutschlands. Jede einzelne Rakete der insgesamt 7500 Raketen auf deutschem Boden in Ost und West befestigt diesen Zustand *innerer* Verwüstung – als Vorwegnahme endgültiger *äußerer* Verwüstung und totaler Auslöschung.«[248]

Ein solches Amalgam von Antiamerikanismus, Apokalyptik, Nationalismus und einem reichlich kruden Geschichtsbild scheint Anfang der Achtziger in einem sich nach wie vor meist »links« nennenden Alternativmilieu kaum Anstoß erregt zu haben, im Gegenteil: In weiten Teilen der Szene stieß diese »neue deutsche Frage« auf Interesse und Zuspruch. Selbst in der Popkultur, in der Bundesrepublik traditionell von einer allenfalls neidvollen Liebe zu Amerika gekennzeichnet, wurde die »neue deutsche Welle« eben nicht als rein musikalisches Modephänomen gefeiert. »Yankees raus, Yankees raus«, grölte 1982 die Hamburger Punkband Slime, und weiter: »Im Land der Freiheit sind alle gleich / So gleich wie damals im Dritten Reich.« »Keine Heimat, wer schützt mich vor Amerika?«, sang im selben Jahr Annette Humpe von der NDW-Combo Ideal – Henning Eichberg gefiel das sehr,[249] und noch zwanzig Jahre später zitierte die neurechte *Junge Freiheit* diesen Songtext als Mahnung zu mehr »Souveränität gegenüber Amerika«.[250] Auch wenn in der bundesrepublikanischen Linken von »1968« antiamerikanische Strömungen stets deutlich präsent waren,[251] erreichten sie doch Anfang der Achtziger mit der nationalen Wende eine neue Qualität.[252]

248 Großklaus, Schlachtfeld Gesamtdeutschland, S. 162.

249 Eichberg, Abkoppelung, S. 28.

250 Doris Neujahr (i. e. Thorsten Hinz), Besuch aus Übersee. Warum es den Deutschen an innerer Souveränität gegenüber Amerika fehlt, in: Junge Freiheit 23/2002.

251 Vgl. Dan Diner, Feindbild Amerika. Über die Beständigkeit eines Ressentiments, München 2002, S. 115–162.

252 Vgl. Wolfgang Pohrt, Anti-Amerikanismus, Anti-Imperialismus. Vortrag, gehalten in Freiburg am 15. Mai 1984, in: ders., Stammesbewußtsein, Kulturnation. Pamphlete, Essays, Feuilleton, Berlin 1984, S. 70–84.

Das gilt ganz ähnlich für den linken Antisemitismus, der sich zunächst fast ausschließlich in der, wie Jean Améry es nannte, »ehrbaren« Form des Antizionismus artikulierte, also nur zu oft in der Anprangerung Israels als »faschistischer« Wiedergänger des »Dritten Reiches«. Schon 1969 kritisierte Améry scharf jene »Allianz des antisemitischen Spießer-Stammtisches mit den Barrikaden«, wie sie sich vor allem in den linken Deutungen des Sechs-Tage-Kriegs von 1967 vorbereitete.[253] In der politischen Szene selbst wurde diese Kritik nur zögernd, mit erheblicher Verspätung diskutiert, nämlich als 1976 bekannt wurde, dass bei der Entführung eines Air-France-Flugzeugs durch ein deutsch-palästinensisches Terrorkommando eine Selektion der Passagiere in Juden und Nichtjuden vorgenommen worden war, angeleitet durch einen ehemaligen Genossen aus der Frankfurter Szene, Wilfried Böse, den einstigen Vertriebsmann des Verlags Roter Stern und Mitgründer der Revolutionären Zellen. (»Das hat mich am Terrorismus am meisten frappiert«, kommentierte Schröder später: »wenn du so einen Typen kennst, dem du eher zutraust, so wie dem Krümelmonster Arno Widman von der ›taz‹, daß er alten und jungen Frauen den Napfkuchen wegfrißt. So einer befehligt in Uganda, in der Air-France-Maschine, die Geiselnehmer.«)[254]

1976 richtete sich der Großteil linker Reaktionen zwar keineswegs gegen die Entführung, sondern gegen die Befreiung der Geiseln durch eine Einheit der israelischen Armee, im damaligen K-Gruppen-Jargon: gegen die »faschistische Aggression der israelischen Zionisten«,[255] aber in der Folge gab es immer wieder Kritik des bis dahin allenfalls als reaktionäre Unterstellung abgetanen virulenten Antisemitismus in der Linken, vor allem vonseiten des

253 Jean Améry, Der ehrbare Antisemitismus (1969), in: ders., Widersprüche, Stuttgart 1971, S. 242–249, hier S. 249.

254 Schröder erzählt, Folge 2: Eine Million und fuffzig, Fuchstal-Leeder 1990, S. 22.

255 Zit. nach Henryk M. Broder, Solidarität mit Idi Amin! Linke Reaktionen auf die Affäre von Entebbe, in: ders., Linke Tabus, Berlin 1976, S. 79–97.

Journalisten Henryk M. Broder, der 1976 unter dem Titel *Antizionismus – Linker Antisemitismus* eine erste scharf-polemische Analyse des Phänomens versuchte und sich in der Folge immer wieder zu Wort meldete.[256] 1980 wanderte Broder nach Israel aus, nicht ohne in der *Zeit* einen langen, bösen Brief an die bundesdeutsche Linke zu veröffentlichen: »Ihr merkt nicht einmal«, schrieb er darin, »daß Ihr wie ein in Schlamm und Geröll stecken gebliebener Zug an genau der Stelle weitermacht, an der Eure Eltern aufhören mußten mit ihrem gescheiterten Versuch, das Weltjudentum aus der Welt zu schaffen.«[257] Die zwanghaften Vergleiche zwischen Israels Gegenwart und dem »Dritten Reich«, so Broder, seien Teil einer vielleicht unbewussten, aber umso dreisteren »historischen und psychologischen Entlastungsoffensive«.

Eine Beobachtung, die sich in den bundesdeutschen Debatten um den Libanonkrieg 1982 nur überdeutlich bestätigen sollte. Von den tatsächlichen Geschehnissen in Nahost war, zumindest in weiten Teilen der linken Debatte, kaum noch die Rede, umso mehr von einem angeblichen »Holocaust an den Palästinensern« oder, wie die *tageszeitung* es kurzerhand nannte, der israelischen »Endlösung der Palästinenserfrage«, dem »umgekehrten Holocaust«.[258] Die Grünen-Politikerin, *taz*-Autorin und Stasi-Mitarbeiterin Brigitte Heinrich,[259] kurz darauf Abgeordnete im Europäischen Parlament, erkannte als »erklärtes Ziel« des Zionismus, und damit des Staates Israel, »die Vertreibung des palästinensischen Volkes

---

256 Henryk M. Broder, Antizionismus – Linker Antisemitismus. Wie die neue Linke das Gedankengut der alten Rechten aktiviert, in: ders., Linke Tabus, S. 38–78.

257 Ihr bleibt die Kinder Eurer Eltern. Euer Jude von heute ist der Staat Israel: Die neue deutsche Linke und der alltägliche Antisemitismus, in: Die Zeit 10/1981.

258 Belege in Martin W. Kloke, Israel und die deutsche Linke. Zur Geschichte eines schwierigen Verhältnisses, Frankfurt am Main 1990 (= Schriftenreihe des Deutsch-Israelischen Arbeitskreises für Frieden im Nahen Osten e.V., Bd. 20), S. 140. Vgl. auch Henryk M. Broder, Der Ewige Antisemit. Über Sinn und Funktion eines beständigen Gefühls, Frankfurt am Main 1986.

259 Vgl. Schröder erzählt, Folge 14: Brot und Spiele, Fuchstal-Leeder 1993, pass.

und die Schaffung eines Groß-Israel vom Nil bis zum Euphrat«,[260] vor einer Bremer Synagoge grölten links-alternative Demonstranten »Juden raus!«,[261] und ein Mitarbeiter der Berliner *tageszeitungs*-Redaktion, der sich um eine halbwegs ausgewogene Darstellung des Konflikts bemüht hatte, fand noch am selben Tag die Fenster seiner Wohnung eingeworfen und den Hausflur mit dem Hinweis bepinselt: »Liebe Hausbewohner, hier lebt ein Zionisten + Faschistenschwein unter Ihnen. Schmeißt ihn raus!«[262] Die Grünen, am Beginn mancher politischen Karriere, schickten 1984 eine Delegation nach Israel, um dort ihre – vorsichtig gesagt – ahistorisch-relativistische Formel von den »Opfern der Opfer« anzubringen.[263] Allerdings führte die Kritik in der Partei zu einer zunehmenden Zerrissenheit,[264] wie in vielen linken Zusammenhängen die – meist verbalen – Exzesse Anfang der Achtziger scharfe Debatten über die »Verlängerung der deutschen Geschichte« oder »Solidarität und deutsche Geschichte« auslösten.[265] Nach dem Zusammenbruch des »real existierenden Sozialismus« und im Klima eines erneuten friedensbewegten Nationalismus während des Golfkriegs von 1991 sollte die nunmehr gesamtdeutsche Linke Anfang der Neunziger die Frage nach ihrem antisemitischen und antiamerikanischen Erbe zum zentralen Streitpunkt erheben und damit die Diskussion bis heute bestimmen – wenn auch aus einer insgesamt immer marginaleren Position.[266]

---

260 Im August 1982, zit. nach Kloke, Israel und die deutsche Linke, S. 139.

261 Ebd., S. 144.

262 Ebd., S. 147f.

263 Ebd., S. 167.

264 Dazu ebd., S. 164–177.

265 Vgl. Dietrich Wetzel (Hrsg.), Die Verlängerung von Geschichte. Deutsche, Juden und der Palästinakonflikt, Frankfurt am Main 1983; Karlheinz Schneider und Nikolaus Simon (Hrsg.), Solidarität und deutsche Geschichte. Die Linke zwischen Antisemitismus und Israelkritik, Berlin 1984 (= Schriftenreihe des Deutsch-Israelischen Arbeitskreises für Frieden im Nahen Osten e.V., Bd. 9).

266 Vgl. dazu Jan Gerber, Nie wieder Deutschland? Die Linke im Zusammenbruch des »realen Sozialismus«, Freiburg 2010.

Als 1985 Bundeskanzler Helmut Kohl den Staatsbesuch von US-Präsident Reagan zu einer ausgeklügelten Inszenierung der Aussöhnung, kurz: des Endes der Nachkriegsgeschichte nutzte, war vonseiten der Linken dennoch kaum Kritik zu vernehmen – obwohl sich Reagan bereit erklärt hatte, zum feierlichen Totengedenken einen Soldatenfriedhof zu besuchen, auf dem auch Angehörige der Waffen-SS begraben waren.[267] Die Reaktionen von liberaler, zumal aber linker Seite, befand der amerikanische Historiker Moishe Postone, waren »vollkommen unangemessen«.[268] Für ihn, so schrieb er in einem offenen »Brief an die westdeutsche Linke«, zerschlug sich in Bitburg und Bergen-Belsen die Hoffnung auf »jene Gruppen von Menschen, deren Selbstdefinition den Versuch beinhaltete, ein anderes Deutschland begründen zu helfen«.[269]

Schon kurz nach dem Bitburg-Besuch Reagans wurde eine Debatte wieder aufgenommen, die bereits fast zehn Jahre zuvor begonnen hatte: Die Frankfurter Kammerspiele kündigten an, im Oktober 1985 Rainer Werner Fassbinders Theaterstück *Der Müll, die Stadt und der Tod* zur Uraufführung zu bringen. Das Stück, eine freie Theateradaption des Romans *Die Erde ist unbewohnbar wie der Mond* (1973) von Gerhard Zwerenz, war 1976 mit zwei weiteren bei Suhrkamp erschienen[270] und hatte eine heftige Diskussion ausgelöst. Joachim Fest, Mitherausgeber der *Frankfurter Allgemeinen Zeitung*, griff Fassbinder scharf an. Das Stück, erklärte Fest, sei

---

267 Zur Bitburg-Kontroverse vgl. Ilya Levkov (Hrsg.), Bitburg and Beyond. Encounters in American, German and Jewish History, New York 1987.

268 Moishe Postone, Bitburg: 5. Mai 1985 und danach. Ein Brief an die westdeutsche Linke (1985), in: ders., Deutschland, die Linke und der Holocaust, Freiburg 2005, S. 51–58, hier S. 54.

269 Ebd., S. 58.

270 Rainer Werner Fassbinder, Stücke 3: Die bitteren Tränen der Petra von Kant / Das brennende Dorf / Der Müll, die Stadt und der Tod, Frankfurt am Main 1976. Überblickend zur Debatte vgl. zuletzt Wanja Hargens, Der Müll, die Stadt und der Tod. Rainer Werner Fassbinder und ein Stück deutscher Zeitgeschichte, Berlin 2010 (= Reihe ZeitgeschichteN, Bd. 5).

Ausdruck eines »Linksfaschismus«, und zwar in einer neuen, unzweideutig antisemitischen Spielart: »Zu den Motiven mag zählen, daß die Linke seit geraumer Zeit kein suggestives Feindbild mehr besitzt; und sie bedarf der Figur des anschaubaren Feindes, um die erwiesenermaßen geringe Anziehungskraft der eigenen Ideologie zu kompensieren. Erstmals ist es nun wieder ›der reiche Jude‹.«[271] Unter dieser Bezeichnung tritt in Fassbinders Stück ein Immobilienspekulant auf, der, von Vergeltungsbedürfnis getrieben, skrupellos alte Häuser abreißt, um neue, teurere Büro- und Wohnflächen zu schaffen – das Feindbild also des Häuserkampfes, der sich in Frankfurts Sponti-Szene durchaus auch antisemitisch artikulierte (Moishe Postone deutete Fassbinders Versuch daher als drastische, poetisch jedoch legitime Verdichtung des »starken Antisemitismus in Teilen der Frankfurter Bevölkerung«, mithin als »Theaterstück über Antisemitismus«).[272]

»Wie im Rausch«[273] debattierte man aber erst, als die Frankfurter Aufführung anstand – drei Jahre nach dem Tod des Autors, der selbst eine Inszenierung, aber auch eine Verfilmung des Stoffes verworfen und keinen weiteren Anlauf unternommen hatte. Die jüdische Gemeinde in Frankfurt stellte sich gegen die Inszenierung, der Schauspiel-Intendant Günther Rühle aber beharrte darauf, das Stück auch gegen jüdische Proteste zu spielen. Er wurde gar mit der Äußerung zitiert, für die Juden sei nun das »Ende

271 Joachim Fest, Reicher Jude von links. Zu Fassbinders Stück ›Der Müll, die Stadt und der Tod‹, in: Frankfurter Allgemeine Zeitung, 19. März 1976.

272 Moishe Postone, Thesen zu Fassbinder, Antisemitismus und Deutschland. Ein Frankfurter Herbst, in: ders., Deutschland, die Linke und der Holocaust, S. 39–50, hier S. 47.

273 Benjamin Korn, Der Schock ist fruchtbar noch. Ein Skandal, mit dem wir nicht fertig sind: Frankfurt und die Fassbinder-Affäre 1985, in: ders., Kunst, Macht und Moral. Essays, Frankfurt am Main 1998, S. 7–29, hier S. 10.

der Schonzeit« erreicht,[274] erwirkte allerdings einen Gerichtsbeschluss gegen die weitere Verbreitung dieses Zitats.[275] Schließlich wurde die Aufführung durch eine Bühnenbesetzung herausgezögert, dann verhindert – »Subventionierter Antisemitismus« stand auf dem großen Spruchband der jüdischen Vertreter. Nach viel verbalem Schlagabtausch gab Rühle den Plan auf, das Stück zu spielen, nicht ohne vorher eine als »Probe« deklarierte Pressevorführung einzufädeln. Es sollten noch einmal über zwanzig Jahre vergehen, bis es in Mülheim an der Ruhr seine deutsche Uraufführung erlebte, abermals gegen Widerstand.

Auch der März Verlag schaltete sich in diese Kontroverse ein: Im März 1986 erschien eine »einmalige Notausgabe« von Gerhard Zwerenz' *Die Erde ist unbewohnbar wie der Mond.* Ergänzt wurde der – 1973 bei Fischer erschienene, inzwischen aber vergriffene – Roman durch die knapp 200 Druckseiten starke Drehbuchfassung, die Fassbinder für den gleichnamigen, aber nicht realisierten Film erstellt hatte. 1976 hatte Zwerenz nicht nur Fassbinder, sondern vor allem die gesamte Linke gegen Fests Vorwürfe verteidigt und von »linkem Antisemitismus« nur in Anführungszeichen, also als – logisch unhaltbarer – Unterstellung gesprochen, wo doch einzig kritischer Realismus vorherrsche: »Heinz Galinski, der Vorsitzende der jüdischen Gemeinde«, schrieb Zwerenz damals in der *Zeit*, »sollte nicht Fassbinder rügen, wie er vor drei Jahren mich rügte, sondern diejenigen, die den literarischen Figuren die Vorlage geradezu aufdrängten. Wenn von den zehn wichtigen Maklern in Frankfurt acht jüdischer Herkunft sind, kann ich nicht über

274 Vgl. u. a. Henryk M. Broder, Antisemitismus – ja bitte! Ein Vorschlag für mehr Ehrlichkeit und weniger Heuchelei (1986), in: Heiner Lichtenstein (Hrsg.), Die Fassbinder-Kontroverse oder Das Ende der Schonzeit, Königstein 1986, S. 210–219, hier S. 213.

275 Frankfurter Landgericht, 11. Dezember 1986 (vgl. die Beilage zu Lichtenstein (Hrsg.), Die Fassbinder-Kontroverse). Der Entscheid betraf vor allem Henryk M. Broder (zu einer Spätfolge vgl. Henryk M. Broder, Schmock der Woche: Günther Rühle, Rentner in Bad Soden (2000), auf: www.henryk-broder.de).

einen Perser schreiben, den es auch gibt.«[276] Zehn Jahre später wollte er das, zumindest in solcher Eindeutigkeit, dann doch nicht mehr vertreten. In seinem Essaybuch *Die Rückkehr des toten Juden nach Deutschland* (1986) spricht er ausdrücklich von dem, was heute meist »sekundärer Antisemitismus« genannt wird, also einem Antisemitismus nicht trotz, sondern wegen Auschwitz. Von diesem will er zwar Linke im eigentlichen Sinne – als Aufklärer – ausnehmen, nicht aber die Bewohner links-alternativer Milieus: »Die Kinder der Täter neiden den Kindern der Opfer die weiße Weste. Von allen Deutschen sind die jüdischen Deutschen die besseren Deutschen, weil ohne Mitschuld an Auschwitz. So ganz ohne Schuld steht sonst keiner da.«[277]

Zwerenz sprach sich dagegen aus, Fassbinders Stück nach dem Tod des Autors aufzuführen. Den Verlag der Autoren, der die Theaterrechte verwaltete, inzwischen aber auch eine neue Buchhandelsausgabe des von Suhrkamp bereits 1976 aus dem Programm genommenen Stückes produziert hatte,[278] forderte er auf, das Stück zu sperren und schaltete schließlich, da man seine Bedenken schlicht ignorierte, einen Anwalt ein, um – als Urheber von Fassbinders Vorlage – Inszenierungen bis auf Weiteres zu unterbinden.[279] Eine effektive Maßnahme, da die rechtliche Unsicherheit andere Theater vor dem Plan zurückschrecken ließ, das *Müll*-Stück kurzfristig ins Programm zu nehmen.

---

276 Gerhard Zwerenz, Linker Antisemitismus ist unmöglich (1976), in: Lichtenstein (Hrsg.), Die Fassbinder-Kontroverse, S. 36–38, hier S. 37.

277 Gerhard Zwerenz, Die Rückkehr des toten Juden nach Deutschland, Ismaning 1986, S. 208.

278 Rainer Werner Fassbinder, Die bitteren Tränen der Petra von Kant / Der Müll, die Stadt und der Tod. Zwei Stücke, Frankfurt am Main 1984.

279 Eine Chronik der unfreiwilligen und freiwilligen Verhinderungen um den Roman ›Die Erde ist unbewohnbar wie der Mond‹ sowie das Theater-Stück ›Der Müll, die Stadt und der Tod‹ im Spiegel der veröffentlichten und unveröffentlichten Meinung, in: März Vorinformationen für Buchhandel und Presse Januar bis Juni 1986, S. 28–34.

In dieser, auch juristisch komplizierten, Situation erschien die Neuausgabe von Zwerenz' Roman bei März, oder genauer: im eigens zu diesem Zweck gegründeten »April!, April! Verlag von Jörg Schröder«, hatte der Verlag der Autoren doch angekündigt, gegen die Veröffentlichung juristisch vorzugehen und im Februar 1986 bereits eine einstweilige Verfügung erwirkt, unter Androhung eines Ordnungsgeldes von bis zu 500.000 DM.[280] Der Rechtsstreit betraf nicht Zwerenz' Text, sondern die Beigabe, eben Fassbinders noch deutlich an der Vorlage orientiertes, von der Filmförderung abgelehntes Drehbuch. Es war also, wie der *Spiegel* schrieb, »eine Art kalkulierter Raubdruck«.[281] Die Auslieferung konnte nicht vollständig verhindert werden, doch zeigte sich der Buchhandel so eingeschüchtert, dass schließlich ein großer Teil der Auflage makuliert werden musste.

Zwerenz versuchte mit der April-Publikation im März 1986 zweifellos, seine rechtliche Position zu stärken, vor allem aber ging es ihm wohl darum, seine Deutung des Theaterstücks und der Kontroverse durchzusetzen. Die publizierte – und in Frankfurt geprobte – Fassung hielt er für unabgeschlossen, war sich aber sicher, dass sein Freund Fassbinder das Stück, hätte er es selbst inszeniert, weiterentwickelt hätte (eine literarische Aufgabe, die Zwerenz nun allenfalls einer Gruppe von Autoren – »vielleicht Broder, Cohn-Bendit und (der Bühnenbesetzer und Pädagogik-Professor) Micha Brumlik«[282] – zutraute).[283] So aber bleibe

280 Vgl. die Materialien zur Pressekonferenz des April!, April!-Verlags, 20. März 1986.

281 So in: Fassbinder – Aus der Versenkung. Mit neu entdeckten Dokumenten soll der Streit um das Frankfurt-Drama »Der Müll, die Stadt und der Tod« in die nächste Runde gehen, in: Der Spiegel 27/1986, S. 172f., hier S. 173.

282 Ebd.

283 Vgl. dazu auch das von Henryk M. Broder im Juli 1986 publizierte »Bochumer Protokoll«, in dem Fassbinder 1976 ausdrücklich erklärt, die Buchausgabe sei ohne sein Wissen vorbereitet worden, und betont, dass das Stück nur von ihm – und nur in entsprechend weiterentwickelter Form – hätte aufgeführt werden dürfen. »Das ist kein Stück, das man im Stadttheater Heidelberg, oder was weiß ich wo, aufführen kann, das sollte auch nie sein ...« (in: Zwerenz, Die Rückkehr des toten Juden nach Deutschland, S. 250–252, hier S. 252).

das Stück, wiederholte Zwerenz immer wieder, die fragwürdige Umsetzung einer weit komplexeren Vorlage: »Warum wohl gibt sich ein Romancier die Mühe, ein abgestuftes Ensemble von Kunstfiguren zu schaffen und ihre Haltungen und Handlungen wie Unterlassungen mit einem Meer von Differenzierungen auszustatten, damit nur ja nicht Unverstand und minderheitenfeindlicher Idiotismus Platz greifen können, wenn dann die Banalisierung des Theaterstücks genau die Fehlhaltungen zeitigt, die verhindert werden sollten?«[284] Es missfiel dem Autor verständlicherweise, dass sein Roman in der Debatte entweder verschwiegen oder aber nur so nebenhin als Vorlage genannt wurde, dass auch ihn das Verdikt des Antisemitismus – zumindest jedoch absichtsvoller Missverständlichkeit – treffen musste.

Für den Verleger dagegen war, folgt man der späteren Darstellung in *Schröder erzählt*, die Erkenntnis ausschlaggebend, dass die Fassbinder-Kontroverse auf einer falschen Polarisierung beruhte. Eine Debatte, die diesen Namen auch verdient hätte, hätte nicht die Freiheit der Kunst auf der einen, die besonderen, »immer noch« oder gar »nicht länger« zu achtenden Sensibilitäten deutscher Juden auf der anderen Seite abwägen dürfen, wie es meist geschah, sondern das Klima eines gewiss nicht neuen, doch in neuer Unverfrorenheit an die Oberfläche drängenden Antisemitismus in der BRD aufs Tapet bringen müssen: »Der Theaterkritiker Peter Iden schwadronierte in der linken ›Frankfurter Rundschau‹ vom ›jüdischen Kapital‹. Joachim Fests Polemik gegen einen ›linken Antisemitismus‹ war offenbar doch nicht so haltlos gewesen, wie ich mir das gewünscht hatte. Und natürlich flog der Deckel auch rechts vom Topf: Wilderich Freiherr von Mirbach Graf von Spee, der CDU-Bürgermeister von Korschenbroich, bemerkte launig: Er müsse ›wohl einige reiche Juden erschlagen, um den

284 Gerhard Zwerenz, Fassbinder, Fellner, Freiherr von Mirbach: Politik mit Vorurteilen. Jetzt kommt der »reiche Jude« von rechts. Zur Geschichte eines Un-Worts (1986), in: Lichtenstein (Hrsg.), Die Fassbinder-Kontroverse, S. 243–247, hier S. 247.

Haushalt seiner Gemeinde auszugleichen‹. Der CSU-Abgeordnete Hermann Fellner zieh die Juden der Geldgier, weil sie Entschädigungen für die Zwangsarbeiter des Deutschen Reiches forderten. ... Jetzt war Schluß mit intellektuellen Spitzfindigkeiten, jetzt mußte Farbe bekannt werden.«[285] Schröder selbst brachte die Veröffentlichung des Zwerenz-Romans, wie er sich erinnert, unter erklärtermaßen linken Kulturbetrieblern den Verdacht ein, er habe sich »von Bubis für diesen Coup bezahlen« lassen,[286] sei also von der jüdischen Gemeinde gekauft, vielleicht auch nur von Bubis persönlich, wurde dieser doch immer wieder als Vorbild für Zwerenz' und Fassbinders »reichen Juden« genannt, eine eher fragwürdige Zuschreibung, denn Verbindungen zum Rotlicht-Milieu, wie sie die Kunstfigur kennzeichnen, lassen sich Bubis nicht nachsagen.[287]

In der Fassbinder-Debatte ging es nicht mehr um Israel und einen angeblichen »umgekehrten Holocaust«, und so schienen sich linke und rechte Ressentiments plötzlich in unheimlicher Weise zu gleichen. Hatten viele Neulinke von »1968« Ende der Siebziger, Anfang der Achtziger ihre Liebe zu Deutschland entdeckt, fanden sie sich mit der Geschichtspolitik der 1982 angetretenen Kohl-Regierung mitten in einer revisionistischen »geistig-moralischen Wende« wieder, die ihnen dann doch, bei aller Sehnsucht nach »nationaler Identität«, Unbehagen bereiten musste. So trieb der Fassbinder-»Schock«[288] Spaltungsprozesse in der Linken voran.[289] Dennoch wurde er zum Modell eines später immer wieder, weit

285 Schröder erzählt, Folge 39: Nur Geduld, Augsburg 2000, S. 21.

286 Ebd., S. 27.

287 Vgl. »Spekulanten, Magistrat – Gangstersyndikat«. Der Hintergrund des Fassbinder-Stückes: die Frankfurter Baupolitik, in: Der Spiegel 46/1985, S. 34–45; außerdem »Wir haben eine Leiche im Keller«. Ignatz Bubis und Daniel Cohn-Bendit über Juden in Frankfurt und den Fassbinder-Streit, ebd., S. 24–32.

288 Korn, Der Schock ist fruchtbar noch, S. 7.

289 Gut abzulesen in: Elisabeth Kiderlen (Hrsg.), Deutsch-jüdische Normalität ... Fassbinders Sprengsätze, Frankfurt am Main 1985 (= Pflasterstrand Flugschrift, Bd. 1).

über das Ende der Bonner Bundesrepublik hinaus, erneuerten vergangenheitspolitischen Provokationsspiels: »Vom Festakt auf dem Soldatenfriedhof in Bitburg und der ›Müll‹-Stück-Kontroverse der Achtziger bis zur Walser-Moralkeulen-Diskussion ist das Thema virulent«,[290] wie Schröder 2000, zwei Jahre nach Martin Walsers Friedenspreisrede über die »Drohroutine« Auschwitz schrieb – und es sollte nicht der letzte Beweis dieser Virulenz bleiben.

Es wäre aber falsch, aus diesen Entwicklungen links-alternativer Milieus wie aus der gesamtgesellschaftlichen »Wende« zu schlussfolgern, die achtziger Jahre seien gekennzeichnet gewesen durch eine Verdrängung des Nationalsozialismus. Ganz im Gegenteil: Trieb ein neues mediales Interesse an der NS-Geschichte seltsame Blüten – etwa im Fälschungsskandal um die angeblichen Hitler-Tagebücher, der das Magazin *Stern* auf Jahre desavouierte[291] –, führte die Abwendung von abstrakten, zumindest in ihrem geläufigen Einsatz oft ahistorischen Faschismustheorien in linken Zusammenhängen zu einer intensiven Auseinandersetzung zumal mit Alltagsphänomenen des »Dritten Reiches«, aber – gerade nach der Ausstrahlung der US-Serie *Holocaust* im Jahr 1979 – auch mit der Verfolgung und Ermordung der europäischen Juden. Für Wolfgang Pohrt war die rege historische Publizistik allerdings nur ein weiterer Beleg der nationalen Tendenzwende. Er schrieb 1982: »Längst ist es nicht mehr das Interesse an aggressiver, moralischer oder politischer Kritik gegenwärtigen Unrechts, welches an der Beschäftigung mit dem nationalsozialistischen Alltag und am Nationalsozialismus überhaupt reizt, sondern was an der ›Aufarbeitung der Vergangenheit‹ reizt, ist die Aussicht auf Befriedigung eines ganz anders gearteten Bedürfnisses, des Bedürfnisses nach Wiederaneignung von Tradition, Geschichte, nationaler

290 Schröder erzählt, Folge 39: Nur Geduld, S. 28.

291 Vgl. überblickend Michael Seufert, Der Skandal um die Hitler-Tagebücher, Frankfurt am Main 2008; gegenläufig: Peter-Ferdinand Koch, Der Fund. Die Skandale des Stern. Gerd Heidemann und die Hitler-Tagebücher, Hamburg 1990.

Identität, gemeinsamer Vergangenheit nach dem Motto: Ganz gleich, wie diese Vergangenheit nun im einzelnen beschaffen war – Hauptsache, es war überhaupt eine da.«[292] Tatsächlich sollten im »Historiker-Streit« der Achtziger,[293] vor allem aber in den Neunzigern von konservativer Seite programmatische »Impulse zu einer Historisierung des Nationalsozialismus« formuliert werden,[294] die es der aufstrebenden Berliner Republik erlaubten, das NS-Erbe nicht länger als Bürde, sondern als identitätsstiftendes Element in ihre Gedenkpolitik zu integrieren. So hellsichtig die Diagnose Pohrts aber war, so unsinnig wäre es, sie prinzipiell gegen eine – durchaus positivistisch zu nennende – Konkretisierung historischer Fragen zu richten, wie sie sich an der Wende der siebziger zu den achtziger Jahren abzeichnete.

Auch für März war dies nur eine weitere Form literarisch-politischer Archäologie, wie sie seit den ersten Verlagsjahren praktiziert wurde. So erschienen 1986 unter anderem eine neue, um einen langen Essay von Peter O. Chotjewitz erweiterte, Ausgabe von Emil Ludwigs *Der Mord in Davos*, einem zuerst 1936 veröffentlichten Buch über David Frankfurters Attentat auf den Schweizer NSDAP-Funktionär Wilhelm Gustloff (Joseph Goebbels nannte Ludwigs Buch ein »gemeines jüdisches Machwerk«, über dessen Lektüre »man zum Antisemit werden« könne, »wenn man es nicht schon ganz und gar wäre«,[295] Gustloff wurde später zum Märtyrer der NS-Bewegung erhoben). Umstritten war dagegen Hans Dieter Heilmanns Neuausgabe von Andreas Biss' *Wir hielten die Vernichtung an. Der Kampf gegen die ›Endlösung‹ 1944*

292 Pohrt, Endstation, S. 120.

293 Vgl. Reinhard Kühnl (Hrsg.), Vergangenheit, die nicht vergeht. Die Historiker-Debatte – Darstellung, Dokumentation, Kritik, Köln 1987.

294 Uwe Backes, Eckhard Jesse, Rainer Zitelmann (Hrsg.), Die Schatten der Vergangenheit. Impulse zur Historisierung des Nationalsozialismus, Frankfurt am Main 1992.

295 Tagebuchnotiz 1936, zit. nach Peter Gathmann und Martina Paul, Narziss Goebbels. Eine Biografie, Wien 2009, S. 117.

(1985).[296] Unter dem Titel *Der Stopp der Endlösung. Kampf gegen Hitler und Eichmann in Budapest* war das Buch bereits 1966 erschienen – und zwar im konservativen Seewald-Verlag (zu dessen Autoren seinerzeit Autoren wie Fritz Erler, Marcel Hepp, Armin Mohler, Friedrich Oppler, William S. Schlamm, Helmut Schmidt, Caspar von Schrenck-Notzing und Franz Josef Strauß gehört hatten – konservative Juden, rechte SPDler, CSUler und ultrareaktionäre Nationalisten). Auch Biss hegte sicherlich wenig Sympathien für die »kulturrevolutionären« Vorstöße des März Verlags, doch versprach dieser ihm die ersehnte Aufmerksamkeit, Schröder versuchte sogar, wenn auch vergeblich, eine Fernsehdokumentation über Biss auf die Beine zu stellen.[297]

Schon im Klappentext stellte der Verleger das Buch in den Kontext der bundesrepublikanischen Debatten rund um den vierzigsten Jahrestag des Kriegsendes (bzw., wie es in den friedensbewegten Verlautbarungen hieß: der »Katastrophe von 1945«): »Offenbar um diese Republik rechtzeitig an salbungsvolles Erbrechen zu gewöhnen, begann bereits Ende 1984 die Diskussion, wie man – allen wohl und niemand wehe – '85 den 8. Mai ›würdig‹ begehen könne. Die PR-Manager der Regierungskoalition stützten sich den Kopf, wie man Reagans angekündigten KZ-Besuch entweder politisch nutzen oder verhindern könne, der sozialdemokratischen Opposition fielen Antifa-Feiern in der Stadt der Reichsparteitage ein, die Grünen hatten, schon bevor es sie gab, die Moral gepachtet«[298] – die BRD-Stimmung Mitte der Achtziger in einer Nussschale. Biss' Erinnerung wurde, gerade in ihrer moralischen Komplexität, dieser Geschichtspolitik der Aussöhnung direkt

296 Vgl. die Presse-Dokumentation in: Horst Lummert in kuckuck (kulikri), Bd. 5: Wir hielten den Holocaust an. Der Biss-Bericht. Eine Dokumentation, Berlin 2010. Die Dokumentation erschien 1986/87 in der Zeitschrift *kuckuck*.

297 Vgl. dazu Schröder erzählt, Folge 38: Volles Rohr, Augsburg 1999, pass.

298 Klappentext zu Andreas Biss, Wir hielten die Vernichtung an. Der Kampf gegen die ›Endlösung‹ 1944, Herbstein 1985.

entgegengesetzt. Er gehörte der »Waadah« an, dem jüdisch-zionistischen Rettungskomitee von Budapest. Die 1943 zusammengekommene Gruppe schaffte es in der hektischen Spätphase der »Endlösung«, als sich eine deutsche Niederlage bereits deutlich anzeigte, über 1500 ungarische Juden in die sichere Schweiz reisen zu lassen (darunter den jungen Peter Szondi). Ihr Einsatz trug offenbar auch dazu bei, dass Ende August 1944 die Deportationen aus Ungarn gestoppt wurden – 293.000 ungarische Juden überlebten. Rund 500.000 wurden ermordet, eine fanatisch vorangetriebene Aktion des SS-Obersturmbannführers Adolf Eichmann.

Um ihre Ziele zu erreichen, mussten die Waadah-Vertreter direkt mit der NS-Führung verhandeln, mit Eichmann, Heinrich Himmler und Otto Clages, SS-Hauptsturmführer und Leiter des SD, des SS-Geheimdienstes, in Ungarn.[299] Als wichtigster Verhandlungspartner erwies sich der SS-Obersturmbannführer Kurt Becher, der, wie es in *Schröder erzählt* heißt, »ziemlich genau dann zum ›gemäßigten Flügel‹ in der SS stieß, als klar wurde, wie wichtig Alibis und gute Beziehungen in Kürze wieder sein würden«.[300] Ließ sich Himmler auf die Verhandlungen ein, weil er glaubte, sich bei einer deutschen Niederlage vor einem siegreichen »Weltjudentum« verteidigen zu müssen (und die Waadah-Abgesandten bestärkten ihn gern in solchem Wahn), kalkulierte Becher nüchtern mit der Solidarität, aber eben auch mit finanziellen Gegenleistungen seiner jüdischen Verhandlungspartner. Tatsächlich stellten ihm Biss und sein Waadah-Mitstreiter Rezsö Kasztner das denkbar beste Zeugnis aus, indem sie ihn zu ihrem Mitstreiter erklärten, auch der Klappentext der März-Ausgabe nennt den

299 In der bundesdeutschen Überlieferung spielt diese Geschichte kaum eine Rolle. Prominent erwähnt wurde sie allerdings 1967 in der *Spiegel*-Serie zur Geschichte der SS, vgl. Heinz Höhne, Der Orden unter dem Totenkopf. Die Geschichte der SS, Folge 20, in: Der Spiegel 10/1967, S. 77–94, hier S. 79–84. Außerdem v. a. Yehuda Bauer, Freikauf von Juden? Verhandlungen zwischen dem nationalsozialistischen Deutschland und jüdischen Repräsentanten von 1933 bis 1945, Frankfurt am Main 1996.

300 Schröder erzählt, Folge 14: Brot und Spiele, S. 41.

»Mann in SS-Uniform ..., der Eichmann die Stirn bot«, ausdrücklich als »Helfer der ›Waadah‹« (was Schröder selbst später mit großer Skepsis betrachtete).

»Ich, der Nazi, bin schuldlos, weil ich einem Juden geholfen habe. Und Sie, der Jude, sind schuldig, weil Sie einem Nazi geholfen haben«, erklärte die Figur Becher vor einigen Jahren in einem Stuttgarter Theaterstück.[301] Eine traurig präzise Pointe: Becher, nach dem Krieg im Agrarhandel tätig, wurde zu einem der reichsten Männer der Bundesrepublik. Er starb 1995, 86 Jahre alt, ohne wegen seiner SS-Tätigkeit jemals vor Gericht gestanden zu haben. Kasztner dagegen, in der sozialdemokratischen Partei Israels, der Mapai, aktiv, sah sich heftigen Anfeindungen ausgeliefert, die Aktivitäten der Waadah galten als »Pakt mit dem Teufel«. Er wurde 1957 in seiner Wohnung in Tel Aviv erschossen (eine Tat, die zumindest in Israel bis heute für Diskussionen sorgt, erst 2008 präsentierte Gaylen Ross auf dem Filmfestival von Toronto ihre Dokumentation *Killing Kasztner. The Jew who Dealt with Nazis*). Wenig erstaunlich, dass von linker Seite deutliche Kritik an Biss, vor allem an der März-Wiederveröffentlichung seines Buches formuliert wurde, zumal der konkret Verlag erst drei Jahre zuvor ein umfassendes Dossier über Becher vorgelegt hatte.[302]

»Was hindert unsere Schriftsteller und Theatermacher daran, eine schwankende, dunkle, schwierige und in ihren Extremen schwer faßbare Gestalt wie den SS-Offizier Kurt Becher in all ihren Facetten auf die Bühne oder in einen Roman zu bringen?«, fragte dagegen Gerhard Zwerenz in einer Rundfunkbesprechung von Biss' Buch: »Vielleicht, weil es so viel einfacher ist, sich in schnellen,

301 Zit. nach Martin Halter, Die Banalität des Guten. Kasztners Liste oder »Zug um Zug«: Elias Perrig inszeniert in Stuttgart eine Episode aus der ungarischen Geschichte des Holocaust, in: Frankfurter Allgemeine Zeitung, 25. April 2003.

302 Karla Müller-Tupath, Reichsführers gehorsamster Becher. Eine deutsche Karriere, Hamburg 1982. Zur Kritik an Biss' Darstellung vgl. z. B. Michael R. Lang, SFB, 1. Oktober 1985 (in: Lummert, Bd. 5, S. 10–17, sowie in der Folge die Briefe von Biss an Lang und den Sender).

unbegründeten Urteilen vorurteilshaft auf ein Pro und Contra einzustellen.«[303] Zwerenz hat das Projekt offenbar eine Zeitlang ernsthaft erwogen, dann aber nicht realisiert. Es war wohl auch ein Gegenentwurf zu Heiner Kipphardts Stück über einen anderen, von Biss wenig geschätzten, Vertreter der Waadah, Joel Brand.[304] Auch Herausgeber Heilmann und Verleger Schröder faszinierte die historisch-moralische Ambivalenz dieser Teilgeschichte des späten NS-Staats. Allerdings lässt Heilmann in seinem Nachwort wenig Zweifel daran, dass es ihm vor allem um eine Kritik an Hannah Arendts These von der »Banalität des Bösen« ging. Gerade Eichmanns Abwehr von Versuchen innerhalb der SS, mit jüdischen Gruppen wie der Waadah zu verhandeln, um angesichts der drohenden Niederlage die eigene Position zu verbessern, zeigten, wie wenig die Charakterisierung als erschreckend normaler Bürokrat auf Eichmann passte. Seine Besessenheit, möglichst viele, wenn nicht alle ungarischen Juden in die Konzentrationslager deportieren zu lassen, bevor der Krieg zu Ende geht, zeige ihn, so Heilmann, als fanatischen »Menschenjäger«,[305] Arendts Theorie verwische nicht nur die Spezifik seiner Biografie, sie tendiere generell zu einer Ausblendung der Geschichte der NS-Ideologie mit ihrem mörderischen Antisemitismus[306] (und so konnte noch der amerikanische Campus-Anarchist und selbsterklärte Cherokee-Indianer Ward Churchill das antisemitisch motivierte Attentat vom 11. September 2001 unter Berufung auf Arendt

303 Gerhard Zwerenz, Blick in die Zeit: Die SS und die Moral, SWF, 9. Juni 1985 (in: Lummert, Bd. 5, S. 72–76, sowie in der Folge den Briefwechsel mit Biss).

304 Heiner Kipphardt, Joel Brand. Die Geschichte eines Geschäfts, Frankfurt am Main 1965.

305 Hans Dieter Heilmann, Zu diesem Buch, in: Biss, Wir hielten die Vernichtung an, S. 355–393, hier S. 374.

306 Ebd., S. 363.

rechtfertigen, hätte es doch genau die Richtigen, nämlich die »kleinen Eichmänner« des US-Imperiums getroffen).[307]

Der *Mammut*-Band enthält übrigens ebenfalls einen Text von Biss, und bereits der Titel dürfte Schröder gefallen haben: *List als Waffe.*[308] An diesen Vortrag, 1970 gehalten in der Gedenk- und Bildungsstätte Stauffenbergstraße,[309] schließen zwei weitere Texte zum Antisemitismus an, diesmal allerdings nicht in seiner deutschen, sondern in der amerikanischen Spielart: ein kurzes Kapitel wider die »Orientalisierung« – oder, wie die deutschen Antisemiten gesagt hätten: »Verjudung« – Amerikas aus der Autobiografie Henry Fords,[310] gefolgt von einer literarischen Replik auf die Auslassungen des Autobauers, nämlich einem Auszug aus Upton Sinclairs *Am Fließband. Mr. Ford und sein Knecht Shutt.*[311] Der Roman, 1937 unter dem Titel *The Flivver King* in den USA gedruckt, erschien, neu übersetzt, 1983 in der nicht mehr abgeschlossenen Sinclair-Werkausgabe bei März. Schröder hatte den 1968 gestorbenen sozialkritischen US-Autor (den »bedeutendsten Trivialschriftsteller der zeitgenössischen Weltliteratur«,[312] wie er selbst ihn einmal nennt) bereits in den Zweitausendeins-Jahren ins Programm genommen, Anfang der Achtziger wurde die Neuausgabe zu einem der wichtigsten publizistischen Vorhaben von März. Der Slogan »List als Waffe« trifft im Übrigen auch einen Punkt in Sinclairs Roman, lässt sich doch auch darin lesen, wie

307 Vgl. Ward Churchill, The Ghosts of 9-1-1. Reflections on History, Justice and Roosting Chickens, in: ders., on the Justice of Roosting Chickens. Reflections On the Consequences of U.S. Imperial Arrogance and Criminality, Oakland und Edinburgh 2003, S. 5–37.

308 Andreas Biss, List als Waffe, in: Schröder (Hrsg.), Mammut, S. 963–976.

309 Zuerst als Andreas Biss, List als Mittel des Widerstands, Berlin 1971 (= Beiträge zum Thema Widerstand, Bd. 1).

310 Henry Ford, Die Orientalisierung Amerikas, in Schröder (Hrsg.), Mammut, S. 977–979.

311 Upton Sinclair, Keine Ahnung, in: Schröder (Hrsg.), Mammut, S. 980–989.

312 Schröder erzählt, Folge 38: Volles Rohr, S. 5.

Antisemitismus zwar nicht durch moralische Entrüstung zu beenden, doch aber durch strategisches Operieren situativ zurückzuschlagen ist. Als Gegenpart Fords lässt Sinclair William Fox auftreten, einen ursprünglich ungarischen Juden, der in den zwanziger Jahren zu einem der einflussreichsten Filmproduzenten der USA wurde, allerdings bald darauf Bankrott ging: »William Fox hatte eine Wochenschau, die zweimal in der Woche zu Tausenden von Kinos fuhr. Fox ließ Mr. Ford mitteilen, daß erschreckend viele Fordwagen Unfälle gehabt hätten. Er werde seine Kameraleute, und er hatte Hunderte davon, im ganzen Lande Nachrichten und Berichte über Unfälle von Fordwagen sammeln lassen. Auch Bilder der zerstörten Wagen mit allen Einzelheiten sollten sie bringen und wieviel Leute getötet wurden, wie viele Hinterbliebene es gab und so weiter. ... Die Botschaft wirkte sofort. Henry sandte William eine Antwort: ›Ich habe mich entschlossen, den Kampf gegen die Juden einzustellen.‹«[313]

So viele Belege sich häufen ließen, es wäre ungerecht, vor allem aber historisch falsch, die links-alternativen Milieus der achtziger Jahre auf die Ideologeme von Antiamerikanismus, Antisemitismus, Katastrophismus und eben – alles zusammenführend – Nationalismus zu reduzieren, die damals bereits formulierte Frage nach den alt- und neulinken Traditionen dieser unheimlichen Phänomene also zur generellen Abwicklung linker BRD-Geschichte zu wenden, wie dies nicht erst, aber vermehrt seit dem Ende der alten Bundesrepublik geschieht, von »68er« Jubiläum zu »68er« Jubiläum.

Stark vereinfacht steht die historisierende Chiffre »1968« heute im Wesentlichen für drei Lesarten bundesrepublikanischer Zeitgeschichte: »1968« war erstens ein großes Spektakel, der Aufstand der gelangweilten Jugend gegen eine verkrustet-veraltete Nachkriegs- und Wirtschaftswundergesellschaft, bei dem eine Menge

313 Sinclair, Keine Ahnung, S. 984f.

politischer Unsinn geredet, laute Musik gehört, viel geraucht und manch wildes – auch sexuelles – Abenteuer begonnen wurde. »1968« war zweitens der Durchbruch einer gesellschaftlich-kulturell, vor allem auch ökonomisch dringend notwendigen Modernisierung der in den Sechzigern stagnierenden Bundesrepublik, deren Erfolg, wie Lorenz Jäger treffend formuliert, »nur darum kaum bemerkt wird, weil [dieses schleichende Achtundsechzig] die Tarnfarbe der Allgegenwärtigkeit angenommen hat«.[314] Und drittens war »1968« ein Aufstand von »Hitlers Kindern« gegen ihre Eltern, denen sie doch, wie es heißt, in so vielem glichen – eine Deutung, die Springers Zeitungen bereits zur Hochzeit der Protestbewegung gern bemühten und die in den letzten Jahren von der provokanten Formel zum historischen Erzählmodell ausgewalzt wird, auch wenn der bisher weitestreichende Versuch des Historikers Götz Aly, veröffentlicht zum vierzigsten Jubiläum der Revolte, den bereits fest eingeplanten »Historikerstreit« dann doch nicht auslösen konnte[315] – wohl auch, weil er der ohnehin längst bekannten Formel nur wenig Neues hinzuzufügen hatte (bereits Ende der Siebziger hatte die Schriftstellerin Jillian Becker ihre vielbeachtete Geschichte der RAF unter den Titel *Hitlers Kinder* gestellt,[316] und 1998 gaben die SDS-Renegaten Horst Mahler, Günter Maschke und Reinhold Oberlercher, inzwischen ausgewiesene Vordenker einer radikalen Rechten, dieser Deutung eine besonders abstruse Wendung: Sie beriefen sich kurzerhand

---

314 Lorenz Jäger, Ein stilles Achtundsechzig. Die Militanten konnten selbst nicht wissen, welche Nachwirkung ihre Ideen einmal haben würden, in: Frankfurter Allgemeine Sonntagszeitung, 30. Dezember 2007.

315 Matthias Matussek, Dutschke, Goebbels und Co. Mit Götz Aly und Peter Schneider legen zwei Hauptakteure der 68er-Revolte ihre Rechenschaftsberichte vor. Waren die Apo-Aktivisten romantische Helden oder Wiedergänger der Nazis? Wer hat recht im neuen Historikerstreit?, in: Der Spiegel 8/2008, S. 148–152. Vgl. Götz Aly, Unser Kampf. Ein irritierter Blick zurück, Frankfurt am Main 2008.

316 Jillian Becker, Hitlers Kinder? Der Baader-Meinhof-Terrorismus, Frankfurt am Main 1978 (das Fragezeichen im Titel verdankt sich der Vorsicht des deutschen Verlags, im Original fehlt es).

positiv auf Habermas' Begriff vom »Linksfaschismus«, forderten eine nationale Querfront und erklärten: »Die 68er Bewegung steht nicht für die Amerikanisierung der Welt, nicht für die Zerstörung der Völker und der Familien durch Kommerzialisierung von allem und jedem, nicht für die Ausbreitung von Job-Mentalität, schlechter Musik, Pornographie, Rauschgift, Kapital, Verbrechen und Kapitalverbrechen, – sie steht für das Gegenteil«).[317] Keine dieser retrospektiven Deutungen entspricht dem damaligen Selbstverständnis der Akteure, so verschieden diese auch waren. Jede beschreibt tatsächlich – zumindest im analytischen Rückblick – wichtige Momente der kulturell-politischen Formation »1968«. Und doch ergibt auch ihre Summe kein annähernd überzeugendes Gesamtbild der späten Sechziger, umso weniger linker BRD-Geschichte seitdem.

Wie viel facettenreicher wäre diese Geschichte allein den Aktivitäten und Publikationen des März Verlags folgend zu erzählen – und Jörg Schröder hat in fast zwanzig Jahren Verlagsarbeit ein riesiges Archiv der Möglichkeiten hinterlassen, das er seitdem, gemeinsam mit Barbara Kalender, durch die fortlaufende Publikation von *Schröder erzählt* um Analysen, Anekdoten, Beobachtungen und Verschwörungstheorien erweitert. Oder, wie er selbst es gegen eine sektiererische Radikalisierung wie jene der RAF formuliert: »Das große geschlossene Wahnsystem ist nicht durch ein kleines geschlossenes Wahnsystem zu besiegen, sondern nur durch ein offenes. Und wie man ein solches herstellt, das erzähle ich ja laufend.«[318] Dabei verweigert er sich konsequent den trivialisierenden Deutungsmustern, die ihren Gegenstand gera-

317 Horst Mahler, Günter Maschke, Reinhold Oberlercher, Kanonische Erklärung zur Bewegung von 1968 (Deutsches Kolleg).

318 Schröder erzählt, Folge 14: Brot und Spiele, S. 26 (und öfter).

de in der Kritik verfehlen,[319] selbst wenn sie sich schmeicheln, das Gegenteil zu tun wie beim Regisseur Andres Veiel. Der bewarb bereits 2004 seine – damals eben begonnene – Filmproduktion *Wer wenn nicht wir* (noch unter dem Arbeitstitel *Vesper, Ensslin, Baader*) mit der Ankündigung, sich der linken Gewaltgeschichte einmal ganz anders, über eine »Randfigur« zu nähern, nämlich über den Schriftsteller Bernward Vesper: »Bernward Vesper rebellierte gegen den Nazi-Vater und blieb dessen Gedankenwelt doch immer verbunden. So hat er gemeinsam mit Gudrun Ensslin die Blut-und-Boden-Werke Will Vespers in den sechziger Jahren neu ediert und sich fast gleichzeitig mit der radikalen Linken identifiziert. Diese Schizophrenie pflanzt sich in der Geschichte des Protests und der RAF fort: in einer Kontinuität des Soldatischen oder auch im Antisemitismus und Antizionismus der Linken.«[320] Und weiter, auf die Nachfrage des *Spiegels*, ob es sich bei seinem Film um eine Abrechnung mit der Linken handeln werde: »Ich möchte das vereinfachte Bild vom linken Protest nicht durch ein neues, ebenso vereinfachtes Bild ersetzen – etwa dass alle Beteiligten verkappte Nazis gewesen seien. Es geht mir darum, Brüche und Kontinuitäten sichtbar zu machen, die bisher kaum bekannt sind. Einen Mythos in Frage zu stellen heißt für mich: das Bild komplizierter zu machen, genau hinzusehen.«

Daran ist einiges merkwürdig, etwa die Behauptung, bei Vesper, der sich 1971 in der Hamburger Psychiatrie das Leben nahm, habe es sich um eine »Randfigur« gehandelt. Das ist, bezogen auf die Geschichte des RAF-Terrors, vollkommen richtig, denn mit diesem verband Vesper neben der Tatsache, dass er bis 1968 mit

319 In diesem Sinne argumentiert auch Claudius Seidl, Wir protestieren! Waren die 68er die Nachhut der Nazis? Götz Alys Buch »Unser Kampf« formuliert eine sehr steile These, in: Frankfurter Allgemeine Sonntagszeitung, 17. Februar 2008.

320 Die Wurzeln des Terrors. Der Regisseur Andres Veiel, 44 (»Die Spielwütigen«), über sein neues Projekt: die Verfilmung von Gerd Koenens Dreifachbiografie »Vesper, Ensslin, Baader«, die 2007 in die Kinos kommen soll, in: Der Spiegel 33/2004, S. 127.

Gudrun Ensslin zusammenlebte, einzig seine Zugehörigkeit zur radikaleren BRD-Linken – mit Sympathie für die sich eben formierende »Stadtguerilla«, was freilich für etliche Linke seiner Generation gilt. Zum Zeitpunkt, da die Linken sich zunehmend von der RAF abwandten, war Vesper längst tot. Unsinnig ist die Charakterisierung dennoch, denn Vespers Essayroman *Die Reise*, 1977 posthum von Jörg Schröder bei März herausgegeben, wurde gerade dadurch ein so überaus erfolgreiches und bis heute immer wieder angeführtes Buch, dass er – auf dem Höhepunkt der RAF-Debatte und -Hysterie erschienen – als herausragendes Zeugnis für die »Ursachen des Terrorismus« gelesen wurde. Heinrich Böll hat das in seiner *konkret*-Besprechung vorexerziert, unter ausdrücklichem, wenn auch etwas vag-metaphorisierendem Verweis auf Beckers These von »Hitler's Children«. Er erklärt Vesper kurzerhand zum »potentiellen Terroristen«, denn: »Vesper war wohl im strafrechtlichen Sinne kein Terrorist, hätte einer werden können und wäre möglicherweise einer geworden.«[321] Und Michael Schneider vermutet in einem 1980 veröffentlichten Kommentar zum »Mythos« Vesper, der Autor der *Reise* sei wohl nur aufgrund seines »gespaltenen Selbstbildes« nicht zum »aktiven Terroristen« geworden.[322] Vesper, als Herausgeber der *Voltaire-Flugschriften* keineswegs eine »Randfigur« der neulinken Aktivisten- und Publizistenszene, wurde seit Erscheinen des Romans immer wieder als Beleg für diese, wie Veiel sagt, »Brüche und Kontinuitäten« deutscher Geschichte angeführt, und es wäre im Gegenteil originell, ihn einmal nicht als Beinaheterroristen darzustellen, was ja meist zur Folge hat, dass die literarische Konstruktion des Buches

321 Heinrich Böll, Wohin die Reise gehen kann. Über die nachgelassene Autobiographie des Bernward Vesper, der Sohn eines NS-Schriftstellers und zeitweise Lebensgefährte von Gudrun Ensslin war, in: konkret 1/1978.

322 Michael Schneider, Über die Außen- und die Innenansicht eines Selbstmörders. Notwendige Ergänzungen zu Bernward Vespers »Die Reise« (1980), in: ders., Den Kopf verkehrt aufgesetzt oder Die melancholische Linke. Aspekte des Kulturzerfalls in den siebziger Jahren, Darmstadt und Neuwied 1981, S. 65–79, hier S. 71.

verschwindet hinter der, ebenfalls bereits von Böll beschworenen, »Authentizität, die in seinem fragmentarischen Charakter liegt« (zusätzlich beglaubigt durch den Suizid).[323] Dieses Lob lässt sich im Übrigen problemlos ins Gegenteil wenden, etwa wenn die *FAZ* 2008 anlässlich einer Theaterumsetzung von Vespers *Reise* schrieb: »Nach eineinhalb Stunden ist die ganze wilde Geschichte tatsächlich erschöpfend erzählt. Und Vespers Sprache, die sich irgendwo zwischen intellektueller Gereiztheit, Alltags-Wortgeklingel, psychedelischer Lautmalerei und bemühter Provokation bewegt, geht einem schon nach den ersten Szenen ziemlich auf die Nerven.«[324]

Nicht nur für Veiel ist Vesper primär attraktiv, weil er – nach stillschweigenden Korrekturen – den »Phänotyp des nazistisch indoktrinierten Jugendlichen« zu verkörpern schien, »der sich in neurotischer Umpolung quasi zwangsläufig zum linken Terroristen entwickeln mußte«, wie Schröder spottet und richtigstellt: »Nein, die Eltern der RAF der ersten Generation ... waren dezidierte Antifaschisten, Antiimperialisten, Antirassisten. Nur ihre Kinder nahmen sie zu *wörtlich* und *taten* etwas gegen Vietnam, nahmen Christentum und die ständig, wenn sie nichts mehr kostet, herbeigewünschte Zivilcourage zu ernst.«[325] Und so unzweifelhaft sich nicht nur in den Texten, sondern auch in den Taten der BRD-»Guerilla« (der Bewegung 2. Juni, der Revolutionären Zellen, aber auch der RAF) antisemitische und antiamerikanische Affekte

323 Zur Kritik dieses Rezeptionsklischees und zur literarischen Konstruktion des Romans vgl. Mathias Brandstädter, Folgeschäden. Kontext, narrative Strukturen und Verlaufsformen der Väterliteratur 1960 bis 2008, Würzburg 2010 (= Epistemata. Würzburger wissenschaftliche Schriften. Reihe Literaturwissenschaft, Bd. 716), S. 156–174. Zum »Authentizitäts«-Begehren der siebziger Jahre vgl. Rutschky, Erfahrungshunger (mit Blick auf Vesper: S. 187 f.).

324 Zu Marc Pommerings Inszenierung in Erlangen (Bernd Noack, in: Frankfurter Allgemeine Zeitung, 18. Oktober 2008).

325 Schröder erzählt, Folge 18: Unterm Dach, Fuchstal-Leeder 1994, S. 39 f.

zeigten,[326] so wenig hatten diese mit Vespers Vater, der revanchistischen Deutschen Reichspartei oder den Treffen der unermüdlichen NS-Dichter in Lippoldsberg zu tun. Das einzige Bindeglied war Vesper, und eben das macht die ungeminderte Attraktivität dieser »Randfigur« aus.

Dass Vesper in seinem Roman ausspart, wie er gemeinsam mit seiner Verlobten Gudrun Ensslin Anfang der Sechziger, nach dem Tod des Vaters, die Werke dieses NS-Schriftstellers herausgab und nicht davor zurückschreckte, mit ultrarechten Publizisten wie dem späteren DVU-Gründer Gerhard Frey zu korrespondieren, hat Gerd Koenen 2003 in seinem Buch über die »Urszenen des deutschen Terrorismus«, Veiels Vorlage, materialreich belegt.[327] Schröder hatte allerdings bereits 1986 im *Spex*-Interview,[328] dann noch einmal 1990 in der zweiten Folge von *Schröder erzählt* auf die »doppelbödige Korrespondenz« von Ensslin und Vesper hingewiesen,[329] auch in Jillian Beckers RAF-Geschichte von 1978 wird sie erwähnt,[330] und Christian Schultz-Gerstein breitete diese, wie Veiel meint, »bisher wenig bekannten« Fakten 1979 auf immerhin fünf *Spiegel*-Seiten aus, mit Zitaten und Verweis auf einen demnächst bei März erscheinenden »komparativen Band« mit Nachlass-Materialien zu Vespers *Reise*, der allerdings nicht zustande

326 Vgl. u. a. Jan Gerber, »Schalom und Napalm«. Die Stadtguerilla als Avantgarde des Antizionismus, in: Joachim Bruhn und Jan Gerber (Hrsg.), Rote Armee Fiktion, Freiburg 2007, S. 39–84.

327 Gerd Koenen, Vesper, Ensslin, Baader. Urszenen des deutschen Terrorismus, Köln 2003. Vgl. in der Folge auch Michael Kapellen, Doppelt leben. Bernward Vesper und Gudrun Ensslin. Die Tübinger Jahre, Tübingen 2005.

328 Diederichsen, Der Verleger als Schamane und Schuhputzer, S. 54.

329 Schröder erzählt, Folge 2: Eine Million und fuffzig, S. 30.

330 Becker, Hitlers Kinder?, S. 60. Erste Hinweise darauf konnte man dem *Spiegel* bereits 1972 entnehmen (Baader-Meinhof. Ein Seitenweg, in: Der Spiegel 25/1972, S. 67–72, hier S. 70). Vgl. dazu auch den Brief von Hilde Domin an Jean Améry, in: Ott und Pfäfflin (Hrsg.), Protest!, S. 441 f.

kam.[331] Schultz-Gerstein erkannte, dass der Roman eben nicht abgeschlossen ist, sondern – wie die hinterlassenen Notizen der 1979 veröffentlichten »Ausgabe letzter Hand« zeigen – durch Vespers Tod an einem Punkt abbricht, an dem sich das Schreiben »jedem be- oder entlastenden Deutungssystem entzogen hätte«.[332] Bleibt das auch Spekulation, so ist doch unzweifelhaft, dass Vespers Buch, gerade indem es sich in Assoziationen, Hassausbrüchen, Reflexen, Paranoia, Rechtfertigungen, Vorwürfen verstrickt, eine weitaus komplexere – individuell biografische wie gesellschaftliche – »Wirklichkeit« (wie Vesper selbst sie anruft)[333] dokumentiert, als seine Exegeten erkennen können. Er ist kein – von später Kritik zu »überführendes« – Opfer uneingestandener transgenerationeller Konditionierungen, sondern zielt literarisch sehr scharf auf genau deren Erkundung. Auch in seiner eigenen Methode war Vesper »Phänotyp«, denn in sich kritisierte – und bekämpfte – er eine Gesellschaft, die jemanden wie ihn hervorgebracht hatte. Es braucht schon gehörig bösen Willen, gerade darin Bequemlichkeit und Ignoranz zu erkennen.

Genau in diesem Sinne hat Jörg Schröder im Januar 2011 Vesper gegen die »Klitterungen« in Schutz genommen, die er nicht nur, aber einmal mehr bei Andres Veiel und seiner »›Tristan und Isolde‹-Seifenoper« wahrnahm: »Kein Leser der ›Reise‹ würde Bernward Vesper je vorwerfen, er habe etwas verschweigen wollen«, heißt es in der März-Pressemeldung: »Das Gegenteil ist der Fall. In seinen nachgelassenen Schriften im Anhang zu der ›Reise‹ notierte Vesper: ›Die Schonung, die man sich gewährt, gewährt man in Wahrheit den gesellschaftlichen Verhältnissen.‹ Dieser

331 Die Zerstörung einer Legende. SPIEGEL-Redakteur Christian Schultz-Gerstein über den Nachlaß Bernward Vespers, in: Der Spiegel 52/1979, S. 146–150 (auch in: ders., Rasende Mitläufer, S. 37–43).

332 Ebd., S. 148.

333 Etwa Bernward Vesper, Die Reise. Romanessay, Ausgabe letzter Hand (= 16. Aufl.), Frankfurt am Main 1979, S. 41.

schonungslosen Unbedingtheit fiel der Autor schließlich selbst zum Opfer, er schied 1971 freiwillig aus dem Leben.«[334] Doch Missverständnisse, so scheint es, sind für den Erfolg des Buches konstitutiv. Vespers Roman, so vermutete Michael Schneider, wurde wohl auch deshalb zu einem »Kultbuch« der linken Milieus, weil es genau in einem Moment erschien, als dort der »militante Fortschrittsoptimismus von einst in einen larmoyanten Geschichtspessimismus umgeschlagen war«.[335] Es ist ein Buch des Scheiterns, vor allem der gescheiterten Ausbrüche: »Abhauen – wohin? Abhauen in ein andres Land?«[336]

Herr Bundesrepublik (2): Epilog

1987 wurde der März Verlag liquidiert. Angesichts des drohenden Konkurses, der immer weiter anwachsenden Schulden hatten Jörg Schröder und Barbara Kalender 1986 noch den »März-Rettungsdienst Barbara Kalender« gegründet, doch Schröders spektakuläre Schuhputz-Aktion auf der Frankfurter Buchmesse 1986 füllte zwar einmal mehr die Presseordner, brachte aber keine entscheidende Verbesserung der Finanzlage. »Eigentlich geht es uns ja ganz gut, im Vergleich zu vielen anderen, aber es nützt ja nichts, daß es den anderen noch schlechter geht«, stellte Schröder im Dezember 1986 fest, interviewt von Diedrich Diederichsen, Jutta Koether und Albert Oehlen: »Wir machen ja auch teure Bücher, größere Sachen, Patchen, ›Schläfer erwacht‹, das kostet

334 Pressemeldung, 10. Januar 2011.

335 Schneider, Über die Außen- und Innenansicht eines Selbstmörders, S. 67.

336 Vesper, Die Reise, S. 196. Vgl. Diedrich Diederichsen, Die Politik des Tourismus. Bernward Vesper, Hubert Fichte und die Frage nach Funktion und Faszination des in der Ferne zu suchenden Anderen, in: sinn-haft 18 (2005), S. 38–47.

in der Produktion 80.000 Mark, Wahnsinn so was, können wir eigentlich gar nicht machen, solche Bücher, das hat sich Luchterhand verkniffen, das hat sich Suhrkamp verkniffen, nicht weil das kein gutes Buch ist, sondern weil das zu teuer ist, also eigentlich können wir so was überhaupt nicht machen, nun kann ich aber nicht anders. Entweder ich mach' diesen Verlag, dann muß ich auch solche Bücher machen, oder ich laß es ganz. Zweitens ist es so, daß März-Bücher immer noch zu früh erscheinen, also immer erst in ein paar Jahren, so bei der Zweit- und Drittverwertung was abwerfen. Dann ist die Situation im Buchhandel so, daß wir keinen Bestseller mehr produzieren können, also keinen Bestseller, der 'ne Jahresproduktion rausreißt. Wir haben da dieses Hexending, Heinsohn/Steiger, ›Die Vernichtung der weisen Frauen‹, das ist jetzt bei 30.000. Das wäre bei einem Publikumsverlag, also Kiepenheuer & Witsch, Hoffmann & Campe, Piper – Couleur ist völlig wurscht – bei 150.000. Die haben dann die Vertriebsorganisation, daß wenn da was anspringt, ein Bestseller daraus wird, die haben dann das Geld für die Werbung und so weiter.«[337]

Ganz ähnlich, wenn auch ins Resignativ-Realistische, damit Komische gekippt, klingt es schon 1985 im Schlussdialog von Peter Gehrigs *März Akte*: Schröder sitzt, als Spaziergänger in ländlicher Tracht, auf einer Bank am Waldesrand, neben ihm der *konkret*-Autor Horst Tomayer in seiner Rolle als Betriebsprüfer Horst Tomayer. »Sagen Sie, rentiert sich das eigentlich ökonomisch?«, fragt der Finanzbeamte nachdenklich. Der Verleger ist verwirrt: »Wie meinen Sie? Was?« »Also, Ihr ganzes Geschäft.« »Sie meinen: der Verlag?« »Ja.« Kurzes, halb bestürztes, halb amüsiertes Gelächter Schröders, während Tomayer ernsthaft erläutert: »Also, ich meine, verstehen Sie mich richtig, es geht mich ja nichts an, ja, aber ... aber ... Also, irgendwie hab ich das Gefühl, das ist nicht rentabel.« »Ja, ich meine: Das ist nicht nur ein Gefühl,

337 Diederichsen, Der Verleger als Schamane und Schuhputzer, S. 49.

sondern das ist ne ganz sichere Einschätzung«, knarrt Schröder, auf seinen Spazierstock gestützt und beginnt zu dozieren: »Also, rentabel ist das sicher nicht. Nur ist es so ... Ich meine, überlegen Sie sich mal Folgendes: Ich mein, wenn das nun in unserem speziellen Falle so wäre – mit *den* Schulden, die wir haben, mit *den* Verpflichtungen und dem ganzen Kram, dann können Sie sich wahrscheinlich auch überlegen: In jeder anderen Branche (oder vielleicht ist's in anderen Branchen auch so, man weiß ja nicht, wie das in der Wirtschaft ist, heutzutage, es scheint ja so zu sein) ... Überlegen Sie sich mal, wie das aussieht: Bei den Schulden müssten wir doch eigentlich zum Kadi gehen, zum Konkursrichter. Stattdessen brauchen wir das nicht – woran liegt das? Also, ich will das mal so zusammenziehen: Die ganze Branche ist konkurs. Jede Druckerei ist konkurs ...« »Sind Sie da sicher?«, wirft der Betriebsprüfer ein, aber Schröder hat sich jetzt in Fahrt geredet: »... der Buchhandel ist konkurs, jeder Verlag ist konkurs – mehr oder weniger –, und das Ganze, da bin ich sicher, das kann ich Ihnen sagen, das Ganze hält sich nur noch mit statischer Schläue.« »Statische Schläue?« »Ach Gott, ja, das ist so ein Ausdruck aus'm Bauwesen, wenn eigentlich die Scheune schon lange eingefallen sein sollte und irgendwelche Kräfte der Statik, die gar nicht mehr errechenbar sind, das Ding noch halten.« Schweigen. »Und es geht weiter?« »Ja, die Scheune steht, aber bei uns geht's weiter. Also ... Es geht doch auch gar nicht um die Ökonomie. So lange es geht, geht's.«[338]

So lange es geht, geht's – im *Spex*-Interview Ende 1986 gab Schröder dem März Verlag, gegen alle Widrigkeiten, immerhin noch zehn Jahre, doch es kam anders, zwei Herzinfarkte in Folge zwangen den Verleger zum Aufgeben: Je kleiner ein Verlag, desto empfindlicher das statische Gleichgewicht. Jedenfalls verlor nicht nur die links-alternative Szene damit einen zentralen

338 Gehrig, Die März Akte.

Impulsgeber und, entscheidender noch, ein wichtiges Korrektiv (als die Friedensbewegung ihren Antiamerikanismus am lautstärksten zelebrierte, versah Schröder die Neuausgabe seines, von Peter Kuper erzählten, *Hamlet*-Buches mit dem Untertitel »Die Liebe zu Amerika«, eine Liebe, die in diesem Falle in die frühen Jahre der Bundesrepublik zurückgeht, als Kuper sein »Kojotehemd«, seinen »Bebopschnitt« und seine »Westernheftchen« gegen den Vater verteidigen musste: »Da hat er schon angefangen, ich solle den Sinclair lesen, von Chikago und diesen Schlachthöfen, wie schwer die Amerikaner doch arbeiten müßten, und was diese Morgenthaus und diese ganzen Köpfe oder diese Vanderbilts und Morgans für richtige Ausbeutergeier sind. Und ich habe immer gedacht, ›Mensch, laß doch den Alten quatschen.‹«).[339] Allerdings skizzierte Schröder im *Spex*-Gespräch bereits ein Vorhaben, das er dann, gemeinsam mit Barbara Kalender, dreieinhalb Jahre später anging und bis heute, also seit über zwanzig Jahren, ohne Unterbrechung fortsetzt, wenn auch in zwischenzeitig gesenkter Taktung: »Vielleicht will ich ja auch mal zehn Jahre lang was anderes machen ... Erzähl' ich eben ein paar Jahre Geschichten, könnte ich doch auch 'ne Mark mit verdienen.«[340] Rainald Goetz und Diedrich Diederichsen hatten Schröder ja auch in ihren ungedruckten *Mammut*-Elogen als wichtigsten Autor des März Verlags gefeiert, das *Mammut* entsprechend als Montageform der Erzählung begriffen, den Verlag letztlich als großen Geschichtengenerator.

Tatsächlich versammelt Schröder im *Mammut* die wichtigsten Probeläufe für das 1990 begonnene literarische Projekt *Schröder erzählt*, drei Erzählungen, die zuvor bereits in der *tageszeitung* erschienen waren, bevor sich der Erzähler dort – durchs intuitive

339 Peter Kuper, Hamlet oder die Liebe zu Amerika, bearbeitet und hrsg. von Jörg Schröder, 3. Aufl., Berlin und Schlechtenwegen 1982, S. 77.

340 Diederichsen, Der Verleger als Schamane und Schuhputzer, S. 52.

Ausplaudern von DDR-Deals – unmöglich gemacht hatte.[341] Sie folgen demselben Grundprinzip wie die beiden 1972 und 1982 erschienenen Bücher *Siegfried* (mit Ernst Herhaus) und *Cosmic* (mit Uwe Nettelbeck): Ein Tonbandgerät läuft, und Schröder erzählt, assoziativ, aber konzentriert, ohne Verschlüsselungen, ohne Rücksichtnahme auf die Vorsichtsgebote des Betriebs, wie dieser, wider jede Vernunft, funktioniert, also von Besser- und Bescheidwisserei, Betrug, Eitelkeit, Geheimabsprachen, Größenwahn, Ideenklau, Intrigantentum, Kalkül, Kaputtheit, Kleinlichkeit, Konkurrenzangst, Korruption, Kränkungen, Liebedienerei, Missgunst, Mobbing, Neid, Obsessionen, Rachsucht, Realitätsverlust, Schlamperei, Schulden, Selbsttäuschung, übler Nachrede, Verlogenheit, Wichtigtuerei usw. – mithin vom ganz normalen Irrsinn, aber nicht verallgemeinert und vulgärpsychologisch verschleiert, sondern in der konkreten Präzision von Klatsch.[342]

Schröder hat ein überempfindliches Gespür für den kleinsten falschen Zungenschlag, das sekundenlange Zögern, die taktische Antwort, und er ist, als unverhohlener Choleriker, in der Lage, sie spontan zu erschreckender Größe aufzubauschen. Aber er kann sie auch mit einer freundlichen Geste als allgemein menschlich oder zumindest: allgemein betrieblich hinnehmen – und dabei noch die Sorge des Gegenübers, sich spätestens jetzt als künftiger traurig-komischer Charakter einer Schröder-Erzählung qualifiziert zu haben, als nicht minder geläufige Eitelkeit bloßstellen. Der Auftritt als »paranoider Streithammel mit dem Vollbild eines klassischen querulatorischen Syndroms«, heißt es in Rainald Goetz' Schröder-Eloge, ist vielleicht Tarnung, auf jeden Fall Voraussetzung für das Erzählen Schröders.[343] Aber natürlich nicht minder die gezielte Lektüre, ist Klatsch doch nicht zuletzt

---

341 So zumindest die Vermutung in Schröder erzählt, Folge 14: Brot und Spiele, S. 20–27.

342 Zum kritischen Begriff des Klatsches vgl. Brigitte Weingart, »Wilde« Übertragung. Fragmente einer Klatsch-Analyse, in: Texte zur Kunst 61 (2006), S. 55–67.

343 Goetz, Das große Universum.

mit kritischer Fantasie vorangetriebene Recherche, und die meisten Geheimnisse, zumal im sogenannten Kulturbetrieb, sind nun einmal offene, die aus Desinteresse, Faulheit oder Überängstlichkeit verdrängt werden.

Im *Siegfried* nimmt die literarisch stilisierte, im Kern aber mündliche Klatsch-Erzählung die Form einer autobiografischen Erinnerungsfolge an, keineswegs beschränkt, doch aber mit einem Schwerpunkt auf der Verlagskarriere Schröders bis hin zum längst programmierten März-Crash.[344] Auch *Cosmic* berichtet von allerlei Betriebsinterna, von den Streitigkeiten mit Zweitausendeins, den zähen Verhandlungen mit dem Magazin *TransAtlantik* und der merkwürdigen Kooperation oder wohl eher Nichtkooperation von *tageszeitung* und *Stern*. Vor allem jedoch ist es ein Buch über die Entstehung der Friedensbewegung und das Elend einer in die Jahre gekommenen, aufs Land gezogenen Alternativ-Szene, ihrer Medien und Wichtigtuer, ergänzt um allerhand einmontierte Texte, offenbar eine Entscheidung Nettelbecks, war doch die an Karl Kraus geschulte Zitat-Montage, versehen mit oft minimalen Kommentaren, dessen wichtigste literarische Technik.[345] »Bei dem Nettelbeck ist ja noch was anderes passiert«, resümiert Schröder gereizt im *Spex*-Interview: »Das ist ja so erzählt worden und sollte auch so im O-Ton kommen, aber dann hat der sich da in seinem krausianischen Wahn hinter seine verchromte IBM gesetzt und das durchlaufen lassen und das Ganze vernettelbeckisiert. Erst mal. Und dann wieder schröderisiert. Es fehlen 'ne Menge Sachen, die ich gerne gehabt hätte.«[346]

344 Zur literarischen Form vgl. Henning Herrmann-Trentepohl, Schröders Bein. Autobiographie, Zeitgeschichte und Skandal in Jörg Schröders autobiographischem Werk: »Siegfried«, »Cosmic« und »Schröder erzählt«, in: Stefan Neuhaus und Johann Holzner (Hrsg.), Literatur als Skandal. Fälle – Funktionen – Folgen, Göttingen 2007, S. 439–447.

345 Vgl. Stefan Ripplinger, Return to Sender. Über Uwe Nettelbecks Zitatmontagen, in: Kultur & Gespenster 7 (2008), S. 73–97.

346 Diederichsen, Der Verleger als Schamane und Schuhputzer, S. 51.

Die *taz*-Geschichten testen eine schnellere, vor allem besser kontrollierbare Form literarischen Klatsches: Es brauchte zwar auch dafür Zuhörer, denn direkt aufs Papier oder ins einsam dastehende Mikrofon zu quatschen lag und liegt Schröder verständlicherweise nicht. Doch die, bereits in den *März Texten 1*, also im »Interview mit einem Verleger« vorweggenommene, Umkehrung – als Verleger einem Autor Auskunft zu geben – hatte sich anscheinend erschöpft. Statt sich der eingreifend-redigierenden Kontrolle eines anderen Schriftstellers zu unterwerfen, machte sich Schröder nun selbst, dann gemeinsam mit Barbara Kalender daran, die Transkripte zu lesbaren Texten zu redigieren, zwar im Duktus des mündlich Dahingesprochenen – doch diesen im Geschriebenen herzustellen ist bekanntlich harte Arbeit. Dass die »Kunst des Sprechens als Kunst der Literatur« wiederentdeckt werden müsse, wie Helmut Salzinger in den Siebzigern schrieb,[347] gehörte zu einer der literarischen Entdeckungen um 1968, davon zeugen Hans Imhoffs Gesprächs-Dramen ebenso wie Hubert Fichtes Interview-Bücher – und eben die, allerdings aufs Dialogische verzichtenden, Erzählungen Schröders. Die kleinere Form, in etwa dem entsprechend, was ein längerer Abend in der Kneipe oder im Restaurant abwerfen könnte, erlaubte Schröder eine größere Beweglichkeit, sowohl in der Publikation als auch in der Erzählung selbst, also in der Verknüpfung scheinbar heterogener Erzählstränge, den suggestiven Abschweifungen, überraschenden Assoziationen und schroffen Zuspitzungen. Was über eine Strecke von 300 Seiten verwirren, dadurch aber auch ermüden müsste, funktioniert umso besser auf zwanzig, dreißig, vierzig, fünfzig Seiten.

Schon die drei 1983 in der *tageszeitung* gedruckten Storys demonstrieren, wie vielfältig sich auch diese kleine Form hand-

347 Helmut Salzinger, Litritscher, in: ders., Best of Jonas Überohr, S. 177–192, hier S. 183.

haben lässt. *So-Ja-Bohnen*[348] fügt sich in den fast reportagehaften Rahmen eines Reiseberichts: Schröder nahm 1975, als eher geduldeter denn gebetener Gast, an der Verleihung des ersten Petrarca-Preises teil. Der ging, posthum, an Rolf Dieter Brinkmann. Von Hubert Burda finanziert, mit viel Medienaufmerksamkeit inszeniert, hätte die Zumutung einer solchen Zeremonie, wie Schröder wohl treffend vermutet, den Schriftsteller gehörig in Rage gebracht, nun aber war er tot und konnte den Preis nicht einmal ausschlagen (wie es zwei Jahre später Herbert Achternbusch tat). Der Erzähler geizt nicht mit Invektiven, beschreibt un- oder allenfalls zu staunendem Lachen gerührt die TV-taugliche Selbstinszenierung vor allem der Juroren Bazon Brock und Peter Handke, erlaubt sich Erinnerungsexkurse zu seinem, Jahre zurückliegenden, Streit mit Brock, zu einer Lesung Brinkmanns und zum einstigen März-Buchhalter und schließt mit dem Satz: »Das ist Literatur« (der keineswegs allein der kolportierten Beschwerde Wolf Wondratscheks gilt, »daß er nicht der Preisträger war, ›gegen einen Toten kommt man eben nicht an‹«).[349] Auch *Maggi pur*,[350] der zweite Text, widmet sich dem Mäzenatentum, nämlich in Gestalt des jungen, seinerzeit in der links-alternativen Kulturszene agierenden Jan Philipp Reemtsma, dessen Stiftungen erst Jahrzehnte später, nämlich in den letzten Jahren, einer vorsichtigen Kritik unterzogen werden[351] – Schröder nahm diese vorweg, in scharfer Polemik, aber durchaus präzise in seinen Beobachtungen, selbst in seinen suggestiven Vermutungen. Deutlich ist, bei allen eingestreuten Erinnerungsmomenten, dass hier ein Zeitungsleser spricht. Weder Arno Schmidt, den Schröder als Aufhänger nimmt, noch Reemtsma, den Schmidt-Adepten Hans Wollschläger oder den, wie Schröder

348 Jörg Schröder erzählt: So-Ja-Bohnen, in: Schröder (Hrsg.), Mammut, S. 439–453.

349 Ebd., S. 453.

350 Jörg Schröder erzählt: Maggi pur, in: Schröder (Hrsg.), Mammut, S. 728–747.

351 Vgl. dazu ausührlicher meine Marginalie in: Kultur & Gespenster 2 (2006), S. 343–345.

vermutet: von Reemtsma geförderten, Verleger Gerd Haffmans kannte Schröder persönlich, und so läuft der Text, »nach Art eines hochanimierten Thekenmonologs«, wie Albrecht Götz von Olenhusen schreibt,[352] dann auch weniger auf Klatsch hinaus, denn auf eine ziemlich ungehemmte Polemik. Es endet freilich doch mit Klatsch, nämlich mit der Behauptung, der Schmidt-»Hofberichterstatter« Gunnar Ortlepp sei im *Spiegel*-Gebäude nicht mehr wohlgelitten: »Er soll mal weinend und halbnackt aus dem SPIEGEL-Aufzug rausgekommen sein, vielleicht nach einer ausgiebigen Arno-Schmidt-Lektüre, das gefiele mir besser als seine Berichte darüber.«[353] Der dritte Text, *Gewissensbisse*,[354] ist am stärksten assoziativ verknüpft, hierin bereits den späteren Folgen von *Schröder erzählt* ähnlich. Es geht um die Verhinderung von Veröffentlichungen, um Pornografie, Persönlichkeitsrecht, Rufmord und politische Einflussnahme, um Indizierung, billige »Zensur«-Lamentos, Marktstörungsversuche und Klagen von Zweitausendeins wider März, wiederum um Jan Philipp Reemtsma und den Omgus-Bericht von 1946/47, also die Ermittlungen der amerikanischen Militärverwaltung gegen die Deutsche Bank (in denen das väterliche Reemtsma-Unternehmen erwähnt wird).

Dabei steht der Name »Reemtsma« auch dafür, dass es nicht eigentlich um persönliche Feindschaften geht, auch wenn sich diese durchaus eingestellt haben und, von Schröder wie von seinen nun erklärten Feinden, gepflegt werden, sondern um die Ausstaffierung nicht zu-, sondern in einem bestimmten Moment auffälliger Personen zu Phänotypen eines durch und durch fragwürdigen Betriebs. »Gegen Rufmord habe ich eigentlich nichts, wenn

352 Albrecht Götz von Olenhusen, Jörg Schröder erzählt: »Maggi pur«. Karl May und Arno Schmidt als Objekt und Vehikel zeitgenössischer literarischer Polemik, in: Die Aktion. Zeitschrift für Politik, Literatur, Kunst 195/200 (2000), S. 77–88, hier S. 80.

353 Jörg Schröder erzählt: Maggi pur, S. 747.

354 Jörg Schröder erzählt: Gewissensbisse, in: Schröder (Hrsg.), Mammut, S. 1191–1220.

wirklich gerufen wird«, überlegt Schröder: »Natürlich hat Literatur insoweit auch was mit Totschlagen zu tun, oder eher mit Totreden. Man nimmt eben nicht mehr die Keule und geht zu Herrn Reemtsma und haut dem auf seinen blöden Zigarettenerben-Schädel, sondern man sagt: der faßt mit seinen Erbenfingern Literatur an, egal was für welche, und geht mit Worten um, und da kann ich doch sagen, als Schriftsteller, Verleger, überhaupt Umgeher mit all diesen Sachen, als Kollege: was macht der eigentlich?«[355]

Diese Frage gehört zweifellos zu den zentralen in den inzwischen über fünfzig Folgen *Schröder erzählt*, und allein das Namensregister der ersten vierzig Hefte, der sogenannten »Weißen Serie«, umfasst beinahe hundert Seiten DIN-A4, klein gedruckt und zweispaltig.[356] Aber natürlich ist diese *autobiographie romancée*, wie Jörg Schröder und Barbara Kalender das Unterfangen auch nennen, nicht einfach ein Nachschlagewerk des Klatsches, auch keine bloß erweiterte Verlagsgeschichte, es ist – über die ersten zehn Jahre, also in den ersten vierzig Folgen, eine Kulturgeschichte der Bundesrepublik Deutschland, ausgehend von persönlichen, oft intimen Erlebnissen, Begebnissen in den öffentlichen, halb öffentlichen und gut verschlossenen Räumen des Kulturbetriebs, Spekulationen eines Lesers usw. Sie endet am 9. Oktober 1989 – mit dem Mauerfall, im Fernsehen beobachtet, und einem Entschluss, vorm Fernseher gefasst. »Jetzt fangen wir an«, sagt Jörg Schröder: »Wir legen alle anderen Projekte zur Seite, und ich erzähle dir zehn Jahre lang vom Leben in der zweiten Republik.«[357] So heißt es in Folge 40, *Languages spoken*, die im September 2000 ausgeliefert wurde, pünktlich zum Jahrestag der Wiedervereinigung. Seitdem erscheinen etwa zwei Folgen der »Schwarzen Serie« im

355 Ebd., S. 1196.

356 Barbara Kalender und Jörg Schröder, Über Schröder. Synopsis und Personenregister der Folgen eins bis vierzig von Schröder erzählt nebst belangreichen und kuriosen Zitaten aus Presseveröffentlichungen als Treuegabe zur 40. Folge, Augsburg 2001.

357 Schröder erzählt, Folge 40: Languages spoken, Augsburg 2000, S. 56.

Jahr, die aus der Berliner Republik berichtet, seit einigen Jahren auch direkt aus Berlin.

Aber *Schröder erzählt* ist nicht nur ein literarisches, sondern darüber hinaus ein herstellerisches, juristisches und verlegerisches Konzept, und so ist es nicht erstaunlich, dass die erste Folge über drei Jahre nach dem März-Konkurs erschien: Da die Hefte nicht in den Buchhandel gelangen, sondern einzig auf Bestellung, und zwar im Wesentlichen an eine kleine Zahl von Abonnenten geliefert werden, konnte und kann das Prinzip der Nennung von Klarnamen konsequent entwickelt werden, Persönlichkeitsrechtsklagen sind bei dieser Konstruktion praktisch wirkungslos. *Schröder erzählt* wird »quasi under the table gelesen«, wie Schröder 1996 in einer Fernsehrunde zum Thema Klatsch feststellte: »Wenn's keine Samisdat-Literatur gibt, muss man eben welche schaffen. Und das funktioniert ja.«[358] Nun ist Samisdat-Literatur definitionsgemäß eine des Widerstands, und so nennt Schröder Klatsch gleich in seinem Eingangsstatement die »letzte materialistische Waffe gegen die Meinung, gegen den Terror der Meinung«. »Könnte man ja mal so sagen«, setzt er, die pathetische Wendung leicht ironisierend, hinzu, vielleicht auch ein kleines Signal, dass es sich um ein Zitat handelt, nämlich aus Diedrich Diederichsens Schröder-Würdigung, wo das Bild ausdrücklich auf die Arbeit des Erzählers mit Phänotypen oder, wie Diederichsen es nennt, »Popanzen« bezogen wird: »Schröder schafft zwei, drei, viele Raddatz. Und keiner ist vor ihm sicher, der einmal sein Interesse erregt hat.«[359]

War es Schröder 1986 im *Spex*-Interview noch unangenehm, seine Erzählungen als »Literatur« klassifiziert zu sehen,[360] so pochte er zehn Jahre später nachdrücklich auf diesen Begriff, vor allem

358 Dichterclub. Baden-Badener Literatursalon, SWF 1996.

359 Diederichsen in: März Vorinformationen, die Metapher auch in: ders., Der Verleger als Schamane und Schuhputzer, S. 48.

360 Diederichsen, Der Verleger als Schamane und Schuhputzer, S. 51.

wohl, um sich vom, schräg gegenüber wissend lächelnden, Psychologen Klaus Thiele-Dohrmann, Autor einer populären »Geschichte des Klatsches«,[361] abzugrenzen, dessen leidlich triviale, »moralinsaure« Sozialtheorie ihm, aber auch der ebenfalls eingeladenen Eva Demski und selbst dem Moderator Peter Härtling sichtlich auf die Nerven ging. Schon bei der Arbeit am *Siegfried*, erklärt Schröder, sei ihm »klar geworden, dass man über sich selber und sein Nervensystem und seine Psyche mehr erfährt – zunächst mal ging es ja um mich – mit dem Text, den ich da auf dem Tonband hatte, mehr erfährt als zehn Jahre im Lotos-Sitz oder auf der Couch des Psychiaters. ... Wir waren damals, diese ›68er‹ ...«, der Satz bricht ab, starkes Gestikulieren: »Wir wollten näher an die Wahrheit ran. Die ganze Wahrheit kennt man ja nicht, aber wir wollten näher ran. Dazu gehörte natürlich dieses Über-sich-selber-Reden, aber eben auch über Leute, denen man begegnete.«

Näher an die Wahrheit ran – das ist, wie Härtling, erstaunt feststellt, ein »starker Satz«, aber nicht die schlechteste Pointe, um Schröders Erzählen zu kennzeichnen. Ein »Interesse für Menschen« nennt Schröder dann als vielleicht banalen, gleichwohl starken Impuls seines literarischen Klatsches: »Und so klatschen auch Menschen, die nicht schreiben, unter anderem aus Interesse am Menschen und am Leben.« Auch für Goetz ist Schröder, »prinzipiell«, wie er einschränkt, ein Humanist: »Menschenfeindlichkeit ist eines der schlimmsten unter seinen vielen Verdikten.«[362]

Es ist also offensichtlich einmal mehr kein Zufall, dass in der *Mammut*-Anthologie Schröders erste *taz*-Erzählung, *So-Ja-Bohnen*, direkt vor einem langen historischen Text steht, nämlich Karl Philipp Moritz' *Vorschlag zu einem Magazin einer Erfahrungs-Seelenkunde*. Moritz' *Magazin zur Erfahrungsseelenkunde*, von 1783

361 Klaus Thiele-Dohrmann, Der Charme des Indiskreten. Eine kleine Geschichte des Klatsches, Zürich 1995.

362 Goetz, Das große Universum.

bis 1793 erschienen, gehört zu den aufregendsten Publikationen der Aufklärung: In insgesamt zehn Bänden sammelten Moritz und seine Mitherausgeber Friedrich Pockels und Salomon Maimon »mit Unterstützung mehrerer Wahrheitsfreunde« Krankengeschichten, Kriminalfälle, Selbstbeobachtungen, Traumberichte usw. Schröder plante eine Neuausgabe bei März, die allerdings nicht mehr zustande kam.[363] »Unter allen übrigen Dingen hat der Mensch sich selber seiner eigenen Aufmerksamkeit vielleicht noch am allerwenigsten werth gehalten«, schreibt Moritz in seinem *Vorschlag* und wendet sich dann ganz entschieden gegen jedes »moralische Geschwätz«, das an den konkreten Tatsachen des Alltags vorbeigehe: »Was ist unsre ganze Moral, wenn sie nicht von Individuis abstrahirt ist? Der Grundriß eines Gebäudes im Sande, den ein kleines Lüftchen zerstört, ein ohngefährer Umriß ohne innern Gehalt, eben so wie alle Pädagogik, die sich nicht auf eigne spezielle Beobachtungen und Erfahrungen gründet.«[364]

363 1986 erschien das *Magazin* bei Greno im Rahmen der von Uwe Nettelbeck herausgegebenen, nicht mehr abgeschlossenen Moritz-Werkausgabe.

364 Karl Philipp Moritz, Vorschlag zu einem Magazin einer Erfahrungs-Seelenkunde, in: Schröder (Hrsg.), Mammut, S. 454–472, hier S. 455.

Barbara Kalender und Jörg Schröder

Bibliografie sämtlicher März-Erstausgaben nach Autopsie

Formate:
Folio und Querformate in cm (Höhe : Breite);
Oktav (8°): Höhe 15 bis 25 cm

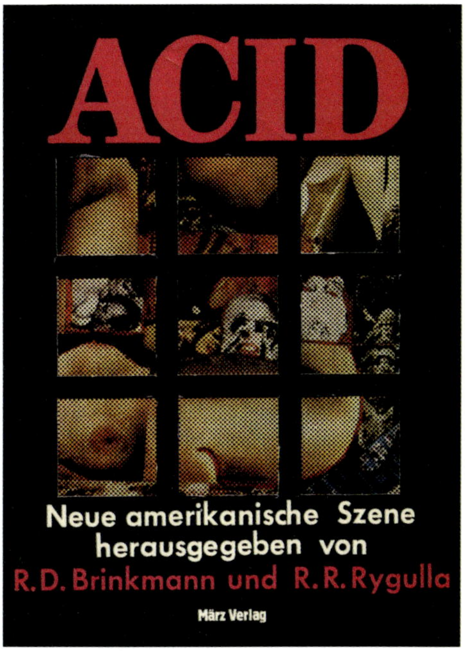

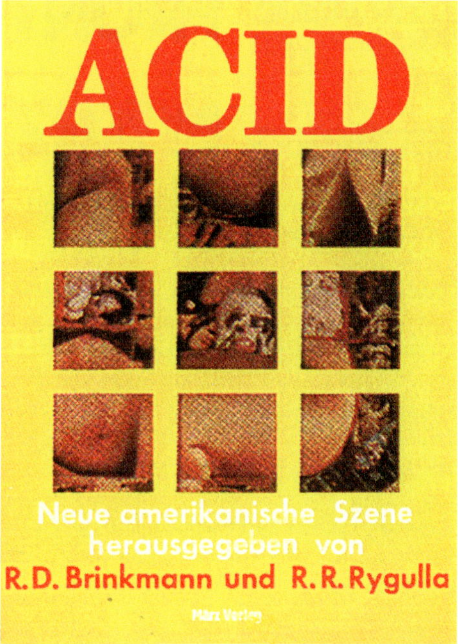

›Acid. Neue amerikanische Szene‹. Herausgegeben von Rolf Dieter Brinkmann und Ralf-Rainer Rygulla, Gesamtgestaltung mit Jörg Schröder. Nachwort von Rolf Dieter Brinkmann ›Der Film in Worten‹. Mit Beiträgen von Chester Anderson, Sherry Barba, Donald Barthelme, Gregory Battcock, Mary Beach, Ted Berrigan, Paul Blackburn, Douglas Blazek, Aram Boyajian, Charles Bukowski, William S. Burroughs, John Cage, Don Cauble, E. F. Cherrytree, Tom Clark, Fielding Dawson, Bill Deemer, Diane di Prima, Kenward Elmslie, Larry Fagin, Leslie A. Fiedler, Dick Gallup, John Giorno, Mrs. Greenberg, Calvin C. Hernton, Interview mit einem Hippie, Norman J. Hoegberg, John Clellon Holmes, Lenore Kandel, Rich Krech, Seymor Krim, Tuli Kupferberg, Gerard Malanga, Harry Mathews, Michael McClure, Marshall McLuhan, Taylor Mead, Jonas Mekas, George Montgomery, Robert Nichols, Harold Norse, Frank O'Hara, Gil Orlovitz, Ron Padgett, John Perreault, Joe Pinelli, Roxie Powell, Steve Richmond, Ed Sanders, Joe Schwartz, George Sparling, Peter Stafford, George Stanley, Robert Sward, Parker Tyler, Tom Veitch, Anne Waldman, Andy Warhol, The Willie, Douglas Wolf, Frank Zappa. Übersetzungen von Katja Behrens, Peter Behrens, Rolf Dieter Brinkmann, Peter Faulhammer, Herbert Graf, Rolf Eckart John, Gerd Kreuser, Klaus Novy, Edward Reavis, Burghardt H. Kiegeland, Ralf-Rainer Rygulla, Horst Schröder, Carl Weissner. Großformatiger Pappbd. mit Fensterstanzen (27,5 : 21), 424 Seiten. Einbandgestaltung: Typografie und schwarzer Einband mit Fensterstanzen von Jörg Schröder mit einer darunter liegenden Collage von Rolf Dieter Brinkmann. März Verlag, Darmstadt 1969. Zweite Ausgabe: März Verlag, Frankfurt a. M. 1970 mit gelbem Einband.

Amendt, Gerhard: ›Der neue Klapperstorch. Über künstliche Befruchtung, Samenspender, Leihmütter, Retortenzeugung und die Folgen: Reproduktionsmedizin‹. Leinen, 232 Seiten, (8°). Umschlaggestaltung: Typografie von Jörg

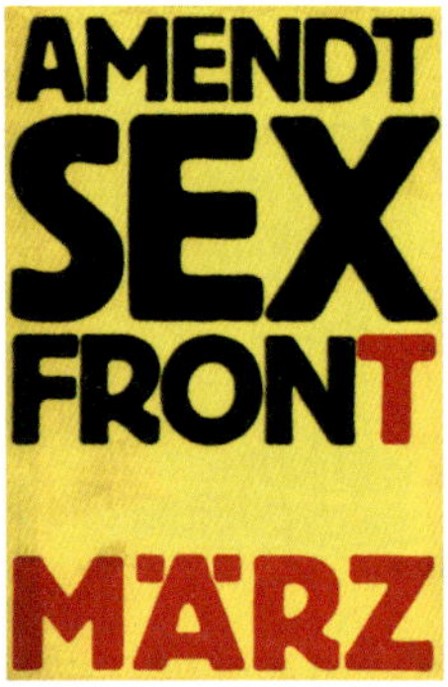

Schröder mit einem Aquarell von Cornelius Fränkel. März Verlag, Herbstein 1986

Amendt, Günter: ›Sexfront‹. Unter Mitarbeit von Bernhard Korell, Thomas Bayrle, Günter Degler, Thomas Frank, Gerald Kienast, Alfred von Meysenbug und Thodora Osikowska. Fotos von Peter Jacobi und Gunter Rambow. Brosch., 160 Seiten, (8°). Einbandgestaltung: Jörg Schröder. März Verlag, Frankfurt a. M. 1970

Amendt, Günter und Stiehler, Ulrich: ›Sucht Profit-Sucht. Politische Ökonomie des Drogenhandels‹. Brosch., 192 Seiten, (8°).

Einbandgestaltung: Jörg Schröder. März Verlag, Frankfurt a. M. 1972

›Architektur extra. Architektur und Stadtplanung im Spätkapitalismus‹. Sonderheft ›Esprit‹, Paris 1969. Aus dem Französischen von Beate Rehschuh. Engl. Brosch., 252 Seiten, (8°). Umschlaggestaltung: Jörg Schröder. März Verlag, Frankfurt a. M. 1971

Bayrle, Thomas: ›Feuer im Weizen‹. Assistenz: Johannes Sebastian. Großformatiger Pappbd., 24 doppelseitige Farbabbildungen (34,5 : 26), auf Pappe gedruckt. Einbandgestal-

tung: Typografie von Jörg Schröder mit einer Vignette von Thomas Bayrle. März Verlag, Frankfurt a. M. 1970

Beckman, Staffan: ›Meinen Sie, daß Georg verrückt ist?‹ Aus dem Schwedischen von Horst Schröder. Originaltitel: ›Tycker du att George är en galning?‹ Leinen, 232 Seiten, (8°). Umschlaggestaltung: Typografie von Jörg

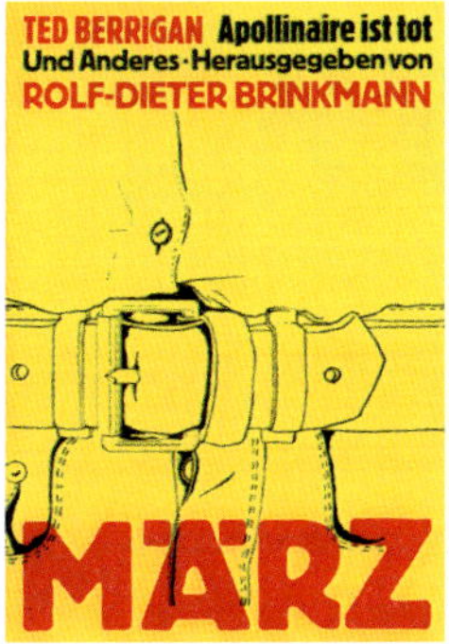

Schröder mit einer Illustration von Thomas Hornemann. März Verlag, Frankfurt a. M. 1970

Bernfeld, Siegfried: ›Antiautoritäre Erziehung und Psychoanalyse‹. Ausgewählte Schriften. Herausgegeben von Lutz von Werder und Reinhart Wolff. Engl. Brosch. und Leinen, Band 1: 376 Seiten, (8°). Umschlaggestaltung: Jörg Schröder. März Verlag, Darmstadt 1969

Bernfeld, Siegfried: ›Antiautoritäre Erziehung und Psychoanalyse‹. Ausgewählte Schriften. Herausgegeben von Lutz von Werder und Reinhart Wolff. Engl. Brosch. und Leinen, Band 2: 312 Seiten, (8°). Umschlaggestaltung: Jörg Schröder. März Verlag, Darmstadt 1969

Bernfeld, Siegfried: ›Antiautoritäre Erziehung und Psychoanalyse‹. Ausgewählte Schriften. Herausgegeben von Lutz von Werder und Reinhart Wolff. Engl. Brosch. und Leinen, Band 3: 272 Seiten, (8°). Umschlaggestaltung: Jörg Schröder. März Verlag, Frankfurt a. M. 1970

Berrigan, Ted: ›Guillaume Apollinaire ist tot. Gedichte, Prosa, Kollaborationen mit Notizen von Tom Clark, Allen Kaplan und Ron Padgett‹. Herausgegeben von Rolf Dieter Brinkmann. Aus dem Amerikanischen von Peter Behrens, Rolf Dieter Brinkmann, Herbert Graf, Rolf Eckart John, Nils Lindquist und Ralf-Rainer Rygulla. Englische Broschur, 256 Seiten, (8°). Umschlaggestaltung: Typografie von Jörg Schröder mit einer Zeichnung von Henning John von Freyend. März Verlag, Frankfurt a. M. 1970

›Big Business und Kalter Krieg‹. Herausgegeben von David Horowitz. Mit Beiträgen von G. William Domhoff, William Appleman Williams, Lloyd C. Gardner, David W. Eakins, Joseph D. Phillips, Charles E. Nathanson. Aus dem Amerikanischen von Thomas Schmid. Originaltitel: ›Corporations and the Cold War‹. Engl. Brosch., 236 Seiten, (8°). Umschlaggestaltung: Jörg Schröder. März Verlag, Frankfurt a. M. 1971

Biss, Andreas: ›Wir hielten die Vernichtung an. Der Kampf gegen die ›Endlösung‹ 1944‹. Mit einer Nachbemerkung von Hans Dieter Heilmann. Mit zahlreichen Dokumenten, 13 Faksimiles, Zeittafel und Register. Brosch., 404 Seiten, (8°). Umschlaggestaltung: Typografie von Jörg Schröder mit einer Fotografie aus dem Warschauer Ghetto. März Verlag, Herbstein 1985

Böhmer, Paulus: ›Aktionen auf der äußeren Rinde. 1966 bis 1969‹. Brosch., 160 Seiten, (8°). Umschlaggestaltung: Typografie von Jörg Schröder mit einer Zeichnung von Berndt Höppner. März Verlag, Frankfurt a. M. 1972

Brainard, Joe: ›1984 – Comics‹. Comics mit Texten von Bill Berkson, Ted Berrigan, Michael Brownstein, Kenward Elmslie, Larry Fagin, Barbara Guest, Kenneth Koch, Harry Mathews, Frank O'Hara, Ron Padgett, Peter Schjeldahl, Jimmy Schuyler, Tony Towle. Originaltitel: ›C‹ Comics. Aus dem Amerikanischen von Harry Rowohlt. Lettering von Dieter Kerl. Großformatige Klappenbrosch., (29,5 : 21). 128 Seiten. Einbandgestaltung: Typografie von Jörg Schröder mit einem Comic von Joe Brainard. März Verlag, Berlin und Schlechtenwegen 1983

Brummbär, Bernd (= Malzahn, Bernd) und Wondratschek, Wolf: ›Die Hundente‹. Brosch., 172 unpaginierte Seiten mit 82 ganzseitigen Schwarz-Weiß-Zeichnungen von Bernd Brummbär und 6 Seiten Text von Wolf Wondratschek, (8°). Einbandgestaltung: Typografie von Jörg Schröder mit einer Zeichnung von Bernd Brummbär. März Verlag, Frankfurt a. M. 1972

Buch, Hans Christoph: ›Bericht aus dem Inneren der Unruhe. Gorlebener Tagebuch‹. Brosch., 464 Seiten, (8°). Einbandgestaltung: Jörg Schröder. März Verlag, Jossa 1979

Camerada, Rosa (= Raith, Marina): ›Love Love‹. Großformatiger Pappbd. (26,5 : 19,5), 80 unpaginierte Seiten. Einbandgestaltung: Typografie von Jörg Schröder mit einem Foto von Rosa Camerada. März Verlag, Frankfurt a. M. 1971

Castaneda, Carlos: ›Die andere Realität. Die Lehren des Don Juan. Ein Yaki-Weg des Wissens‹. Aus dem Amerikanischen von Céline und Heiner Bastian. Originaltitel: ›The Teachings of Don Juan. A Yaqui Way of Knowledge‹. Brosch., 272 Seiten, (8°). Einbandgestaltung: Typografie von Jörg Schröder mit einem Motiv von Hans Wehrli. März Verlag, Frankfurt a. M. 1972

Chotjewitz, Peter O.: ›Vom Leben und Lernen. Stereotexte‹. Engl. Brosch., 228 Seiten, (8°). Umschlaggestaltung: Typografie von Jörg Schröder mit einer Collage von Peter O. Chotjewitz. März Verlag, Darmstadt 1969

Claer, Hans Henning: ›Laß jucken Kumpel‹. Engl. Brosch., 228 Seiten, (8°). Umschlaggestaltung: Typografie von Jörg Schröder mit einem Motiv von Berndt Höppner. März Verlag, Frankfurt a. M. 1971

Claer, Hans Henning: ›Das Bullenkloster‹. Brosch., 228 Seiten, (8°). Einbandgestaltung: Typografie von Jörg Schröder mit einem Motiv von Berndt Höppner. März Verlag, Frankfurt a. M. 1972

Claer, Hans Henning: ›Bei Oma brennt noch Licht‹. Leinen, 240 Seiten, (8°). Umschlaggestaltung: Jörg Schröder. März Verlag, Jossa 1979

Cohen, Leonard: ›Schöne Verlierer‹. Aus dem Amerikanischen von Elisabeth Hannover-Drück. Originaltitel: ›Beautiful Losers‹. Engl. Brosch., 280 Seiten, (8°). Umschlaggestaltung: Typografie von Jörg Schröder mit einem Foto von Media-Three Lions. März Verlag, Frankfurt a. M. 1970

Cohen, Leonard: ›Flowers for Hitler / Blumen für Hitler. Poems & Songs 1956–1970 / Gedichte und Lieder 1956–1970‹. Aus dem Amerikanischen von Anna von Cramer-Klett und Anja Hauptmann. Engl. Brosch., 232 Seiten, (8°). Umschlaggestaltung: Typografie von Jörg Schröder mit einem Foto von H. Jäger. März Verlag, Frankfurt a. M. 1971

Cohen, Leonard: ›Das Lieblingsspiel‹. Aus dem Amerikanischen von Elisabeth Hannover-Drück. Originaltitel: ›The Favorite Game‹. Brosch., 300 Seiten, (8°). Einbandgestaltung: Typografie von Jörg Schröder mit einem Foto von Jean-François Jonvel. März Verlag, Frankfurt a. M. 1972

Cohen, Leonard: ›Wem sonst als Dir / Book of Mercy‹. Aus dem Amerikanischen von Regina

Lindhoff und Uve Schmidt. Engl. Brosch., 148 Seiten, (8°). Umschlaggestaltung: Typografie von Jörg Schröder mit einem Motiv von Jim Dine. März Verlag, Herbstein 1985

Couffignal, Huguette: ›Die Küche der Armen. Mit 300 Rezepten‹. Mit einer Einleitung von Robert Morel. Aus dem Französischen von Monika Junker-John und Helmut Junker. Originaltitel: ›La Cuisine des Pauvres‹. Leinen mit Pergaminschutzumschlag ohne Beschriftung, 384 Seiten, (8°). Einbandgestaltung: Jörg Schröder. März Verlag, Jossa 1977

Cremer, Jan: ›Made in U$A. Eine knallharte amerikanische Dokumentation‹. Aus dem Niederländischen von Johannes Piron. Originaltitel: ›Made in U$A‹. Brosch., 240 Seiten, (8°). Einbandgestaltung: Jan Cremer mit vier Cover-Varianten. März Verlag, Darmstadt 1969

Cremer, Jan: ›Ich Jan Cremer I und II‹. Aus dem Niederländischen von Heinz F. S. Liehr und Johann Werres. Originaltitel: ›Ik Jan Cremer‹. Efalin ohne Schutzumschlag, 976 Seiten, (8°). Einbandgestaltung: Typografie von Jörg Schröder mit einem Foto: Jan Cremer mit Jayne Mansfield, Fotograf unbekannt. März Verlag, Jossa 1977

Crumb, Robert: ›Head Comix‹. Herausgegeben und aus dem Amerikanischen übersetzt von Bernd Brummbär. Mit einem Nachwort von Bernd Brummbär. Originaltitel: ›Head Comix‹. Großformatige Brosch. (26 : 19), 116 Seiten, beiligend Plakat: ›Honigmund Kaminski‹ 67×48 cm. Einbandgestaltung: Typografie von Jörg Schröder mit einem Comic von Robert Crumb. März Verlag, Frankfurt a. M. 1970

Darwin, Charles: ›Die Bildung der Ackererde durch die Thätigkeit der Würmer mit Beobachtung über deren Lebensweise‹. Aus dem Englischen von J. Victor Carus. Mit Zusätzen nach dem 5. Tausend der Originalausgabe. Originaltitel: ›The Formation of Vegetable Mould through the Action of Worms, with Observations on their Habits‹. Klappenbrosch., 192 Seiten mit 15 Holzschnitten, (8°). Einbandgestaltung: Jörg Schröder. März Verlag, Berlin und Schlechtenwegen 1983

Davidson, Basil: ›Die Befreiung Guineas. Aspekte einer afrikanischen Revolution‹. Mit einem Vorwort von Amilcar Cabral. Aus dem Englischen von Burkhard Bluem und Susanne Kühnle. Originaltitel: ›The Liberation of Guiné‹. Engl. Brosch., 236 Seiten mit zahlreichen Fotos, (8°). Umschlaggestaltung: Jörg Schröder. März Verlag, Frankfurt a. M. 1970

Deinert, Wolf: ›Meine Heimat‹. Efalin ohne Schutzumschlag, 168 Seiten, (8°). Einbandgestaltung: Jörg Schröder. März Verlag, Jossa 1980

Demarc, Alfred (= **Meysenbug, Alfred von**): **›Lucy's Lustbuch‹.** Großformatiger Pappband, 80 Seiten mit farbigen Comics, (26,5 : 19,5). Einbandgestaltung: Typografie von Jörg Schröder mit einem Bild von Alfred Demarc. März Verlag, Frankfurt a. M. 1971

Dennison, George: ›Lernen und Freiheit. Aus der Praxis der First Street School. Ein Bericht‹. Aus dem Amerikanischen von Hans Hermann. Originaltitel: ›The Life of Children‹. Englische Broschur, 256 Seiten, (8°). Umschlaggestaltung: Jörg Schröder. März Verlag, Frankfurt a. M. 1971

›DIG. Neue Bewußtseinsmodelle‹. Herausgegeben von Karin Reese. Mit Beiträgen von

Lawrence I. und Paula Bloomberg, Norman O. Brown, Allen Ginsberg, Paul Goodman, William Hedgepeth, Abbie Hoffman, Ralph Keyes, George B. Leonard, Ed McClanahan, Norman Mailer, Richard Louis Miller, Hugh Romney, Theodore Roszak, Jerry Rubin, Albin Wagner, Alan W. Watts, Tom Wolfe. Aus dem Amerikanischen von Lorenz Böllinger, Herbert A. Graf, Max Looser, Bettina vom Rath, Karin Reese, Wulf Teichmann und J. K. Utz. Engl. Brosch., 260 Seiten, (8°). Umschlaggestaltung: Typografie von Jörg Schröder mit einem Foto aus Horizon. Fotograf unbekannt. März Verlag, Frankfurt a. M. 1970

Dine, Jim: ›Gedichte & Zeichnungen‹. Aus dem Amerikanischen von Heiner Bastian. Originalausgabe, einige Gedichte waren bereits in Jim Dine, ›Welcome Home Lovebird‹ erschienen. Dieser Titel wurde in einer Auflage von 1.000 Exemplaren gedruckt. Alle Exemplare sind nummeriert (Nr. 101 bis 1.000). Farbiges Frontispiz. Der Vorzugsausgabe Nr. 1 bis 100) liegt ein handsignierter Siebdruck bei. Großformatiger Pappbd., 96 Seiten, (26,5 : 19). Einbandgestaltung: Jim Dine. März Verlag, Frankfurt a. M. 1970

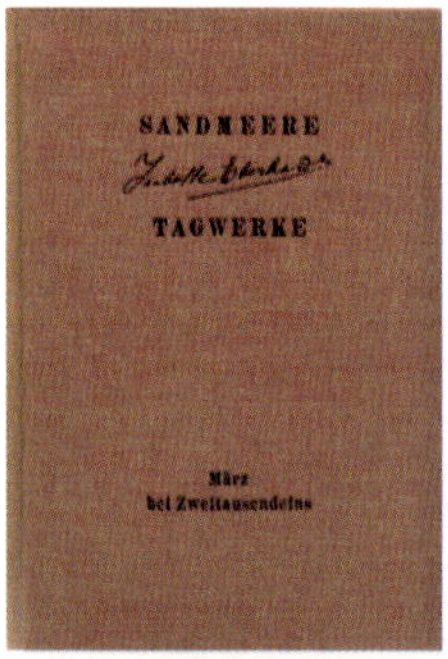

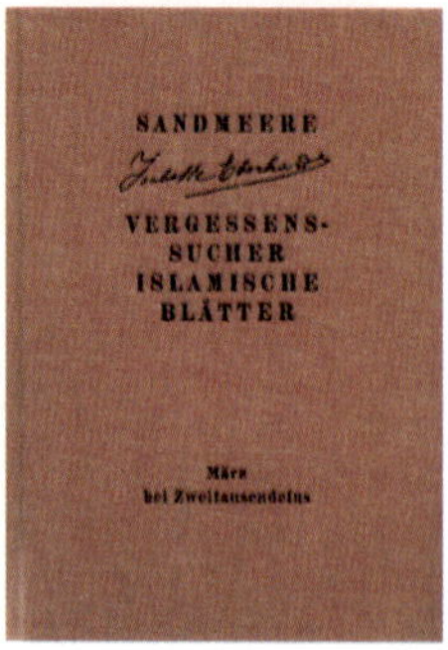

Dix, Ulrich: ›Sport und Sexualität. Eine Kritik der Sport-Sexualpädagogik aus psychoanalytischer Sicht‹. Brosch., 120 Seiten, (8°). Einbandgestaltung: Jörg Schröder. März Verlag, Frankfurt a. M. 1972

Eberhardt, Isabelle: ›Sandmeere‹. Sämtliche Werke in vier Bänden: ›Tagwerke‹, ›Im heißen Schatten des Islam‹, ›Notizen von Unterwegs‹, ›Vergessenssucher‹ und ›Islamische Blätter‹. Herausgegeben von Christian Bouqueret. Mit einem Vorwort von Hans Christoph Buch. Aus dem Französischen von Grete Osterwald. Originaltitel der Ausgaben: ›Mes Journaliers‹, ›Dans l'ombre chaude de l'Islam‹, ›Notes de route‹, ›Au pays des sables‹, ›Pages d'Islam‹. Vier Leinenbände im Schuber, 1.368 Seiten, (8°). Schuberetiketten: Typografie von Jörg Schröder mit einem Foto von Isabelle Eberhardt. März Verlag, Berlin und Schlechtenwegen 1981

Ellison, Ralph: ›Unsichtbar‹. Mit einem Nachwort von Ralph Ellison. Aus dem Amerikanischen von Georg Goyert. Das Nachwort übersetzte Helma Schleif. Originaltitel: ›Invisible Man‹, Engl. Brosch., 612 Seiten, (8°). Umschlaggestaltung: Jörg Schröder mit einer Grafik unbekannter Provenienz. März Verlag, Herbstein 1984

›Erziehung zum Ungehorsam. Kinderläden berichten aus der Praxis der antiautoritären Erziehung‹. Herausgegeben von Gerhard Bott. Brosch., 128 Seiten mit zahlreichen Fotos, (8°). Einbandgestaltung: Jörg Schröder. März Verlag, Frankfurt a. M. 1970

Esser, Manfred: ›Ostend-Roman‹. Leinen, 344 Seiten, (8°). Umschlaggestaltung: Jörg

Schröder mit einer historischen Darstellung der Wohnkolonie Ostheim. März Verlag, Jossa 1978

Falb, Rudolf: ›Das Land der Inca in seiner Bedeutung für die Urgeschichte der Sprache und Schrift‹. Nachdruck der Leipziger Erstausgabe von 1883. Oasenziegenleder mit Goldprägung im Schuber. 555 Exemplare mit Pränumeranten-Verzeichnis. 456 Seiten, (8°). Einbandgestaltung: Jörg Schröder. Ravenna Presse im März Verlag, Herbstein 1984

Fanon, Frantz: ›Für eine afrikanische Revolution. Politische Schriften.‹ Aus dem Französischen von Einar Schlereth. Originaltitel: ›Pour la révolution africaine‹, Brosch., 208 Seiten, (8°). Einbandgestaltung: Jörg Schröder. März Verlag, Frankfurt a. M. 1972

Fiedler, Leslie A.: ›Die Rückkehr des verschwundenen Amerikaners‹. Aus dem Amerikanischen von Wolfgang Ignée und Michael Stone. Originaltitel: ›The Return of the Vanishing American‹. Engl. Brosch., 224 Seiten, (8°). Umschlaggestaltung: Typografie von Jörg Schröder mit einer Zeichnung von Bettina Böhmer. März Verlag, Frankfurt a. M. 1970

Figner, Wera: ›Freiheit oder Tod. Nacht über Russland‹. Lebenserinnerungen von Wera Figner. Von der Verfasserin autorisierte und durchgesehene Übersetzung aus dem Russischen Teil I und Teil II deutsch von Lilly Hirschfeld, Teil III deutsch von Reinhold von Walter. Originaltitel: ›Zapecatlennyj trud‹. Pappbd. im Schuber, 584 Seiten mit 26 Fotos, (8°). Einbandgestaltung: Jörg Schröder. März Verlag, Jossa 1978

Gangemi, Kenneth: ›Olt‹. Aus dem Amerikanischen von Stefan Puffé und Agnes Heinz. Originaltitel: ›Olt‹. Brosch., 64 Seiten, (8°). Einbandgestaltung: Jörg Schröder. März Verlag, Frankfurt a. M. 1971

Giorno, John: ›Cunt‹. Gedichte. Ausgewählt und mit einer Notiz von Rolf Eckart John. Aus dem Amerikanischen von Rolf Dieter Brinkmann, Rolf Eckart John und Ralf-Rainer Rygulla. Originaltitel: ›Cunt‹. 72 Seiten,

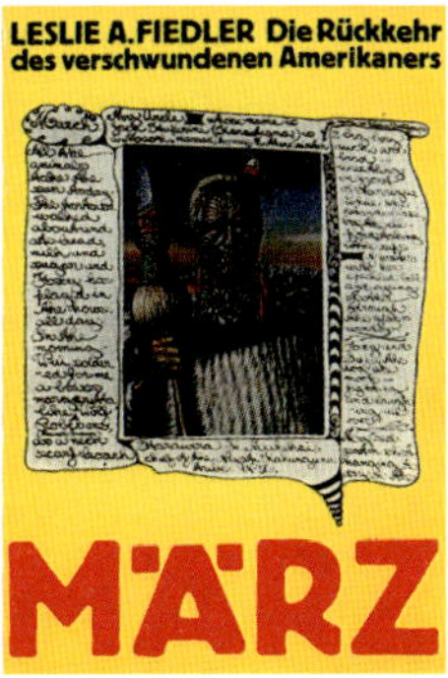

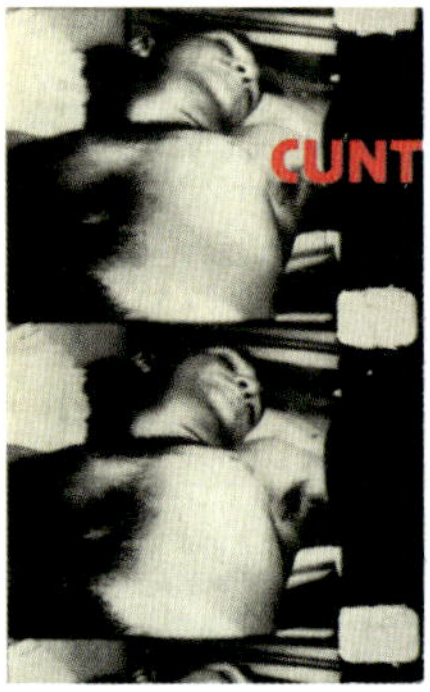

(8°). Einbandgestaltung: Jörg Schröder mit einem Filmstill aus ›Sleep‹ von Andy Warhol. März Verlag, Darmstadt 1969

Goldman, Pierre: ›Dunkle Erinnerungen eines in Frankreich geborenen polnischen Juden‹. Aus dem Französischen von Uli Aumüller und Renate Kubisch. Originaltitel: ›Souvenirs obscurs d'un Juif polonais né en France‹. Broschur mit beschnittenem Schutzumschlag aus der Produktion von Franz Greno. 416 Seiten, (8°). Umschlaggestaltung: Typografie von Jörg Schröder mit einem Foto von AFP. März Verlag, Berlin und Jossa 1980.

Doktor Gormander (= **Ohrlander, Gunnar**): **›Als die Kinder die Macht ergriffen‹.** Mit Zeichnungen von Michael Wolff. Aus dem Schwedischen von Horst Schröder. Originaltitel: ›När barnen tog makten‹. Brosch., 104 Seiten, (8°). Einbandgestaltung: Typografie von Jörg Schröder mit einer Zeichnung von Michael Wolff. März Verlag, Frankfurt a. M. 1970

Doktor Gormander (= **Ohrlander, Gunnar**): **›Als die Kinder streikten‹.** Mit Zeichnungen von Berndt Höppner. Aus dem Schwedischen von Horst Schröder. Originaltitel: ›När barnen gick i strejk‹. Brosch., 96 Seiten, (8°). Einbandgestaltung: Typografie von Jörg Schröder mit einer Zeichnung von Berndt Höppner. März Verlag, Frankfurt a. M. 1972

Hannover, Heinrich: ›Die Birnendiebe vom Bodensee. Geschichten für alle, die wissen wollen, wie man Geschichten erzählt, verändert, verbessert‹. Mit Illustrationen von Maria Rühmann. Pappband, Querformat (20,5 : 29.5), 44 Seiten. Einbandgestaltung: Typografie von Jörg Schröder mit einer Collage von Maria Rühmann. März Verlag, Frankfurt a. M. 1970

Hannover, Heinrich: ›Der müde Polizist‹. Mit 6 Kinderzeichnungen von Bettina Barbara Gutte sowie Almut und Bettina Hannover. Pappbd. (26,5 : 19), 64 Seiten. Einbandgestaltung: Typografie von Jörg Schröder mit einer Kinderzeichnung. März Verlag, Frankfurt a. M. 1972

Havemann, Florian: ›Auszüge aus den Tafeln des Schicksals. Ein Porträt von Velimir Chlebnikov‹. Leinen, Querformat (19,5 : 27,5), 268 Seiten mit zahlreichen Fotos. Umschlaggestaltung: Jörg Schröder. März Verlag, Jossa 1979

Heinikel, Rosemarie: ›Rosy Rosy‹. Engl. Brosch., 220 Seiten sowie 16 Fotoseiten, (8°). Umschlaggestaltung: Typografie von Jörg Schröder mit einem Foto von Rosy Rosy, Fotograf unbekannt. März Verlag, Frankfurt a. M. 1971

Heinsohn, Gunnar: ›Vorschulerziehung heute? Eine soziologische Untersuchung der Ursachen, systemverändernden Möglichkeiten und Schwierigkeiten von Reformbestrebungen in der Vorschulerziehung des kapitalistischen Deutschland‹. Brosch., 216 Seiten, (8°). Einbandgestaltung: Jörg Schröder. März Verlag, Frankfurt a. M. 1971

Heinsohn, Gunnar und Steiger, Otto: ›Die Vernichtung der weisen Frauen. Hexenverfolgung, Menschenproduktion, Kinderwelten, Bevölkerungswissenschaft. Beiträge zur Theorie und Geschichte von Bevölkerung und Kindheit‹. Brosch., 368 Seiten mit zahlreichen

Abbildungen (8°). Einbandgestaltung: Typografie von Jörg Schröder mit einem Motiv aus ›Der Swangern Frawen und Hebammen Rosengarten‹ von Eucharius Rösslin. März Verlag, Herbstein 1985

Herhaus, Ernst: ›Notizen während der Abschaffung des Denkens‹. Engl. Brosch., 144 Seiten, (8°). Umschlaggestaltung: Typografie von Jörg Schröder mit einem Motiv von Berndt Höppner. März Verlag, Frankfurt a. M. 1970

Herms, Dieter: ›Upton Sinclair – amerikanischer Radikaler. Eine Einführung in Leben und Werk – zu Upton Sinclair: Werke in Einzelausgaben‹. Brosch., 288 Seiten, (8°). Einbandgestaltung: Jörg Schröder. März Verlag, Jossa 1978

Hobrecht, Jürgen: ›Du kannst mir nicht in die Augen sehen‹. Leinen, 396 Seiten, (8°). Umschlaggestaltung: Typografie von Jörg Schröder mit einem Foto von Jürgen Hobrecht, Fotograf unbekannt. März Verlag, Berlin und Jossa 1981

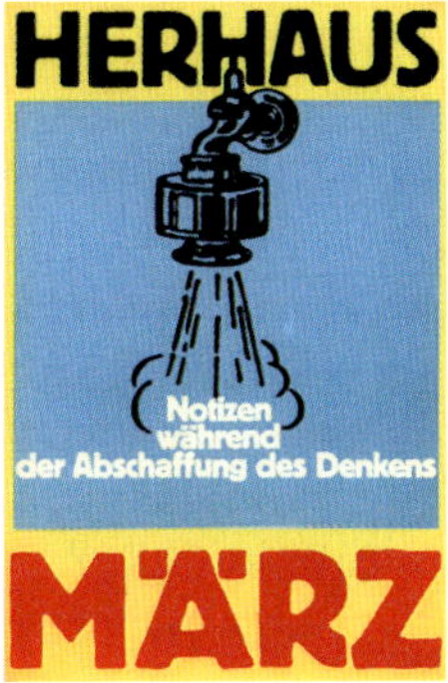

Hoernle, Edwin: ›Grundfragen proletarischer Erziehung‹. Herausgegeben von Lutz von Werder und Reinhart Wolff. Leinen und Brosch., 264 Seiten, (8°). Umschlaggestaltung: Jörg Schröder. März Verlag, Darmstadt 1969

Horn, Joshua S.: ›Arzt in China‹. Mit einem Vorwort von Edgar Snow. Aus dem Englischen von Reimer Hoffmann und Petrima Thomas. Originaltitel: ›Away with All Pests‹. Brosch., 304 Seiten mit zahlreichen Fotos, (8°). Einbandgestaltung: Typografie von Jörg Schröder mit einem Motiv von Berndt Höppner. März Verlag, Frankfurt a. M. 1972

Jadway, J. J.: ›Die wirklichen sieben Minuten‹. Aus dem Amerikanischen von Karin Reese. Originaltitel: ›Seven Erotic Minutes‹. Leinen, 256 Seiten, (8°). Umschlaggestaltung: Typografie von Jörg Schröder mit einem Foto von Gunter Rambow. März Verlag, Frankfurt a. M. 1970

Jadway, J. J.: ›Die wirklichen sieben Minuten‹. Aus dem Amerikanischen von Karin Reese. Originaltitel: ›Seven Erotic Minutes‹. Leinen, 256 Seiten, (8°). Buchtitel durch Balken unkenntlich gemacht. Umschlaggestaltung: Typografie von Jörg Schröder mit einem Foto von Gunter Rambow. März Verlag, Frankfurt a. M. 1971

Jones, LeRoi: ›Schwarze Musik‹. Aus dem Amerikanischen von Marianne Dommermuth. Originaltitel: ›Black Music‹. Leinen, 236 Seiten, (8°). Umschlaggestaltung: Typografie von Jörg Schröder mit einem Foto, Fotograf unbekannt. März Verlag, Frankfurt a. M. 1970

Kanitz, Otto: ›Kämpfer von morgen. Für eine sozialistische Erziehung‹. Herausgegeben von Lutz von Werder. Engl. Brosch., 276 Seiten, (8°). Umschlaggestaltung: Jörg Schröder. März Verlag, Frankfurt a. M. 1970

Kavan, Anna: ›Julia und die Bazooka‹. Aus dem Englischen von Helma Schleif. Originaltitel: ›Julia and the Bazooka‹ und ›My Soul in China‹. Leinen, 352 Seiten, (8°). Umschlaggestaltung: Typografie von Jörg Schröder mit einer Zeichnung von Keith Cunningham. März Verlag, Berlin und Schlechtenwegen 1983

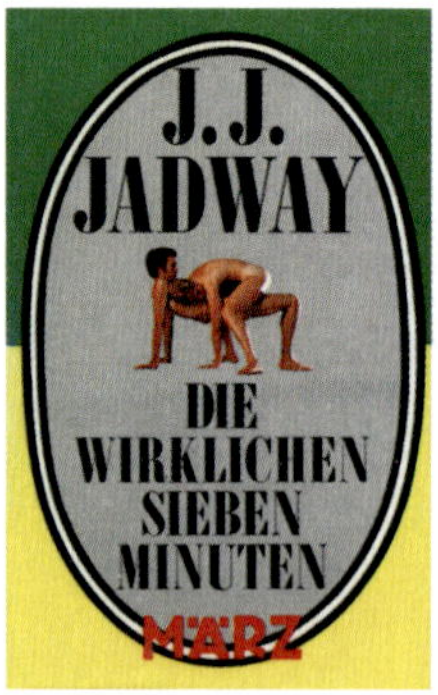

Kavan, Anna: ›Wer bist du?‹ Aus dem Englischen von Helma Schleif. Originaltitel: ›Who Are You?‹ Leinen, 136 Seiten, (8°). Umschlaggestaltung: Typografie von Jörg Schröder mit einer Zeichnung von Keith Cunningham. März Verlag, Herbstein 1984

Kesey, Ken: ›Einer flog über das Kuckucksnest‹. Aus dem Amerikanischen von Hans Hermann. Originaltitel: ›One Flew Over the Cuckoo's Nest‹. Brosch., 328 Seiten, (8°). Einbandgestaltung: Berndt Höppner. März Verlag, Frankfurt a. M. 1972

Kesey, Ken: ›Manchmal ein großes Verlangen‹. Aus dem Amerikanischen von Hans-Christian Kirsch. Originaltitel: ›Sometimes a Great Notion‹. Leinen, 768 Seiten, (8°). Umschlaggestaltung: Typografie von Jörg Schröder mit einem Motiv von Henning John von Freyend. März Verlag, Herbstein 1985

Kessle, Gun und Myrdal, Jan: ›Die albanische Herausforderung‹. Aus dem Schwedischen von Einar Schlereth. Originaltitel: ›Albansk utmaning‹. Engl. Brosch., 260 Seiten mit zahlreichen

Fotos, (8°). Umschlaggestaltung: Jörg Schröder. März Verlag, Frankfurt a. M. 1971

Korolenko, Wladimir: ›Die Geschichte meines Zeitgenossen‹. Mit einer Einleitung von Rosa Luxemburg. Aus dem Russischen von Rosa Luxemburg. Originaltitel: ›Istoriya moyego sovremennika‹. Engl. Brosch., 456 Seiten, (8°). Umschlaggestaltung: Jörg Schröder. März Verlag, Frankfurt a. M. 1970

Kunen, James Simon: ›Erdbeermanifest. Notizen zur Columbia-Revolte‹. Aus dem

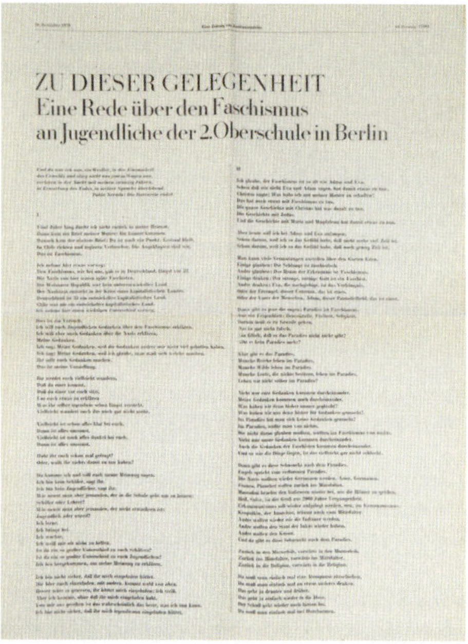

ZU DIESER GELEGENHEIT
Eine Rede über den Faschismus
an Jugendliche der 2. Oberschule in Berlin

Amerikanischen von David Wittenberg. Originaltitel: ›The Strawberry Statement‹. Leinen, 208 Seiten, (8°). Umschlaggestaltung:

Typografie von Jörg Schröder mit einem Motiv: Studentenausweis der Columbia University. März Verlag, Darmstadt 1969

Kuper, Peter: ›Hamlet‹. Erzählt von Peter Kuper, bearbeitet und herausgegeben von Jörg Schröder. Leinen, 556 Seiten, (8°). Umschlaggestaltung: Typografie und Foto von Jörg Schröder. März Verlag, Berlin und Jossa 1980

Lange, Claudio: ›Milch, Wein & Kupfer. In Memoriam Felix Huentelaf‹. Leinen, 106 Seiten, (8°). Umschlaggestaltung: Typografie von

Jörg Schröder mit einer Seite aus einem chilenischen Pass. März Verlag, Jossa 1979

Lange, Claudio: ›Zu dieser Gelegenheit. Eine Rede über den Faschismus an Jugendliche der 2. Oberschule in Berlin‹. Zeitung, 8 Seiten, (53 : 37). Gestaltung: Jörg Schröder, Eine Zeitung von Zweitausendeins, Frankfurt a. M. 1979

Leibniz, Max (= **Roth, Klaus**): **›Das ganze Leben‹.** Leinen, 120 Seiten, (8°). Umschlaggestaltung: Jörg Schröder. März Verlag, Berlin und Jossa 1980

Leon, Anna (= **Leonhard, Marion**): **›Einfacher Bericht‹.** Leinen, 100 Seiten, (8°). Umschlaggestaltung: Typografie von Jörg Schröder mit einer Grafik von Exit. März Verlag, Berlin und Schlechtenwegen 1982

López, Esteban: ›Liebe & Tarock‹. Mit Illustrationen von Helmert Woudenberg. Aus dem Niederländischen von Johannes Piron. Originaltitel: ›Tarok‹. Brosch., 208 Seiten, (8°). Einbandgestaltung: Typografie von Jörg Schröder mit einem Motiv vom Helmert Woudenberg. März Verlag, Frankfurt a. M. 1972

López, Esteban: ›Fleisch für Vegetarier‹. Aus dem Niederländischen Teil I von Helmut Homeyer, Teil II von Jürgen Hillner, Teil III von Johannes Werres und Heinz Liehr. Vom Verfasser autorisierte Bearbeitung von Jörg Schröder. Originaltitel: ›Vlees voor Vegetariërs‹. Leinen, 408 Seiten, (8°). Umschlaggestaltung: Typografie von Jörg Schröder mit einem Foto von Inge Werth. März Verlag, Jossa 1979

López, Esteban: ›Rota & Liebe‹. Mit Illustrationen von Helmert Woudenberg. Aus dem Niederländischen von Martin Lehmann. Brosch., 164 Seiten, (8°). Einbandgestaltung: Typografie von Jörg Schröder mit einem Motiv von Ramon López. März Verlag, Herbstein 1985

Lucas, Erhard: ›Märzrevolution im Ruhrgebiet. Vom Generalstreik gegen den Militärputsch zum bewaffneten Arbeiteraufstand. März / April 1920‹. Band 1. Engl. Brosch., 360 Seiten, (8°). Umschlaggestaltung: Jörg Schröder. März Verlag, Frankfurt a. M. 1970

Ludwig, Emil und Chotjewitz, Peter O.: ›Der Mord in Davos. Texte zum Attentatsfall David Frankfurter – Wilhelm Gustloff‹. Herausgegeben von Helmut Kreuzer. Leinen, 224 Seiten, (8°). Umschlaggestaltung: Typografie von Jörg Schröder mit einem zeitgenössischen Foto. Fotograf unbekannt. März Verlag, Herbstein 1986

Madsen, Svend Åge: ›Lüste und Leichen‹. Aus dem Dänischen von Horst Schröder. Originaltitel: ›Liget og Lysten‹. Leinen, 180 Seiten, (8°). Umschlaggestaltung: Typografie von Jörg Schröder mit einer Collage von Uve Schmidt. März Verlag, Darmstadt 1969

›März Texte 1‹. Herausgegeben von Jörg Schröder. Engl. Brosch., 320 Seiten mit zahlreichen Abbildungen, (8°). Umschlaggestaltung: Jörg Schröder. März Verlag, Darmstadt 1969

Malanga, Gerard: ›Selbstporträt eines Dichters‹. Aus dem Amerikanischen von Rolf Eckart John, Nils Lindquist, Max Looser, Ralf-Rainer Rygulla, Joachim Utz, Hardo Wichmann, Otto Wilck, Hans-Jürgen Wille. Originalausgabe. Engl. Brosch., 256 Seiten, (8°). Umschlaggestaltung: Typografie von Jörg Schröder mit einem Foto von Maria Cosindas. März Verlag, Frankfurt a. M. 1970

›Mammut. März Texte 1 & 2. 1969 bis 1984‹. Herausgegeben von Jörg Schröder. Mit Beiträgen von Marc Adrian, Guillaume Apollinaire, J. G. Ballard, Clemens Bartholdy, Mary Beach, Ted Berrigan, Andreas Biss, Laura Bohannan, Nicolas Born, Rolf Dieter Brinkmann, Joe Brainard, Bazon Brock, Hubert Burda, William S. Burroughs, George Morris Carstairs, Neal Cassady, Peter O. Chotjewitz, Jan Cremer, Charles Darwin, Fielding Dawson, Hertha von Dechend, Joel Deutsch, Josef Dvorak, Ralph Waldo Emerson, Manfred Esser, Gudrun Ensslin, Edel Exel, Rudolf Falb, Leslie A. Fiedler, Henry Ford, Todd Gitlin, Pierre Goldman, Claudia Goldini, Paul Goodman, Otto Gross, Nina Hagen, Florian Havemann, Johanna Heinen, Gunnar Heinsohn, Fritz Heymann, H. H. Houben, Angelika Jacob, Ernst Jandl, Rolf Eckart John, LeRoi Jones, Barbara Kalender, Lenore Kandel, Anna Kavan, Jack Kerouac, Kristian Klippel, Kenneth Koch, Peter Kuper, Michèle Lalonde, Esteban López, Sven Åge Madsen, William Mahoney, Harry Mathews, Frank-Wolf Matthies, Mario Mercier, Ulf Miehe, Douglas Milburn, Karl Philipp Moritz, Herbert Nagel, Walter Nieß, Hermann Nitsch,

MAMMUT
MÄRZ TEXTE 1&2
1969-1984
HERAUSGEGEBEN VON JÖRG SCHRÖDER

– MÄZENATENAUSGABE –

MÄRZ VERLAG

MÄRZ MAMMUT
wurde in einer Vorzugsausgabe von
150 Exemplaren
auf matt holzfrei,
gelblich Rikoprint 60 g/m²
von Schoeller & Hoesch, Gernsbach, gedruckt
und von der
Buchbinderei Sigloch, Künzelsau,
in Seidentaft gebunden.
Dieses Exemplar wurde für
die Hessische Landesbibliothek
hergestellt und trägt die Nummer
36

Frank O'Hara, Rohland Opfermann, Ron Padgett, Kenneth Patchen, Helmut Pieper, Charles Plymell, Wolfgang Pohrt, Thorwald Proll, Bruno Rauscher, Robert Rosenkranz, Irving Rosenthal, Michael Rumaker, Ralf-Rainer Rygulla, Giorgio de Santillana, Michel Serres, Günter Seuren, Upton Sinclair, E. Sinzig, Edgar

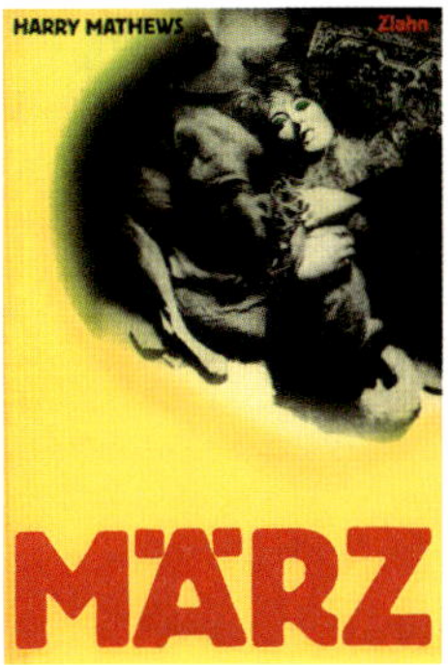

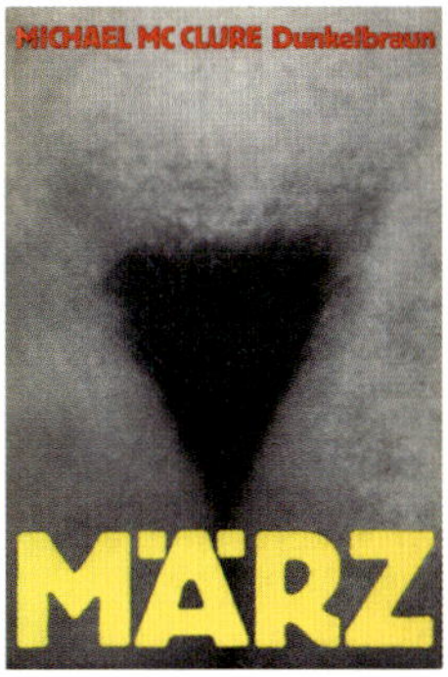

Snow, Valerie Solanas, Augustin Souchy, Otto Steiger, Werner Schmidmaier, Peter J. Schmidt, Uve Schmidt, Jörg Schröder, Jimmy Schuyler, Helke Schwan (= Mathias Bröckers und Helmut Höge), Dominik Steiger, Peter Tautfest, Wulf Teichmann, Parker Tyler, Jules Vallès, Pierre Vallières, Immanuel Velikovsky, Bernward Vesper, Henner Voss, Andy Warhol, Colin Wilson, Tom Wolfe, Siegfried Wollseifen, Gerhard Zwerenz. Ausgabe für den Handel. Leinen. 1276 Seiten mit zahlreichen Abbildungen, (8°). Umschlaggestaltung: Jörg Schröder mit einer Felszeichnung. März Verlag, Herbstein 1984

›Mammut. März Texte 1 & 2. 1969 bis 1984‹. Herausgegeben von Jörg Schröder. Mit Beiträgen von: siehe Ausgabe für den Handel. Mäzenatenausgabe, 150 nummerierte und signierte Exemplare. Geprägte franz. Ballonseide, 1276 Seiten mit zahlreichen Abbildungen, (8°). Einbandgestaltung: Jörg Schröder. März Verlag, Herbstein 1984

Mathews, Harry: ›Zlahn‹. Aus dem Amerikanischen von Marc Adrian. Originaltitel: ›Tlooth‹. Leinen, 196 Seiten, (8°). Umschlaggestaltung: Typografie von Jörg Schröder mit einem Foto von Bettina Böhmer. März Verlag, Frankfurt a. M. 1970

McClure, Michael: ›Dunkelbraun‹. Aus dem Amerikanischen übersetzt und mit einer Notiz von Heiner Bastian. Originaltitel: ›Dark Brown‹. Brosch., 60 Seiten, (8°). Einbandgestaltung: Typografie von Jörg Schröder mit einem Foto. Fotograf unbekannt. März Verlag, Frankfurt a. M. 1970

Mercier, Mario: ›Die Rosette‹. Aus dem Französischen von Roberta Hail (= Lothar Baier). Originaltitel: ›Journal de Jeanne‹. Leinen, 208 Seiten, (8°). Umschlaggestaltung: Jörg Schröder mit einem Gemälde unbekannter Provenienz. März Verlag, Frankfurt a. M. 1970

Merrick, Gordon: ›Ein Fall von Liebe‹. Aus dem Amerikanischen von Hans Eginhard. Originaltitel: ›The Lord Won't Mind‹. Leinen, 320 Seiten, (8°). Umschlaggestaltung: Typografie von Jörg Schröder mit einer Grafik von Berndt Höppner. März Verlag, Frankfurt a. M. 1971

Milburn, Douglas: ›Kindesmord‹. Aus dem Amerikanischen von Helma Schleif. Originaltitel: ›Filicide. The Mythic Reality of Childhood‹. Brosch., 248 Seiten, (8°). Einbandgestaltung: Jörg Schröder mit einem Gemälde von Lovis Corinth. März Verlag, Berlin und Schlechtenwegen 1982

Mondlane, Eduardo: ›Kampf um Mozambique‹. Aus dem Englischen von Burkhard Bluem, Heidi Reichling und Stefan Rössel. Originaltitel: ›The Struggle for Mozambique‹.

Englische Broschur, 320 Seiten, (8°). Umschlaggestaltung: Jörg Schröder. März Verlag, Frankfurt a. M. 1970

›Mondstrip. Neue englische Prosa‹. Herausgegeben von Rolf Eckart John. Mit Beiträgen von J. G. Ballard, Martin Bax, Paul Buck, Jim Burns, Arthur C. Clarke, David Coxhead, Edmund Crackenedge, Andres Crozier, John James, George Macbeth, Jeff Nuttall, Eduardo Paolozzi, Ann Quin, Peter Riley, Alexander

Trocchi. Aus dem Englischen von Peter Behrens, Erwin Brauer, Hans Hermann, Rolf Eckart John, Linda Pfeiffer, Frank Rainer Scheck. Engl. Brosch., 244 Seiten mit zahlreichen Abbildungen, (8°). Umschlaggestaltung: Jörg Schröder mit einem Foto aus ›Ambit‹. März Verlag, Frankfurt a. M. 1971

Münzenberg, Willi: ›Propaganda als Waffe. Ausgewählte Schriften 1919 bis 1940‹. Herausgegeben von Til Schulz. Brosch., 364 Seiten, (8°). Umschlaggestaltung: Jörg Schröder. März Verlag, Frankfurt a. M. 1972

Myers, Gustavus: ›Die großen amerikanischen Vermögen‹. Aus dem Amerikanischen übersetzt und mit einer Einleitung versehen von Max Schippel. Zwei Bände. Leinen und Engl. Brosch., 800 Seiten, (8°). Umschlaggestaltung: Jörg Schröder. März Verlag, Darmstadt 1969

›Die Nazi-Olympiade‹. Fotomechanischer Nachdruck des Olympia Albums 1936 mit einem Nachwort von Gerhard Zwerenz. Großform. Pappbd., (26,5 : 19,5). 224 Seiten mit zahlreichen Fotos. Einbandgestaltung: Jörg Schröder mit einer Abbildung der Titelseite des offiziellen Olympia Albums. März Verlag, Frankfurt a. M. 1972

Nitsch, Hermann: ›Orgien Mysterien Theater / Orgies Mysteries Theatre‹. Mit einem Vorwort von Oswald Wiener und einem Grafik-Frontispiz von Arnulf Rainer. Deutsch / englische Ausgabe. Engl. Brosch., 344 Seiten mit zahlreichen Illustrationen, (8°). Umschlaggestaltung: Typografie von Jörg Schröder mit einem Motiv von Hermann Nitsch. März Verlag, Darmstadt 1969

Opfermann, Rohland: ›Teutsch oder die Häßlichkeit der Sprache in diesem Roman von Rohland Opfermann‹. Leinen, 368 Seiten, (8°). Umschlaggestaltung: Jörg Schröder mit einer Vignette von Rohland Opfermann. März Verlag, Jossa 1979

Osborn, Reuben: ›Marxismus und Psychoanalyse‹. Mit einer Einleitung von John Strachey. Aus dem Englischen von André Wohlleben. Originaltitel: ›Marxism and Psychoanalysis‹. Englische Broschur, 212 Seiten, (8°). Umschlaggestaltung: Jörg Schröder. März Verlag, Frankfurt a. M. 1970

Patchen, Kenneth: ›Erinnerungen eines schüchternen Pornographen‹. Aus dem Amerikanischen von Katharina Behrens. Originaltitel: ›The Memoirs of a Shy Pornographer‹. Pappband, 248 Seiten, (8°). Einbandgestaltung: Typografie von Jörg Schröder mit einem Aquarell von Kenneth Patchen. März Verlag, Jossa 1977

Patchen, Kenneth: ›Schläfer erwacht‹. Aus dem Amerikanischen von Marc Adrian. Originaltitel: ›Sleepers Awake‹. Typografische Adaption für die deutsche Ausgabe: Jörg Schröder. Klappenbrosch., 436 Seiten, (8°). Einbandgestaltung: Jörg Schröder. März Verlag, Berlin und Schlechtenwegen 1983

Peisker, Horst: ›Maniac‹. Leinen, 156 Seiten, (8°). Umschlaggestaltung: Jörg Schröder. März Verlag, Jossa 1980

Pfeiffer, Linda: ›Ich weine – Ich lache‹. Engl. Brosch., 176 Seiten, (8°). Umschlaggestaltung:

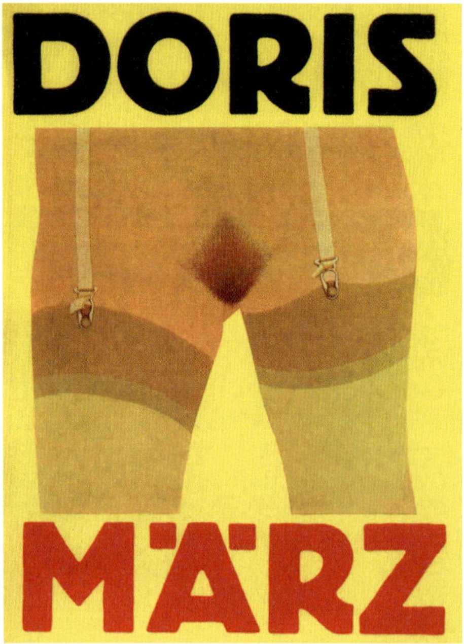

Typografie von Jörg Schröder mit einem Gemälde von Henning John von Freyend. März Verlag, Herbstein 1985

Piwitt, Hermann Peter: ›Das Bein des Bergmanns Wu. Praktische Literatur und literarische Praxis‹. Engl. Brosch., 160 Seiten, (8°). Umschlaggestaltung: Typografie von Jörg Schröder mit einer Grafik von Berndt Höppner. März Verlag, Frankfurt a. M. 1971

›Das politische Grundwissen des jungen Kommunisten‹. Nach der Ausgabe der kommunistischen Jugendinternationale von 1927. Mit einer Vorbemerkung der Herausgeber Wilfried Böse, Michael Schwarz, Hannes Weinrich und Karl Dietrich Wolff. Brosch., 160 Seiten, (8°). Einbandgestaltung: Jörg Schröder. März Verlag, Frankfurt a. M. 1970

Postman, Neil und Weingartner, Charles: ›Fragen und Lernen. Die Schule als kritische Anstalt‹. Aus dem Amerikanischen von Max Looser. Originaltitel: ›Teaching as a Subversive Activity‹. Brosch., 296 Seiten, (8°). Einbandgestaltung: Typografie von Jörg Schröder mit einem Motiv von Paul Bacon. März Verlag, Frankfurt a. M. 1972

Prémonville, Cathérine de: ›Schamlos‹. Aus dem Französischen von Roberta Hail (= Lothar Baier). Originaltitel: ›Outrage public à la pudeur‹. Leinen, 188 Seiten, (8°). Umschlaggestaltung: Typografie von Jörg Schröder mit einem Portait von Berndt Höppner. März Verlag, Frankfurt a. M. 1971

Quin, Ann: ›Passagen‹. Aus dem Englischen von Elisabeth Fetscher. Originaltitel: ›Passages‹. Leinen, 128 S., (8°). Umschlaggestaltung: Typografie von Jörg Schröder mit einem Motiv von Berndt Höppner. März Verlag, Frankfurt a. M. 1970

Rambow, Gunter: ›Doris‹. Großformatige Brosch. (32,5 : 23,5). 140 Fotoseiten. Einbandgestaltung: Typografie von Jörg Schröder mit einem Motiv von Berndt Höppner. März Verlag, Frankfurt a. M. 1970

Renard, Maurice: ›Der Doktor Lerne. Ein Schauerroman‹. Illustriert von Armin Stähle. Aus dem Französischen von Heinrich Lautensack. Originaltitel: ›Le Docteur Lerne‹. Pappbd., 308 Seiten, (8°). Einbandgestaltung: Armin Stähle. März Verlag, Jossa 1977

Rosenthal, Irving: ›Schöps‹. Aus dem Amerikanischen von Wulf Teichmann. Originaltitel: ›Sheeper‹. Leinen, 328 Seiten, (8°). Umschlaggestaltung: Jörg Schröder mit einer Vignette. März Verlag, Darmstadt 1969

Rühle, Otto: ›Zur Psychologie des proletarischen Kindes‹. Herausgegeben von Lutz von Werder und Reinhart Wolff. Brosch., 216 Seiten, (8°). Einbandgestaltung: Jörg Schröder. März Verlag, Darmstadt 1969

Rumaker, Michael: ›Schwul. Ein vulgäres Propagandastück‹. Aus dem Amerikanischen von Wulf Teichmann und Dirk Mülder. Originaltitel: ›Queers‹. Brosch., 56 Seiten, (8°). Einbandgestaltung: Jörg Schröder mit einem Foto von Peter Trivy (= Peter Beitlich). März Verlag, Frankfurt a. M. 1970

Salvatore, Gaston: ›Der Mann mit der Pauke. Wolfgang Neuss‹. Brosch., 448 Seiten mit zahlreichen Fotos. Einbandgestaltung: Jörg Schröder. März Verlag, Berlin und Schlechtenwegen 1981

Schimanek, Jürgen: ›Negerweiß. Deutsches Fernsehtraining in Afrika in 99 Einstellungen. Entwicklungsroman‹. Leinen, 168 Seiten, (8°). Umschlaggestaltung: Jörg Schröder. März Verlag, Jossa 1979

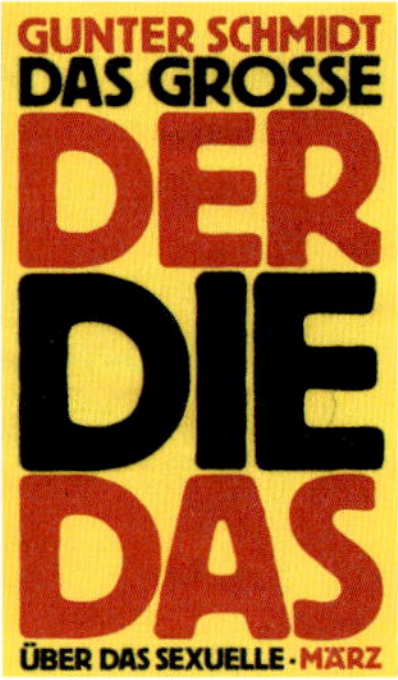

Schlereth, Einar und Daeng Bintang, Batjo: ›Indonesien. Analyse eines Massakers‹. Englische Broschur, 284 Seiten, (8°). Umschlaggestaltung: Jörg Schröder. März Verlag, Frankfurt a. M. 1970

Schmatzberger, Herbert: ›Das aufsteigende Zeichen. Aszendent. Sonne. Himmelsmitte. Buch der Deutungen‹. Klappenbrosch., 256 Seiten mit 360 Holzschnitten. Einbandgestaltung: Jörg Schröder. März Verlag, Berlin und Schlechtenwegen 1983

Schmidt, Gunter: ›Das große DER DIE DAS. Über das Sexuelle‹. Leinen, 184 Seiten, (8°). Umschlaggestaltung: Jörg Schröder. März Verlag, Herbstein 1986

Schmidt, Uve: ›Ende einer Ehe‹. Leinen, 160 Seiten, (8°). Umschlaggestaltung: Typografie von Jörg Schröder mit einem Foto von Gunter Rambow. März Verlag, Jossa 1978

Schmidt, Uve: ›Danach. Kinder einer Ehe‹. Leinen, 132 Seiten, (8°). Umschlaggestaltung: Typografie von Jörg Schröder mit einem Foto von Inge Rambow. März Verlag, Jossa 1979

Schröder, Jörg und Herhaus, Ernst: ›Siegfried‹. Leinen, 372 Seiten, (8°). Umschlaggestaltung: Jörg Schröder mit einer Fotocollage. März Verlag, Frankfurt a. M. 1972

Schröder, Jörg und Nettelbeck, Uwe: ›Cosmic‹. Brosch., 304 Seiten, (8°). Einbandgestaltung: Jörg Schröder. März Verlag, Berlin und Schlechtenwegen 1982

›Schulkampf. Dokumente und Analysen‹. Herausgegeben von Lutz von Werder und Reinhart Wolff. Band 1. Engl. Brosch., 360 Seiten, (8°). Umschlaggestaltung: Jörg Schröder. März Verlag, Frankfurt a. M. 1970

Schultz-Gerstein, Christian: ›Der Doppelkopf. Nach einem Gespräch mit Jean Améry‹. Leinen, 132 Seiten, (8°). Umschlaggestaltung: Jörg Schröder. März Verlag, Jossa 1979

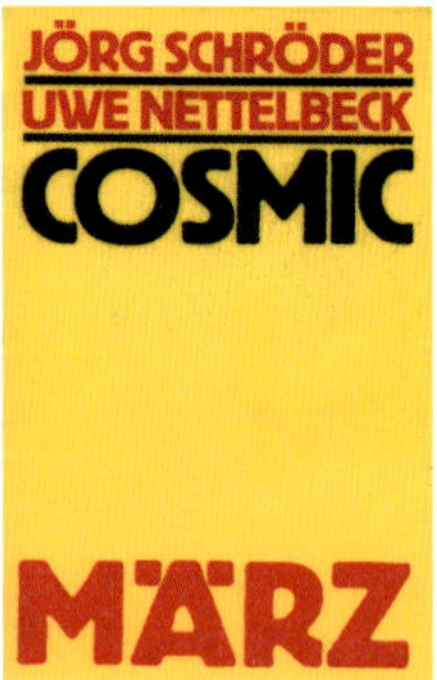

›Schweden zum Beispiel. Eine Politanthologie‹. Herausgegeben von Horst Schröder. Engl. Brosch., 400 Seiten mit zahlreichen Abbildungen, (8°). Umschlaggestaltung: Jörg Schröder mit einem Werbefoto. März Verlag, Frankfurt a. M. 1970

Schwenda, Istvan (= **Schmidt, Uve**) **und Leuchner, Thomas** (= **Rambow, Gunter**): **›Einmaleins für zwei. 111 Liebespositionen‹.** Pappbd., Querformat (14,5 : 19), 240 Seiten

mit farbigen Fotos. Einbandgestaltung: Jörg Schröder mit einem Foto von Gunter Rambow. Porta Verlag (= März Verlag), Darmstadt 1969

Seuren, Günter: ›Der Abdecker‹. Leinen, 264 Seiten, (8°). Umschlaggestaltung: Typografie von Jörg Schröder mit einem Foto von Marina Raith. März Verlag, Frankfurt a. M. 1970

Seuren, Günter: ›Der Abdecker‹. Neuausgabe. Klappenbrosch., 264 Seiten, (8°). Einbandgestaltung: Jörg Schröder mit einem Foto von

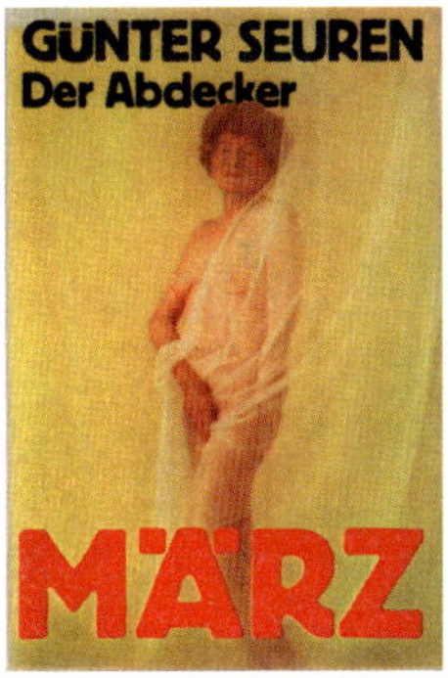

Argyris Sfountouris. März Verlag, Berlin und Schlechtenwegen 1983

Sinclair, Upton: ›Am Fließband. Mr. Ford und sein Knecht Shutt‹, Werke in Einzelausgaben. Herausgegeben von Dieter Herms. Aus dem Amerikanischen von Walter Paul (= Jörg Schröder). Originaltitel: ›The Flivver King‹. Leinen, 260 Seiten, (8°). Umschlaggestaltung: Jörg Schröder mit einer Collage. März Verlag, Berlin und Schlechtenwegen 1983

Sinclair, Upton: ›Boston. Die Geschichte von Sacco und Vanzettis Leben und Sterben und der Zivilisation, die sie umbrachte‹. Werke in Einzelausgaben. Herausgegeben von Dieter Herms. Aus dem Amerikanischen von Evelyn Hanson-Lawson. Originaltitel: ›Boston‹. Leinen ohne Schutzumschlag, 944 Seiten, (8°). Einbandgestaltung: Jörg Schröder. März Verlag, Jossa 1978

Sinclair, Upton: ›Der Dschungel‹. Werke in Einzelausgaben. Herausgegeben von Dieter Herms. Aus dem Amerikanischen von Eva Bernhart und Karl Teuschl. Originaltitel: ›The Jungle‹. Leinen ohne Schutzumschlag, 464 Seiten, (8°). Einbandgestaltung: Jörg Schröder. März Verlag, Jossa 1978

Sinclair, Upton: ›Der Dschungel‹. Werke in Einzelausgaben. Herausgegeben von Dieter Herms. Aus dem Amerikanischen von Otto Wilck. Originaltitel: ›The Jungle‹. Leinen, 484 Seiten, (8°). Umschlaggestaltung: Jörg Schröder mit einer zeitgenössischen Illustration. März Verlag, Berlin und Jossa 1980

Sinclair, Upton: ›Öl!‹ Werke in Einzelausgaben. Herausgegeben von Dieter Herms. Aus dem Amerikanischen von Otto Wilck. Originaltitel: ›Oil!‹ Leinen, 648 Seiten, (8°). Umschlaggestaltung: Jörg Schröder mit einem Foto. März Verlag, Herbstein 1984

Snow, Edgar: ›Roter Stern über China‹. Aus dem Amerikanischen von Gerold Dommermuth und Heidi Reichling, durchgesehen von Anna Wang. Originaltitel: ›Red Star Over China‹. Leinen und Engl. Brosch., 668 Seiten sowie zwei farbige Karten, (8°). Umschlaggestaltung: Jörg Schröder. März Verlag, Darmstadt 1969

Solanas, Valerie: ›S.C.U.M. Manifest der Gesellschaft zur Vernichtung der Männer‹. Mit einem Vorwort von Paul Krassner und einem Nachwort des Frankfurter Arbeitskreises für Frauenemanzipation. Aus dem Amerikanischen von Nils Lindquist. Originaltitel: ›S.C.U.M. Manifesto, Society for Cutting Up Men‹. Engl. Brosch., 104 Seiten, (8°). Umschlaggestaltung:

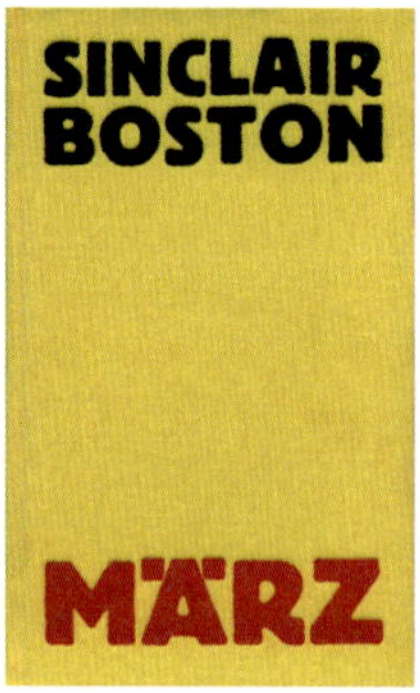

Jörg Schröder mit einer Zeichnung aus ›Acid‹. März Verlag, Darmstadt 1969

›**Soll Erziehung politisch sein?**‹ Herausgegeben und kommentiert vom Roten Kollektiv Proletarische Erziehung, Westberlin. Engl. Brosch., 192 Seiten, (8°). Umschlaggestaltung: Jörg Schröder. März Verlag, Frankfurt a. M. 1970

Souchy, Augustin: ›Anarcho-Syndikalisten über Bürgerkrieg und Revolution in Spanien. Ein Bericht‹. Engl. Brosch., 276 Seiten, (8°). Umschlaggestaltung: Jörg Schröder. März Verlag, Darmstadt 1969

›**Strategien der Konterrevolution. Westliche Eindämmungspolitik 1917 bis Vietnam**‹. Herausgegeben von David Horowitz. Mit einem Vorwort von Bertrand Russell. Mit Beiträgen von Isaac Deutscher, William Appleman William, John Baggeley, Henry W. Berger, Todd Gitlin, John Gittings, Richard Morrock. Aus dem Amerikanischen von Thomas Schmid, André Wohlleben und Michaela Wunderle. Originaltitel: ›Containment and Revolution‹. Engl. Brosch., 316 Seiten, (8°). Umschlaggestaltung: Jörg Schröder. März Verlag, Darmstadt 1969

Strete, Craig Kee: ›Uns verbrennt die Nacht. Ein Roman mit Jim Morrison‹. Aus dem Amerikanischen von Teja Schwaner. Originaltitel: ›Burn Down the Night‹. Engl. Brosch., 368 Seiten, (8°). Umschlaggestaltung: Jörg Schröder mit einem Foto von Jim Morrison. März Verlag, Berlin und Schlechtenwegen 1983

›**Subkultur Berlin. Selbstdarstellung Text-, Ton-, Bilddokumente, Esoterik der Kommunen, Rocker, subversiven Gruppen**‹. Herausgegeben von Hartmut Sander und Ulrich Christians. Mit Beiträgen von Andreas Baader, Jürgen Beverförden, Lothar Binger, Benjamin Buchloh, Rudi Dutschke, Gudrun Ensslin, Peter Homann-Meinhof, Dieter Kunzelmann, Astrid Proll, Heike Proll, Horst Tomayer, Bernward Vesper, Barbara Witt, Peter-Paul Zahl u. v. a. Beiliegend: Plakat und weiße Flexi-Single. Brosch. Querformat (18,5 : 24), 192 Seiten. Einbandgestaltung: Jörg Schröder mit einer modifizierten Werbeanzeige für Berlin. März Verlag, Darmstadt 1969

›**Tricontinental. Eine Auswahl von 1967 bis 1970**‹. Herausgegeben von Karl Dietrich Wolff. Mit Beiträgen von Amilcar Cabral, André Gunder Frank, Ernesto Che Guevara, Ho Chi Minh, Hoang Bich Son, Charlos Lechuga, Albert Paul Lentin, Carlos Marighella, Augustino Neto, Carlos Nunez, A. Zapata. Engl. Brosch., 320 Seiten, (8°). Umschlaggestaltung: Jörg Schröder mit dem Symbol der Tricontinental. März Verlag, Frankfurt a. M. 1970

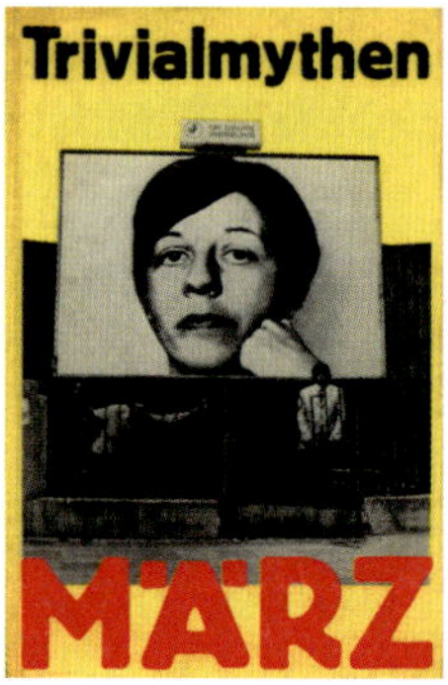

›**Trivialmythen**‹. Herausgegeben von Renate Matthaei. Mit Beiträgen von Rolf Dieter Brinkmann, Uwe Brandner, Peter O. Chotjewitz, Otto Jägersberg, Yaak Karsunke, Elfriede Jelinek, Friederike Mayröcker, Uwe Nettelbeck, Hermann Peter Piwitt, Urs Widmer, Dieter Wellershoff, Wolf Wondratschek, Ror Wolf, Sebastian Wolf. Engl. Brosch., 228 Seiten mit zahlreichen Abbildungen, (8°). Umschlaggestaltung: Jörg Schröder mit einem Foto von Michael van de Sand. März Verlag, Frankfurt a. M. 1970

Tyler, Parker: ›Underground Film. Eine kritische Darstellung‹. Aus dem Amerikanischen von Max Looser. Originaltitel: ›Underground Film. A Critical History‹. Englische Broschur, 244 Seiten sowie zahlreiche Illustrationen, (8°). Umschlaggestaltung: Jörg Schröder mit einem Foto von Paul Morrissey. März Verlag, Frankfurt a. M. 1970

Vallès, Jules: ›Jacques Vingtras. Das Kind / Die Bildung / Die Revolte‹. Aus dem Französischen und mit einem Nachwort von Christa

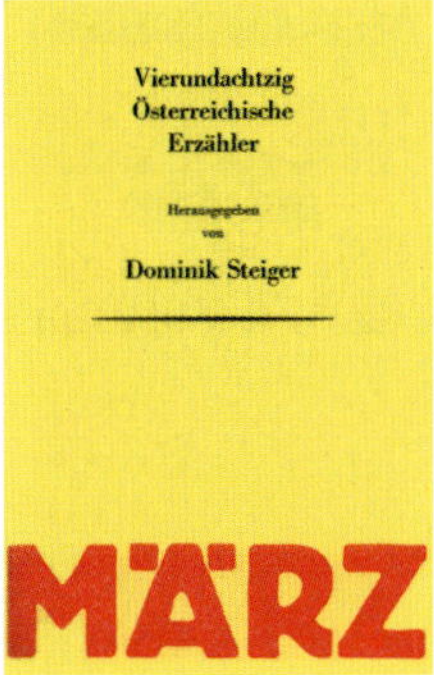

Hunscha. Originaltitel: ›Jacques Vingtras. L'Enfant / Le Bachelier / L'Insurgé‹. Leinen, 952 Seiten, (8°). Umschlaggestaltung: Jörg Schröder. März Verlag, Jossa 1979

Vallières, Pierre: ›Québec Libre! Weiße Neger in Kanada‹. Aus dem Frankokanadischen von Monika Bosse. Originaltitel: ›Nègres Blancs d'Amérique‹. Engl. Brosch., 212 Seiten, (8°). Umschlaggestaltung: Jörg Schröder. März Verlag, Darmstadt 1969

Vesper, Bernward: ›Die Reise‹. Nach dem unvollendeten Manuskript herausgegeben und mit einer Editions-Chronologie versehen von Jörg Schröder. Mit einem Frontispiz: Foto Bernward Vesper von Jörg Schröder. Leinen, 568 Seiten, (8°). Umschlaggestaltung: Jörg Schröder mit einem Foto von Erika Schröder. März Verlag, Jossa 1977

Vesper, Bernward: ›Die Reise. Ausgabe letzter Hand‹. Nach dem unvollendeten Manuskript herausgegeben und mit einer Editions-Chronologie versehen von Jörg Schröder. Mit einem Frontispiz: Foto Bernward Vesper von Jörg Schröder. Die ›Ausgabe letzter Hand‹ besorgten Jörg Schröder und Klaus Behnken. Leinen, 712 Seiten, (8°). Umschlaggestaltung: Jörg Schröder mit einem Foto von Erika Schröder. März Verlag, Jossa 1979

Vesper, Bernward: ›Die Reise. Ausgabe letzter Hand‹. Nach dem unvollendeten Manuskript herausgegeben, neu durchgesehen und mit

einer Editions-Chronologie versehen von Jörg Schröder. Mit einem Frontispiz: Foto Bernward Vesper von Jörg Schröder. Die ›Ausgabe letzter Hand‹ besorgten Jörg Schröder und Klaus Behnken. Pappbd. mit Schutzumschalg, 716 Seiten, (8°). Umschlaggestaltung: Jörg Schröder mit einem Foto von Erika Schröder. Ein März-Buch im Area Verlag, Erftstadt 2005

›Vierundachtzig österreichische Erzähler‹. Herausgegeben von Dominik Steiger. Leinen, 104 Seiten, (8°). Umschlaggestaltung: Jörg Schröder. März Verlag, Frankfurt a. M. 1970

Way, Jane (= **Jadway, J. J.**): **›Sieben‹.** Leinen, 244 Seiten, (8°). Umschlaggestaltung: Jörg Schröder mit einer Modezeichnung. März Verlag, Herbstein 1984

Wilson, Colin: ›Das Okkulte‹. Aus dem Englischen von Helma Schleif und Nils Thomas Lindquist. Originaltitel: ›The Occult‹. Broschur, 860 Seiten, (8°). Einbandgestaltung: Jörg Schröder. März Verlag, Berlin und Schlechtenwegen 1982

Wilson, Colin: ›Die Seelenfresser‹. Aus dem Englischen von Johannes Piron. Bearbeitet von Barbara Kalender und Jörg Schröder. Originaltitel: ›The Mind Parasites‹. Klappenbrosch., 244 Seiten, (8°). Einbandgestaltung: Jörg Schröder mit einer Hieronymus-Bosch-Collage. März Verlag, Berlin und Schlechtenwegen 1983

Wollseiffen, Siegfried: ›Starrer Ablauf‹. Pappbd. mit Schutzumschlag, 108 Seiten, (8°). Umschlaggestaltung: Typografie von Jörg Schröder mit einer Grafik von Thomas Heitmann. März Verlag, Jossa 1979

Zschocke, Fee: ›Er oder ich. Männergeschichten‹. Leinen, 312 Seiten, (8°). Umschlaggestaltung: Jörg Schröder mit einem Foto von Jacques Schumacher. März Verlag, Berlin und Jossa 1980

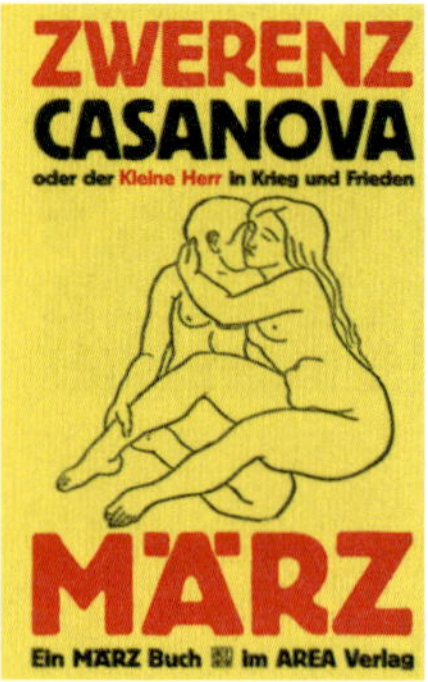

Zschocke, Fee: ›Sieben Leben hat die Katze‹. Mit Bildern von Sabine Wilharm. Sieben farbige ganzseitige und zahlreiche Schwarz-Weiß-Illustrationen, Pappbd., 48 Seiten, (8°). Einbandgestaltung: Sabine Wilharm. März Verlag, Herbstein 1985

Zwerenz, Gerhard: ›Venus auf dem Vulkan‹. Brosch., 196 Seiten, (8°). Einbandgestaltung: Jörg Schröder. März Verlag, Berlin und Schlechtenwegen 1982

Zwerenz, Gerhard und Fassbinder, Rainer Werner: ›Die Erde ist unbewohnbar wie der Mond. Roman von Gerhard Zwerenz und Drehbuch von Rainer Werner Fassbinder‹. Leinen, 580 Seiten, (8°). Umschlaggestaltung: Jörg Schröder mit einem Foto von Juan Genovés. Notausgabe im ›APRIL, APRIL! Verlag von Jörg Schröder‹ verlegt im März 1986, Herbstein

Zwerenz, Gerhard: ›Casanova oder der Kleine Herr in Krieg und Frieden‹. Pappbd., 668 Seiten, (8°). Einbandgestaltung: Jörg Schröder mit einem Motiv von Aristide Maillol. Ein März-Buch im Area Verlag, Erftstadt 2005

Zwerenz, Gerhard: ›Kopf und Bauch. Die Geschichte eines Arbeiters, der unter die Intellektuellen gefallen ist‹. Pappbd., 352 Seiten, (8°). Einbandgestaltung: Jörg Schröder mit einem Motiv von Kasimir Malewitsch. Ein März-Buch im Area Verlag, Erftstadt 2005

Der **›März Akte‹-Film** von Peter Gehrig erschien als DVD bei absolut Medien (Molto Menz). Zur Produktionsgeschichte s. S. 117ff.

Mehr nicht erschienen

Angekündigte und nicht im März Verlag erschienene Titel.

Baader, Andreas; Ensslin, Gudrun; Proll, Thorwald; Söhnlein, Peter: ›Bau. Die Gefängnisse den Gefangenen‹. Geplanter Erscheinungstermin 1969

Ballard, J. G.: ›Crash‹. Roman. Geplanter Erscheinungstermin 1985

Berberian, Cathy: ›Stripsody‹. Geplanter Erscheinungstermin 1969

Bismarc Media: ›Kopra. Kritische Organisation von Praxis‹. Mit einer beigelegten Videokassette (!). Geplanter Erscheinungstermin 1971

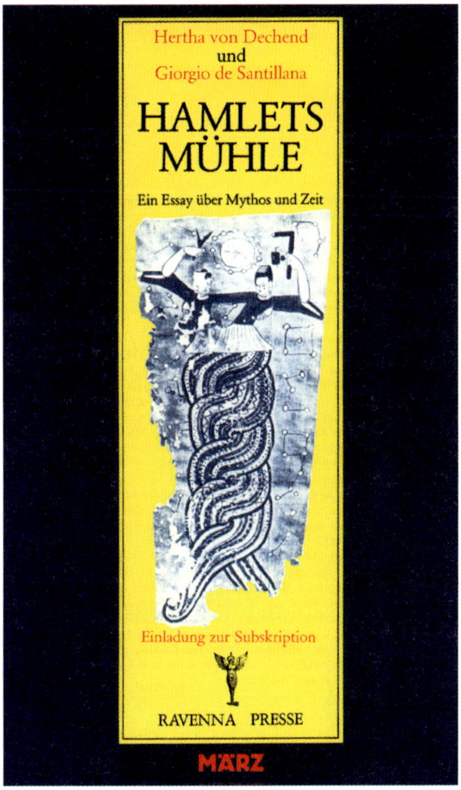

Brinkmann, Rolf Dieter: ›Omnibus. Vorspannstücke und andere Prosa‹. Geplanter Erscheinungstermin 1969

Brock, Bazon: ›Was wird. Zur Revolution des Ja‹. Geplanter Erscheinungstermin 1969

Castaneda, Carlos: ›Neue Gespräche mit Don Juan‹. Geplanter Erscheinungstermin 1972

Colloti, Enzo: ›Die Geschichte der zwei deutschen Staaten‹. Gepl. Erscheinungstermin 1971

›Die schnellste Pizza der Welt. Neue Gedichte aus England.‹ Herausgegeben von Ralf-Rainer Rygulla. Geplanter Erscheinungstermin 1969

Dawson, Fielding: ›Krazy Kat. Stories‹. Geplanter Erscheinungstermin 1971

Dechend, Hertha von und Santillana, Giorgio de: ›Hamlets Mühle. Ein Essay über Mythos und Zeit‹. Ravenna Presse im März Verlag. Geplanter Erscheinungstermin 1985

Dumas, Alexandre (Père): ›Mein großes Buch vom Kochen‹. Gepl. Erscheinungstermin 1983

Esser, Manfred: ›(M)Esser‹. Geplanter Erscheinungstermin 1971

Fornari, Franco: ›Entweihung des Krieges‹. Geplanter Erscheinungstermin 1971

›Grün‹. Ein Magazin. Herausgegeben von Otto Jägersberg und Jörg Schröder. Geplanter Erscheinungstermin 1970

Goldini, Claudia: ›Schopenhauer, Kant & Co.‹ oder ›Dunkle Züge der Begierde‹. Roman. Geplanter Erscheinungstermin 1984

Gross, Otto: Werkausgabe in zwei Bänden. Geplanter Erscheinungstermin 1985

›Gewissensbisse. Unerwünschte Beiträge zur Geschichte der Befreiung des sittlichen Menschen aus den Fesseln der Natur gesammelt von Jörg Schröder‹. Geplanter Erscheinungstermin 1983

Hagen, Nina: ›Texte und Tagebuchblätter‹. Herausgegeben von Florian Havemann. Geplanter Erscheinungstermin 1983

Jägersberg, Otto: ›Hitler für Kinder‹. Geplanter Erscheinungstermin 1972

Kavan, Anna: ›Eis‹. Roman. Geplanter Erscheinungstermin 1986

Kiwus, Wolfgang: ›Das Krüppelbuch‹. Texte. Geplanter Erscheinungstermin 1970

Klippel, Kristian: ›Barfuß nach Palermo‹. Roman. Geplanter Erscheinungstermin 1986

›Komplex Wahnsinn. The experimental writings‹. Herausgegeben von J. G. Ballard und Rolf Eckart John. Geplanter Erscheinungstermin 1969

›Kritisches zur Ökologie. Ein Reader‹. Herausgegeben von Jörg Schröder. Geplanter Erscheinungstermin 1970

›März' natürliche Küche‹. Herausgegeben von Jörg Schröder. Gepl. Erscheinungstermin 1972

Malatesta, Errico: Ausgewählte Schriften. Geplanter Erscheinungstermin 1971

McClure, Michael: ›Der Cherubin. Mad Cub‹. Roman. Gepl. Erscheinungstermin 1972

Miehe, Ulf: ›Mit allen Wassern‹. Roman. Geplanter Erscheinungstermin 1969

Moritz, Karl Philipp: ›Kritische Gesamtausgabe‹. Geplanter Erscheinungstermin des ersten Bandes 1982

›Omgus. Bericht über die Ermittlungen in Bezug auf die Deutsche Bank‹. Herausgegeben vom U. S. Office of Military Goverment in Germany. Geplanter Erscheinungstermin 1972

Opfermann, Rohland: ›Der Mann schreibt mit den zarten, feinen Händen‹. Roman. Geplanter Erscheinungstermin 1984

Patchen, Kenneth: ›Das Tagebuch des Albion Moonlight‹. Roman. Geplanter Erscheinungstermin 1985

Raworth, Tom: ›Auszüge aus dem Kochbuch der mexikanischen Regierung‹. Roman. Geplanter Erscheinungstermin 1971

Schmidt, Uve: ›Der neue Klapperstorch‹. Geplanter Erscheinungstermin 1972 (Unter diesem Titel erschien 1986 das Sachbuch von Gerhard Amendt: ›Der neue Klapperstorch. Über künstliche Befruchtung, Samenspender, Leihmütter, Retortenzeugung und die Folgen: Reproduktionsmedizin‹)

Schmidt, Uve: ›Höchstens drei Minuten. 43. Roman‹. Geplanter Erscheinungstermin 1969

›Schulkampf. Dokumente und Analysen‹. Herausgegeben von Lutz von Werder und Reinhart Wolff. Band 2. Geplanter Erscheinungstermin 1971

›Schwarzes Feuer‹. Herausgegeben von LeRoi Jones und Larry Neal. Geplanter Erscheinungstermin 1969

Serge, Victor: ›Die eroberte Stadt‹. Roman. Geplanter Erscheinungstermin 1971

Sinclair, Upton: ›¡No Pasarán! Sie kommen nicht durch!‹ Werke in Einzelausgaben. Herausgegeben von Dieter Herms. Geplanter Erscheinungstermin 1986

Steiger, Dominik: ›Mutti‹. Roman. Geplanter Erscheinungstermin 1972

›Das Tier. Partner und Opfer‹. Übersetzung der Anthologie ›L'animalité‹ aus ›Critique‹, Editions de Minuit. Gepl. Erscheinungstermin 1986

Volin: ›Die unbekannte Revolution. Rußland. 1905 bis 1921‹. Gepl. Erscheinungstermin 1971

Weinstock, Nathan: ›Zionismus contra Israel‹. Geplanter Erscheinungstermin 1972

Wilson, Colin: ›Geheimnisse. Ein Essay über das Okkulte, das Paranormale und das Übernatürliche‹. Gepl. Erscheinungstermin 1985

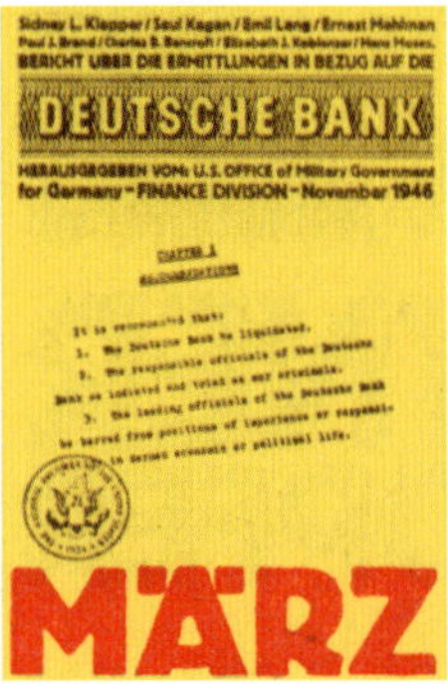

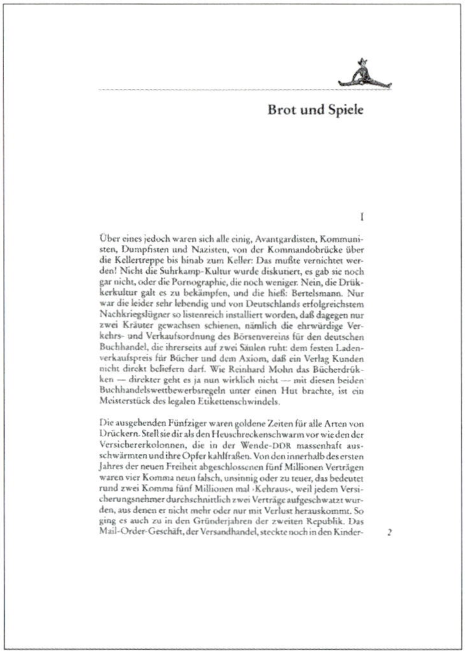

Brot und Spiele

I

Über eines jedoch waren sich alle einig, Avantgardisten, Kommunisten, Dumpfisten und Nazisten, von der Kommandobrücke über die Kellertreppe bis hinab zum Keller: Das mußte vernichtet werden! Nicht die Suhrkamp-Kultur wurde diskutiert, es gab sie noch gar nicht, oder die Pornographie, die noch weniger. Nein, die Drükkerkultur galt es zu bekämpfen, und die hieß: Bertelsmann. Nur war die leider sehr lebendig und von Deutschlands erfolgreichstem Nachkriegslügner so listenreich installiert worden, daß dagegen nur zwei Kräuter gewachsen schienen, nämlich die ehrwürdige Verkehrs- und Verkaufsordnung des Börsenvereins für den deutschen Buchhandel, die ihrerseits auf zwei Säulen ruht: dem festen Ladenverkaufspreis für Bücher und dem Axiom, daß ein Verlag Kunden nicht direkt beliefern darf. Wie Reinhard Mohn das Bücherdrükken — direkter geht es ja nun wirklich nicht — mit diesen beiden Buchhandelswettbewerbsregeln unter einen Hut brachte, ist ein Meisterstück des legalen Etikettenschwindels.

Die ausgehenden Fünfziger waren goldene Zeiten für alle Arten von Drückern. Stell sie dir als den Heuschreckenschwarm vor wie den der Versichererkolonnen, die in der Wende-DDR massenhaft ausschwärmten und ihre Opfer kahlfraßen. Von den innerhalb des ersten Jahres der neuen Freiheit abgeschlossenen fünf Millionen Verträgen waren vier Komma neun falsch, unsinnig oder zu teuer, das bedeutet rund zwei Komma fünf Millionen mal ›Kehraus‹, weil jedem Versicherungsnehmer durchschnittlich zwei Verträge aufgeschwatzt wurden, aus denen er nicht mehr oder nur mit Verlust herauskommt. So ging es auch zu in den Gründerjahren der zweiten Republik. Das Mail-Order-Geschäft, der Versandhandel, steckte noch in den Kinder- 2

›Schröder erzählt‹ von Barbara Kalender und Jörg Schröder

Nach einem typografischen Konzept von Jörg Schröder, gestaltet und gesetzt von Barbara Kalender. Einseitig bedruckte Seiten, Bindung von Hand in einen weißen bzw. schwarzen Chromolux-Einband mit Fensterstanzung, (29,8 : 21,1 cm). Satz- und Druckvorlage im Desktop-Publishing-Verfahren. Gedruckt auf holz- und säurefreiem, alterungsbeständigem und chlorfrei gebleichtem Werkdruckpapier. Jedes Exemplar ist von Jörg Schröder handschriftlich nummeriert und dem Besteller persönlich gewidmet. Die Serie erscheint im März Desktop Verlag von Barbara Kalender.

Verlagsorte:
1990 bis 1996 Fuchstal-Leeder: Weiße Serie, Folgen 1 bis 26
1996 bis 2005 Augsburg: Weiße Serie, Folgen 27 bis 40; Schwarze Serie: Folgen 1 bis 7.
Seit 2005 erscheint die Schwarze Serie in Berlin.

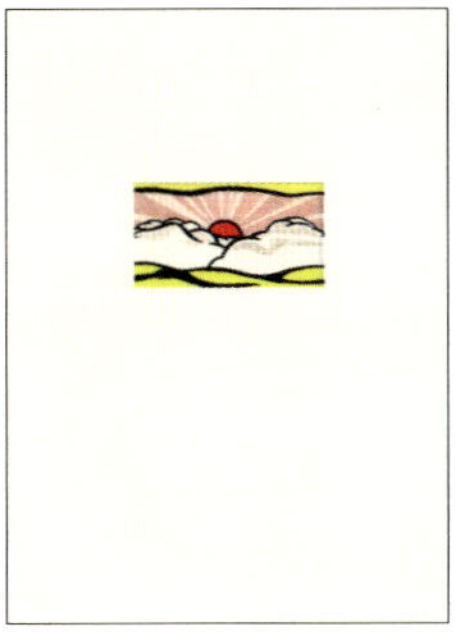

Erste (Weiße) Serie:

1. Folge, ›Glückspilze‹. 1. Druck im Mai 1990, 45 Seiten, Titelillustration: Roy Lichtenstein, Dawning, 1964

2. Folge, ›Eine Million und fuffzig‹. 1. Druck im August 1990, 47 Seiten, Titelillustration: Roy Lichtenstein, Image Duplicator, 1963

3. Folge, ›Schöner Schutt‹. 1. Druck im November 1990, 46 Seiten, Titelillustration: Roy Lichtenstein, Temple II, 1965

4. Folge, ›Einer weiß mehr‹. 1. Druck im Februar 1991, 47 Seiten, Titelillustration: Roy Lichtenstein, Pair, 1963

5. Folge, ›Feine Leute‹. 1. Druck im Mai 1991, 45 Seiten, Titelillustration: Roy Lichtenstein, Stretcher Frame with Cross Bars IV, 1968

6. Folge, ›Lachen, Tanzen, Flirten‹. 1. Druck im August 1991, 46 Seiten, Titelillustration: Roy Lichtenstein, We Rose Up Slowly, 1964

7. Folge, ›Sauna Luxemburg‹. 1. Druck im November 1991, 46 Seiten, Titelillustration: Roy Lichtenstein, Sponge, 1962

8. Folge, ›Drei Eier‹. 1. Druck im Februar 1992, 45 Seiten, Titelillustration: Roy Lichtenstein, Artist's Studio, Foot Medication, 1974

9. Folge, ›Bubi‹. 1. Druck im Mai 1992, 48 Seiten, Titelillustration: Roy Lichtenstein, Two Paintings: Dagwood, 1983

10. Folge, ›Kleine Opfer‹. 1. Druck im August 1992, 49 Seiten, Titelillustration: Roy Lichtenstein, Look Mickey, 1961

Treuegabe zur 10. Folge. ›Zum harten Kern. Über R. D. Brinkmann‹. 1. Druck im August 1992, 32 Seiten. Roter Chromolux-Einband, nur für die Subskribenten der Folgen 1 bis 10. Titelillustration: Henning John von Freyend, Das Hemd von Rolf Dieter Brinkmann, 1969

11. Folge, ›Nero singt‹. 1. Druck im November 1992, 48 Seiten, Titelillustration: Roy Lichtenstein, Crying Girl, 1963

Diese fünfzehnte Folge
aus der ›Schwarzen Serie‹ von
›Schröder erzählt‹
wurde in der Werkstatt von
Barbara Kalender und Jörg Schröder
in Berlin mit einem Desktop
Publishing System geschrieben und
editiert. Als Erfassungs- und
Layout-Computer diente ein Apple
Macintosh. Der Text wurde aus der
Cicero Garamond
von Stempel gesetzt und auf einem
Laser Jet von Hewlett Packard als
Druckvorlage ausgegeben. Das holz- und
säurefreie, alterungsbeständige und chlorfrei
gebleichte Werkdruckpapier
›Munken Pure‹, 100 g/qm gelblich,
stammt aus der Papierfabrik Munkedals.
Die Seiten habe ich von Hand
in einen schwarzen
Chromolux-Karton, 250 g/qm, gebunden.

Dieses Exemplar wurde für

Hermann und Dorothea

hergestellt und trägt die Nummer

443

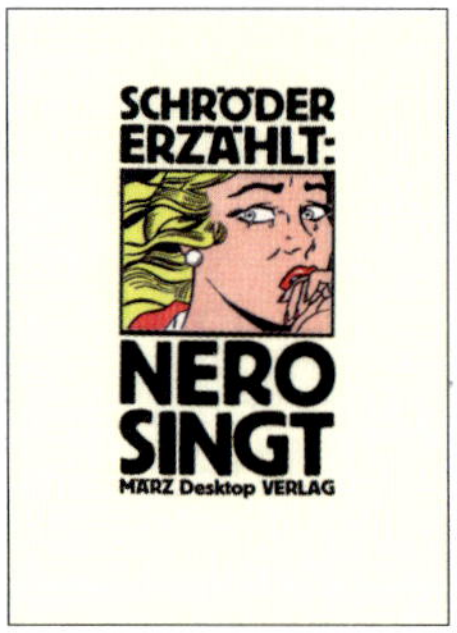

12. Folge, ›Unverbindliche Richtlinien‹. Erster Druck im Februar 1993, 48 Seiten, Titelillustration: Roy Lichtenstein, Brushstroke in Yellow, Blue and Black, 1965

13. Folge, ›Moderne Zeiten‹. 1. Druck im Mai 1993, 48 Seiten, Titelillustration: Roy Lichtenstein, Art and Industry, 1969

14. Folge, ›Brot und Spiele‹. 1. Druck im August 1993, 49 Seiten, Titelillustration: Roy Lichtenstein, Step-on Can with Leg, 1961

15. Folge, ›Farbige Schatten‹. 1. Druck im November 1993, 49 Seiten, Titelillustration: Roy Lichtenstein, New Seascape, 1966

16. Folge, ›Helden der Arbeit‹. 1. Druck im Februar 1994, 49 Seiten, Titelillustration: Roy Lichtenstein, In the Car, 1963

17. Folge, ›Kalt getrunken‹. 1. Druck im Mai 1994, 49 Seiten, Titelillustration: Roy Lichtenstein, I Can See the Whole Room … And There's Nobody in It!, 1961

18. Folge, ›Unterm Dach‹. 1. Druck im August 1994, 49 Seiten, Titelillustration: Roy Lichtenstein, Non-Objective I, 1964

19. Folge, ›Menschen wie du und ich‹. 1. Druck im November 1994, 49 Seiten, Titelillustration: Roy Lichtenstein, Half Face with Collar, 1963

20. Folge, ›Blaue Lippen‹. 1. Druck im Februar 1995, 49 Seiten, Titelillustration: Roy Lichtenstein, Reflections on the Scream, 1990

Treuegabe zur 20. Folge. ›So-ja-Bohnen – Maggi pur – Gewissensbisse‹. 1. Druck im Februar 1995, 56 Seiten. Gelber Chromolux-Einband, nur für die Subskribenten der Folgen 11 bis 20. Titelillustration: Exit, o. Titel, 1970

21. Folge, ›Stille Verbraucher‹. 1. Druck im Mai 1995, 50 Seiten, Titelillustration: Handvergoldeter Titelschmuck von Jörg Schröder, 1995

22. Folge, ›Traumgold‹. 1. Druck im August 1995, 50 Seiten, Titelillustration: Roy Lichtenstein, … Huh? I Say No Make Sure!, 1976

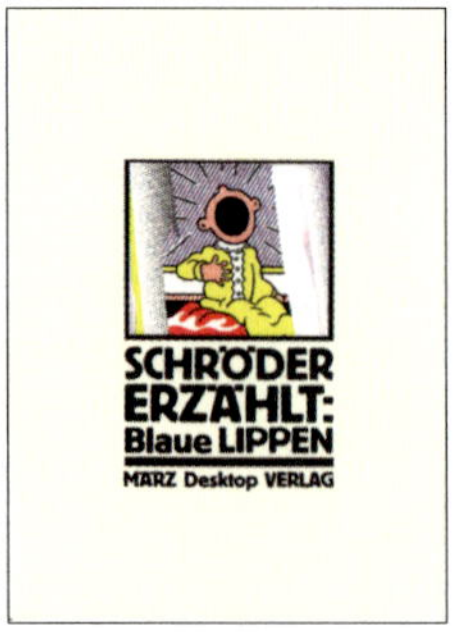

23. Folge, ›Zuerst Karl Hart ins Haus‹. Erster Druck im November 1995, 50 Seiten, Titelillustration: Roy Lichtenstein, Mao, 1971

24. Folge, ›Lebenslänglich‹. 1. Druck im Februar 1996, 50 Seiten, Titelillustration: Roy Lichtenstein, The Ring, 1962

25. Folge, ›Anstößige Verben‹. 1. Druck im Mai 1996, 50 Seiten, Titelillustration: Roy Lichtenstein, Nurse, 1964

26. Folge, ›Erste Sezession‹. 1. Druck im August 1996, 50 Seiten, Titelillustration: Roy Lichtenstein, Explosion, 1965

27. Folge, ›Geschäfte‹. 1. Druck im Dezember 1996, 49 Seiten, Titelillustration: Roy Lichtenstein, Illustration for »De Denver On Montana«, Départ 27 Mai 1972 (1)

28. Folge, ›Mehr und mehr‹. 1. Druck im März 1997, 50 Seiten, Titelillustration: Roy Lichtenstein, Zipper, 1962

29. Folge, ›Offene Posten‹. 1. Druck im Juni 1997, 50 Seiten, Titelillustration: Roy Lichtenstein, Sweet Dreams, Baby!, 1965

30. Folge, ›Die zween, die zwo und die zwä‹. 1. Druck im September 1997, 50 Seiten, Titelillustration: Roy Lichtenstein, Masterpiece, 1962

Treuegabe zur 30. Folge. ›Nurejew · Ungenutzte Anfänge, unvermittelte Eingebungen, begleitende Stimulanzien und anderer weiterführender Nonsens‹. 1. Druck im September 1997, 56 Seiten. Blauer Chromolux-Einband, nur für die Subskribenten der Folgen 21 bis 30. Titelillustration: Exit, o. Titel, 1970

31. Folge, ›Tun und Lassen‹. 1. Druck im Dezember 1997, 50 Seiten, Titelillustration: Roy Lichtenstein, Cow Triptych (Cow Going Abstract), 1974

und krächzte schrill und durchdringend. Die linke Schulter, egal ob nackt oder bekleidet, war offenbar sein Lieblingsplatz. Dann legte der Papagei den Kopf schräg, klappte die Lider und blinzelte. Ein Bild für die Götter, das nackte Mädchen bis zum Bauch im Wasser vor einem strahlend blauen Himmel und ein großer weißer Vogel mit gesträubter Haube auf seiner Schulter – Magritte ließ grüßen!

XVI

Als wir dann am Abend auf der Terrasse beim Wein saßen, kam die Frage auf: »Wieso passiert so etwas immer uns? Wieso treffen ausgerechnet wir im Wasser einen Mann mit Kakadu?« Ich sagte so leichthin zu Barbara: »Na, *weil* wir im Wasser standen.« »Wir haben schon oft im Wasser gestanden«, entgegnete sie, »*ohne* einen Mann mit Kakadu zu sehen. Wieso begegnen solche Zufälle immer uns?« »Was heißt Zufall?«, gab ich zurück, »wir standen im Wasser, als der Kakadumann ins Wasser ging, es trafen lediglich zwei Momente der Wirklichkeit zusammen.«

Dann ließen wir ein paar solcher Momente Revue passieren: Warum hatte ich eine Karriere als Buchhändler begonnen? Weil ich die Königsallee entlang spazierte und ein schönes Mädchen das Goldpfeil-Schaufenster dekorierte. Oder: Eine gewisse Barbara Kalender und ein gewisser Jörg Schröder standen vor dreißig Jahren in einer Fuldaer Kneipe, die ›Windmühle‹ hieß, und lernten sich kennen. Das waren auch Momente der Wirklichkeit. Aber anstatt dies so hinzunehmen, fragt man sich: »Warum?« Das ist die Grundfrage unserer Spezies. Das Tier bewegt sich ohne Zaudern entsprechend seinen Instinkten, es fragt nicht: »Warum und wozu?« Der Mensch hingegen entwickelte sich zum denkenden, aber instinktschwachen Wesen und lebt daher in ständiger Unsicherheit.

Die listigen Griechen erfanden sich zur Stabilisation den Götterhimmel und modifizierten ihn entsprechend ihren Bedürfnissen. Sie glaubten, dass glückliche Fügungen oder Fährnisse des Lebens von den widerstreitenden Figuren ihrer Götterwelt beeinflusst werden. Immer waren die Götter mit im Spiel! Wenn Athena helfen wollte, legte sich plötzlich Hera quer oder umgekehrt. Mythen, die sich nach ihren Lebensumständen richteten, waren für die Men- 40

32. Folge, ›Wie neu‹. 1. Druck im März 1998, 50 Seiten, Titelillustration: Roy Lichtenstein, Red Barn II, 1969

33. Folge, ›Danke, mein Kind!‹ 1. Druck im Juni 1998, 51 Seiten, Titelillustration: Roy Lichtenstein, Woman Drying Dish, 1962

34. Folge, ›Sieben Sachen‹. 1. Druck im September 1998, 50 Seiten, Titelillustration: Roy Lichtenstein, Illustration for ›Auto Poésie: En Cavale De Bloomington‹, 1992

35. Folge, ›Keine Kunst‹. 1. Druck im Januar 1999, 50 Seiten, Titelillustration: Roy Lichtenstein, Oh Jeff … I Love You Too, But, 1964

36. Folge, ›Schlechtenwegen‹. 1. Druck im Mai 1999, 50 Seiten, Titelillustration: Roy Lichtenstein, Les Nymphéas, 1993

37. Folge, ›Pingpong‹. 1. Druck im August 1999, 49 Seiten, Titelillustration: Roy Lichtenstein, Wimpy (Tweet), 1961

38. Folge, ›Volles Rohr‹. 1. Druck im Dezember 1999, 50 Seiten, Titelillustration: Roy Lichtenstein, Wrapping Paper, 1968

39. Folge, ›Nur Geduld‹. 1. Druck im April 2000, 59 Seiten, Titelillustration: Roy Lichtenstein, Fastest Gun, 1963

40. Folge, ›Languages spoken‹. 1. Druck im September 2000, 60 Seiten, Titelillustration: Roy Lichtenstein, Landscape with Setting Sun, 1964

Treuegabe zur 40. Folge. ›Über Schröder · Synopsis und Personenregister der Folgen eins bis vierzig von ›Schröder erzählt‹ nebst belangreichen und kuriosen Zitaten aus Presseveröffentlichungen‹. 1. Druck im April 2001, 102 Seiten. Grüner Chromolux-Einband, kostenlos nur für die Subskribenten der Folgen 31 bis 40. Titelillustration: F. W. Bernstein, Karikatur Jörg Schröder, 1996

Zweite (Schwarze) Serie:

1. Folge, ›Willkommen!‹ 1. Druck im April 2001, 51 Seiten, Titelillustration: Roy Lichtenstein, As I Opened Fire, Panel 3, 1964

2. Folge, ›Ratten und Römer‹. 1. Druck im August 2001, 47 Seiten, Titelillustration: Roy Lichtenstein, Moonscape, 1965

3. Folge, ›Ausländer, Behinderte, Andersdenkende‹. 1. Druck im März 2002, 50 Seiten, Titelillustration: Fernando Botero, La familia protestante, 1969

4. Folge, ›Kriemhilds Lache‹. 1. Druck im November 2002, 50 Seiten, Titelillustration: Werner Büttner, Roter Pfefferoni, 1989

5. Folge, ›Ein letztes Zappzarapp‹. 1. Druck im Juni 2003, 50 Seiten, Titelillustration: Blalla W. Hallmann, Friede, 1993

6. Folge, ›Schlafende Hunde‹. 1. Druck im Januar 2004, 50 Seiten, Titelillustration: Thomas Kapielski, Die Brücke von Arnhelm 1, 2002

7. Folge, ›Klasse gegen Klasse · Erster Teil‹. 1. Druck im Juli 2005, 49 Seiten, Titelillustration: Diana Tate, Königin Lilioukalani, 2003

8. Folge, ›Klasse gegen Klasse · Zweiter Teil‹. 1. Druck im Juli 2006, 51 Seiten, Titelillustration: Volker Dahmen und Noi, Mama's Home Cooking, 2001

9. Folge, ›Guru mit Gänsen‹. 1. Druck im Juni 2007, 51 Seiten, Titelillustration: Klaus Theuerkauf, Clowns, 1996

10. Folge, ›Wie der Bär flattert‹. 1. Druck im November 2007, 84 Seiten, Titelillustration: Claudia K. Pfeiffer, Linolschnitt Barbara Kalender und Jörg Schröder, 2004

Treuegabe zur 10. Folge der Schwarzen Serie. DVD der ›März Akte‹ mit Bonustrack, erschienen im September 2007. Nur für die Subskribenten von ›Schröder erzählt‹. Titelgrafik: Barbara Kalender und Jörg Schröder

11. Folge, ›Eitelkeit auf Eitelkeit‹. 1. Druck im April 2008, 49 Seiten, Titelillustration: Wolfgang Müller, o. Titel, 2008

12. Folge, ›Traurige Tulpen‹. 1. Druck im Januar 2009, 51 Seiten, Titelillustration: Henning John von Freyend, o. Titel, 2008

13. Folge, ›Gemischte Gefühle‹. 1. Druck im Juli 2009, 56 Seiten, Titelillustration: Daniel Richter, o. Titel, 1999

14. Folge, ›Das Äußere des Inneren‹. 1. Druck im Januar 2010, 46 Seiten, Titelillustration: Yvonne Kuschel, ›Die Zukunft gehört den Mutigen‹, 2002

15. Folge, ›Wenn Baby bellt‹. 1. Druck im September 2010, 56 Seiten, Titelillustration: claire Lenkova. Entnommen und modifiziert von der Postkarte ›Hunde in Moskau‹, 2010

16. Folge, ›Funkloch‹. 1. Druck im Mai 2011, 50 Seiten, Titelillustration: Werner Büttner, ›Die beiden Favoriten‹ (aus ›Lohn des Schweigens‹)

Foto: Martin Eberle